消費者法

Droit de la consommation

第2版

大澤 彩

Aya Ohsawa

商事法務

第2版　はしがき

　2023年1月に出版させていただいた本書の初版のはしがきにも記したように、著者はもともと民法（特に契約法）を専攻し、それと同時に消費者法という法分野に関心をもったという経緯がある。そのため、学際性豊かな消費者法分野のうち、民事実体法ルールを中心に研究してきたが、その反面、行政ルールや手続法ルール等の理解はまだまだ十分とは言えない。そのような中で大変僭越ながら初版を出版させていただいたところ、様々な分野の先生方から貴重なご教示を多く賜った。その中で、手続法や行政ルール、経済法分野など、まさに不十分な理解に基づく誤りがあることにも気がつき、大変申し訳ない気持ちでいっぱいになった。いつの日かこれらの誤りや無理解を少しでも修正して改訂したいと思っていたところである。

　他方で、2023年1月以降も、消費者法分野は法改正や相次ぐ（裁）判例の公表により、絶え間なく発展を続けている。学術的にも、2023年の日本消費者法学会シンポジウムで「消費者法の体系化・現代化」がとりあげられるなど、既存の消費者法規にとらわれない消費者法のあり方をめぐる分析が頻出している。

　さらに、2023年9月より第8次消費者委員会委員を拝命し、経験・知識ともに豊富な委員の皆様にご指導いただきながら、消費者政策のあり方について法律だけではなく、教育や経済など様々な観点から意見交換をさせていただく機会に恵まれている。

　そこで、本書の第2版には、2023年1月以降、2024年秋までの法改正や判例、さらには、学説の動向をできる限り反映するとともに、多くの先生方からいただいたご教示をふまえて修正を施した。また、読みにくい表現等も一部改めている。なお、2023年9月からの第8次消費者委員会での貴重な経験も本書に大きく影響しているが、本書はあくまで研究者としての筆者の個人的な見解をまとめたものである。

改訂に当たっても、商事法務の吉野祥子さん、宮尾悠子さんに大変お世話になった。筆者の虚弱体質と仕事管理能力の欠如ゆえ、改訂原稿の提出が大幅に遅れるなど、大変にご迷惑をおかけした。また、本書初版に様々なご指摘をくださった方々に心より感謝申し上げたい。最後に、改訂作業中、（いつものことではあるが）心配と迷惑をかけた家族にもお礼を言いたい。

2025年 1 月

大澤　彩

はしがき

　本書は、筆者が2008年以来、法政大学で担当している「消費者法Ⅰ」（主に取引に関するルール・2単位）、および、「消費者法Ⅱ」（主に品質・安全や、各種取引に関するルール、さらには、消費者行政・消費者紛争解決制度・2単位）の講義ノートに大幅な加筆・修正を加えたものである。

　消費者法分野は、法制度はもちろん、学説や実務もめまぐるしく発展する。特定商取引法をはじめとする個別法の改正は頻繁であり、また、学界の研究手法も比較法研究はもちろん、民事・行政などの法分野間の交流が活発になされ、さらに、最近では行動経済学や立法学などもふまえた学際研究が発展している。消費者法のテキストを、しかも、単著で出版するにあたり、これらのめまぐるしい発展を一人でカバーすることは、少なくとも筆者には到底できない。しかし、大村敦志教授の『消費者法』（有斐閣）以来、一人の研究者が消費者法の法体系を描いた書籍には乏しいこと、その中で、筆者が一人で消費者法のテキストを執筆する機会をいただいたことに意味があるとすれば、日本の消費者法分野における頻繁に改正・追加される民事ルールや行政ルール、紛争解決制度を整理して、「消費者法」の全体像を示すテキストを発刊することではないか、と考えるに至った。そこで、本書では、個々の法律の詳細な解釈論にも可能な限りふみこみつつ、それよりはむしろ、消費者法の法制度間の関係をわかりやすく示すことを重視している（各Unitで、参照Unitが細かく明示されているのは、この目的による）。筆者なりの現時点での「消費者法の世界」を示した上で、読者の皆様からのご指導を仰ぎ、今後、一層消費者法の研究・教育を充実させるための基盤としたい、これが本書の目的でもある。

　消費者法という法分野があることを知ったのは、法学部3年生の時に、後に指導教官になってくださった大村敦志教授の『消費者法』を大学の書籍部で見つけたのが最初である。その後、程なくして大村教授の家族法・消費者

法をテーマとするゼミへの出席をお認めいただき、さらに、学部4年次には、当時成立したばかりの消費者契約法はもちろん、消費者安全制度までくまなく扱う廣瀬久和教授の消費者法の講義と演習に参加させていただいた。それからさらに数年後の博士論文（拙著『不当条項規制の構造と展開』（有斐閣、2010年））執筆時にようやく、フランスの行政機関や消費者団体による不当条項規制の構造を文献を通して知ったことで、消費者法の学際性に徐々に関心を持つことになった。

　2008年に法政大学に着任し、消費者法の講義（当時は「法律学特講（消費生活と法）」）を、しかも年間4単位分も担当することになった。今のように、消費者法のテキストが多く存在した時代ではない。結局、大村教授の『消費者法』をもとに、それぞれの個別法や論点について少しずつ勉強してそれを講義ノートにするので精一杯であった。毎年講義ノートをブラッシュアップする作業と、「日本消費者法学会」が設立されるなど、消費者法専門の学会・研究会や学術雑誌が充実したことで消費者法に関する様々な論文にふれるにつれ、民事ルールだけではなく、行政ルールや紛争解決制度など、学際性豊かな消費者法をもっと研究したいと思うに至った。

　その後、2017年9月から1年間のフランスでの在外研究中に、現地の消費法学者と交流を深める中で、フランス消費法の学際性の虜になっていった。民事・行政ルールどころか、環境法やAI・デジタル取引、さらには「グルメ」といった多様な分野との学術交流を深めながら、精力的に業績を発表する友人達を心から尊敬し、筆者も消費者法の学際性豊かな世界を論文やテキストの形で示したいと強く思った。

　以上のことから、本書は、恩師である大村教授の『消費者法』や、フランスの消費法から大きく影響を受けている。後者については、フランス法の条文などが頻出するという意味ではなく、フランス消費法における民事・行政・刑事ルールの「ベストミックス」や、事前規制と事後規制の関係、さらには、ソフトローの役割の研究が、日本の消費者法全体を見る際の物差しの1つとなっている、という意味での「比較法研究」でもある。

　本書は、今から遡ること12年ほど前に、商事法務の岩佐智樹さんから、消費者法のテキストを、しかも単著として執筆することを勧めていただいたこ

iv

とに端を発する。当時は博士論文を公刊した直後で、いくら4単位の消費者法講義が展開されている大学で教鞭をとっているとはいえ、私のような若輩に、単著のテキスト執筆をお勧めいただいたこと自体、非常に光栄であった。筆者の度重なる体調不良や在外研究、仕事能力の限界ゆえに何度も何度も〆切を延期してもらい、多大なご迷惑をおかけした。それにもかかわらず、温かく見守ってくださった。また、同じく商事法務の吉野祥子さんと宮尾悠子さんの温かい励ましと、精緻な作業には何度も助けられた。心より感謝を申し上げる。

また、筆者に消費者法の講義の機会を与えて下さった法政大学の先生方や、拙い授業であるにもかかわらず、消費者法に関心を持ってくれたこれまでの学生達、学会や研究会で筆者に消費者法研究成果の発表の場を与えて下さった先生方にも感謝を申し上げたい。

最後に、学部時代からの恩師であり、『消費者法』だけではなく学部のゼミから大学院でのご指導に至るまで、消費者法との「出会い」を与えてくださった大村敦志・学習院大学法務研究科教授・東京大学名誉教授、および、消費者法の学際性を教えてくださった廣瀬久和・東京大学名誉教授にも心よりお礼申し上げたい。また、10年以上にわたる執筆期間中に度重なる体調不良などで迷惑をかけたにもかかわらず、変わらず支えてくれる、夫をはじめとする家族にも感謝しかない。

2022年11月

大澤　彩

最近では、消費者法のテキストや判例集、さらには学術雑誌が充実している。本書では、各 Unit の末尾に参考文献リストを設け、それぞれの個別法の逐条解説（立案担当者によるもののほか、研究者・実務家によるもの）や解説書のほか、関連する学術論文や行政機関のサイトへのリンク等をリストアップしている。ここでは、およそ一般的に消費者法分野のテキストや判例集、学術雑誌を紹介する。

○主な概説書・テキストとして、
大村敦志『消費者法〔第 4 版〕』（有斐閣、2011 年）
中田邦博＝鹿野菜穂子編『基本講義消費者法〔第 5 版〕』（日本評論社、2022 年）
河上正二『遠隔講義消費者法〔新訂第 3 版〕』（信山社、2022 年）
河上正二『新ブリッジブック消費者法案内』（信山社、2022 年）
宮下修一ほか『消費者法（有斐閣ストゥディア）〔第 2 版〕』（有斐閣、2024 年）
日本弁護士連合会編『消費者法講義〔第 6 版〕』（日本評論社、2024 年）
谷本圭子ほか『これからの消費者法〔第 2 版〕』（法律文化社、2023 年）

○判例集として、
河上正二＝沖野眞已編『消費者法判例百選〔第 2 版〕』（有斐閣、2020 年）
松本恒雄＝後藤巻則編『消費者法判例インデックス』（商事法務、2017 年）
島川勝＝坂東俊矢『判例から学ぶ消費者法〔第 3 版〕』（民事法研究会、2019 年）
　法令・判例を集約した、『消費者六法』（民事法研究会。毎年刊行されている）も有用である。

○消費者法の学術雑誌として
　信山社から出版されている『消費者法研究』（不定期）、および、民事法研究会から出版されている『現代消費者法』（年 4 回発行）がある。
　また、日本消費者法学会の学会誌である『消費者法』がある。
　『消費者法ニュース』には、実務の見地からの論文や、最新判例一覧が掲載されており、消費者法の実務を知る上で参考になる。

目　次

第 2 版　はしがき・i　　／　　はしがき〔参考書籍〕・iii　　／　　凡　例・xviii

Unit 1　消費者法とは何か……………………………………………… *1*

　1　消費者法とは何か…………………………………………………… *1*
　⑴　考えるためのヒント・*1*　／　⑵　消費者法の対象──「消費者問題」・*2*　／　⑶　「消費者問題」への対応状況・*7*
　2　消費者基本法から見た消費者政策の内容・消費者法の特徴……… *8*
　⑴　概要──「消費者の権利」と国・事業者の役割・*8*　／　⑵　特徴──消費者法の特徴とも関連させて・*10*

Unit 2　「消費者」とはどのような人か………………………………… *18*

　1　「消費者」の特徴と定義…………………………………………… *18*
　⑴　「消費者」の特徴・*18*　／　⑵　「消費者」の定義づけ・*20*
　2　「消費者」の定義の限界…………………………………………… *21*
　⑴　開業準備行為・当該契約以外に「事業」性を基礎づける事情がない場合・*21*　／　⑵　法人その他の団体・*25*　／　⑶　事業者が自己の事業に直接関連しない取引や自己の専門分野外の取引を行う場合・*26*　／　⑷　投資家・*28*　／　⑸　デジタル・プラットフォーム上で取引を行う「消費者」・*28*
　3　考え方……………………………………………………………… *29*
　4　「消費者」概念の役割……………………………………………… *31*

Unit 3　消費者契約の成立…………………………………………… *33*

　1　消費者契約の成立・不成立──原則……………………………… *33*

vii

(1) 「契約の成立」とは・33 ／ (2) 契約の成立をめぐるトラブル・35

 2 消費者契約の成立——原則の修正 ……………………………………38

(1) 特別法による書面交付義務とクーリング・オフ・39 ／ (2) 電子消費者契約特例法・40

 3 発展問題——自動券売機、電子商取引の場合 ………………………41

(1) 自動券売機の場合・41 ／ (2) 電子商取引の場合・43

 4 関連問題 …………………………………………………………………44

(1) 契約交渉段階・44 ／ (2) 予 約・47

Unit 4 消費者契約における合意の瑕疵①錯誤・詐欺 …………49

 1 消費者契約における錯誤 …………………………………………………49

(1) 錯 誤・49 ／ (2) 消費者契約における詐欺・53 ／ (3) 考え方・54

 2 錯誤・詐欺を補完するもの ………………………………………………56

(1) 判例・学説による補完・56 ／ (2) 契約不適合責任との関連・59

Unit 5 消費者契約における合意の瑕疵②消費者契約法 ………61

 1 消費者契約法とは ………………………………………………………61

 2 消費者契約法 3 条 1 項 2 号：情報提供の「努力義務」 …………62

(1) 消費者契約法 3 条 1 項 2 号の趣旨・62 ／ (2) 消費者の「知識及び経験」への配慮・62 ／ (3) 情報提供の対象の追加（2022年消費者契約法改正）・64 ／ (4) 努力義務であることの意味・66

 3 消費者契約法 4 条 ………………………………………………………69

(1) 「勧誘」とは・70 ／ (2) 消費者契約法 4 条 1 項：不実告知、断定的判断の提供・72 ／ (3) 消費者契約法 4 条 2 項：不利益事実の不告知・77

 4 取消権の行使期間と原状回復義務の特則 ………………………79

(1) 取消権の行使期間・79 ／ (2) 取消権行使の効果・80

5　「媒介者」による誤認・困惑行為 ……………………………… *81*

　6　消費者契約法の評価 ……………………………………………… *83*

Unit 6　消費者契約における交渉力の不均衡 ……………… *86*

　1　交渉力の不均衡とは ……………………………………………… *86*

　2　民法の規定——強迫 ……………………………………………… *88*

　3　消費者契約法における交渉力の不均衡事例への対応 ………… *89*

　⑴　消費者契約法制定当初の規定——消費者契約法4条3項1号・2
　号・*89*　／　⑵　消費者契約法4条3項1号・2号の限界・*90*　／
　⑶　2016年の消費者契約法改正——消費者契約法4条4項・*92*　／
　⑷　2018年消費者契約法改正——（2022年6月改正前）消費者契約法4
　条3項3号から8号まで・*94*　／　⑸　2022年6月消費者契約法改
　正・*102*　／　⑹　2022年12月消費者契約法改正・*105*

　4　民法の規定による補完 ………………………………………… *109*

　⑴　公序良俗規定（暴利行為）・*109*　／　⑵　取引的不法行為（不当
　勧誘）・*109*

　5　関連法理：不招請勧誘の禁止 ………………………………… *110*

　6　まとめ——契約締結過程規制のポイント …………………… *112*

Unit 7　契約内容の適正——成立段階での内容の妥当性 ……… *115*

　1　消費者契約における内容の不当性とは ……………………… *115*

　2　具体例——悪質商法と公序良俗規定 ………………………… *116*

　3　公序良俗論と消費者取引 ……………………………………… *120*

　⑴　学　説・*120*　／　⑵　消費者取引における公序良俗規定の活
　用・*121*　／　⑶　立法論・*125*

　4　関連問題——取締規定違反行為の私法上の効力論 ………… *126*

Column　マルチ商法で加入者が得た「利益」の扱い（*119*）

Unit 8　消費者契約における契約条項規制①民法 …………… *130*

　1　契約条項とは何か——用語の確認とその背景 ……………… *130*

目　次　ix

(1) 契約条項・契約条件・130 ／ (2) 約　款・131

2　約款規制・契約条項規制のあり方‥‥‥‥‥‥‥‥‥‥‥‥‥‥‥‥ *132*

(1) 規制の根拠・132 ／ (2) 2つの規制アプローチ・135

3　民法による規制の現状‥‥‥‥‥‥‥‥‥‥‥‥‥‥‥‥‥‥‥‥ *137*

(1) 契約締結過程の問題としての不当条項規制・137 ／ (2) 契約
内容規制の問題としての不当条項規制・138

4　まとめ‥‥‥‥‥‥‥‥‥‥‥‥‥‥‥‥‥‥‥‥‥‥‥‥‥‥‥ *139*

(1) 民法の限界・139 ／ (2) 民法改正における定型約款・139

Unit 9 消費者契約における契約条項規制②消費者契約法‥‥ *142*

1　消費者契約法による不当条項規制①不当条項リスト‥‥‥‥‥ *142*

(1) 消費者契約法8条・142 ／ (2) 消費者契約法8条の2・145
／ (3) 消費者契約法8条の3・146 ／ (4) 消費者契約法9条・
147

2　消費者契約法による不当条項規制②消費者契約法10条‥‥‥‥ *153*

(1) 消費者契約法10条前段要件・154 ／ (2) 消費者契約法10条後
段要件・156

3　定型約款規制における契約内容規制‥‥‥‥‥‥‥‥‥‥‥‥‥ *159*

Unit 10 契約内容の適正——契約内容や履行範囲の調整とは‥‥‥ *162*

1　契約内容の調整（契約の解釈）‥‥‥‥‥‥‥‥‥‥‥‥‥‥‥‥ *162*

(1) 具体例・162 ／ (2) 契約の解釈とは・164 ／ (3) 条項使用
者不利の原則・167 ／ (4) 契約の解釈による内容規制の限界——
団体訴訟の場面・170

2　契約の履行範囲の調整（信義則）‥‥‥‥‥‥‥‥‥‥‥‥‥‥‥ *171*

(1) 具体例・171 ／ (2) 信義則の役割・173

Unit 11 消費者契約と特定商取引法①‥‥‥‥‥‥‥‥‥‥‥‥‥ *176*

1　消費者法における業法の役割‥‥‥‥‥‥‥‥‥‥‥‥‥‥‥‥‥ *176*

2　業法の規制モデル‥‥‥‥‥‥‥‥‥‥‥‥‥‥‥‥‥‥‥‥‥‥ *176*

（1）　行政規制の種類・*177*　／　（2）　命令による細則・*178*　／　（3）
規制の効果・*178*

3　特定商取引に関する法律 ·· *179*

（1）　概要と特徴・*179*　／　（2）　規制される取引類型・*181*　／　（3）
規制の対象となる商品・役務・*187*　／　（4）　規制内容の概要・*188*

Unit 12　消費者契約と特定商取引法② ························· *196*

1　特定商取引法の民事ルール①クーリング・オフ ·············· *196*

（1）　クーリング・オフの要件・*197*　／　（2）　クーリング・オフの効
果・*200*　／　（3）　クーリング・オフの意義と消費者保護のあり方・
201

2　特定商取引法の民事ルール②禁止行為と取消権 ··············· *203*

3　特定商取引法各論①過量販売 ·································· *205*

4　特定商取引法各論②通信販売 ·································· *206*

（1）　通信販売における広告規制・*206*　／　（2）　返品ルール・*209*　／
（3）　定期購入契約・*210*　／　（4）　前払式通信販売の承諾書の交付義
務（特定商取引法13条）・*211*　／　（5）　インターネット時代における
「通信販売」規制・*211*

5　特定商取引法各論③訪問購入 ·································· *212*

Unit 13　消費者取引とシステム設定者の責任論① ············· *215*

1　前提──複合契約とは何か ···································· *215*

（1）　二当事者間の複合契約・*215*　／　（2）　三当事者間の複合契約
──クレジット契約・*216*

2　クレジット契約の諸問題 ······································ *217*

（1）　問題の所在・*217*　／　（2）　立法による解決とその後・*218*

3　割賦販売法とは ·· *219*

（1）　概　要・*219*　／　（2）　規制内容・*221*

4　抗弁の対抗規定をめぐる問題点 ································ *225*

Unit 14 消費者取引とシステム設定者の責任論② ……………… *228*

 1 クレジットカード取引をめぐる問題 ……………………………… *228*

 2 不正利用事例におけるシステム設定者の責任 ………………… *232*

  (1) 具体例①──名義貸し、他人による不正利用・*233* / (2) 具体
例②──預金取引・*242*

Unit 15 消費者取引と不法行為 ……………………………………… *246*

 1 「補充」の場面──消費者契約への不法行為法の進出 ……………… *246*

  (1) 契約締結過程における不法行為責任・*246* / (2) 契約内容に
関する不法行為責任・*247* / (3) 品質・安全に関する不法行為責
任・*249*

 2 「拡張」──取引への関与者の不法行為責任 …………………… *249*

  (1) 広告関与者・*249* / (2) 情報提供者・*253* / (3) 資金提供
者、仲介業者・*253* / (4) 「場の提供者」など・*255*

 3 まとめ──消費者取引における不法行為法の意義 ………………… *256*

  (1) 人的範囲の拡大・*256* / (2) 契約におけるさまざまな段階へ
の拡張・*257* / (3) 責任内容の拡大・客観化・*257* / (4) 過失
相殺の意味・*258* / (5) 理論的課題──権利侵害論、損害論、法律
行為法との関係・*258*

Unit 16 消費者契約の目的物の品質 ……………………………… *261*

 1 目的物の品質の決定 ……………………………………………… *262*

  (1) 具体例・*262* / (2) 品質の決定方法・効果・*264* / (3) 補
足──いわゆる環境瑕疵の事例・*269*

 2 広告・表示規制 …………………………………………………… *271*

  (1) 表示事項法定型・*271* / (2) 不当表示禁止型・*272* / (3)
規格型・*272* / (4) 不当表示からの被害救済のあり方・*274*

 3 保証書 ……………………………………………………………… *274*

 Column 契約不適合責任（*268*）

Unit 17 物の安全性①民法 ……………………………………… *278*

　1　安全性の意味とその確保のあり方 ………………………… *278*

　　(1)　法規制の態様・*278* ／ (2)　責任主体・*279* ／ (3)　製造業者
　　の責任の根拠・*280*

　2　民法に基づく製造業者の責任 ……………………………… *281*

　　(1)　過失の内容・程度・*281* ／ (2)　欠陥の推認と過失の推定・*283*
　　／ (3)　その他の問題・*284* ／ (4)　小　括・*284*

Unit 18 物の安全性②製造物責任法 ……………………… *287*

　1　製造物責任法の立法過程 …………………………………… *287*

　2　製造物責任法の内容 ………………………………………… *288*

　　(1)　「製造物」とは（製造物責任法 2 条 1 項）・*288* ／ (2)　「欠陥」
　　とは（製造物責任法 2 条 2 項）・*291* ／ (3)　責任主体（「製造業者
　　等」：製造物責任法 2 条 3 項）・*297*

　3　製造物責任の効果 …………………………………………… *298*

　4　免責事由、期間制限など …………………………………… *299*

　5　製造物責任の現状 …………………………………………… *301*

　　(1)　製造物責任法の限界——立法的・司法的課題・*301* ／ (2)　裁判
　　外制度の活用・*303* ／ (3)　安全に関する行政規制との関係・*303*

Unit 19 品質・安全性に関する行政規制 ……………… *305*

　1　事故情報の提供 ……………………………………………… *305*

　　(1)　各省庁・各機関による事故情報の公開・*305* ／ (2)　事故情報
　　の一元化へ・*307* ／(3)　事故原因の調査・*308*

　2　品質・安全性に関する事前規制 …………………………… *308*

　　(1)　個別法による規制の内容・*308* ／ (2)　品質・安全の行政規制
　　の特徴と課題・*320*

目　次　xiii

Unit 20　サービス契約 ……………………………………… *323*

1　サービス契約とは ………………………………………… *323*

⑴　現　状・*323*　／　⑵　サービス契約の特徴・問題点・*324*　／

⑶　検討の視点・*326*

2　サービス契約の品質・安全性 …………………………… *328*

⑴　サービス契約の品質・*328*　／　⑵　サービス契約の安全性・*330*

3　サービス契約の中途解除——特定商取引法の規定 ……… *331*

⑴　1999年特定商取引法改正の経緯・*331*　／　⑵　特定商取引法に

よる規制・*332*

4　サービス契約をめぐる法的課題 ………………………… *336*

Unit 21　消費者法・各論①悪質商法 ……………………… *339*

1　悪質商法の各類型 ………………………………………… *339*

⑴　キャッチセールス・*339*　／　⑵　アポイントメントセールス・

340　／　⑶　デート商法（恋人商法）・*341*　／　⑷　展示販売商法・

342　／　⑸　催眠商法（SF商法）・*343*　／　⑹　点検商法・*344*　／

⑺　リフォーム詐欺商法・*344*　／　⑻　かたり商法・公的機関をか

たった架空請求・*345*　／　⑼　マルチ商法・*346*　／　⑽　資格商

法・*346*　／　⑾　内職商法・モニター商法・サイドビジネス商法・

347　／　⑿　ネガティブ・オプション・*348*　／　⒀　過量販売

（次々販売）・*349*　／　⒁　預託取引（現物まがい商法）・*349*　／　⒂

原野商法・*351*　／　⒃　振り込め詐欺・*351*　／　⒄　霊感商法（開

運商法）・*352*　／　⒅　定期購入トラブル・*354*　／　⒆　レスキュー

商法・*354*

2　悪質商法に対するルールのあり方 ……………………… *356*

3　まとめ …………………………………………………… *357*

Unit 22　消費者法・各論②金融商品取引 ………………… *360*

1　金融商品取引トラブルの概要 …………………………… *360*

2 法的対応①民事ルール ……………………………………………… *361*

(1) 民　法・*361* ／ (2) 金融サービスの提供及び利用環境の整備
等に関する法律・*366* ／ (3) 消費者契約法・*368*

3 法的対応②業法 …………………………………………………… *369*

(1) 金融商品取引法・*369* ／ (2) 商品先物取引法・*371* ／ (3)
その他の業法・*371*

4 まとめ ……………………………………………………………… *372*

Unit 23 消費者法・各論③建築・住宅 ……………………………… *375*

1 欠陥住宅をめぐる法的問題——民法による解決 ………………… *376*

(1) 前提——法的関係の整理・*376* ／ (2) 契約不適合責任・*376*
／ (3) 不法行為責任・*380* ／ (4) 補論——宅建業者の責任・*383*

2 住宅問題の特別法 ………………………………………………… *384*

(1) 住宅の品質確保の促進等に関する法律・*384* ／ (2) 耐震偽装
問題と法改正・*385*

Unit 24 消費者法・各論④電子商取引 ………………………………… *388*

1 前提知識 …………………………………………………………… *388*

2 電子商取引と消費者 ……………………………………………… *392*

(1) 電子消費者契約特例法・*393* ／ (2) 特定商取引法・*394* ／
(3) 消費者契約法・*395* ／ (4) インターネット・オークションや
フリマアプリをめぐる法的問題・*395*

3 インターネット上の詐欺的商法・悪質商法 …………………… *400*

4 検　討 ……………………………………………………………… *401*

(1) 契約の成立について・*401* ／ (2) 利用規約について・*401* ／
(3) 電子商取引に関するガイドライン・*402* ／ (4) 「金銭」の支払
いに限られない「取引」の増大・*402*

Column　デジタル・プラットフォームとは何か（*389*）

Column　電気通信事業法による消費者保護（*392*）

目　次　xv

Unit 25 消費者保護制度論――行政機関の役割 ･････････････････ *405*

  1 消費者行政の概要 ･････････････････････････････････････ *405*

  2 国の消費者行政 ･･･････････････････････････････････････ *405*

  (1) 歴史――消費者庁ができるまで・*405* ／ (2) 消費者庁設立へ・
406 ／ (3) 消費者行政の一元化・*406* ／ (4) 消費者安全法・
409

  3 国民生活センター ･････････････････････････････････････ *414*

  (1) 概　要・*414* ／ (2) 国民生活センターの活動内容・*414* ／
(3) 国民生活センターのあり方の見直しについて・*416* ／ (4) 越
境消費者センター（CCJ）・*417*

  4 地方自治体の行政 ･････････････････････････････････････ *418*

  (1) 概　要・*418* ／ (2) 消費生活センターの役割・*418* ／ (3)
条例の役割・*419*

  5 消費者行政の将来 ･････････････････････････････････････ *420*

Unit 26 消費者保護制度論――消費者紛争解決制度 ･･････････････ *422*

  1 民事裁判 ･･･ *423*

  (1) 民事調停・*423* ／ (2) 民事裁判・*423* ／ (3) 問題点とその
解決策・*424*

  2 消費生活センターでの苦情相談・ADR ･･････････････････ *427*

  (1) 苦情相談・*427* ／ (2) 自治体における被害救済委員会・*428*
／ (3) 国民生活センターにおける裁判外紛争解決手続（ADR）・*429*

  3 民間機関による裁判外紛争処理（ADR） ･･････････････････ *430*

  4 金融ADR ･･ *431*

  5 消費者団体訴訟制度 ･･･････････････････････････････････ *431*

  (1) 訴権の主体・*431* ／ (2) 訴権の内容・*432* ／ (3) 差止請求
の対象・*432* ／ (4) 差止めの相手方・*434* ／ (5) 訴訟手続・
434 ／ (6) 評　価・*436*

  6 消費者裁判手続特例法 ･････････････････････････････････ *438*

Unit 27 経済法と消費者 ……………………………………………… *448*

  1 独占禁止法 ……………………………………………………… *448*

  (1) 概　要・*448*　／　(2) 私的独占の禁止・*451*　／　(3) 不当な取
引制限（カルテルの禁止）・*451*　／　(4) 不公正な取引方法・*452*

  2 景品表示法（不当景品類及び不当表示防止法）…………………… *454*

  3 私法との接点——独占禁止法違反行為の私法的効力 …………… *464*

  4 まとめ——競争法と消費者法 ………………………………… *464*

Unit 28 当事者の活動 …………………………………………… *467*

  1 消費者の活動——消費者団体の役割 ………………………… *467*

  (1) 消費者団体の歴史・*468*　／　(2) 消費者団体の現状・*468*　／
(3) 課　題・*469*

  2 事業者の活動 ……………………………………………… *471*

  (1) 事業者による苦情対応・*471*　／　(2) 事業者の自主規制・*472*
　／　(3) 事業者団体による情報提供・*475*　／　(4) 消費者志向経営
の推進・*475*

  3 発展問題——内部告発と公益通報者保護法 ………………… *476*

  (1) イントロダクション・*476*　／　(2) 内部告発と民事判例・*477*
　／　(3) 公益通報者保護法・*478*

事項索引・*484*

判例索引・*495*

凡　例

1．法　令

正式名称	本文中略語	括弧内略語
一般社団法人及び一般財団法人に関する法律	一般法人法	一般法人
医薬品、医療機器等の品質、有効性及び安全性の確保等に関する法律	薬機法	薬機
液化石油ガスの保安の確保及び取引の適正化に関する法律	LPG法	LPG
割賦販売法	—	割販
割賦販売法施行規則	—	割販則
化学物質の審査及び製造等の規制に関する法律	化学物質規制法	化学物質規制
偽造カード等及び盗難カード等を用いて行われる不正な機械式預貯金払戻し等からの預貯金者の保護等に関する法律	預金者保護法	預金者保護
金融サービスの提供及び利用環境の整備等に関する法律	—	金融サービス
金融商品取引法	金商法	金商
建築基準法	—	建基
公益通報者保護法	—	公益通報
個人情報の保護に関する法律	個人情報保護法	個人情報
国家賠償法	国賠法	国賠
裁判外紛争解決手続の利用の促進に関する法律	ADR法	ADR
私的独占の禁止及び公正取引の確保に関する法律	独占禁止法	独禁

xviii

住宅の品質確保の促進等に関する法律	品確法	品確
出資の受入れ、預り金及び金利等の取締りに関する法律	出資法	出資
消費者安全法	—	消安
消費者契約法	消費者契約法	消契
消費者庁及び消費者委員会設置法	消費者庁設置法	消費者庁設置
消費者庁及び消費者委員会設置法の施行に伴う関係法律の整備に関する法律	消費者庁設置法の施行に伴う関係法令整備法	整備
消費者の財産的被害の集団的な回復のための民事の裁判手続の特例に関する法律	消費者裁判手続特例法	消費者裁判
消費生活用製品安全衛生法	—	消費用品安全
商品先物取引法	—	商取
平成17年法律第86号による改正前の商法	—	旧商
食品衛生法	—	食品衛生
食品表示法	—	食品表示
製造物責任法	—	製造物
宅地建物取引業法	宅建業法	宅建業
電子消費者契約に関する民法の特例に関する法律	電子消費者契約特例法	電子契約特
特定住宅瑕疵担保責任の履行の確保等に関する法律	特定住宅瑕疵担保責任履行確保法	特定住宅瑕疵担保責任
特定商取引に関する法律	特定商取引法	特商
特定商取引に関する法律施行令	特定商取引法施行令	特商令
特定商取引に関する法律施行規則	特定商取引法施行規則	特商則
特定電子メールの送信の適正化に関する法律	特定電子メール法	特定メール

日本農林規格等に関する法律	JAS 法	JAS
不当景品類及び不当表示法	景品表示法	景表
不当景品類及び不当表示防止法施行令	景品表示法施行令	景表令
訪問販売等に関する法律〔名称変更〕	訪問販売法	―
民事訴訟法	民訴法	民訴
民事訴訟規則	―	民訴規
民法	―	民
有害物質を含有する家庭用品の規制に関する法律	家庭用品規制法	家庭用品規制
預託等取引に関する法律	預託法	預託

2．判　例

最高裁判所平成23年4月22日判決最高裁判所民事判例集65巻3号1405頁

→　最判平成23年4月22日民集65巻3号1405頁

民集　　　大審院・最高裁判所民事判例集

民録　　　大審院民事判決録

集民　　　最高裁判所裁判集民事

高民集　　高等裁判所民事判例集

下民集　　下級裁判所民事判例集

判時　　　判例時報

判タ　　　判例タイムズ

金法　　　金融法務事情

金判　　　金融・商事判例

3．文　献

争点　　　　　内田貴＝大村敦志『民法の争点』（有斐閣、2007年）

大村　　　　　大村敦志『消費者法〔第4版〕』（有斐閣、2011年）

松本還暦　　　小野秀誠ほか編『松本恒雄先生還暦記念・民事法の現代的課題』（商事法務、2012年）

河上古稀Ⅱ	沖野眞已ほか編『河上正二先生古稀記念Ⅱ・これからの民法・消費者法』（信山社、2023年）
河上編著・論点整理	河上正二編著『消費者契約法改正への論点整理』（信山社、2013年）
河上・挑戦	河上正二『消費者委員会の挑戦』（信山社、2017年）
廣瀬古稀	河上正二＝大澤彩編『廣瀬久和先生古稀記念・人間の尊厳と法の役割——民法・消費者法を超えて』（信山社、2018年）
百選	河上正二＝沖野眞已編『消費者法判例百選〔第2版〕』（有斐閣、2020年）
百選〔初版〕	廣瀬久和＝河上正二編『消費者法判例百選』（有斐閣、2010年）
民法百選Ⅱ	窪田充見＝森田宏樹編『民法判例百選Ⅱ〔第9版〕』（有斐閣、2023年）
条解	後藤巻則＝斎藤雅弘＝池本誠司『条解消費者三法〔第2版〕』（弘文堂、2021年）
佐久間	佐久間毅『民法の基礎1〔第5版〕』（有斐閣、2020年）
潮見・概要	潮見佳男『民法〈債権関係〉改正法の概要』（金融財政事情研究会、2017年）
詳解改正民法	潮見佳男ほか『詳解改正民法』（商事法務、2018年）
逐条解説消安法	消費者庁『逐条解説消費者安全法〔第2版〕』（商事法務、2013年）
逐条解説製造物責任法	消費者庁消費者安全課編『逐条解説製造物責任法〔第2版〕』（商事法務、2018年）
一問一答消費者裁判	消費者庁消費者制度課『一問一答消費者裁判手続特例法』（商事法務、2014年）
逐条解説消契法	消費者庁消費者制度課『逐条解説消費者契約法〔第5版〕』（商事法務、2023年）
逐条解説消契法〔4版〕	消費者庁消費者制度課編『逐条解説消費者契約法〔第4版〕』（商事法務、2019年）
特商法解説	消費者庁取引対策課＝経済産業省商務・サービスグループ消費経済企画室編『令和3年版特定商取引に関する法律の解説』（商事法務、2024年）

筒井＝村松編著	筒井健夫＝村松秀樹編著『一問一答民法（債権関係）改正』（商事法務、2018年）
後藤古稀	都筑満雄ほか編纂委員『後藤巻則先生古稀祝賀論文集・民法・消費者法理論の展開』（弘文堂、2022年）
土庫	土庫澄子『逐条講義製造物責任法〔第2版〕』（勁草書房、2018年）
中田	中田裕康『契約法〔新版〕』（有斐閣、2021年）
中田＝鹿野	中田邦博＝鹿野菜穂子編『基本講義消費者法〔第5版〕』（日本評論社、2022年）
中田＝鹿野〔4版〕	中田邦博＝鹿野菜穂子編『基本講義消費者法〔第4版〕』（日本評論社、2020年）
西川	西川康一『景品表示法〔第6版〕』（商事法務、2021年）
日弁連	日本弁護士連合会『消費者法講義〔第6版〕』（日本評論社、2024年）
日弁連・PL法	日本弁護士連合会消費者問題対策委員会編『実践PL法〔第2版〕』（有斐閣、2015年）
インデックス	松本恒雄＝後藤巻則編『消費者法判例インデックス』（商事法務、2017年）
新注民(1)	山野目章夫編『新注釈民法(1)総則(1)』（有斐閣、2018年）
新注民(15)	窪田充見編『新注釈民法(15)債権(8)』（有斐閣、2017年）
重判解	『平成26年度重要判例解説』ジュリスト臨時増刊1479号（2015年）

4．資　料

有識者懇談会報告書	消費者法の現状を検証し将来の在り方を考える有識者懇談会における議論の整理（2023年7月）

　本書では、各Unitの末尾に参考文献等を掲げ、本文中においては略称を用いている。

Unit 1

消費者法とは何か

　これから消費者法といわれる法分野を学ぶことになるが、日本には「消費者法」という名前のついた法律は存在せず、実際、六法のどこを探しても「消費者法」という名前の法律は存在しない。では、「消費者法」とは何か。

1　消費者法とは何か

(1)　考えるためのヒント

〈事例①〉

　大学生であるＡは、国際機関に就職するという目的を果たすべく、TOEFLを受験することにし、そのためにいくつかのTOEFL専門塾のパンフレットを取り寄せた。その中で、「受講生５人以下の少人数クラス」、「ネイティブスピーカーによる授業」を売りにしていたＹ英語塾を訪れ、無料カウンセリングを受けた。その中でＹの従業員Ｂから「うちの塾では必ず受講生５人以下での授業を毎回行います」、「これであなたもTOEFLの高得点が見込めます」、「ネイティブスピーカーによる授業です」といった勧誘を受け、Ｙの契約書に署名押印し、１年間の受講料50万円を支払った。しかし、実際には受講生が１クラスあたり10人ほどおり、ネイティブスピーカーも時々は授業を行ってくれるものの、基本的には日本人による授業が行われ、とてもTOEFLの高得点が見込まれるような授業ではなかった。ＡはＹの当初の説明と実際のサービスの内容があまりにも違うため、お金を取り戻してＹをやめたいと考えているが、Ｙから「やめる場合にもすでに支払ったお金は一切返金しません」と言われた。しかし、わずか１か月しか通っていないのに一銭も返ってこないのはおかしいのではないかと腑に落ちない気持ちになっている。

〈事例②〉

> 大学生であるBは、家電量販店Wで、X製のノートパソコンを購入した。ある日、Bがこのノートパソコンの電源を入れたまま外出して、1時間後に帰宅したところ、ノートパソコンのファンの部分から火が出ており、ノートパソコンを置いてあった机と、机の後ろの壁の一部が燃えてしまった。ノートパソコンは購入したばかりであり、それまでに不具合はまったく見られなかった。また、Bのノートパソコンの使用頻度も普通といえる程度であった。Bはノートパソコンや机、壁の焼失につき、誰に責任をとらせるべきかと考えている。

　以上の2つの例につき、あなたがAやBから相談を受けた場合に、民法の規定を前提とするとどのようなアドバイスが可能であるかを考えてほしい。

(2)　消費者法の対象──「消費者問題」

(i)　消費者問題とは何か

　以上の2つの例には、次のような共通する特徴がある。

　第1に、どちらの事案でも、大学生であるAやBは、自分の生活や趣味のためにある物やサービスを「消費」している。ここで強調されるべきは、2人とも自分の「事業」のために物やサービスを消費しているわけではないということである。このような2人を「消費者」と定義する（なお、具体的にいかなる者が「消費者」にあたるかについては **Unit 2** で説明する）。

　第2に、2人とも物やサービスをXやW、Yといった「事業者」から購入しているということである。「事業者」についても **Unit 2** で説明するが、ここではさしあたり、「消費者」に比べて経済的に優位に立ち、消費者に対して物やサービスを提供する人、と考えてほしい。

　第3に、2人とも「事業者」との間の取引によって何らかの被害を受けているということである。このように、「事業者」との間の取引によって「消費者」が何らかの被害を受ける問題を「消費者問題」と定義づける。

　冒頭の事例に民法の規定を適用して検討すると、〈事例①〉では、例えば、民法の錯誤（民法95条）や詐欺（同法96条）の可能性を検討することが考え

られる。しかし、前者については「法律行為の基礎とした事情」（同法95条
１項２号）についての錯誤にあたるかどうか、および、相手方へのその事情
が基礎とされていることの表示の有無が問題となり、後者については欺罔行
為の故意がないと認められない。〈事例②〉では、同法709条によって製造者
に責任を追及することが考えられるが、製造者Ⅹの過失の存在を立証するこ
とが困難である。また、売主であるＷの契約不適合責任（同法562条以下）の
有無も問題となるが、この場合にはパソコンの代金の返還は可能であって
も、パソコンの出火による拡大損害の賠償を請求することが困難である
（**Unit 16**）。

　このように、実際には民法の規定だけで消費者問題を解決することは容易
ではないことがわかる。また、実際の消費者問題には、〈事例①〉や〈事例
②〉のような取引のトラブルや、物の安全性の欠如をめぐるトラブル以外に
もさまざまなものがあり、それらのトラブルは、民法だけではなく多種多様
な法律や制度の発展によって対処が図られてきた。

(ⅱ)　消費者問題の歴史

　そこで、次にこれまでにどのような「消費者問題」が起きているか、およ
び、それに対して法律や制度によってどのような対応がなされてきたかをみ
てみよう（以下、大村５頁以下も参照）。

(a)　戦後の混乱期（1945年～1950年代半ば頃）

　敗戦後の日本では物資不足、物価高騰が問題になった。これらの問題を受
けて、全国の主婦の会が「米よこせ」運動などを積極的に推進した。この主
婦の会は、その後主婦連合会の結成へと結実し（1948年）、また、生活防衛
のために各地に結成された「買出組合」と呼ばれる協同組合は消費生活協同
組合法（1948年）へと結実した。

　一方で、独占禁止法、食品衛生法などの立法もなされている。しかし、こ
れらの立法は消費者の利益や権利を目的としたものというよりはむしろ戦後
の経済統制の影響による、産業振興からのいわゆる業者規制立法であった。

(b)　日本経済の復興と高度経済成長期（1950年代半ば頃～1960年代末）

　1950年代半ばに「もはや戦後ではない」といわれるまでの経済復興を果た
した日本では、人々が消費生活の質に対して関心を向けるようになった。森

永ヒ素ミルク事件（1955年）、サリドマイド事件（1962年）、薬害スモン事件（1967年）、カネミ油事件（1968年）などの食品公害・薬害問題が多発し、大きな社会問題となったのもこの時期である。このことから、この時期（1960年代前後）が日本で消費者問題がはっきり意識されるようになった時期であるととらえられている。

　日本の消費者問題の端緒たる事件として有名なものとして、ニセ牛缶事件（1960年）がある。これは、鯨肉・馬肉などの缶詰を牛肉缶詰と称して売るという不当な表示が問題になった事件であり、この事件を契機に不当景品類及び不当表示法（景品表示法）、家庭用品品質表示法が制定された（1962年）。

　これらの食品問題や薬害などを受けて、人々の消費者問題に対する意識・不安は高まっていった。そこで、この時期には「消費者保護」の必要性が行政上・立法上も強化されることになる。第1に、関係省庁に消費者問題担当の部局が設置されるなど、消費者行政機関の整備がなされたのがこの時期である。1963年には農林水産省に、1964年には通商産業省に消費経済課が設置された。また、経済企画庁（現在の内閣府）には国民生活局が設置され、同時に国民生活審議会が発足している（1961年）。なお、これらの機関の役割については本書でも追々触れる（特に **Unit 25** を参照）。第2に、相次ぐ消費者保護立法である。その代表として、1963年の「消費者保護に関する答申」を受けて1968年に制定された消費者保護基本法がある。ほかにも、消費者問題に関する個別法が多数制定されている。その代表例として、前述した家庭用品品質表示法、景品表示法や、薬事法（現在の薬機法）、割賦販売法などがある。このように、消費者保護は、社会問題となるだけでなく、行政・立法上も重要な政策の1つとして位置づけられたことになる。

(c) 安定成長期と消費者問題の多様化（1960年代末～1970年代）

　1960年代の高度経済成長期を経て、安定成長期に入ると、日本では消費者問題が噴出するが、この時期に問題となった消費者問題は、それまでの消費者問題の中心であった食品・薬害問題のみならず、欠陥製品問題、悪質商法など消費者取引の不当性、さらにはオイルショックを契機に批判が高まる不適正な価格の問題などであり、その問題の種類が多様化する。

　これらの消費者問題の多様化・深刻化を受けて、1970年には経済企画庁監

督のもとで国民生活センターが設置された。また、相次ぐ消費者立法・法改正がなされた。その代表例として、第1に割賦販売法改正（1972年）が挙げられる。この改正によって、目的規定に「購入者等の利益の保護」が掲げられるとともに、クーリング・オフ制度の導入などが実現した。第2に、新たな法律が多数制定されている、1973年の安全三法（消費生活用製品安全法、有害物質を含有する家庭用品の規制に関する法律、化学物質の審査及び製造等の規制に関する法律）をはじめとして、訪問販売等に関する法律（1976年。現在の特定商取引法）、無限連鎖講の防止に関する法律（1978年）などがある。第3に、これらの法改正や新たな立法といった、法律による消費者保護という風潮の高まりは、相次ぐ消費者問題を訴訟の場で解決しようという態度につながる。その結果、被害者の集団や消費者団体が、訴訟による被害の救済や消費者政策の強化を求めるようになったのもこの時期である、例として、カネミ油訴訟、スモン訴訟、灯油訴訟などがある。

(d) 多発する悪徳商法と規制緩和（1980年代）

1980年代になると、規制緩和を標榜する新自由主義の風潮に推されて、消費者運動は停滞していく。しかし、この時期には消費者信用問題（いわゆるサラ金問題など）や、豊田商事事件などに代表される多種多様な悪質商法（豊田商事事件などの現物まがい商法、キャッチセールス、資格商法など、さまざまな悪質商法が次々に出現した）が展開され、これらをめぐる訴訟も多発した。これらの消費者問題を受けて、例えば、抗弁の接続を認める割賦販売法改正（1984年）（**Unit 13** 参照）がなされたほか、貸金業規制法（現在の貸金業法）が制定された（1983年）。

(e) 規制緩和・ECの外圧と消費者政策（1990年代）

1990年代に入ると、規制緩和の名のもとに消費者の自己責任の強調や市場機能の重視などが強く主張される一方で、消費者の自己責任・自己決定の支援が消費者政策の課題としてクローズアップされ、また、消費者契約の適正化が重視されるようになった。この背景には、日本国内の消費者問題の多発のみならず、ヨーロッパ諸国における相次ぐ消費者立法の存在があった。1985年の製造物責任に関するEC指令や1993年の不当条項に関するEC指令は、研究者の間でも注目され、これらの指令を念頭に置いた立法のあり方が

学界・国民生活審議会で頻繁に議論される。

その結果、1994年には製造物責任法が制定され、いわゆる欠陥商品問題における製造業者の責任が明確になった（*Unit 16* 以下）。また、国民生活審議会は何次にもわたって議論を繰り返し、ついには2000年の消費者契約法制定に至る（*Unit 5*・*Unit 6*・*Unit 9*）。これらの２つの法律は、これまでの業法中心の消費者立法ではなく、消費者保護や消費者の自律を支援することを目的とした民事ルールを定めている点に大きな特徴がある。また、2000年には1976年制定の訪問販売法が対象となる取引の種類を増やすなどして大改正され、特定商取引法へと名称が変更された（*Unit 11*・*Unit 12*）。ほかに、住宅の品質確保の促進等に関する法律（*Unit 23*）、金融商品販売法（現在の「金融サービスの提供及び利用環境の整備等に関する法律」）（*Unit 22*）など、消費者にとって大きな買い物である住宅・金融商品をめぐるトラブルに対応するための立法もなされている。このように、この時期には事前規制が緩和される一方で、被害を受けた消費者が実体的救済を求めることを可能にする民事ルールが充実した。

(f) 新たな消費者問題の出現と相次ぐ立法、「消費者の権利」の規定へ

21世紀になると、それまでも生じていた悪質商法、ダイヤルQ₂問題などに加えて、インターネット上の消費者問題、迷惑メール、出会い系サイト、オレオレ詐欺など、IT化に伴う新種の消費者問題が多発した（*Unit 24*）。これらの問題は次から次に生じ、手口が次から次に変わっていくこともあって、さらに被害者を増大させている。また、訪問リフォーム詐欺、マンション耐震偽装問題、欠陥湯沸かし器の事故など、マスコミをにぎわせるような消費者問題が増大したのは、記憶に新しいところである。このような新種の問題、次から次に生じる消費者問題に対して、個別法が後追い的ではあるが増加している。

さらに、消費者問題からの消費者保護は、単なる対症療法的なものではなく、「消費者の権利」を保護するという根本的な政策であるという意識が高まり、ついには2004年の消費者保護基本法改正で成立した「消費者基本法」が「消費者の権利」を法律上正面から認めることになる。これについては後述する。また、「消費者の権利」をより保護するために、集団による権利の

保護を可能にする消費者契約法改正（適格消費者団体による団体訴訟導入。同法12条以下。*Unit 26* 参照）がなされ、多くの裁判例が出ている。

(g) 消費者庁設置、民法改正論議との関係

2009年秋には消費者庁が設置され、それまで複数の省庁に分散していた消費者問題についての権限が消費者庁に集約された。設置の経緯など、詳細は本書でも説明するが（*Unit 25*）、消費者行政の転換期となった。

一方で、2014年11月に消費者委員会消費者契約法専門調査会が立ち上がり、2015年末の最終報告書を経て、2016年の通常国会に改正法案が提出され、消費者契約法改正に至った。その後、2017年夏にも報告書が提出され、2018年6月に同法の改正が実現した。さらに、2022年6月、および、同年12月にも消費者契約法が改正された。

その一方で、集団的被害回復のために、2013年に消費者裁判手続特例法が成立した。また、2014年には課徴金制度を導入する景品表示法改正も実現し、不当表示を行った事業者には課徴金が科されることとなった（*Unit 27*）。後者は不当表示を事前に抑止するというものである。このように、多数の被害者の救済および消費者問題の抑止という2つの側面を意識した制度の導入がなされた。これらの救済・抑止のための制度は随時見直され、実効性の強化が図られている。

(3) 「消費者問題」への対応状況

以上の歴史をみると、その歴史のそれぞれの時代において、一定の消費者保護関連立法が制定されていることがわかる。これらの消費者保護関連立法は、基本的にはその々で問題になった消費者問題を解決するために制定されてきた。また、消費者問題に対応するために、法律の制定のみならず、行政機関の設立など、制度による解決もなされている。これらを「消費者問題」から「消費者」を保護する法律・制度のひとまとまりとしてとらえ、「消費者法」と呼びたい。つまり、消費者法とは、「その時代ごとによって生じる、私たちの消費生活に密着した問題、つまり『消費者問題』を解決するツールである法および制度」、ということができる。

しかし、これだけではまだ「消費者法」を漠然ととらえたものにすぎな

い。そこで、次に、消費者基本法を手がかりに消費者法の具体的な内容を確認しよう。

2 消費者基本法から見た消費者政策の内容・消費者法の特徴

(1) 概要——「消費者の権利」と国・事業者の役割

消費者基本法は、1968年に制定された消費者保護基本法を、消費者トラブルの急増とその多様化・複雑化、規制緩和の進展、さらには企業不祥事の続発といった消費者を取り巻く経済社会情勢の変化に対応するものとして抜本的に見直すべきという認識のもと、同法を改正したものとして2004年に成立した（改正に伴い、名称が「消費者基本法」に改められた。同法の解説として、吉田尚6頁以下。また、日弁連505頁以下も参照）。

消費者基本法1条にあるように、同法は、消費者と事業者との間に情報の質および量ならびに交渉力の格差があることを重視し（この文言が改正によって付け加えられた点に1つの特徴がある）、消費者の権利の尊重やその自立の支援、その他の基本理念を定め、また、国、地方公共団体、事業者が負う責務および基本的施策を定めている。

この法律が画期的なのは、「消費者の権利」という概念が法律上明記された点である。消費者の利益を「権利」としてとらえる見解としては、古くはアメリカの消費者利益の保護に関する特別教書（ケネディ教書）（1962年）の「消費者の4つの権利」があった。それによると、消費者の4つの権利とは「安全を求める権利」、「知らされる権利」、「選ぶ権利」、「意見を聴いてもらう権利」であった。また、条例ではあるが、東京都消費生活条例は、1975年の原始規定の段階では、「生命及び健康を侵されない権利」、「適正な表示を行わせる権利」、「不当な取引条件を強制されない権利」、「公正かつ速やかに救済される権利」、「必要な情報を速やかに提供される権利」を掲げており、1994年の改正で「消費者教育を受ける権利」が追加された。しかし、これらの「権利」が法律で最初に明文化されたのは2004年の消費者基本法である。

消費者基本法2条1項にあるように、「消費生活における基本的需要が満

たされ」、「健全な生活環境が確保される中で」、「安全の確保」、「選択の機会の確保」、「必要な情報の提供」、「教育の機会の確保」、「意見の反映」、「被害の救済」が消費者の権利として位置づけられている。国際消費者機構の8つの消費者の権利（①生活の基本的ニーズが保障される権利、②安全である権利、③知らされる権利、④選ぶ権利、⑤意見を反映される権利、⑥補償を受ける権利、⑦消費者教育を受ける権利、⑧健全な環境の中で働き生活する権利）が参考とされたものである。

　もっとも、ここでの権利が憲法が定める「人権」とまでいえるかについては懐疑的な見解が有力であり、また、具体的に消費者基本法が定める「消費者の権利」を根拠に訴訟で請求ができるわけではない。しかし、規制緩和や消費者の自己責任といった考え方が広がる中、市民社会の基本原則である人間生活の尊重という考え方を国民の消費生活について確立し、また、事業者による事業活動も消費者の権利の尊重を前提として成り立つものであることを具体化する上で、消費者の権利という言葉を明文化することには意味があったものと思われる（もっとも、正田157頁は、「消費者の権利」についての具体性を欠いていると指摘する。消費者の権利についての本格的研究である吉田克も参照されたい）。ここでの消費者の権利の尊重は「消費者の自立の支援」の前提として、かつ、これと一体のものとして規定されている（同法2条。吉田尚13頁）。

　さて、消費者基本法は、国によってなされるべき施策として、安全の確保（同法11条）、消費者契約の適正化等（同法12条）、計量の適正化（同法13条）、規格の適正化（同法14条）、広告その他の表示の適正化等（同法15条）、公正自由な競争の促進等（同法16条）、啓発活動および教育の推進（同法17条）、意見の反映および透明性の確保（同法18条）、苦情処理および紛争解決の促進（同法19条）、高度情報通信社会の進展への的確な対応（同法20条）、国際的な連携の確保（同法21条）、環境の保全への配慮（同法22条）、試験、検査等の施設の整備等（同法23条）、消費者団体の自主的な活動の促進（同法26条）が挙げられている。また、事業者の責務として、同法5条にあるように、①消費者の安全および消費者との取引における公正の確保、②消費者に対する情報提供、③消費者の知識・経験・財産の状況への配慮、④苦情処理態勢の

整備・苦情処理、⑤消費者政策への協力が挙げられている。

　また、政府は消費者政策の計画的な推進を図るため、消費者基本計画を定めなければならないとされている（消費者基本法9条）。そこで、平成17年から平成21年までの5か年にわたる消費者基本計画が定められたが、最終年度である平成21年度に消費者庁・消費者委員会が創設され、新たな消費者政策へと方向転換したのを機に、さらに平成22年度から平成26年度までにわたる消費者基本計画が定められた。計画期間は5年間であるが、毎年、その年度における施策の実施状況をふまえて見直しがなされている。この消費者基本計画によって、過去には *Unit 26* で述べる消費者団体訴訟制度が創設されたり、消費者事故調査委員会が設置されるなどの成果が現れている。2020年3月に第4次消費者基本計画（2020年度～2024年度）が定められた（https://www.caa.go.jp/policies/policy/consumer_policy/basic_plan/pdf/basic_plan_200331_0001.pdf）。

　また、工程表が作成され、消費者基本計画に基づく施策の実施状況について、消費者委員会や消費者政策会議が検証、評価・監視を行っている（第4次消費者基本計画の工程表は、2020年7月に決定されている）。1年に1回は工程表が改定されている。

(2)　特徴——消費者法の特徴とも関連させて

　消費者基本法の規定はプログラム規定であり、この法律を根拠に消費者が訴訟で事業者の責任を追及できるわけではない。しかし、同法は、消費者政策の基本的な内容を示しているといえる。つまり、同法1条がいうように、消費者と事業者との間の情報・交渉力格差にかんがみて、①消費者契約の適正化および公正の確保（そのための表示の適正化、消費者の知識等への配慮、消費者への情報提供）、②消費者の安全性の確保、③計量・規格・表示の適正化、④自由な競争の確保、⑤適切な苦情処理、⑥消費者教育・消費者団体の活性化を通じた消費者の参加・組織化の確保が、消費者政策として必要であるということができる。

　この責任を担うのは国だけではない。事業者がいかなる責務を負うかという観点から消費者基本法をみることも重要である。つまり、消費者との関係

10

において事業者に何が求められるか、という観点である。

(i) 消費者の保護から自立の支援へ

ここで、注意して欲しいのは、①から⑥までの中には単に消費者を保護するための政策というよりは、むしろ消費者の自立を促している政策があるという点である。例えば、②は消費者を危険から保護するという意味を持つが、⑥は消費者が自己の権利を自ら行使できるようにするための施策であるということもできる。また、消費者への情報提供は、消費者に情報を提供することで、消費者が適切な取引判断を行い、自立した取引主体となることを支援するものである。このように、近年の消費者政策では、単に消費者を保護するという側面だけではなく、消費者の自立を支援するという側面が重視されている。その結果、事業者だけではなく消費者にも、自ら必要な情報を収集する努力義務などが課されることもある。例えば、消費者基本法7条・8条はその例である。このように、今日では消費者は保護されるだけではなく、自立して適切な行動をとることが要求されており、その自立を支援するために消費者政策がなされているのである。しかし、消費者の自立だけを主張することには問題もある。先にも述べたように、消費者の権利を擁護することが重要である。

(ii) 個人としての消費者と集団としての消費者

以上の消費者保護政策で念頭に置かれている「消費者」には、1人ひとりの個別の「消費者」だけではなく、消費者全体、つまり、集団としての「消費者」の側面もあることに留意しなければならない（このことは、多くの論文で述べられているが、直近でこの点を詳しく述べている論文として、後藤の特に6頁以下、山本隆、鹿野56頁以下。また、この点への関心に基づく論文を所収したものとして、千葉ほか編）。たしかに、消費者への情報提供は、直接には1人の消費者が自立して適正な取引判断を行うためのものであるが、事業者が自分の取引相手である消費者すべてに対して適切な情報提供を行えば、その市場における集団としての消費者が保護されることとなり、市場の適正化につながる（*Unit 27* も参照）。*Unit 8* 以下で説明する契約条項規制で主として問題となるのは、事業者がたった1人の消費者のためにではなく、不特定多数の消費者を相手として作成する約款に存在する契約条項である（詳しく

は、大澤・役割32頁）。また、本書でも説明する表示の適正化や消費者団体による集団的な紛争解決に現れているように、1人ひとりの消費者を超えて、集団としての消費者を保護するための法制度が充実しているのも、消費者法の特徴である。

(iii) 消費者法の学際性——消費者法の「パラダイムシフト」へ？

　消費者基本法で求められている施策をみると、消費者法は契約法をはじめとする民法のみならず多種多様な分野にわたることがわかる。例えば、消費者契約の適正化は消費者への情報提供など、まさに民法（特に契約法）やその特別法といった民事法によって実現される。しかし、例えば安全性の確保は民法の不法行為やその特別法のみならず、食品衛生法など多くの行政規制によってコントロールされており、また、計量・規格・広告その他の表示の適正化は、事後救済の観点からは民法の契約不適合責任の有無が問題となるものの、消費者問題の事前防止の観点から行政規制も数多く存在する。このように、消費者法では民事法のみならず行政法もその重要な一分野を形成している。日本では行政規制が中心であるが、実は消費者法を形成している特別法には、違反に対して刑事罰を規定するものも少なくない。このように、消費者の利益保護や市場の公正性確保にあたっての公私協働がみられる。近年では、消費者法分野におけるこれらの民事ルール、行政ルール、さらには自主規制の「ベストミックス」の重要性が注目されている（消費者委員会「消費者法分野におけるルール形成の在り方等検討ワーキング・グループ報告書〜公正な市場を実現するためのルール及び担い手のベストミックスを目指して〜」（2019年6月）20頁。有識者懇談会報告書10頁。「消費者法における行政手法の活用」も興味深い）。

　また、ベストミックス論に関連するものとして、消費者法においてハードローだけではなく、ソフトローの役割が注目されている。具体的には、「悪質事業者」に対してはハードローによって、刑事罰や行政手法による違法収益の剥奪などの手法も用いて厳格に対応する一方で、一般的にはハードローだけではなくソフトローによって事業者の消費者志向の行為を促すというものである（対象事業者を「遵法層」、「中間層」、「極悪層」の三層に分けて、行為規制の実効性確保の設計のあり方を検討するものとして、中川・公的規制176頁、

中川・行政手法54頁以下）。最近では、民事ルールである消費者契約法の改正において、新たな規定の追加ではなく、立案担当者の「逐条解説」による規定の明確化が見られる。「逐条解説」には法的拘束力がないが、消費者契約法改正論議で法改正が提案されていた事項につき、民事効果を伴う形での規定化にコンセンサスが得られない場合に、立案担当者による逐条解説の記述の変更や明確化によって、規定化が検討されていた内容が実現したという事項が複数存在する（沖野50頁）。このように、ガイドライン等で規制の明確化が図られる行政規制だけではなく、民事ルールである消費者契約法の明確化の手法にも興味深い点が見られる。さらに、ルール形成のあり方の観点からは、消費者契約法の複数回の改正で「努力義務」規定が増加したことも注目される。努力義務規定によって、事業者の行為規範が示され、ひいてはソフトローにつながりうる。このような規定が民事ルールである消費者契約法に存在することは、すぐ後で述べるように消費者契約法の役割を再検討させる必要性を示している。

　もっとも、「悪質事業者」ではない「事業者」に対してもソフトローだけで十分であるとは言えない。消費者問題は、意図的ではなく、法の無理解などによっても引き起こされる。また、法的効果を伴う民事ルールがあることは、消費者の救済にとって重要であるとともに、事業者にとっても究極的には訴訟に訴えられる可能性があることが示され、紛争の抑止的効果がある（**Unit 26**の適格消費者団体による差止訴権を参照）。この点からは、消費者契約法改正論議で提案されていた多くの新しい実体法ルールが「努力義務」規定にとどまったことには、司法的な判断に役立つ裁判規範として十分に機能するのかという疑念も払拭できない（司法による市場の適正化や消費者保護が実現されないおそれもある。このような問題意識に基づく中田・可能性99頁を参照）。また、たしかに当事者間の契約に国が過度に介入することは避けるべきであるとしても、法ルールを理解できずに違法行為をした事業者に対して行政指導を行うことや、それでも是正されない場合に行政制裁を科すということは、事業者の行為の改善を促すとともに、市場の適正化に繋がる。

　この点、本書の随所でも説明するように（**Unit 4**、**Unit 5**など）、消費者契約法には度重なる改正で、具体的な場面を想定した、具体的な要件に基づ

く規定が追加され、「消費者契約法の特定商取引法化」と言われることもある。このことは、消費者契約法の役割の再検討を促している。学説では、消費者契約法には、消費者契約に限ってプリンシプルと紛争解決規範を提示するという役割が期待されるとの見解がある（山本敬13頁）。他方で、「悪質事業者」に対しては、ソフトローではなくハードロー、具体的には公法的規制が重要であるとの見解があることは、すでに述べたとおりである。消費者保護に関する私法ルールの役割と、その行政ルールとの「棲み分け」および「協働」のあり方が問われている。さらにいえば、消費者契約法を民事ルールのみで限定的にとらえるのではなく、行政規制の導入可能性も含めて検討する必要性も示唆されている（有識者懇談会報告書11頁。このような問題意識に基づいて検討したものとして、大澤・消費者取引法87頁以下を参照）。

次に、苦情処理や紛争解決は、民事訴訟法、および、そのルールを消費者保護の促進の観点から修正した複数の特別法によって担われており、民事手続法も消費者法を学ぶ上で重要である。特に注目されるのは、適格消費者団体による差止訴訟や、特定適格消費者団体による被害回復請求訴訟が活性化し、消費者法の実効性強化に大きな役割を果たしている点である。また、消費者法では、裁判外のADRや、消費生活センターにおける消費者相談も紛争解決に重要な役割を果たしている。

そのほかに、公正自由な競争の促進等が掲げられている点は、消費者法と競争法の関係が実は表裏一体のものであることを示している。すなわち、事業者が公正自由な競争の場で取引を行えば、消費者に供給される物・サービスも適正なものとなる。競争がなく、一部の企業が不当に商品販売を独占すると、商品の品質や価格が適正なものとならない。このように、公正自由な競争が行われる市場環境を作り出すことは、消費者法でも重要であり、そのためには健全な市場環境の妨げとなる不当な取引や条件は排除されなければならない。

また、消費者基本法で環境の保全への配慮が求められている点は、近時のヨーロッパのトレンドである環境法と消費者法の関係を示すものでもある。例えば、食品ロスを防ぐなど、エコや環境に配慮した消費活動が持続可能な社会を作り出すという意識が近時では高まっている。消費者政策による

SDGs（持続可能な開発目標）実現へ向けた意識の高まりは、その一例である（日本でもこの問題に関心を寄せる研究者が増えている。谷本、カライスコスおよび、両教授が共著者である谷本＝坂東＝カライスコス）。

消費者庁は2023年7月に有識者懇談会報告書を公表した。その中では、消費者取引をめぐる法制度のあり方について、従来の法制度の枠組みにとらわれず、ハードローとソフトローの組み合わせ、民事・行政・刑事法規定などの手法を組み合わせた消費者法のあり方と、それによる実効性向上のあり方が示されている。また、デジタル化が消費者の取引環境に与える影響についての議論も展開されている。その後、消費者委員会のパラダイムシフト専門調査会で上記の観点からの議論が継続されている。学説でも、このような消費者法のあり方、および、その際の民事・行政・刑事の手法の組み合わせや、行政規制・民事手続などによる実効性確保のあり方が注目されている（文献は枚挙にいとまないが、「消費者法の体系化・現代化」の座談会および各論稿、「消費者法の展開と将来像」の座談会および各論稿、および、大澤編・発展などを参照）。このような消費者法の「パラダイムシフト」をめぐる議論においては、以上に述べた消費者法の「学際性」を、消費者法の実効性強化にどのように生かしていくかが問われている。具体的な法制度の内容に踏み込んだ議論はこれからではあるが、本書の各Unitで消費者法ルールを学ぶ際には、以上の「トレンド」を意識してほしい（以上、消費者法の学際性が顕著に指摘されているフランス法の動向が参考になる。大澤・消費法）。

(iv) 消費者法の「担い手」の多様性

これも消費者基本法をみるとわかるように、消費者政策の中心を担うのは国であるが、実際に消費者からの相談現場となる地方公共団体も消費者法を担う主体である。また、国民生活センターのように、独立行政法人もある。これらの主体は紛争解決のみならず、消費者啓発など、被害の未然防止にも大きな役割を果たしている。紛争が裁判に至ると、裁判所によって実際の紛争解決が担われるほか、裁判所が示す判断が法改正に影響したり、その後の同種の紛争を予防することにもつながる（昨今、消費者契約法でルールの明確化のために活用される立案担当者の「逐条解説」と、それに対する司法の「応答」によるルール形成について、大澤・協働24頁以下）。紛争解決については、本書

でも述べるように裁判所外での紛争解決が重要であり、その際にも国民生活センター、各地の消費生活センター、さらには法テラスや弁護士会といった主体も重要な役割を果たしている。

　大切なことは、消費者法を担っているのは以上の行政機関や司法機関だけではない。事業者および消費者という消費者法の「主役」にも、消費者法の重要なアクターとなることが求められている。事業者の役割については消費者基本法で述べられているとおりである。また、消費者自身の参加も求められている。ここで重要なことは、日頃消費活動を行う消費者自身も消費者教育に関心をもって情報収集をする必要があるという点だけではなく、消費者への情報提供や教育活動を行ったり、その一部は消費者を代表して団体訴訟を提起することができる消費者団体も重要な役割を果たしているという点である（以上、*Unit 28*）。

＊参考文献＊

本文中、吉田尚弘「新しい『消費者政策の憲法』──消費者基本法」時の法令1721号（2004年）6頁、正田彬『消費者の権利〔新版〕』（岩波書店、2010年）、吉田克己「消費者の権利をめぐって」消費者法研究1号（2016年）15頁、後藤巻則「人と消費者」消費者法研究9号（2021年）1頁、山本隆司「消費者法における集団的利益の実現と個別的利益の実現との関係」消費者法研究7号（2000年）49頁、鹿野菜穂子「取引分野における消費者民事法の展開と課題」日本経済法学会年報40号（2019年）50頁、千葉恵美子ほか編『集団的消費者利益の実現と法の役割』（商事法務、2014年）、大澤彩「取引の『定型化』と民法・消費者法の役割」NBL1199号（2021年）32頁、「特集　消費者法における行政手法の活用」現代消費者法64号（2024年）、中川丈久「日本における公的規制、民事裁判、自主規制」論究ジュリスト25号（2018年）176頁、中川丈久「行政手法を用いた消費者法の将来像──安全・取引・表示」現代消費者法64号（2024年）51頁、沖野眞已「消費者契約法の育成──3度の実体法部分の改正を受けて」河上古稀Ⅱ5頁、中田邦博「消費者売買法の意義と可能性」現代消費者法60号（2023年）97頁、山本敬三「2022年消費者契約法改正と今後の課題（4・完）」NBL1234号（2023年）10頁、大澤彩「消費者取引法の体系化・現代化」現代消費者法60号（2023年）87頁、谷本圭子「消費者法と持続可能性原則──『欧州グリーン・ディール』からの示唆」立命館法学409号（2023年）411頁、カライスコス・アントニオス「持続可能性と消費者法」法の支配214号（2024年）73頁、谷本圭子＝坂東俊夫＝カライスコス・

アントニアス『これからの消費者法：社会と未来をつなぐ消費者教育〔第2版〕』（法律文化社、2023年）、「特集　消費者法の体系化・現代化」現代消費者法60号（2023年）、「特集　消費者法の展開と将来像」法の支配214号（2024年）、**大澤彩編**『消費者紛争解決手段の**発展**に向けて──実体法・手続法の課題』（法政大学出版局、2024年）8頁、**大澤彩**「**消費法**」岩村正彦ほか編『現代フランス法の論点』（東京大学出版会、2021年）231頁、**大澤彩**「消費者法のルール形成および実効性確保における行政・司法の『**協働**』」法律時報96巻10号（2024年）24頁。

本文中で引用したもののほか、中田邦博「消費者法とはなにか」中田＝鹿野2頁、大澤彩「消費者法」法学教室487号別冊付録（2021年）18頁も一読してほしい。

Unit 2

「消費者」とはどのような人か

Unit 1 で、消費者法には民事ルールだけではなく行政ルールなど多種多様な規定があること、および、消費者法の「担い手」も多様であることがわかった。また、その目的は「消費者」保護だけではなく、むしろ消費者の自立を支援するというものでもあった。

次に問題となるのは、消費者法の対象である「消費者」とはどのような人なのか、つまり、どのような特徴を持つ人を「消費者」として保護および支援の対象としているかという点である。「消費者」の特徴は、どのような目的・内容の消費者法が望まれるかに関わる。また、消費者法が「人」全般ではなく、人の中でも「消費者」と呼ばれる人だけを保護・自立支援の対象とする特別ルールである以上、その特別ルールを享受できる者はどのような者に限られるのかを決める必要がある。この点を明確にすることで、事業者・消費者双方にとって、ルールの射程が明らかになる（以下、後藤46頁以下、大澤・事業者間契約、大澤・概念も併せて参照）。

1　「消費者」の特徴と定義

(1)　「消費者」の特徴

「消費者」には次のような特徴があるといわれている（大村21頁や条解23頁以下を参照）。

第1に、消費者は事業者に比べると商品やサービスの品質、価格についての十分な情報を持っていない。近年では、商品やサービスの新規性、複雑性やIT化・国際化ゆえに、消費者はさらにこれらの情報から隔離されている。こうして、消費者と事業者の間に情報格差が生じている。

第2に、消費者は事業者に比べて十分な交渉力を持たない。頻繁に取引を行い、交渉に長けている事業者に比べて、消費者は交渉する能力や時間、余

裕を持っていないことが多い。

第3に、消費者は常に合理的な行動をとるわけではない。消費者は周囲の状況に影響されやすく、また、その商品が必要なのかどうかを冷静に判断することが難しい。その結果、事業者の勧誘を受けると断りにくくなり、また、事業者の巧みなセールストークによって、なんとなくその商品が自分にとって必要なのではないかと思ってしまう。この点は、人間が合理的な行動をするとは限らない存在であることを前提としている行動経済学の観点からも指摘されている。

第4に、一般に、消費者は回復困難な損害を受けやすい。事業者が商品の取引を行うのはそれを転売して利益を上げるためであるが、消費者が商品を購入するのは、それを自分自身で使用するためであることが多い。それゆえ、万が一商品の安全性に問題があると、消費者は生命の危機にさらされることもある。また、高額商品を購入したり、サービスを受けるとなると、高額な代金を支払うことになるが、もしこの代金を支払った後で商品・サービスに問題があることがわかり、しかも代金を回収できないとなると、消費者が貧窮することにもなりかねない。

このように、消費者は事業者に対して、①情報、②交渉力において劣位に立っており、また、③精神、④身体を備えるがゆえの脆弱性を持った存在であるといわれている。つまり、消費者と事業者との間には以上の理由に基づく格差が生じており、その結果として安全性や契約方法、契約条項などをめぐるさまざまな問題が生じているのである。例えば、**Unit 1** の〈事例①〉でAは1か月しか受講していないのに全額の返金を拒まれているが、これはXの契約書に一切の返金を不可とする契約条項が定められているからである。しかし、さすがにこのような契約条項は消費者にとってあまりに不利であるという問題意識から、本書で学ぶように、民法の解釈による対処や特別法の制定がなされた。また、情報の格差や金銭的損失が大きいという観点は、消費者がいざトラブルに巻き込まれた際にどこに相談していいかわからない、あるいは、裁判を起こしたくても経済的余裕がないといったように、紛争解決の段階でも問題となる（**Unit 26**）。

(2) 「消費者」の定義づけ

しかし、実際に消費者問題に対して法律・制度を適用する際には、以上の特徴に照らして事案ごとに、それぞれの当事者を「消費者」として保護するか否かを判断するのではなく、法律・制度上「消費者」とはどのような人かをある程度明確にすることで、法律・制度の適用範囲を明らかにする必要がある。

かつて、日本では「消費者」とはどのような人かが積極的に定義づけされていたとはいえなかったが、2000年に制定された消費者契約法で、（少なくとも同法にいう）「消費者」が正面から定義された。同法2条1項は「この法律において『消費者』とは、個人（事業として又は事業のために契約の当事者となる場合におけるものを除く。）をいう」と定めている。この定義の特徴として、次の2点がある。

第1に、法人その他の団体は「消費者」ではない。ここでの「その他の団体」には民法上の組合をはじめ、法人格を有しない社団や財団が含まれることから、親善団体、PTA、学会、法人格を有さないマンション管理組合は「消費者」ではないということになる。

第2に、「事業者として又は事業のために契約の当事者となる」者は「消費者」ではない。消費者契約法2条2項で「この法律……において『事業者』とは、法人その他の団体及び事業として又は事業のために契約の当事者となる場合における個人をいう」とされているように、自己の事業として、または、事業のために契約の当事者となる者は事業者であり、消費者ではない。

立案担当者によれば、「事業として又は事業のために契約の当事者となる場合」か否かは、契約締結の段階で、該当事項が目的を達成するためにされたものであることの客観的・外形的基準があるかどうかで判断し、そのような判断が困難である場合は、物理的・実質的基準（例えばその目的物の事業としての使用時間）に従い、該当事項が主として目的を達成するためにされたものであるかどうかで判断される（逐条解説消契法10頁以下）。また、「事業」とは「一定の目的をもってなされる同種の行為の反復継続的遂行」であるこ

とから、営利か非営利か、公益か、非公益かは問わない（なお、「消費者」性
の立証責任については、小峯・百選6頁を参照）。

このように、消費者契約法は「事業」性の有無をもって消費者と事業者の
間に格差が生じることを重視し、「事業」性の有無に基づいて「消費者」と
「事業者」を区別している。その理由としては、契約の締結や取引に関する
「情報・交渉力の格差」が「事業」に由来すること、つまり、事業者の方が
当該商品等に関する情報や交渉のノウハウを有していることのみならず、社
会から要請されている事業者の責任という点も挙げられている（逐条解説消
契法〔4版〕97頁）。

2 「消費者」の定義の限界

消費者契約法の「消費者」の定義は、あくまで同法における定義であり、
あらゆる場合の「消費者」を定義しているとはいえない。しかし、「消費者」
を定義した他の法律が存在しない以上（谷本19頁も参照）、この定義は法律上
の「消費者」の定義として、「消費者」を定義づける上で大変参考になる。
その上で、「事業」を行っている者は「消費者」ではなく、また、少なくと
も同法の定義によれば「法人その他の団体」も消費者ではない。しかし、そ
れによって次のような場面で問題が生じる。

(1) 開業準備行為・当該契約以外に「事業」性を基礎づける事
情がない場合

〈事例①〉

X（個人）は、事業者（Y）の勧誘を受けて生まれてはじめて賃貸用のマ
ンションを購入したが、Yの説明には消費者契約法の不実告知にあたるよう
な説明が存在した。この不実告知がなければマンションを購入することはな
かったと考えているXがYに対して消費者契約法4条1項1号に基づく契約
の取消しを主張することはできるだろうか。

〈事例②〉

> X（個人）は、事業者（Y）との間でコンビニエンスストアを開業するためのフランチャイズ契約を締結したが、Yの説明に売上見込みに関する断定的判断の提供（消契4条1項2号）があったことを理由に契約を取り消したいと考えている。この主張は認められるか。

　どちらのXも、賃貸マンション経営やコンビニエンスストア経営のために契約を締結しており、客観的・外形的には、「事業として又は事業のために」契約を締結したとみることができる。そうすると、どちらの事例でもXは「事業者」にあたる。しかし、〈事例①〉のXは賃貸マンションについて、〈事例②〉のXはフランチャイズ契約については素人同然ともいえることから、「消費者」と同様に保護を及ぼす必要性があるという見方もできる。そのことから、このような事業者を「消費者的事業者」と呼び、その法的保護のあり方を模索する研究もある（大澤・概念13頁以下、大澤・一考察75頁以下、および、同論文で引用された文献を参照）。

　もっとも、消費者契約法の「消費者」にあたるか否かは客観的・外形的に判断すべきであり、事業者にとっての予測可能性を害するようなことは望ましくない。具体的に言えば、〈事例①〉でXが賃貸用マンションを購入するのがはじめてであるという事実について、常にYに予測可能性があるとはいえず、このような場合にも同法が適用されるということになると事業者の予測可能性を害する。そうすると、少なくとも「事業として又は事業のために」が判断基準となっている限り、以上2つの事例におけるXを同法の「消費者」として扱うことは難しいだろう。立案担当者も、「事業として」について、「ある期間継続する意図をもって行われたものであれば、最初の行為も事業として行われたものと解される」としている（逐条解説消契法10頁）。裁判例でも、事業者から勧誘を受け、ネットショップ開設のためのホームページ制作等業務の提供を受ける契約を締結した原告が、当該事業者に対して同法4条1項に基づく本件契約の取消しおよび適合性原則・説明義務違反に基づく損害賠償（民709条）を求めた事案において、原告が事業としてまたは事業のためにネットショップ契約の当事者となったことから、消費者契

22

約法上の消費者にはあたらないとした事案がある（東京高判平成29年11月29日判時2386号33頁）。また、契約締結当時、アパート賃貸事業を行っていなかった者がアパート建築の工事請負契約を建築会社との間で締結した事例において、契約が事業のために行われたものにあたるか否かは、契約の目的となる行為がある程度の期間にわたって継続させる意図のもとで行われたものであるのか否かという目的行為の性質によって判断されるのであって、行為の回数や行為者の経験によって左右されるものではないとして、「消費者」にはあたらないとした判決（東京地判平成28年11月9日平成27年(ワ)27663号）がある。他方で、自ら使用する建物を賃貸していた個人が「消費者」にあたるか否かが争われた事例では、当初から賃貸目的で本件建物を築造したわけではないことや、賃貸期間が短く、賃料も多額とはいえないことなどを考慮して、当該個人を「消費者」にあたるとした裁判例（東京地判令和4年5月11日令和2年(ワ)31410号）もあるが、ここでは反復継続性や事業目的の有無が考慮されており、上記平成28年判決と同趣旨である。

　ただし、開業しようとしている行為に事業としての実体が乏しい場合については、なお検討の余地がある。典型例はいわゆる内職商法の場合である。内職商法とは、例えば自宅でできるパソコン入力アルバイトを多く紹介することを謳い文句に、そのアルバイトに必要であるといってパソコンを購入させるような商法である。ここで、実際にも入力アルバイトが多数紹介されるのであれば上記〈事例①〉や〈事例②〉と同様と言えるが、内職商法の中には、実際には当該内職は存在せず、実質的には目的物を購入させることに眼目がある場合がある。この場合には「事業のため」の契約とはいえず、内職商法でパソコンを購入した者は「消費者」にあたるといえよう（逐条解説消契法15頁）。もっとも、内職商法と言えるほど「事業」の実態に乏しいとまでは言えなくても、当該個人が「事業」と評価できるほどの活動を行っていない場合には「事業」性が否定されよう（例として、芸能人養成スクールと受講契約を締結した個人につき、「本件スクールに入学する受講生の大半は、その入学前、在学中及び卒業後を通じて、事業と評価できるほどの芸能活動を行っていないことから、本件受講契約の締結が『事業として又は事業のために契約の当事者となる場合』に該当するとは言えない」とした東京地判令和3年6月10日判時

2513号24頁。本判決の評釈として、大澤・判批30頁）。

　また、以上の問題はこれまでも民法の信義則に基づく説明義務違反を認めることで解決がなされてきたことに留意する必要がある。例えば、フランチャイズ契約においては、フランチャイジーになる者の多くが店舗経営の知識や経験に乏しく、資金力が十分でないことから、専門的知識を有するフランチャイザーがフランチャイジーの指導・援助にあたり、売上げ・収益等の予測に関する客観的かつ適格な情報を提供すべき信義則上の保護義務があるとの判断が、下級審裁判例で少なからずみられる（例えば、東京高判平成11年10月28日判時1704号65頁（インデックス67番））。このように開業準備行為における当事者間の格差は消費者契約法によらなくても、実態に乏しい詐欺的な内職商法であることを理由にする公序良俗違反や詐欺取消しなど、民法によって考慮されうる（大澤・フランチャイズ契約30頁以下も参照）。

> ### *Column*　サイドビジネス商法と特定商取引法
>
> 　消費者が事業者からサイドビジネス（副業）による収入が見込めると勧誘され、事業者の代理店になる等サイドビジネス開業のための契約を事業者と結び、契約金や手数料等を支払ったものの、短期間で簡単に儲かるという事業者の説明に疑問を感じて契約の取消しをしたいと考えるという事案が相次いでいる。この場合、当該消費者は「事業として又は事業のために」サイドビジネスを始めるための契約を締結しているため、消費者契約法の「消費者」に該当するとはいいがたい（もちろん、サイドビジネスに実体がないのであれば、前述したように「消費者」に該当すると解することが考えられる）。しかし、事業者の提供するサービスを利用する業務に従事することで収入を得ることができると勧誘する取引は、特定商取引法に定める「業務提供誘引販売取引」に該当する可能性があり、そうするとクーリング・オフ等を行使することができる（*Unit 12*）。例として、ドロップシッピングの形態をとるインターネットショッピング運営支援事業の利用契約につき、業務提供誘引販売取引該当性を認めた大阪地判平成23年3月23日判時2131号77頁がある。昨今では副業による高収入を謳い文句とした勧誘によって副業に必要な商品等を購入させるという相談が増えており、業務提供誘引販売取引該当性および消費者契約法の「消費者」概念との関係をふまえた検討が必要である。

(2) 法人その他の団体

〈事例③〉

　大学のラグビーサークルＸは、Ｙ旅館との間で夏合宿の宿泊の予約を行ったが、合宿前日にＸの部員の一部が新型インフルエンザに感染していることが判明したため、合宿を中止し、Ｙにその旨申し出た。しかし、Ｙは前日のキャンセルであるためキャンセル料（宿泊費全額）を没収するといってきた。

　〈事例③〉では、宿泊費全額をキャンセル料と定める損害賠償額の予定条項が消費者契約法9条1号（現在の消費者契約法9条1項1号）に照らして有効といえるかが問題となる（*Unit 9* 参照）。ここでのＸは個人ではないので（いわゆる「権利能力なき社団」にあたりうる）、同法が適用されない。しかし、以上の場合に、はたして消費者契約法による保護を認めないことが妥当なのかどうかが問題となる。この点について、東京地判平成23年11月17日判時2150号49頁は次のように述べている。

　「法において、『法人その他の団体』が『事業者』に当たるとされているのは、『法人その他の団体』は、消費者との関係で情報の質及び量並びに交渉力において優位に立っているからである（法1条参照）。そうすると、権利能力なき社団のように、一定の構成員により構成される組織であっても、消費者との関係で情報の質及び量並びに交渉力において優位に立っていると評価できないものについては、『消費者』に該当するものと解するのが相当である」。

　この判決では、大学のラグビー部について、構成員が大学生であることから、「消費者」に該当すると判断している。消費者契約法上、法人その他の団体は「消費者」にはあたらないが、判決は構成員が大学生であることも考慮に入れ、当該団体が「消費者との関係で情報の質及び量並びに交渉力において優位に立っていると評価できない」として、同法上の「消費者」にあたるとした。

　このように、当該団体の情報・交渉力の実質をふまえて「消費者」にあた

Unit 2

「消費者」とはどのような人か

25

るか否かを判断するというのが１つの方策として考えられる。しかし、事案ごとに「消費者」にあたるか否かを具体的に分析するとなると、裁判官の判断いかんによって「消費者」該当性が左右されることになる。そこで、この問題については現行法の「消費者」の定義を見直すことで対処することが望ましい。しかし、この問題はそう簡単ではない。というのも、「法人その他の団体」といっても、その目的（営利目的か非営利目的か）や規模は千差万別である。また、非営利法人や非営利目的の団体といっても、〈事例③〉のように実質的に「消費者」の集まりといえるような団体から、ボランティア団体、さらには学校法人までさまざまである。そうすると、非営利法人だけは「消費者」として扱うという定義は適切ではない。

　この点に関連して、例えばフランスでは「事業者」と対峙する概念として「消費者」だけではなく、両者の中間概念といえる「非事業者」という概念が設けられている。「非事業者」とは、法人その他の団体のことであり（消費法典冒頭規定）、「事業者」と「非事業者」との間の契約には消費法典の一部の規定が適用される。「事業者」と「消費者」という二者の対立概念だけではなく、以上のような中間概念を設けることも検討されてよい。

　また、そもそも「法人その他の団体」を「消費者」の定義から除外することが適切かどうかも検討の余地があろう。例えば、「営業」目的の契約を適用除外としている特定商取引法では法人が除外されていないことや、製造物責任法でも法人は除外されていないことから、「法人」を「消費者」から除外することは必然ではない。

(3)　事業者が自己の事業に直接関連しない取引や自己の専門分野外の取引を行う場合

〈事例④〉

　行政書士ＸはＹから訪問販売で電話機を購入したが、購入後すぐに電話機の不具合がみられたため電話機を返還し、支払済みの代金を返してもらいたいと考えた。しかし、Ｙから、Ｘは「事業者」であるため、消費者契約法は適用されず、また、特定商取引法上のクーリング・オフもできないといわれた。

〈事例④〉では、個人事業者（ここではX）は行政書士関連事務では専門家であるが、電話機という自己の事業と直接関係があるとはいえない事柄を対象とする行為については素人であり、むしろ情報格差、交渉力格差など、消費者の特徴を備えていることも多い。そこで、Yに対してXは消費者契約法上の「消費者」にあたると主張することができないのかが問題となる。そうすると、Xが「事業として」でも「事業のため」でもなく、契約を締結したといえることが必要となる（この点、前述した(1)のように、客観的・外形的に見ても「事業として」または「事業のために」契約を締結したとみられる事案と異なる）。

この場合、消費者庁によれば契約時の名目（どのような目的で契約したのか）をふまえ、それだけでは判断が困難な場合には、事業のためにどのぐらい当該目的物を使用しているかといった実質的な基準に従って判断されることになる。そうすると、結局は個別具体的な事例ごとに判断するしかない。仮にXが事業目的で電話機を購入したとなると、消費者契約法上の「消費者」に該当しないのみならず、特定商取引法上の「購入者が営業のために若しくは営業として締結する契約」（同法26条1項1号）にもあたるため同法のクーリング・オフ権も行使できない。しかし、現実には消火器契約や電話機リース契約など、〈事例④〉のような事案は多く存在する（電話機リース契約につき、名古屋高判平成19年11月19日判時2010号74頁。その他、「営業のために若しくは営業として」締結されたものとはいえないとされた裁判例として、大阪高判平成15年7月30日消費者法ニュース57号155頁、東京地判平成20年7月29日判タ1285号295頁、越谷簡判平成8年1月22日消費者法ニュース27号39頁など）。これらの裁判例の中には、事業者の規模や事業との関連性だけではなく、対象となる物品の性質も勘案された上で、「事業者」性が否定されているものがある（大村・百選12頁）。

この問題は、学説では、いわゆる中小事業者（零細業者）を大企業との間の取引において消費者同様に保護することはできないのかという形で問題とされている。具体的には、より端的に中小事業者（零細業者）も消費者法による保護を受けられるような特別規定を定めることを提案する見解（具体的には、「消費者」の定義を拡張して中小事業者（零細業者）もこれにあてはまるよ

うにする提案がなされており、例えば「事業に直接関連しない取引を行う者」を「消費者」とする案や、中小事業者（零細業者）にも消費者法の規定が及ぶ旨を端的に定める規定を設ける旨の提案である）もある。しかし、この見解に対しては、消費者法はあくまで「消費者」を保護するための規定であり、零細とはいえ事業目的の活動を行う者をも保護することは消費者保護の趣旨に合わず、これらの中小事業者（零細業者）を保護したいのであれば民法によるべきであるという批判もなされている（以上の問題につき、近畿弁護士会連合会＝大阪弁護士会編、大澤・フランチャイズ契約30頁以下を参照）。

以上の問題は事業者（ここではＸ）が法人である場合にも同様に存在する。

(4)　投資家

事業者から不動産投資を勧められて２件の不動産を購入した個人が、その後、本件不動産の価格が下落していることが判明したことから、被告から消費者契約法４条５項にいう重要事項について不実の事実を告げられ、かつ、断定的判断の提供をされたなどと主張し、同法４条１項・２項等による本件不動産売買契約の取消しを求めた事案で、原告の請求を認めた判決がある（東京地判平成24年３月27日平成22年(ワ)38195号）。この判決に限らず、特に投資に詳しくない者が証券会社等から勧誘されて投資を始めたような場合には、投資者と証券会社等の間に情報・交渉力の格差があることを理由に民法の説明義務違反等が認められている。投資者が日常的に投資を行い、投資で生活しているような場合でない限り、「消費者」にあたることが前提とされていると言える。裁判例や学説の動向自体に異を唱えるものではないが、ここでは「消費者」にあたるか否かを判断する際に、結局のところ実質的な情報・交渉力の格差を考慮せざるをえないことが示されている。

(5)　デジタル・プラットフォーム上で取引を行う「消費者」

インターネット・オークションサイトやシェアリングエコノミーといったデジタル・プラットフォームの発展により、個人間での売買契約が締結されることが多くなっている。ここでの「個人」には、不要品をフリマアプリに出品するために１度だけ売主となる個人もいれば、反復継続して出品を繰り

返す個人もいる。しかし、消費者契約法2条の「事業」は、「同種の行為の反復継続的遂行」であることから、反復継続して出品している個人は、同法では「事業者」となる。

　もっとも、デジタル・プラットフォームの発展によって個人では店舗開業や販売ルートの確保が難しくても取引が容易になっている中で、以上のような「事業者的消費者」を、従来の通信販売同様、「同種の行為の反復継続的遂行」の有無のみで「事業者」や「販売業者」と同視することができるのかが、今後の課題である（以上の問題について、寺川16頁、大澤・概念15頁以下を参照）。

3　考え方

　以上の問題は、消費者法について深く学んだ後に消費者法の意義・役割をふまえて改めて検討すべき課題である。さしあたり、ここでは、「消費者」の特徴と「消費者」の定義が必ずしも一致しないことがあることを指摘することができるだろう。すなわち、定義としては、規制対象を明確化する必要から、例えばヨーロッパでも見られるように、「消費者」を「当該契約において事業以外の目的で活動している自然人」と定義するしかないとしても、それによってただちにいわゆる「消費者」の特徴を備えた自然人・団体の保護の必要性が完全になくなるわけではないということである。問題は、その場合の保護をいかなる形で行うのかということである（消費者法を拡張適用するのか？　民法の解釈論を発展させるのか？　さらには、中小事業者（零細業者）を対象とした立法によるのか？）。「消費者的事業者」の保護にあたって、「消費者」概念を拡張するのではなく、いわゆる内職商法のようにその取引システム自体の公序良俗違反性を問題にすることで「消費者的事業者」を保護するという方向性も十分検討すべきである。実際のところ、消費者の知識・経験不足が考慮された裁判例では、消費者契約法上の「消費者」該当性ではなく、民法の公序良俗違反や不法行為該当性判断においてこれらの要素が考慮されている（大澤・一考察85頁を参照）。

　また、「消費者」という一律の概念が適切なのかも問題となる。例えば最

近の消費者問題で急増しているのが、高齢者をターゲットとした悪質商法（振り込め詐欺など）や投資詐欺である。ここでは年齢とともに判断力が低下している一方で、老後の不安から一定の財産を蓄えたいという高齢者ならではの特徴が問題を生じさせているといえる。また、若年者がインターネットでの取引トラブルに巻き込まれる事案が増加している。特に2022年からは民法の成年年齢が18歳に引き下げられたため、従来は未成年者として民法の未成年者取消権を享受していた18歳、19歳の者が成年者となっているが、取引経験が乏しいこれらの若年成人の保護は高齢者の消費者保護とはさらに異なる配慮が必要となろう（例えば、無経験を理由に無効・取消しを認めることが考えられるとする大村23頁を参照）。さらには、言語の不安がある外国人が思ってもいない取引に巻き込まれる事態もある。このように、消費者といってもその属性、知識、経験の有無によって考慮すべきポイントや陥りがちな被害はさまざまである。問題はこのような「消費者の多様化」を法的に、または制度的にどのように考慮することが適切なのかである。

　さらにいえば、以上の多様化は、消費者の「脆弱性」には情報・交渉力の不足といった契約相手方との関係で相対的に生じている脆弱性と、年齢、精神状態、病気といった人に内在する脆弱性とがあることがわかる。消費者が精神・肉体をもった存在であることから生じる脆弱性は後者と関連し、他方で情報提供の必要性や不当条項規制は前者から生じるものといえよう。

　このような「脆弱性」を構成する要素を列挙してみると、人の「属性」ではなく、介入にふさわしい「状況指標」の方が、法的介入の範囲を定める上で妥当であるとの見方もありえなくはない（谷本19頁、河上47頁など）。もっとも、法律上の「消費者」を定義するにあたっては、現行消費者契約法のように「事業」性によって画することが、法的明確性の観点から1つの方法として成り立つ（ただし、この場合にも、例えば「法人その他の団体」についての保護規定を別途設けるなど、追加的に適用範囲を画する要素を示すことはまったく否定されない）。

　さらに、最近では、行動経済学や認知心理学などの知見もふまえて、消費者の「脆弱性」には、情報交渉力不足や消費者に内在する脆弱性だけではなく、デジタル化社会の進展において、人間の限定合理性が利用され、消費者

が合理的な判断をすることができなくなるという意味での「脆弱性」にも着目されている。例えば、AIを活用したマーケティング手法によって、消費者が合理的な判断ができなくなることが困難になる場面が想起される。このような「脆弱性」概念の多様化についての研究が進展しており（沖野43頁）、この「脆弱性」を消費者法が正面からとらえるとすれば、（かつ、仮に今後も消費者法制度が「消費者」概念をメルクマールにするのであれば）どのような「消費者」概念（あるいは、それと相対的に存在する「事業者」概念）を設けることが考えられるのか、および、消費者の「脆弱性」を事業者が（意図的かどうかを問わず）「利用」するような状況に法制度がどのように介入するかが、消費者法の「パラダイムシフト」において問われている（有識者懇談会報告書2頁以下、「消費者契約に関する検討会報告書」（令和3年9月）2頁）。そもそも「消費者」というとらえ方が、消費者法の射程範囲をとらえる上で十分なのかも、検討の余地があろう（「生活者」、「非事業者」というとらえ方は、それぞれの精査は必要であるものの、ありえなくはない。有識者懇談会報告書4頁を参照）。さらにいえば、事業者にも悪質性の度合いに応じた多様化があるとの指摘もある（有識者懇談会報告書5頁）。仮にそうであるとすれば、事業者の「悪質性」の度合いに応じた法制度の多様化はありうるのかも検討の余地があり、もはや「消費者」・「事業者」という二項対立構造では消費者法の世界をとらえることはできない。

4 「消費者」概念の役割

　それでも「消費者」を法律上定義することには一定の意味がある。すなわち、「消費者」の定義があることで、どのような者に消費者法関連の規定が適用されるかが明確になる。**Unit 1**で述べたように、消費者法は、消費者問題に対応するための特別な法律・制度であり、基本的には対等当事者間を念頭に置いた民法の原則を修正したものである。そうすると、民法などの一般法が適用される場合に比べて、法律・制度が適用された際の効果が強力なものになりうる。しかし、消費者保護をあまりに徹底すると、その反面、事業者の自由な経済活動を抑制することにもなりかねない。そこで、消費者保

護が徹底される場面はある程度限定される必要がある。そのために、「消費者」の定義が必要になる。このように、消費者法は、「消費者」概念を中核に、消費者の保護と事業者の自由な経済活動とのバランスをとる必要性の上に常に成り立っているということを念頭に置いておいてほしい。

＊参考文献＊

本文中、**後藤**巻則「総則規定の問題点と課題」ジュリスト1527号（2019年）46頁、**大澤**彩「**事業者間契約**と消費者契約法」法学教室441号（2017年）10頁、**大澤**彩「消費者・事業者**概念**を問い直す」現代消費者法53号（2021年）13頁、**小峯**庸平「判批」百選6頁、**谷本**圭子「『消費者』という概念」百選19頁、**大澤**彩「いわゆる『消費者的事業者』に関する**一考察**」国民生活研究60巻2号（2020年）75頁、**大澤**彩「**判批**」私法判例リマークス68号（2024年）30頁、**大澤**彩「フランチャイズ契約と消費者契約法」ジュリスト1540号（2020年）30頁、**大村**敦志「判批」**百選12頁**、近畿弁護士会連合会＝大阪弁護士会編『中小事業者の保護と消費者法』（民事法研究会、2012年）、**寺川**永「消費者契約法と事業者的消費者」ジュリスト1558号（2021年）16頁、**河上**正二「民法における『消費者』の位置」現代消費者法4号（2009年）47頁、**沖野**眞已「消費者契約法の育成——3度の実体法部分の改正を受けて」河上古稀Ⅱ5頁。
本文中で引用したもののほか、角田美穂子＝山本健司「人的・物的適用範囲」河上編著・論点整理144頁、谷本圭子「消費者概念の外延」消費者法研究1号（2016年）55頁。
その他、大澤・一考察でも多くの文献を引用している。

Unit 3

消費者契約の成立

〈事例〉

法学部生Aのもとに突然電話がかかり、ワールドトラベルクラブという海外旅行クラブを企画している会社Bの社員であるCから「このたびA様は、厳正なる抽選の結果、当社のワールドトラベルクラブの会員加入権を取得されました。当社のクラブに入ると、年に何度でも海外旅行に半額で行くことができます。是非1度当社にお越しいただけないでしょうか」という呼出しを受けた。早速AはB社へ出向き、Cから、海外旅行案内のパンフレットなどを見せられ、会員になればどこでも半額で行けるといったことや、海外に行くためには英会話が必要であるという説明を受けた。Aは学生でお金がないため、何度も断ろうとしたが、そのたびにCから、「通常なら年会費が10000円かかるのですが、今ならキャンペーン期間なので年会費2000円ですよ。この機会を逃すのはもったいないですよ」としつこく勧誘されたので、結局、契約書に署名押印した。1か月後、Aのところに大量の英会話教材DVDが送られてきたので、そこではじめてAは自分が英会話教材DVDの売買契約書に署名押印したことに気がついた。Aは、自分はCに騙されて署名押印したのに、それでも契約は成立しているのか？　という疑問を持った。

1　消費者契約の成立・不成立──原則

(1)　「契約の成立」とは

〈事例〉では、法学部生であるAは、自分が契約書に騙されて署名押印したことにつき、「本当に契約が成立しているのか？」という疑問を持っている。もし、Aがいうように契約が成立していないとすれば、Aは英会話教材DVDを買うという契約を締結していないので、その代金を支払う必要がない。「契約の成立」は、事業者・消費者の双方に債務を負わせるものであるが、消費者が不当な勧誘を受けるなどした場合に、契約の成立自体を否定す

ることができれば、消費者を債務の負担から解放することになる。そこで、このUnitでは、「契約の成立」について説明する。具体的には、第1に、契約はどのようにして成立するか。契約の成立にあたり、消費者契約についての特則があるかを、第2に、契約が成立したといえるかどうか争いがある場面を検討するともに、契約成立を前提とした契約の有効性に関する規定（錯誤など）との関係についても説明する（錯誤については、*Unit 4* で詳しく説明する）。第3に、契約が締結されなければ当事者には何ら責任は発生しないのかについても考えなければならない。

　契約の成立について、民法の原則を確認しておこう。同法522条1項にあるように「契約は、契約の内容を示してその締結を申し入れる意思表示（以下「申込み」という。）に対して相手方が承諾をしたときに成立する」。では、ここでの申込みと承諾の合致とは何か、具体的には何についての合意が必要なのか（つまり合意の対象）、および、どのレベルで合致している必要があるのか（真意レベルでの合致が必要なのか、それとも表示のレベルでの合致が必要なのか）が問題になる。

　まず、何についての合意が必要なのかについて述べる。この点について民法に規定はないが、通常は、当該契約の効果を生じさせる意思の合致があれば契約は成立するといわれている（民法（債権法）改正検討委員会編Ⅱ31頁）。もっとも、いかなる内容の合意があれば当該契約の効果を生じさせる合意であるといえるかについて判断するのは困難であり、結局は各当事者それぞれの意思およびその契約の性質に照らして定められるべき事項が何であるかを判断するしかない。伝統的な判例では必ずしも目的物が完全に確定されていなくても契約は成立すると指摘されている（河上(1)15頁）が、ここからさらに一歩踏み込んで「契約類型に固有の要素についての合意」が最低限必要であるとする見解も存在する。契約類型に固有の要素、とは、例えば売買の場合であれば目的物と代金である（民555条参照）。その結果、例えば消費者が「売買契約書」とだけ書かれた書面に署名押印したとしても、目的物と代金について合意しているわけではないので、売買契約は成立しない。しかし、逆にいえば、目的物と代金それ自体についてさえ合意があればよく、例えば代金の支払時期についての合意がなくても契約は成立する（大村66頁）。

次に、どのレベルでの合意が必要なのかについて述べる。これについては、真意のレベルではなく表示のレベルでの合意があれば契約は成立すると考えられている。つまり、表示行為が存在して外形的に意思表示が合致していればよく、真意・内心レベルで意思表示が合致していない場合には錯誤の問題となる。もし、真意のレベルでも合致がなければ契約は成立しないとすると、契約の成立の証明が極めて困難になる。そこで、真意の問題は民法にすでに存在する錯誤の規定を用いればいいとされている。ただし、効果意思の存在は要求されないとしても、少なくとも表示意識（意思表示をしようとする意思）がなければ意思表示が成立しないとする見解も有力である（山本125頁。その他、見解を整理したものとして佐久間60頁以下）。自分が意思表示をしているという意識がない場合にまで表示に対応した義務が課されるとするのは、自己決定原理や帰責原理と相容れないからである。これに関連して、行為意識（自分が表示行為をしているという意識・自覚）がない場合には意思表示は成立しない。例えば、事業者が契約書へのサインを強硬に拒んでいる消費者の手をつかんで無理矢理サインと押印をさせたような場合である。

　最後に、民法上、契約が成立するためには合意（意思の合致）さえあれば十分であり、書面などの方式は不要である（同法522条2項）。しかし、実際の消費者契約では契約書が重要な役割を果たしている。これについてはのちに詳しく述べる。

　以上の原則をもとに、次の2つの事例をみてみよう。

(2) 契約の成立をめぐるトラブル

【1】門司簡判昭和60年10月18日判タ576号93頁（百選〔初版〕18番）では、Yは、自宅でできる学習教室管理者になりたいと思い、Aの説明会や試験を受けている。これに対して、Aの社員は、社内の事務手続のために必要であるとして、Yに契約内容がほとんど空白のクレジット契約書（信販会社Xとの間で締結）に住所・氏名などを記入させ、署名押印させている。しかし、この契約書は実際には学習教材の販売であった。このような事案で、裁判所は、①Yには学習教材の購入という認識がなかったこと、②このようなYに対して、Aは社内事務手続のためであると説明して契約書に署名押印させて

いること、③契約書の氏名欄以外はほとんど空白であり、この契約書では学習教材の立替払いの申込書だと認識するほどのものではなく、Yの真意に基づいて作成されたものとは認められないとして、契約の成立を否定した。さらに、「Yが記名押印を騙し取られてY名義の契約申込書を偽造されたというだけのことであり、意思表示の錯誤の問題でもない」とした。

一方、【2】本庄簡判昭和60年3月25日生活行政情報318号109頁は、冒頭のAの事案とほぼ同様の事案である（いわゆる、アポイントメントセールスの事案である。*Unit 21*）この事案で、裁判所は、①消費者を勧誘した事業者の説明がもっぱら海外旅行クラブのことであったこと、②その一方で、売買の目的物、代金額その支払方法等について何ら説明がないこと、③消費者は完全に海外旅行クラブの入会申込みと思い込んでいたこと、④契約書への署名押印のやり方が、一般取引観念に照らして売買ないし立替払契約締結の形態から著しく逸脱しており、その上事業者らは消費者が思い違いをしていることを知っていた節もうかがえることを理由に、英会話教材の売買契約および立替払契約の成立を否定した。

【1】も【2】も契約の成立を否定することによって、消費者を売買契約から離脱させ、代金支払義務を負わせまいとしたのである。しかし、【1】と【2】では、何についての合意がないかにつき、若干理由が異なっている。すなわち、【1】では、消費者はそもそも契約を締結するという認識がなく、あくまで社内事務手続のために署名押印していること、しかも、契約書がそもそも白紙だったことから、契約の成立が否定されているが、【2】では、消費者は契約書に署名押印するという認識（行為意識）はあったものの、その契約内容が当該消費者が思っていた海外旅行クラブへの入会ではなく英会話教材の販売であったという点に、合意がなかったことの理由が求められている。では、この違いを先に述べた契約の成立に関する学説に照らすとどのように説明することができるだろうか。

通説・判例がいうように、当該契約の効果を生じさせる意思が、真意のレベルではなく表示のレベルで合致していれば契約は成立するとすれば、【1】では、そもそも契約を締結するという認識が外形的にも表示されていない（あくまで社内事務手続のためなので）ので、合意がなく、契約が不成立とな

るのは理解できる。その一方で、【2】では、契約書に署名押印するという表示行為は存在する。その上で、次のような考え方が成り立ちうる。

①表示が合致している以上、契約は成立しているものの、契約内容が海外旅行クラブ入会ではなく英会話教材の販売であったという点に「勘違い」があり、錯誤があったかどうかが問題となる。にもかかわらず、【2】では、契約の成立にあたって、表示レベルではなく真意レベルでも合意があることが要求されていると見ることができるが（表示レベルでは目的物が書かれた契約書に署名をしたことになっているので）、【2】が挙げるような真意レベルでの合意の不存在は、本来民法上の錯誤として考慮されるべきことではないだろうか。仮に、【2】のような場合に契約が不成立であるとすると、契約が成立するためには、単に「契約を締結する」という意思だけではなく、どのような契約をするかという点についても意思が必要になることになるが、このような契約内容の「勘違い」は本来錯誤該当性判断で考慮されるべき事柄である。

②契約書に署名するという表示行為は存在するが、契約書の記載いかんによっては（例えば、契約書に目的物や契約類型（ここでは英会話教材の売買契約であるということ）が十分に記載されていないような場合）、契約の目的物が確定していない以上、合意として十分とはいえず、契約は不成立となる。

③有力説によれば、【2】でも、消費者は英会話教材の売買契約に署名しようという表示意識がなく、英会話教材の売買契約に署名させようとする事業者の意思とは合致していない。このような場合に契約を成立させることは、自己決定による責任の原理に合わないからである。

では、どのように考えるべきか。まず、③のように、【2】の場合にまで契約を不成立とすると、契約の成否が表意者の内心レベルまでさかのぼらないとはっきりしないという批判や、錯誤規定とのすみ分けが問題となる。②は、合意の成立にあたってはどこまで目的物等が確定している必要があるのかという点から大きな問題があるが、少なくとも前述したように契約書がまったくの白紙であったというのならばともかく、そうでない場合にまで契約の不成立を導くのは難しいだろう。そうすると、①のように、目的物に関する錯誤の問題として扱うことが有力となりうる。京都地判平成25年7月30

Unit 3

消費者契約の成立

日消費者法ニュース97号343頁では、ホームページ制作にかかるクレジット契約につき、立替払申込書によってされた顧客の意思表示（すなわち、表示された意思）は、役務提供を行わないITパッケージという名称の商品の購入（具体的にはCD-ROM購入）代金のクレジット契約の申込みであったところ、顧客は、請負代金（ホームページ制作代金）のクレジット契約の申込みをする意思（内心の意思）しかなかった場合には、本件立替払契約に関する顧客の意思表示は、表示と内心の意思との間に不一致があり、この不一致は、契約の要素に関する錯誤というべきであるとされている。

このように、契約成立をめぐるトラブルの中には、錯誤との関係が問題になるものが多いが、この点については **Unit 4** で説明する（名古屋高判昭和60年9月26日判時1180号64頁も参照）。なお、【3】秋田地判昭和61年11月17日判時1222号127頁は【2】の控訴審だが、契約成立を認めた上で錯誤を否定している。また、【2】では、契約書への署名押印のやり方が、一般取引観念に照らして売買ないし立替払契約締結の形態から著しく逸脱している、といったように、取引態様が悪質であることも指摘されているが、この点をとらえて例えば民法96条の詐欺による救済なども可能であり、契約の成否自体を争う必要があったのかという疑問も残る。

2　消費者契約の成立——原則の修正

以上、契約の成立について民法の原則を説明した。しかし、契約が成立するためには表示レベルでの合意があれば十分であり、書面も不要であるという民法の原則によると、例えば、【1】や【2】のような事案でも、消費者の真意とは明らかに異なる契約が成立し、あとは錯誤規定などによるということになるが、これでは消費者は思いもよらない契約に拘束されることになり、不当な結論を導くことがあるのではないかという懸念ももっともである。そこで、以下に述べるように、民法の契約成立の原則は、消費者取引ではかなり修正されている。

(1) 特別法による書面交付義務とクーリング・オフ

契約の成立には、原則として書面は不要である。実際には契約書が作成されることが多いが、これも法律上求められているわけではなく、相手方への情報提供や証拠保全、さらには契約内容明確化のために行われている取引慣行である。

しかし、契約書面に消費者への情報提供機能や証拠保全としての機能、さらには契約内容明確化の機能があり、そのことによって消費者にとって有利になる側面があるのは間違いない。逆に、もし契約書面がなければ、消費者は後から契約内容を証明することが困難になるし、契約内容も明確でなく、消費者は自分の期待とは異なる契約に拘束されてしまうことになる。そこで、いくつかの特別法によって、契約内容を明示し情報を開示するものとして書面の交付が義務づけられている。例えば、特定商取引法では、契約締結後に契約書面の交付が義務づけられているし（同法5条・19条・37条・42条・55条・58条の8）、また、取引内容が複雑なものについては、契約時までに取引の概要を記載した概要書面を交付することも義務づけられている（同法37条・42条・55条・58条の7）。割賦販売法4条も同旨の規定である。これらの規定の趣旨としては、顧客への正確かつ迅速な情報提供のほか、不意打ち的勧誘や不当な勧誘を受けた顧客に対して、顧客の誤認や判断の誤りに気づかせることで、未成熟で不完全なままでの契約判断による軽率な契約を少なくさせる結果をもたらすという点が指摘されている（条解378頁。**Unit 11** も参照）。

ただし、これらの規定に違反して書面を交付しない場合であっても、行政規制の対象や刑事罰の対象にはなるものの、契約自体は無効とならないと一般に考えられている。これらの規定はいわゆる取締規定（**Unit 7** も参照）であるというのがその理由である。

先に述べたように、原則として契約成立には書面は不要であるが、書面によって契約をする場合は実際上多い。ここで、書面を作成することで消費者に熟慮の機会を与え、また、それだけ消費者が覚悟をもって契約を締結することが多い（軽率に契約を締結することを防ぐことができる）とされているこ

とをふまえると、書面によって契約を締結することの意味について再検討の余地はあるように思われる。学説でも、特に熟慮を欠いた契約がなされることが多い消費者契約においては、意思を補完する意味での書面の役割が注目されている（大村・構造化109頁。石川52頁以下）。もっとも、書面が交付されていたとしても消費者の中には自分で合理的な判断ができない者が一定数いることを考えると、書面を交付して情報提供がされれば、それで消費者保護として十分といえるかどうかは検討の余地があり、消費者の理解力や情報処理能力に適合したより実効性のある規律として書面交付義務の規定が整備されることが求められる（石川53頁）。また、2021年6月には、特定商取引法および預託法における書面交付義務に関して、消費者からの承諾を得た上で電磁的方法によって行うことができる旨の規定を含む改正法が成立したが、電子化による情報提供機能や警告機能の低下のおそれが指摘されていることから、消費者からの承諾が実質的なものであることが求められる。その際、電子化による事業者のコストの増減や消費者にとっての利便性とのバランスを図ることが必要である。そのあと、2023年2月に「特定商取引に関する法律施行令」と「特定商取引に関する法律施行規則」が改正され、同年4月には「契約書面等に記載すべき事項の電磁的方法による提供に係るガイドライン」が公表された。具体的には、消費者の書面電子化への承諾が真意に基づくものでなければならないことから、承諾の方法や、承諾を得る際に説明すべき事項、承諾取得の方法や電磁的方法による提供方法が定められている（**Unit 11**）。

　一方で、書面交付はクーリング・オフ権の行使にあたって重要な役割を果たす。クーリング・オフ制度は、契約の成立を考える上でも非常に興味深い論点を提供してくれるが、これについては、特定商取引法について説明する際に改めて詳しく述べる（**Unit 11**）。

(2)　電子消費者契約特例法

　電子商取引や自動券売機のように、機械による取引が行われる場合には、機械の誤操作が多いことや、機械によって自動処理がなされていることから、契約成立に関するトラブルも起こりやすい。電子商取引をめぐるトラブ

ルについては、詳しくは、 *Unit 24* で取り上げるが、ここで、1つ特別法を紹介する。

特にコンピュータの誤操作による契約の成立に対応するために、2001年に電子消費者契約特例法が制定された。何が「電子消費者契約」にあたるかは、同法2条1項にあるように、極めて厳格に解されてはいるが、このような制限を付した上で、誤操作による意思表示について民法95条3項の適用をしないこととした。つまり、表意者に重過失がある場合にも取消権を行使することを認めている（電子契約特3条本文）。ただし、事業者が「消費者の……意思表示を行う意思の有無について確認を求める措置を講じた場合」にはこの特則は適用されない（同条ただし書）。

3 発展問題——自動券売機、電子商取引の場合

契約の成否を考えるにあたって、通常の契約の成立とは異なる配慮が必要な場合がある。ここでは、自動券売機や電子商取引による契約の場面を取り上げて、どのようにして契約が成立するかを改めて検討してみたい。

(1) 自動券売機の場合

これが問題になったのが、大阪地判平成15年7月30日金判1181号36頁である。Yが運営する場外馬券売場で勝馬投票券を買おうとしたXが、投票カードのマークシート欄にマークし、現金と投票カードを自動券売機に投入したところ、紙幣が機械の中につまり、自動券売機の誤作動が生じて、勝馬投票券が発行されず、そのままXが買おうとしたレースの発走締切時刻が過ぎてしまった。ところが、実際にはXが買おうとしていた馬券は万馬券で、紙幣が機械につまってしまったために、高額配当を受けることができなかった。そこで、Xは、本件においては、Xが現金および投票カードを勝馬投票券の自動券売機に投入した時点で、XとYとの間で勝馬投票券の購入契約が成立したとした上、Xの購入した勝馬投票券には当たり馬券が含まれていたとし、Yの勝馬投票券発行債務の不履行を理由として、Yに対して損害賠償を請求した。

本件で争われているのは、勝馬投票券の購入契約が成立していたか否かという点である。もし契約が成立していれば、ＸはＹから高額配当を受けることになるが、契約が不成立であれば、高額配当を泣く泣くあきらめることになる。では、本件のような自動券売機で取引がなされる場合、契約はいつ成立するといえるのか。また、本件では契約は成立していたのか。

　本判決は、Ｙによる勝馬投票券の自動券売機の設置が申込みの誘引であり、Ｘがこれに現金と投票カードを投入した時点を、Ｘによる本件契約の申込みの意思表示があった時点であるとした。その上で、勝馬投票券の自動券売機に現金および投票カードが投入され、投票内容が正常に受け付けられた場合、自動券売機の画面上には、「計算機に接続しています」との表示とともに投票カードに付されたマークシートの内容を表示した画面が現れるが、この表示が画面上に現れた時点において、Ｙが購入者の購入申込みに対し承諾の意思表示を行い、これにより、Ｙと購入者との間で勝馬投票券の購入契約が成立するとした。本件では自動券売機に上記表示が現れていなかったため、契約が成立したものとはいえない、とした。

　本判決は、「計算機に接続しています」という表示とともにマークシートの内容を表示した画面が現れた時点を契約の成立時点としている。これについては、現金・投票カードを投入した時点を契約成立時点とすることや、勝馬投票券の発行時点をもって契約成立時点とすることも考えられる。どの時点が契約成立時点になるのかについてはいろいろな考え方がありうるが、２つ補足しておきたい。第１に、裁判所がいうように、「受付の表示」が出た時点で、申込みの撤回や変更が不可能になるという理由で、この時点が契約成立時点であるとすると、「受付の表示」が出る時点までは、買主の撤回・変更が可能でなければならない。しかし、実際の勝馬投票券購入の際、買主の撤回・変更はできない。このことに問題はないのか。第２に、本件では契約の成立・不成立が争われているが、契約が成立しないと、購入者は一切保護されないのか。購入者は、現金・カードが機械に投入された時点で、勝馬投票券が購入できたという期待を抱いているはずであり、その期待が機械の操作ミスで打ち砕かれているのである。このような場合にも、契約が成立していないという事実をもって、購入者の期待は一切保護されないのか、つま

り、契約成立前には、消費者は一切保護を受けないのか。これについては、のちに述べる。

(2) 電子商取引の場合

東京地判平成17年9月2日判時1922号105頁では、Aが開設するインターネット上サイトにおいて、Yがパソコンを1台当たり2787円で売り出している表示がされていたことから、Xは、パソコン3台を注文するメールを送信し、Aからの受注確認メールを受信したが、表示が誤っていたため注文に応じかねるとのメールをYから翌日に受信した。そこで、Xは、第1に、Aからの受注確認メールを受信したことにより売買契約が成立した、第2に、パソコンの売買契約にかかる紛争がAの表示ミスによるものとしてもYにはAに対する注意義務があるとし、Yに対し、債務不履行ないし不法行為に基づき、パソコン3台の代金相当額の支払を求めた。

本判決は、インターネットのショッピングサイト上に商品およびその価格等を表示する行為は、店頭で商品を販売する場合に商品を陳列することと同様の行為であると解するのが相当であるから、申込みの誘引にあたり、買い手の注文が申込み、売り手が買い手の注文に対する承諾をしたときに契約が成立するとした。本件では、Aから受注確認メールを受信したものの、売り手であるYから注文に応じないとする旨のメールを受信していることから、契約は成立していないとした。Aによる受注確認メールは、買い手となる注文者の申込みが正確なものとして発信されたかをサイト開設者が注文者に確認するものでしかなく、売主の承諾ではないからである。

本件では、電子商取引においてどの段階で契約が成立するかが問題になっているが、本判決の考え方は、極めて妥当な考え方である。なぜなら、もしインターネットサイト上に商品および価格を表示する行為が「申込みの誘引」ではなく「申込み」だとすると、買主の注文が承諾となり、すぐに契約が成立するが、そうすると本件のような場合に大量注文が来ると同時に複数の契約が成立し、事業者がすべての債務不履行責任を負うことになるからである。「申込みの誘引」は、契約の成立時点を遅らせ、当事者がすぐに契約から債務を負うことを防ぐ法理である。しかし、オンライン上での有料アプ

リやソフトウェアのダウンロードのように、顧客が「注文」ボタンを押すとただちに契約が成立するとみても問題ない場面もあり、この場合には、ソフトウェアやアプリの広告表示が「申込み」、顧客の「注文」ボタンクリックが「承諾」にあたるといえよう（関連して、中田81頁以下も参照）。そうすると、インターネットショッピングで業者による広告表示が「申込みの誘引」なのか、それとも「申込み」なのかは、結局のところ、契約をただちに成立させることが事業者に在庫リスク等のリスクを負わせることになるかどうかによっても判断される。

4 関連問題

(1) 契約交渉段階

契約の成立に関連する問題として、契約交渉段階の責任の問題について説明する。これは、契約成立前ではあるが（つまり、契約が成立したとはいえないが）、契約成立に向けた交渉が行われていた場合に、その交渉段階で当事者に何らかの責任が発生することがあるという問題である。具体的には大きく分けると以下の2とおりの場合がありうる（法制審議会民法（債権関係）改正部会による「民法（債権関係の改正に関する）中間試案」第27でとられていた考え方による）。

(i) 契約交渉段階における説明義務

契約交渉段階での責任が認められた裁判例が、大津地判平成8年10月15日判時1591号94頁である。これは、Xが、二世帯住宅の建築請負契約を締結した際に、当該住宅の建築が境界間隔の協定に違反しないか建築業者に確認したところ、心配ないといわれたので建物を取り壊し、地鎮祭を行った後になって、境界間隔に関する協定に違反するという苦情を受けて請負契約を解除した事例である。本判決は、建築業者には、「契約交渉の段階において、相手方が意思決定をするにつき重要な意義をもつ事実について、専門業者として取引上の信義則及び公正な取引の要請上、適切な調査、解明、告知・説明義務」があるとし、故意または過失により、これに反するような不適切な告知、説明を行い、相手方を契約関係に入らしめ、その結果、相手方に損害

を与えたときは、その損害を賠償すべき責任があるとした。旧建物を取り壊して新建物を建築しようとするXにとって、本件協定を根拠として境界に関する隣家のクレームがついた場合に工事中止の危険性があるか否かは、本件請負契約を締結する意思決定に対し重要な事柄であることは間違いないだろうから、この結論は妥当である。

ここで重要なのは、契約交渉段階というのは、厳密にいえば契約成立より前の段階であるにもかかわらず、契約締結に向けた交渉が行われていたときには、一方当事者が、契約不成立ないしは契約の目的が達成されなかったことについての責任を負うことがありうるという点である。以上の事案では、事業者が契約交渉段階において十分な情報を提供していなかった場合や誤った情報を提供した結果、契約が成立しなかった場合、ないしは契約は成立したものの契約の目的が達成されなかった場合には、事業者は契約の成立・不成立を問わず、消費者に生じた損害を賠償しなければならないことが示された。当事者としては契約を締結するか否かを自由に決めることができるが、相手方の誤信を惹起する行為までをも許容するものではない。そのことから、交渉者の言動などが相手方の誤信を惹起するものであり、許容されないと評価されるのはどのような場合かを判断することが求められる（新注民(1) 163頁〔吉政知広〕）。ここでの損害賠償の対象は、契約が不成立であった場合には契約が有効であると信じたために被った損害である信頼利益（契約が成立すると信頼したことによる利益。例として、契約の準備に要した費用や契約をするために銀行から借入れを行った際の当該借入利息相当額など）であり、契約が成立した場合には契約が成立したことに伴う出費である（原状回復的賠償）。

(ii) 契約交渉の不当破棄

最判昭和59年9月18日判時1137号51頁では、マンションの購入希望者Y（歯科医）が、売主Xに対して、電気容量に関する問合せなどを行い、売主がこれに応じて容量変更を行ったが、その後Yは購入を取りやめたため、Xが賠償請求を行ったというものである。最高裁は、Yの「契約準備段階における信義則上の注意義務違反」を理由とする損害賠償責任を認めた原審を支持して上告を棄却した。

何人も契約が締結されていない以上、契約に拘束されることはなく、そも

そも、交渉を継続して契約を成立させるか、それとも交渉をやめるのかは当事者の自由である。しかし、以上の判例では、契約交渉の破棄が不当とされ、損害賠償責任が認められている。契約成立前であるからといって、契約交渉を不当に破棄して、相手方の正当な信頼を裏切ることは許されない場合があることが示されたのである（池田）。その際に認められる賠償は裁判例や伝統的な学説では、信頼利益であるとされているが、これに対しては、「信頼利益」の概念が必ずしも明確ではないことから、これに限定する必要はなく、損害賠償の範囲に関する一般法理によって決すれば足りるとの見解が有力である（中田114頁以下）。

　以上のように、判例上、契約交渉段階においても、当事者が一定の注意義務を負うという立場が取られている。ただし、その際に、事業者が責任を負う根拠は不明確である。それが契約責任なのか不法行為責任なのか、はたまたいずれでもないのかは明らかではなく、実際には「信義則上の注意義務違反」とするものが多い。この背景にあるのは、契約交渉段階でも当事者は相手方の人格や財産を害してはならない信義則上の注意義務を負うという考え方である。これに対して、最判平成23年4月22日民集65巻3号1405頁は、契約締結過程における信義則上の説明義務違反に基づく損害賠償責任について、債務不履行によるものではなく不法行為責任であるとした。ただし、本判決については、本判決が「契約を締結するか否かに関する判断に影響を及ぼすべき情報」についての提供を行った場合にその射程が限られ、例えば契約の締結ではなく契約の履行方法や目的物の用法に係る説明を怠った場合には、それに基づいて生じる責任はなお債務不履行責任と構成する余地が残されているとの指摘もなされている（山城19頁）。

　このように、契約成立前であっても、事業者が信義則に基づいて一定の注意義務や説明義務を負うことがありうる。その背景にある考え方にはさまざまある。第1に、契約関係は、ある一定の時点を境にその前後で法律関係の有無が変わるというのではなく、段階的に成熟していくものであるという契約の「熟度論」から導かれる中間的合意論がある（河上(1)）。第2に、契約交渉段階でも当事者間の「関係」に基づき互いに相手方の信頼を裏切ることは許されないという関係的契約理論である（内田）。

⑵　予　約

　消費者取引においては、ホテルや飛行機などの「予約」がされることがある。もっとも、ここでの予約は履行期が将来に到来する契約の成立であることが多く、慣行上または契約条項で認められている場合でなければ本来は解約できない。

　これに対して、民法では契約の効力の発生・不発生を一方当事者にかからせる合意を予約と定めている（同法556条・559条）。ここで、一方当事者に与えられた、契約を成立させる権利のことを予約完結権と呼ぶ。これによって成立した契約を本契約と呼ぶ。

　インターネット上の取引で予約の成立が問題となった東京地判平成23年12月1日判時2146号69頁は、①Ｘがインターネットサイト上で旅行会社Ｙが募集した海外旅行ツアーを申し込み、②申込み直後に申込み内容確認の自動送信メールが配信されたが、③料金に誤表示があったとしてＹがＸに対して誤表示があったものの誤表示された金額のとおりで予約が成立していることを記載したメールを送ったにもかかわらず、④その約10日後にＸからＹに対して電話でクレジットカード情報の受取の可否を尋ねたところＹがこれを拒絶したという事案である。この事案では、標準旅行業約款および本件約款において電話等（インターネットも含む）による予約の申込みを受け付ける場合にはその時点で契約は成立せず、Ｙが予約の承諾の旨を通知した後、顧客が旅行業者に申込書と申込金を提出するか、またはクレジットカード情報を通知した時点で本契約が成立するものとされていた。本判決は顧客からの予約申込みに対してＹが予約の承諾の旨を通知した時点（上記③）でＹと顧客の間に予約契約（民559条・556条）が成立したとした上で、標準旅行業約款および本件約款においては予約完結権を顧客に与えており、顧客が申込書と申込金を提出またはクレジットカードの番号等を通知した時点（上記④）で旅行契約の本契約が成立し、また、本件約款で定められた契約締結拒否事由にもあてはまる事情は認められないとして、本契約が成立した以上、Ｙの債務不履行が認められるとしてＸが他の旅行会社との間で改めて締結した同一の日数、人数および旅行先に係る旅行契約代金との差額の賠償責任をＹに課した。

＊参考文献＊

本文中、**民法（債権法）改正検討委員会編**『詳解・債権法改正の基本指針Ⅱ契約および債権一般(1)』（商事法務、2009年）、**河上正二**「『契約の成立』をめぐって(1)」判例タイムズ655号（1988年）11頁、**山本敬三**『民法講義(1)総則〔第3版〕』（有斐閣、2011年）、**大村敦志**「合意の**構造化**に向けて」同『契約法から消費者法へ』（東京大学出版会、1999年）92頁、**石川博康**「各種契約の方式要件の変容と消費者法における書面の意義」NBL1199号（2021年）51頁、**池田清治**『契約交渉の破棄とその責任』（有斐閣、1997年）、**山城**一真「判批」インデックス18頁、**内田貴**『契約の時代』（岩波書店、2000年）。

本文に掲げるもののほか、大村敦志「契約の成立——自動券売機の場合」同『もうひとつの基本民法Ⅱ』（有斐閣、2007年）51頁、道垣内弘人「契約の成立をめぐって（その1）（その2）」法学教室283号29頁・284号（2004年）35頁。

Unit 4

消費者契約における合意の瑕疵①
錯誤・詐欺

〈事例〉

> Ｘらは令和２年に、建築・不動産販売業者であるＹから、リゾートマンションＡの区分所有権および敷地所有権の持分を購入したが、その後令和４年にその東南方向に新たに14階建の別のリゾートマンションができ、Ｘらのマンションの眺望、日照は大きく損なわれるに至った。Ｙは契約時に、今後は町の条例規制により４階建以上の高層リゾートマンションが立つことはなく、その眺望、日照は将来とも維持できると説明していた。ＸらはＹに対してどのような請求ができるか。

　このUnitでは、錯誤や詐欺をめぐる学説の概要を紹介した上で、具体的な適用例およびそこから導かれる問題点を説明する。その上で、錯誤・詐欺を補完する法理として説明義務論を中心に説明し、特別法による錯誤・詐欺の補完については Unit 5 で説明する。

1　消費者契約における錯誤

(1)　錯　誤

　民法95条によれば、意思表示が「意思表示に対応する意思を欠く錯誤」（同条１項１号。表示行為の錯誤と呼ばれることが多い。言い間違い、書き間違いが典型例）、または、「表意者が法律行為の基礎とした事情についてのその認識が真実に反する錯誤」（同項２号）に基づくものであって、法律行為の目的および取引上の社会通念上に照らして重要なものであるときには、取り消すことができる。ただし、錯誤に陥って意思表示をした表意者に重大な過失があるときには、同条３項１号・２号にあたる場合を除き、取消しができない。

49

判例およびかつての通説は、錯誤を「動機の錯誤」と「表示の錯誤」に分類した上で、動機の錯誤については2017年改正前民法95条にいう「要素の錯誤」にならないが、動機の錯誤も、動機が表示されて意思表示の内容となった場合には、法律行為の要素となりうるとしていた（大判大正3年12月15日民録20輯1101頁）。この通説・判例の考え方は二元的構成と呼ばれるが、判例の定式が実際の判例でどのぐらい機能しているかについては、特に民法改正論議において、次のような疑問が提示された。第1に、法律行為の内容となっていることと当該動機が表示されたことのどちらが重視されているか。これについては、判例において必ずしも統一的な運用がなされているとはいえないが、学説では、事実についての認識の誤りが無効（改正前）を導くのは、その認識が合意の内容に取り込まれることによって正当化されるとして、その認識が相手方に表示されたか否かではなく、法律行為の内容となっていたかどうかを重視する見解が有力であった。第2に、動機の表示よりはむしろ相手方が当該錯誤を導くような行為を行ったこと（不実表示など）を重視している判例もあった。

　また、消費者取引で特に問題になるものとして、目的物の性質の錯誤を挙げることができるが、この種の錯誤についても、判例は動機の錯誤の枠組みによって錯誤の有無を判断していた（大判大正6年2月24日民録23輯284頁、最判昭和45年3月26日民集24巻3号151頁）。たしかに、高周波電流による永久脱毛器の購入契約およびその使用方法に関する講習契約を締結した消費者が、この脱毛器による効果が上がらなかったとして、錯誤無効（民法旧95条）を主張して売買代金等の返還を求めた大阪地判昭和56年9月21日判タ465号153頁のように、動機の表示の有無を問題にせず、消費者が期待した「永久脱毛を達成させ得る性能を有しなかつた」、つまり、売主による性能保証があったことを理由に、端的に法律行為の要素性が認められた裁判例もある（石川・百選43頁）。しかし、床下換気システム一式を自宅床下に取り付ける工事の請負契約について、実際には湿気除去効果がなかったことを理由に、消費者が錯誤無効（民法旧95条）を主張した東京地判平成17年8月23日判時1921号92頁は湿気除去機能の有無についての錯誤を動機の錯誤であるとしている。また、社会人として働きながら休職することなく大学院の履修課程を研

究室側との柔軟な対応で進められるということで大学院への入学の意思表示を行った原告が、実際には休職をしない限り研究を続けることができないといわれたために入学を辞退したという事案では、原告の入学予約の意思表示には動機の錯誤があり、かかる動機は大学院側に表示されていたこと、および、社会人として勤務を続けながら大学院に通いたいと思っていた原告としては、勤務を続けることができないのであれば予約の意思表示をしなかったものといえるから、要素の錯誤にあたるとされている（名古屋地判平成19年3月23日判時1986号111頁）。これらの事案は動機の錯誤についての判例枠組みによっているが、原告の動機は契約締結の前提となった事実であり、端的に要素の錯誤そのものとしてとらえるべきであったといえる。

　また、学説が言うように、判例では錯誤の有無の判断にあたり、「要素の錯誤か否か」以外にもさまざまな点が考慮されていた。例えば、表意者（消費者）を「錯誤」に陥らせた事業者の行為態様が考慮されたこともある。前掲東京地判平成17年8月23日では、事業者が「湿気除去を謳い文句に本件システムを売り込んだものであり、消費者の動機付けをしている」点が、消費者の錯誤を認めるにあたって重要な役割を果たしている。このように、相手方からの不当な働きかけ、具体的には相手方が表意者の動機の錯誤を惹起したようなケースや、相手方が表意者の動機の錯誤を利用した場合には、たとえそれが「動機の錯誤」であっても、錯誤が認められやすい。これについては、次にみる詐欺との関係が問題になる。

　そこで、民法改正論議では、以上の裁判例の状況、および、学説の有力説をふまえ、さまざまな改正提案がなされた。例えば、「民法（債権関係）の改正に関する中間試案」では、いわゆる表示の錯誤と動機の錯誤を明文で区別した上で、後者については、「意思表示の動機に錯誤があり、かつ、次のいずれかに該当する場合において、その錯誤がなかったとすれば表意者はその意思表示をせず、かつ、それが取引通念上相当と認められるときは、表意者は、その意思表示を取り消すことができる。(1)動機が法律行為の内容になっているとき。(2)動機の錯誤が相手方によって惹起されたとき」（第3の2(2)）とされている。これは、動機が法律行為の内容になっていることを重視する最近の学説をふまえたものであり、かつ、動機の表示よりはむしろ相

手方の態様を考慮している裁判例の枠組みに従ったものである。もっとも、ここからさらに「動機」ではなく、「目的物の性質その他当該意思表示の前提となる事実を誤って認識した場合」と明確化すべきとする学説も存在した（山本98頁以下）。

　結局、2017年改正民法では、「法律行為の要素に錯誤」があるとの要件を、従来の判例の考え方に照らして「錯誤に基づき意思表示がされていたこと」および「錯誤が法律行為の目的及び取引上の社会通念に照らして重要なものであること」の2つとして明文化した上で（同法95条1項）錯誤の種類が「意思表示に対応する意思を欠くもの（いわゆる『表示の錯誤』に相当する）」（同項1号）と「表意者が法律行為の基礎とした事情についてのその認識が真実に反するもの（いわゆる『動機の錯誤』に相当する）」（同項2号）と区別された。ただし、後者の錯誤による意思表示の取消しは95条1項に定められた要件を満たした上で、「その事情が法律行為の基礎とされていることが表示されていたときに限り、することができる」とされている（同条2項）。ここでの「その事情が法律行為の基礎とされていることが表示されていたとき」というのは、「当該事情が法律行為の基礎とされているとの表意者の認識が相手方に了解され、法律行為の内容となっていた」との意味で理解すべきとされており（潮見7頁以下。その他、学説の理解について、原田60頁以下）、黙示的にであっても相手方に表示されていることを要する（筒井＝村松編著22頁）というのが立案担当者の見解であるが、黙示的にであっても、という考え方にも表れているように、文字どおりの表示の有無よりも、当該事情が契約内容になっていたことを重視すべきであろう（条解3頁も参照）。

　また、相手方の態様によって錯誤が導かれた場合の取消しは採用されなかったが、これについては従来の判例同様、相手方の態様を錯誤該当性の判断にあたって考慮すべきであるとの見解がある（鹿野29頁）。

　しかし、以上のように動機の錯誤に関する規定が具体化されたとしても、実際に錯誤になるかどうかは結局事例ごとの判断による。とりわけ、相手方の不実表示等の態様によって錯誤が導かれていた場合のすべてにおいて錯誤を認めるべきか否か（例えば、不実表示を正当に信頼した場合に限定すべきか否か）については争いの余地があることから、どこまでの事情が総合考慮され

て錯誤が認められるかは今後の解釈による（石川・百選43頁）。そうすると、少なくとも消費者契約では以上の錯誤理論の発展や判例の現状をふまえてより明確な要件を構築し、意思表示の取消しを容易にすることが求められるだろう。また、相手方の態様（不実表示）によって錯誤が導かれた場合についても従来、判例では錯誤が認められた事案があったものの、規定化されていない。この点、消費者契約法では4条1項1号の不実告知のように、まさに誤認惹起的な相手方の態様をとらえた規定があり、これらの規定と錯誤の関係を検討する必要があろう（*Unit 5*）。

（2） 消費者契約における詐欺

民法96条の詐欺の要件は、①故意（「騙す」意図）、②違法な行為（社会的に許される限度を超えた行為がされていること）、③因果関係（違法な行為の結果として意思表示がされたこと）であるとされている。

しかし、実際にはこれらの要件は厳格に解されている。その理由は以下のとおりである。第1に、詐欺が認められるためには、事業者の欺罔しようとする故意が必要である。つまり、積極的に騙そうという意思が必要である。通説によると、「相手方を錯誤に陥らせる故意」と「その錯誤によって意思表示をさせる」故意という「二段の故意」が必要とされている。しかし、一般には、実際のセールストークで多少誇張した表現は問題ないとされていることから、少々オーバーな表現をしただけでただちに「故意があった」とまでいうことはできない。この点が典型的に現れているのが、東京地判平成2年6月26日判タ743号190頁である。同判決がいうように、「事実と異なる説明がなされただけでは」欺罔しようとする意思があったとはいえないとされている。第2に、第1の点と関わるが、それが「社会的に許される限度を超えた行為」であることが必要であるが、この行為はかなり悪質であることが求められている。例えば、一般には、相手方が錯誤に陥っているのに沈黙して勧誘を続けた程度であれば、詐欺は認められない。一方、①東京地判平成3年9月26日判時1428号97頁、および、②大阪高判平成12年4月28日判タ1055号172頁ではともに「社会的に許容される限度を著しく超えている」とされているが、①は、Yが社会的適応能力に欠ける面があったことが考慮さ

れており、②も不実告知だけではなく、販売価格の異常な高額さ、詐欺商法であった点など、いろいろな要素をもって詐欺を肯定している。

このように、詐欺が裁判例上認められることは極めて珍しい（詐欺が認定困難な理由として、故意要件の存在のみならず、欺罔行為の存在等を探求する学説として、山城・認定1頁以下）。その結果、例えば事業者が消費者を錯誤に陥らせるような動機付けをしていた場合には、錯誤を認めることで救済するなど、裁判所も工夫を凝らしている。また、実際には詐欺的な行為が、民法96条の詐欺ではなく、同法709条の不法行為として評価されることが多い。これに対し、詐欺についても表意者の意思決定の前提となる情報取得を意図的に妨げた者が表意者による情報収集の失敗を主張することは許されるべきではなく、そのことからある程度の嘘はセールストークとして許されるという考え方自体に根本的な疑問を呈する学説がある（学説の概要として、山城・広告41頁）。

(3) 考え方

〈事例〉では、日照・眺望が将来にわたって保証されたマンションの売買が、民法95条1項2号の「法律行為の基礎とした事情」にあたるかどうか、かつ、「行為の目的及び取引上の社会通念に照らして重要なもの」と考えることができるか（同条1項）が問題となる。その上で、同条2項にいう「基礎とされていることの表示」があったといえるかどうかが問題となる。〈事例〉では日照・眺望のよさがXの契約締結の決め手になっており、しかもYがこれを保証するかのような言い方をしていることから、「基礎とされていた」といえよう。

また、〈事例〉ではYの説明義務違反や、「条例規制があることから他のマンションは建たない」といった、Xが「このマンションは日照・眺望が将来にわたって保証される」と思ってこれを契約締結の決め手にしたといわれても仕方がないY側の行為態様ゆえに、Xが錯誤に陥ったといいやすい事案であろう。そのことから、「基礎とされていることの表示」も肯定されやすい。

さらに、錯誤取消しが認められるためには、Xに重過失がなかったことも必要であるが（民法95条3項）、〈事例〉ではYの説明内容をXが信じたとし

ても、それを重過失ということはできないだろう。

　次に、詐欺については、〈事例〉で実際とは異なる説明をしたことが、Yの故意による欺罔行為といえるか否かが問題となる。つまり、Yが他のマンションが建つことを知ってあえて嘘をついたといえるか、および、「条例制限がある」というのが実際には事実と異なるものであった（つまり真っ赤な嘘だった）といえるかどうかが鍵となろう。

　しかし、故意の立証は非常に困難である。契約書で「今後隣にマンションが建つことはない」という記載があったとか、あったとしてもそれを「故意」で、すなわち、マンションが建つことを知りながら書いたと証明できるかが問題となる。

　また、〈事例〉でYの説明の仕方（特に「条例制限」の点など）が悪質で、Xを購入へ強く誘導したことは間違いないが、それゆえに民法96条の詐欺にあたるといえるかは疑問が残る。他方で、錯誤を認めるときに、「この説明があったから、Xはなお一層錯誤に陥った」と評価することはできるだろう。

　ただし、次に述べる説明義務の場合にも同じ問題があるが、どこまでが単なる「セールストーク」として取引通念上許されるのか、明確な基準があるわけではない。そうすると、消費者はもちろん、事業者にとってもいかなる勧誘が「詐欺」にあたるか、明確でないという点で問題がある。

　以上、前述した錯誤に関する学説・判例と詐欺の現状をふまえると、意思表示の有効性をめぐっては次の点が問題となり、それらをふまえた消費者契約の特則の構築が求められる。第1に、消費者が目的物の性質やその他意思表示をするにあたって前提とした事実について錯誤に陥る場合が多く、この場合について意思表示の取消しを認める必要が出てくるということである。第2に、錯誤の有無の判断にあたって相手方の態様が問題となることが多いということであり、その際には民法の詐欺のように悪質さが強い場合（違法性の強い不当勧誘）のみならず、事業者が消費者の錯誤を利用したにすぎない場合や事業者の説明不足や説明の誤りによって錯誤が惹起されている場合など、詐欺とまではいえないような場合もあるということである。以上の点をふまえて、錯誤・詐欺を補完する理論や立法のあり方について次に述べる。

2 錯誤・詐欺を補完するもの

本Unitでは、まず、判例・学説が錯誤・詐欺を補完するためにいかなる理論を用いているかを見る。次に、立法による解決もなされているが、これについては **Unit 5** で検討する。

(1) 判例・学説による補完

(i) 取引的不法行為

事業者による不当な勧誘や説明によって消費者が意図しない契約を締結した場合や、思ったとおりの契約効果がなかった場合に多く用いられる法律構成として、不法行為がある。つまり、事業者には相手方に対して一定の注意義務があり、その義務に違反した場合には過失があったとされ、その過失と因果関係にある損害については賠償責任を負うという構成である。その際に、事業者の過失の存在を導くものとして重要な役割を果たしているのが、のちに述べる説明義務である。

もっとも、錯誤や詐欺ではなく不法行為によることに対しては、批判もみられる。つまり、当該契約の効力の有無を問わずに不法行為を認めるとしても、結果として損害賠償責任が肯定される以上、当該契約の効力を否定するに等しいが、それならば最初から錯誤や詐欺で契約の効力を否定すべきではないかという批判である。もっともな批判だとは思うが、実際の錯誤・詐欺該当性判断の困難さをみると、不法行為によることもやむをえない点があるということを述べておくにとどめる。

(ii) 契約交渉段階の責任

Unit 3 で説明した契約交渉段階の責任も、錯誤・詐欺を補完する役割を果たしている。この理論によって、一方で、契約交渉が中途で挫折した場合の損害賠償責任、他方で、不当な勧誘によって契約を締結させられた場合の損害賠償責任が課される。この際に根拠とされるのも、やはり次に述べる説明義務であることが多い。

(iii) 説明義務

説明義務（情報提供義務）は、情報の量・質の点で消費者よりも優位に立つ事業者には、相手方に対して一定の説明義務を負うというものであり、その根拠としては信義則上の付随義務（契約内容そのものの義務ではないし、契約上そのような義務が定められているわけではないが、このような付随義務が果たす役割が重要となっている）とされることが多い。

説明義務の有無が問題となる取引の典型例として、金融商品取引がある。例えば、最判平成8年10月28日金法1469号51頁は、変額保険の募集を行った者の説明義務違反に基づく不法行為責任を肯定した原審の判断を是認している（金融商品取引については、*Unit 22*）。以下では、不動産取引における説明義務をいくつかみてみる。

典型的な事例は、マンション購入の際に、隣に将来高層マンションが建つという説明を受けていなかったにもかかわらず、実際には高層マンションが建ったために、日照が阻害されたといったものである。裁判例では、事業者が、隣地に将来マンションが建つことを知っていた場合、あるいは、知りえた場合には、消費者に対してこの点を説明する義務があるとする判決が多い。なぜなら、隣地に将来マンションが建つか否かは、消費者が契約を締結する際に重要な考慮要素となるからである（札幌地判昭和63年6月28日判時1294号110頁など）。また、東京高判令和元年9月26日消費者法ニュース123号272頁は、これまで不動産の購入や投資を一切経験したことがなく、投資に充てることのできる自己資金もわずか150万円程度にすぎなかった原告に対し、多額のローン債務を負担させてまで各2000万円超のマンション投資を勧誘する事業者には、マンション投資についての空室リスク、家賃滞納リスク、価格下落リスク、金利上昇リスク等をわかりやすく説明すべき注意義務があったとして、その義務違反について使用者である被告が使用者責任を負うとした一審の判断を維持した。

説明義務の特徴として、以下の3点が挙げられる。第1に、いずれも顧客の契約締結に関する判断を誤らせないための説明義務であるということができる。不動産取引であれば、隣地にマンションが立つことを知っていれば顧客はマンションを購入しなかったといった場合、金融商品取引の場合であれ

ば、取引の危険性について正確に把握していれば顧客は取引を行わなかったという場合には、不十分な情報提供・説明によって契約締結に関する判断を誤ったということが事業者の信義則上の義務違反として判断されることになる。第2に、説明の対象となっているのは、取引の内容や、取引に伴うリスクである。不動産取引の場合には「自分のマンションの隣に別の建物が建って日照が阻害される」というリスクということができるし、金融商品取引やフランチャイズ契約の場合も取引内容自体に内在するリスクを説明すべきであるとされている。第3に、顧客の属性が考慮されることが多い。特に金融商品取引に顕著であるが、顧客の年齢、取引経験など、顧客の属性に応じた情報提供が要求される。他方で説明すべき主体である事業者の側の事情もまったく考慮していないわけではない。マンションの場合であれば、隣地に高層マンションが建つことを知っていた、あるいは知りえた場合に義務が課されているのは、問題となった説明の対象たる情報が事業者にとって入手可能なものであったか否かが考慮されていることによる。

さらに3点補足する。

第1に、特別法によって説明義務が認められている場合がある。代表的なものとして、宅建業法35条では、宅地建物取引業者に「重要事項説明義務」が課されている。また、特定商取引法等、書面交付義務が課されている場合には、書面を消費者に交付することによって契約内容を明らかにすることが求められており、情報提供の機能を果たしている。

第2に、医師、弁護士、建築家など、いわゆる専門職にある者が消費者と取引を行う際には、さらに高度な注意義務が課されることが多い。これを、「専門家責任」ということがある（専門家の責任論について、川井）。どのような事業者が「専門家」にあたるかについては、一般に資格を必要とする職業に就く者がこれにあたるとされている。ここでも、専門家には通常の事業者よりも高度な説明義務や助言義務が課される。

第3に、説明義務違反を理由とする不法行為では損害賠償が認められるが、ここでの損害はどのような損害なのかが問題となる。多くの事案では財産的損害の賠償が問題となっているが（前述した裁判例もそうである）、説明をしてもらえなかったことによって契約をするか否かの自己決定権を侵害さ

れたことを理由に、慰謝料の賠償が認められた判決もある（最判平成16年11月18日民集58巻8号2225頁）（新注民(1)〔吉政知広〕165頁以下）。

説明義務の法的性質については、**Unit 3**でも説明したように、判例は説明義務をその違反が不法行為責任を発生させうる注意義務にあたると考えているが、これに対しては説明義務を、契約締結前の説明義務違反によって締結された契約から発生する契約上の債務と考えて債務不履行責任であるとする学説もある。不法行為か債務不履行かによって、証明責任や時効などの違いがある。しかし、最も問題となるのは不法行為責任が認められる場合、いかなる利益が侵害され、どのような損害を被っているか、であろう。説明義務違反については、その違反によって相手方（消費者であることが多い）の契約締結に関する自己決定権を侵害するものであり、精神的損害を与えるという見解がある。そうすると、慰謝料が認められることになる。他方、それだけではなく、説明義務違反によって無意味な契約を結んでお金を出捐したということになると、財産的損害も請求できることになるが、そうであるならば錯誤や詐欺を理由に契約を取り消して原状回復義務を発生させるのと同じであるという見方も示されている（**Unit 15**も参照）。

また、説明義務違反の有無の判断にあたっては、前述したように、説明すべきとされた事項を事業者は調査すれば知りえたかどうかが問題となる。例えば不動産販売業者という不動産についての専門家であれば、他のマンションが建つかどうか、当該マンションの建設地に建築制限等があるかどうかを、買主よりも容易に調査できる立場にあり、建築制限や他のマンション建設予定等を調査して説明すべき信義則上の義務があったといいやすい。

もっとも、説明義務も判例上、「信義則に基づいて」認められるとされているだけで、具体的な説明の範囲などは明確ではない。そのことから、特に事業者にとって何を説明すればいいかの予測可能性が低いという問題は残されている。

(2) 契約不適合責任との関連

さらに、冒頭の事案は、売買契約の目的物が契約で定められた品質を満たしていなかったという、契約不適合責任の問題ととらえることもできる（**Unit 16**）。

＊参考文献＊

本文中、**石川**博康「判批」**百選**42頁、**山本**敬三「『動機の錯誤』に関する判例の状況と民法改正の方向」同『契約法の現代化Ⅲ——債権法改正へ』（商事法務、2022年）61頁、**潮見**佳男『民法（債権関係）改正法の概要』（金融財政事情研究会、2017年）、**原田**昌和「契約締結過程の規律と消費者法」消費者法研究９号（2021年）57頁、**鹿野**菜穂子「消費者と民事法」中田＝鹿野編25頁、**山城**一真「詐欺・誤認の構造と**認定**——紛争の潜在的多数当事者性と実体規定のあり方をめぐる準備的検討」大澤彩編『消費者紛争解決手段の発展に向けて——実体法・手続法の課題』（法政大学出版局、2024年）１頁、**山城**一真「**広告**表示と契約」現代消費者法30号（2016年）35頁、**川井**健編『専門家の責任』（日本評論社、1993年）。

Unit 5

消費者契約における合意の瑕疵②
消費者契約法

1 消費者契約法とは

　消費者契約法は、2000年4月28日に成立し2001年4月1日より施行された。同法1条にあるように、「消費者と事業者との間の情報の質及び量並びに交渉力の格差」を正面から認めた上で、次の3点を内容とした法律である。第1に、「事業者の一定の行為により消費者が誤認し、又は困惑した場合等について契約の申込み又はその承諾の意思表示を取り消すことができることとする」。第2に、「事業者の損害賠償の責任を免除する条項その他の消費者の利益を不当に害することとなる条項の全部又は一部を無効とする」。つまり、不当条項規制である。第3に、団体訴訟制度に関する条文を置いている（これは2006年5月31日に成立した改正同法の中で設けられ、2007年6月7日より施行された）。さらに、2016年と2018年、および2022年（6月と12月）に改正がなされ、新しい消費者被害を念頭に置いた規定が追加されるとともに、既存の条文で不明確な要件が明確化された。

　消費者契約法は労働契約以外の（同法48条参照）すべての消費者契約に適用される、消費者契約に関する一般的な民事ルールである。民法の特別法であることから、消費者契約法で規律されていない点は民法および商法による（消契11条1項）。

　このうち、本Unitでは、 **Unit 4** で説明した錯誤・詐欺を補完する規定である「消費者契約の申込み又はその承諾の意思表示の取消し」規定について説明する。

2　消費者契約法3条1項2号：情報提供の「努力義務」

(1)　消費者契約法3条1項2号の趣旨

　消費者契約法3条1項2号は、事業者に対して「消費者契約の締結について勧誘をするに際しては、消費者の理解を深めるために、物品、権利、役務その他の消費者契約の目的となるものの性質に応じ、事業者が知ることができた個々の消費者の年齢、心身の状態、知識及び経験を総合的に考慮した上で、消費者の権利義務その他の消費者契約の内容についての必要な情報を提供する」よう努めることを求めている（同法3条1項1号では契約条項の明確化についての努力義務も定めているが、後述する。**Unit 10**）。

(2)　消費者の「知識及び経験」への配慮

　消費者契約法3条1項2号では、情報を提供するにあたって考慮すべき個々の消費者の事情として、消費者の「知識及び経験」が挙げられている。提供された情報をどの程度理解することができるかは個々の消費者の知識および経験や消費者契約の目的となるものの性質によってそれぞれ異なることによる。例えば、商品が複雑なものであればあるほど、消費者の知識および経験を考慮してより詳細な説明が求められる（逐条解説消契法28頁）。この背景には、高齢者被害の増加および若年成人（特に2022年の成年年齢引下げ後の18歳以上22歳未満の若者）の被害を防ぐ上で、これらの者の知識・経験の程度への配慮が消費者契約法でも求められるという考え方がある。ただし、事業者に対し、消費者の知識および経験の程度を積極的に調査することまで求めるものではなく、勧誘の際のやり取りなどによって事業者が知りえた消費者の事情から合理的に推認される知識・経験の水準を考慮すれば足りる（逐条解説消契法29頁）。

　2018年改正に向けた消費者委員会消費者契約法専門調査会では、「年齢」にも配慮することの明文化が提案されていたが、「年齢」だけでは当該消費者の脆弱性への決め手にならないこともあり、明文化には至らなかった（しかし、同条の解釈・適用にあたっては、「年齢」への配慮も求められる場合がある

との解釈が示されていた。「年齢」と「知識・経験」の程度は重複しうるというのがその理由であった（鹿野・規律165頁）。具体的には、例えば、消費者が若年者や高齢者であって、知識や経験が十分でないようなときには、この点を考慮して、一般的・平均的な消費者のときよりも、より基礎的な内容から説明を始めること等が事業者に求められる。そのことから、この改正がいわゆる適合性の原則（**Unit 6**・**Unit 22**）のある種の現れであるとの指摘もあった（座談会27頁〔河上正二発言〕。情報提供における適合性の原則の考え方が採り入れられたとする鹿野・規律165頁））。

　結局、2022年の消費者契約法改正では、知識・経験に加え、「年齢」および「心身の状態」という文言が、考慮すべき消費者の事情として追加された。2022年改正前の消費者契約法3条1項2号では、消費者の「知識及び経験」を考慮することが事業者に求められていたが、これらの事情は事業者にとって認識困難であることが多く、同項2号の活用にも限界があった（逐条解説消契法28頁）。このうち、消費者の「年齢」が追加されたのは、「年齢」が当該消費者の理解の不十分さをうかがわせる1つの手がかりになることや、消費者の「年齢」は、知識・経験よりも事業者にとって容易に知ることができることがその理由であるが、事業者がこれらを知ることができたときにはそれに沿った情報提供が求められることを意味するのであり、事業者に積極的な調査を求める趣旨ではない（消費者契約に関する検討会「報告書」（2021年9月。以下、本Unitにおいて「報告書」という）27頁以下。逐条解説29頁）。そこで、個々の消費者の年齢等は、「事業者が知ることができた」ものに限定することが明文化されている。もっとも、「年齢」による画一的な対応が過度になされ、消費者が不当に取引から排除されることは、例えば制限行為能力制度の趣旨でもあるノーマライゼーションの趣旨に反する。したがって、あくまで事業者が情報提供の内容やあり方を考える上で、知識・経験不足を推測させやすい「年齢」にも「配慮」すべき、という趣旨のものと理解すべきであろう。立案担当者も、特定の考慮事情（例えば、消費者の「年齢」）のみで画一的な対応をするようなことは避けるべきであり、この点を明らかにするために、「事業者が知ることができた」個々の消費者の事情を「総合的に」考慮する旨を定めたと説明している（逐条解説消契法29頁）。こ

の趣旨は、すでに適合性の原則にも現れていた考え方である。また、2022年
6月改正の背景には、「消費者契約法に関する検討会」の報告書で、「判断力
の著しく低下した消費者が、自らの生活に著しい支障を及ぼすような内容の
契約を締結した場合における取消権」を定めること、および、その要件につ
いての考え方が示されていたが、法制化が断念されたという経緯があること
に留意すべきである（**Unit 6**）。

(3) 情報提供の対象の追加（2022年6月消費者契約法改正）

さらに、2022年6月消費者契約法改正では民法の定型約款規定である同法
548条の3第1項に規定する請求を消費者が行うために必要な情報を提供す
ることと定める消費者契約法3条1項3号、および、消費者が有する解除権
の行使に関して必要な情報を提供することと定める同項4号が追加されてい
る（以下、大澤・多様化21頁以下で詳細に検討している。また、2022年6月およ
び12月の消費者契約法改正全体をふまえた消費者契約法の「今後」につき、大澤・
未来45頁以下で検討した）。

(i) 定型約款の表示請求権に関する情報提供

前者は、まず、消費者契約法3条1項3号は、定型約款準備者の相手方が
消費者である場合には、当該消費者が民法548条の3第1項で認められてい
る定型約款の内容の表示請求権があることを知らないことが多いため、この
点についての情報提供を努力義務として定めたものである。「請求を行うた
めに必要な情報」には、定型約款の表示請求権の存在のみならず、消費者が
請求をする場合の事業者の連絡先や、事業者が表示請求に関して書式を用意
しているのであればその書式等が含まれる（逐条解説消法31頁）。

ただし、定型約款を使用する事業者が、すでに消費者に対して定型約款の
内容を容易に知ることができるようにするための措置を講じている場合に
は、定型約款の表示請求権に係る努力義務を負わない。立案担当者によれ
ば、定型約款を記載した書面の交付や定型約款を記録したCD等の電磁的記
録の提供のほか、契約を締結しようとしている消費者が定型約款の内容を確
認したいと考えたときに、容易に定型約款の内容に辿り着くことができるよ
うにすることが、「消費者が定型約款の内容を容易に知り得る状態に置く措

置」にあたるとのことである（逐条解説消契法31頁）。

消費者契約法3条1項3号の制定に至るまでは、もともと事業者に対して、定型約款を含む約款や契約条項の開示を行うよう働きかけるための規定を設けることが念頭に置かれていた。しかし、事業者に定型約款の開示を義務づけることは断念された。この点を同号の解釈、特に「消費者が……定型約款の内容を容易に知り得る状態に置く措置」の解釈にあたって考慮すべきである。また、ただし書の存在ゆえ、単に定型約款の内容の表示請求権に関する情報提供だけではなく、定型約款の内容の事前開示という2つの要素が含まれた「ハイブリッド型」の規定であるとも言われている（福島377頁）。

(ii) 消費者の解除権の行使に関する情報提供

次に、消費者契約法3条1項4号は、消費者からの求めに応じて、消費者契約により定められた当該消費者が有する解除権の行使に関して必要な情報を提供することを、事業者に努力義務として課している。消費者が解除権を容易に行使できなくなる状態は、例えば、ウェブサイト上での解除の方法についての表記がわかりにくいことや、解除は電話によるとされていても、電話がつながりにくい、といった事業者による運用が原因になる場合もあり、それは事業者が消費者に対して解除権の行使のために必要な情報を十分に情報提供できていないために生じている場合が多いという点が、規定追加の理由として挙げられている（報告書23頁）。

消費者契約法3条1項4号では「消費者の求めに応じて」とあるが、これは消費者が解除権行使を考えようとする場面で消費者の理解を深めるという趣旨に基づくことから、消費者が解除しようと考えた段階、つまり、契約の履行段階においても消費者の求めがあれば事業者は解除権に関する情報提供をしなければならないことになる（逐条解説消契法32頁）。この点で、3条1項1号から3号までのような勧誘時の情報提供とは異なり、情報提供の段階が契約締結後の契約離脱の場面にまで広がったことになる。

「消費者契約により定められた当該消費者が有する解除権」とは、立案担当者によれば、約定解除権を指し、民法541条等による法定解除権と同一の内容の解除権を消費者契約で合意した場合は含まれないが、消費者契約で法定解除権の条件を変更する合意をする場合は含まれる（逐条解説消契法32頁）。

また、「解除権の行使に関して必要な情報」とは、消費者契約を消費者が解除する際に必要な具体的な手順等の情報をいう（逐条解説消契法33頁）。例えば、ウェブサイト上で解除をする場合には、具体的にどの画面にアクセスしてどのような手順を踏めばよいなどの情報提供が求められる（逐条解説消契法33頁）。

しかし、「消費者の求めに応じて」という要件が付されている点については、この規定が、契約を解除する際に消費者に大きな負担が生じることを考慮し、事業者による積極的な情報提供を義務づけるために新設が提言されたものであるにもかかわらず、情報提供を受ける際に消費者の行為を要求している点で疑問が呈されている（宮下・落日94頁）。また、本来であれば、解除を妨げる運用に対して、行政規制も含めた規制のあり方を考えるという方法で対処すべきであり、情報提供の努力義務を設けるだけでは十分とはいえない（報告書24頁でもそのような意見があったことが記載されている）。

(4) 努力義務であることの意味

「努めなければならない」という文言からわかるように消費者契約法3条1項2号から4号までは「努力義務」であり、事業者がこの規定に違反したことを理由に契約の取消しや損害賠償責任といった私法的効力が発生するわけではない。また、同条2項では、消費者に対しても「事業者から提供された情報を活用し、消費者の権利義務その他の消費者契約の内容について理解するよう」努力義務を課していることから（ただし、「努めるものとする」とされていることから、同条1項で事業者に求められる努力の程度よりは緩和されているというのが立案担当者の見解である。逐条解説消契法35頁）、消費者契約法が定める情報提供の努力義務は、消費者保護にあたって果たして十分といえるかは議論の余地があり、立法当初より批判もみられる。

しかし、消費者契約法3条にこのような義務が書かれたことによる実務への影響はまったくないわけではなく、実際、民法の信義則上認められている事業者の説明義務の実定法上の根拠として消費者契約法3条の趣旨を引用する裁判例もある（大津地判平成15年10月3日平成14年(ワ)540号裁判所HP。また同法にいう事業者にあたる被告は、消費者契約である本件賃貸借契約の締結につい

て勧誘するに際しては、消費者の理解を深めるために消費者の権利義務その他の消費者契約の内容についての必要な情報を提供するよう努めるべき立場にあったこと（同条１項）等を考慮すると、信義則上、原告または仲介業者に対して、本件駐車場が近い過去に集中豪雨のために浸水し、駐車されていた車両にも実際に被害が生じた事実を告知、説明する義務を負うとして、不法行為に基づく損害賠償責任を認めた事例（名古屋地判平成28年１月21日判時2304号83頁）もある）。今後も、民法上の説明義務違反を肯定するにあたり、消費者契約法３条の趣旨が考慮されるべきである。また、同法４条２項の不利益事実の不告知該当性にあたり、同法３条１項１号の趣旨が勘案されて、「告知すべき事実」にあたるかどうかが判断されることもありうる（この点につき、宮下・判批83頁）。

　民法上、当事者間に情報の質や量の格差がある場面では、信義則に基づいて情報を多く有する当事者が相手方に対して情報を提供すべき場合があることが裁判例でも認められてきた。そうであるとすれば、情報の質および量に格差があると一般的にいうことができる消費者契約においては、消費者契約法３条１項各号の情報提供を単なる努力義務とするのではなく、法的な義務として規定し、その違反に対して損害賠償責任を課すことを、今後の法改正にあたって検討すべきではないか。

　ただし、義務化するとしても、事業者は消費者に対していかなる情報を提供すべきかについて具体的に明確にする必要がある。この点につき、民法改正論議では信義則により情報提供義務・説明義務が一方当事者に課されるのが、相手方が契約を締結するかどうかを適切に判断することができるためであることからすると、当該契約に関する事項であって、契約を締結するか否かに関して相手方の判断に影響を及ぼすべきものについて説明すべきであるという提案がなされていた。また、提供すべき情報の範囲は相手方の属性、相手方の有する取引経験・知識や契約の性質によって変わりうることから、2018年消費者契約法改正で設けられた同法３条のようにこの点を明文化することも考えられる（民法（債権法）改正検討委員会編Ⅱ43頁以下）。以上をふまえると、消費者契約では情報を消費者が自分で入手することは容易ではないことから、少なくとも事業者が入手した、あるいは入手しえた情報であって、かつ、消費者が当該契約を締結するか否かにあたっての判断に影響を及

ぼすべき情報については情報提供義務があり、具体的に情報提供すべき情報の内容や程度や相手方である消費者の属性や知識・経験等によって決まるとの規定を設けることが考えられる。

　この点につき、消費者契約法3条1項2号の解釈として、契約内容以外の周辺的な情報までも情報提供の対象となるわけではなく（例えば、対象となっている商品以外の商品に関する比較情報やモデルチェンジに関する情報等）、かつ、消費者契約の内容についての情報のうち、消費者が当該契約を締結するのに必要なものを提供すれば足りるというのが立案担当者の解釈であるが（逐条解説消契法29頁）、「消費者が当該契約を締結するのに必要なもの」が比較情報やモデルチェンジに関する情報である場合もありうるため、結局は「消費者が当該契約を締結するのに必要」か否かという観点から、当該契約の属性や取引経験、知識等に応じて情報提供すべきものを判断する必要があろう（条解37頁も同旨）。少なくとも、商品の内容・質・対価、その他の取引条件（支払時期等）、商品に伴うリスクがある場合にはその内容は、個別業種ごとの特別法でも説明すべき内容として列挙されているものであり（書面交付義務の義務的記載事項として定めているものとして、割賦販売法3条、特定商取引法4条、金商法37条の3。説明義務の対象として定めるものとして、旅行業法12条の4、宅建業法35条。**Unit 11**参照）、その際に、消費者契約法4条5項の重要事項の解釈が参考とならないだろうか（同条の重要事項とされるものについては、情報提供の努力義務もあろう）。

　また、情報提供義務違反の効果も問題となる。裁判例では損害賠償が認められているが、問題はその範囲である。この点につき、民法改正論議では、「相手方がその契約を締結しなければ被らなかったであろう損害」が賠償の対象となるとの考え方もみられた（法制審議会（債権関係）部会「民法（債権関係）の改正に関する中間試案」（2013年2月26日）第27.2）。例えば、契約を締結するために要した費用がこれにあたる。裁判例では契約を締結した結果支出した金銭相当額を賠償として認めるものもある（原状回復的賠償。詳しくは**Unit 4**や**Unit 15**を参照）。

　さらに、2022年6月の消費者契約法改正で追加された「情報義務」の「努力義務」の対象は、「契約を締結するか否かに関し相手方の判断に影響を及

ぼすべきもの」というよりは、消費者の権利行使・権利実現をサポートするための情報である。また、もともとは、約款の開示や、消費者の解除を妨げない運用といった事業者の一定の行為をうながすルールを設けることが議論されていた。このことから、「情報提供」を通じて事業者の行為を適正化するという点で、消費者の意思決定・権利行使をサポートし、ひいては、市場の適正化を目指すルールへと消費者契約法が進展したことも意味している（沖野10頁、大澤・消費者取引法88頁や、大澤・多様化参照）。もっとも、以上の「情報提供」が欠けた場合に、民事ルールを介して何らかの法的効果を認めることはできるのか、仮にできるとすればどのような効果が考えられるのか、今後の解釈論の展開が求められる。

　消費者契約法の努力義務には確かに行為規範としての意味はあるが、この努力義務をハードローとして発展させることも検討されるべきである一方で、特に消費者契約に行政規制を広く設けることが私人間の契約への介入として懸念されるのであれば、努力義務が示している原理を具体化する「指針」を、官民の協議会で作成して示すことや、消費者庁が（消費者契約法4条3項5号のように）内閣府令で指針を定めることも考えられる（山本・課題55頁、沖野14頁以下、大澤・消費者取引法95頁以下など）。

3　消費者契約法4条

　消費者契約法4条によれば、事業者が消費者契約の締結について勧誘をするに際し、①重要事項について事実と異なることを告げること（不実告知。同条1項1号）、②当該消費者契約の目的となるものに関し、将来におけるその価額、将来において当該消費者が受け取るべき金額その他の将来における変動が不確実な事項につき断定的判断を提供すること（断定的判断の提供。同項2号）、③不利益事実の不告知（同条2項）によって、消費者が「誤認」をし、申込みまたは承諾の意思表示をしたときには、これを取り消すことができる。

(1) 「勧誘」とは

　「勧誘」とは、立案担当者によると、「消費者の契約締結の意思の形成に影響を与える程度の勧め方」であり、「○○を買いませんか」などと直接に契約の締結を勧める場合のほか、その商品を購入した場合の便利さのみを強調するなど客観的にみて消費者の契約締結の意思の形成に影響を与えていると考えられる場合も含まれる（逐条解説消契法47頁）。

　かつて、立案担当者は、「勧誘」とは特定の消費者の意思形成に対する働きかけでなければならず、個別の契約締結の意思の形成に直接に影響を与えているとは考えられない場合、例えばパンフレット、チラシの配布、商品の陳列、事業者が単に消費者からの商品の機能等に関する質問に回答するにとどまる等の場合は「勧誘」にあたらないと解していた。これに対して、学説では、不特定多数の者に対する宣伝等でも、それによって当該消費者の意思形成に対して実際に働きかけがあったと評価される場合には勧誘にあたるとの見解が有力であった（広告の記載について不実告知を認めた高松地判平成20年9月26日平成19年(ワ)155号公刊物未登載（インデックス21番）も参照）。

　「勧誘」該当性の基準が、消費者の契約締結の意思形成に影響を与える程度のものといえるか否かというのであれば、直接消費者が店頭や訪問販売で勧誘された場合のみならず、不特定多数向けの広告であってもその広告の内容が消費者の契約締結の意思形成に影響を与えたといえたのであれば、これを消費者契約法上の「勧誘」から排除するのは妥当ではない。広告が契約締結を誘引するためのものであることがほとんどであることからもわかるように、契約締結とのかかわりがない広告というのは相当に限られるからである（山城40頁）。

　この点について、最高裁は「事業者が、その記載内容全体から判断して消費者が当該事業者の商品等の内容や取引条件その他これらの取引に関する事項を具体的に認識し得るような新聞広告により不特定多数の消費者に向けて働きかけを行うときは、当該働きかけが個別の消費者の意思形成に直接影響を与えることもあり得るから、事業者等が不特定多数の消費者に向けて働きかけを行う場合を上記各規定にいう『勧誘』に当たらないとしてその適用対

象から一律に除外することは、上記の法の趣旨目的に照らし相当とはいい難い。したがって、事業者等による働きかけが不特定多数の消費者に向けられたものであったとしても、そのことから直ちにその働きかけが法12条１項及び２項にいう『勧誘』に当たらないということはできないというべきである」と判断した（最判平成29年１月24日民集71巻１号１頁）。これまでの学説の見解に沿った妥当な判断であり、逐条解説もこの判決の趣旨どおりに「勧誘」概念を解する旨、明記するに至った（逐条解説消契法48頁以下）。

　ただし、最高裁は不特定多数の消費者向けの働きかけであることからただちに「勧誘に当たらない」ということはできない、と判示しており、不特定多数の消費者向けの働きかけ（例えば広告等）を勧誘にあたるとしたというよりは、むしろその中でも当該働きかけが個別の消費者の意思形成に直接影響を与える場合にのみ「勧誘」にあたると判断したと解される（鹿野・判批37頁）。そうすると、どのような場合が「直接影響を与える」場合にあたるかが問題となる。最高裁は「記載内容全体から判断して消費者が当該事業者の商品等の内容や取引条件その他これらの取引に関する事項を具体的に認識し得るような新聞広告により不特定多数の消費者に向けて働きかけを行う」場合を挙げていることから、記載内容において商品等の内容が具体的に認識しうるような広告であることが１つの例である。学説では、少なくとも消費者契約法４条５項の「重要事項」に該当しうる事項の記載が、ある程度具体的な形で記載されており（ただし、イメージ広告であっても具体的な事実の摘示を含む場合には「勧誘」にあたりうる）、媒体等も含めて総合的に考慮するとされている。その際に、「当該働きかけが向けられた層の一般的平均的な消費者」の立場からみて直接影響を与えうるものであったか否か（個別の消費者が現に直接影響を受けたかどうかを問うているわけではない）を判断すべきであるとされている（鹿野・判批37頁）。

　消費者契約法改正論議では前掲最判平成29年１月24日の明文化が検討されたが、見送られた。しかし、前掲最判平成29年１月24日の趣旨をふまえた「勧誘」の解釈がなされるべきことは確認されており、逐条解説にも明記されている（逐条解説消契法48頁）。実際、カタログの配布のみで店員による説明がなかった場合でも、「勧誘」にあたるとした判決がある（大阪地判令和3

年1月29日平成28年(ワ)12269号裁判所HP)。

(2) 消費者契約法4条1項：不実告知、断定的判断の提供

消費者契約法4条1項は、事業者が消費者契約の締結について勧誘をするに際し、①重要事項について事実と異なることを告げること（これを「不実告知」という）、②当該消費者契約の目的となるものに関し、将来におけるその価額、将来において当該消費者が受け取るべき金額その他の将来における変動が不確実な事項につき断定的判断を提供すること（「断定的判断の提供」）によって、消費者が「誤認」をし、申込みまたは承諾の意思表示をしたときには、これを取り消すことができるとした。

(i) 不実告知（消費者契約法4条1項1号）

不実告知とは、重要事項について事実と異なることを告げることである。例えば、無線データ通信サービス提供契約の締結に際して、通信速度制限について広告の中で通信量の制限がないかのような表現をしていたことや、通信制限が発動されることは極めて稀であるかのような説明をしていたことを理由に、不実告知が認められた事例が典型例である（東京高判平成30年4月18日判時2379号28頁）。

(a) 「重要事項」

「重要事項」とは、消費者契約法4条5項にあるように、物品、権利、役務その他の当該消費者契約の目的となるものの質、用途その他の内容、対価その他の取引条件に関する事項で、消費者の当該消費者契約を締結するか否かについての判断に通常影響を及ぼすべきものである。同法では、同条1項1号の不実告知、および、同条2項の不利益事実の不告知において、「重要事項」であることが要求されている。

「重要事項」が「消費者の当該消費者契約を締結するか否かについての判断に通常影響を及ぼすべきもの」であり、これは錯誤であればかつての「動機」の一部にあたるものであることから、一部の「動機の錯誤」を理由とする取消的無効を認めた点で錯誤を補完するものであると評価されていた。

もっとも、「重要事項」については、それが条文上列挙されたものに限られるのか、それとも、条文の列挙は例示列挙にとどまり、「消費者の当該消

費者契約を締結するか否かについての判断に通常影響を及ぼすべきもの」であれば広く重要事項にあたるのかについて解釈上争いがある。学説では、「消費者が当該消費者契約を締結するか否かについての判断に通常影響を及ぼすべきもの」が重要事項の中核であることを重視して、「契約を必要とする事情」も重要事項にあたるとする見解が多数といえる。裁判例でも大阪高判平成16年4月22日消費者法ニュース60号156頁のように、「消費者が当該契約を締結するか否かについての判断に通常影響を及ぼすべきもの」か否かを重視して、一般的な小売価格を「物品の質の内容ないしその他の内容」にあたるとし、「重要事項」にあたるとしたものがある（なお、「契約を必要とする事情」を重要事項に追加するかどうかは、すぐ後に述べるように2016年改正で対処がなされる）。

　これに対して、最判平成22年3月30日判時2075号32頁（インデックス26番）は「重要事項」について、消費者契約法4条5項の条文上列挙されたものに限られるかのような判断を行っている。つまり、将来の金の価格という変動が不確実な事項については、断定的判断の提供の対象にはなっているが、当時の同条4項の「重要事項」には将来の変動が不確実な事項を含意するような文言が含まれていないことから、将来の金の価格は「重要事項」にあたらないというものである（同判決は、このように判断して、同条2項に基づく取消しを否定した）。この判決の理解の仕方として、学説では、金融商品取引における将来の価格は「重要事項」にあたらないとしたもの、金融商品取引における抽象的一般的リスクは「重要事項」に該当するが、具体的リスクは対象外とするもの（契約締結時点での事情に限られ、将来の変動については重要事項にあたらない）があるが、「重要事項」を拡張的に解釈すべきとの見解からは批判的にとらえられている（以上につき、三枝93頁）。しかし、本判決はあくまで将来の金の価格が「重要事項」にあたらないとしたのみであり、価格上昇傾向がないのに、あるかのように告知したという場合には、「対価」の重要事項に関する不実告知を理由とする取消しが認められる余地がある（三枝93頁）。

　「重要事項」については、2016年消費者契約法改正によって不実告知による取消しの場合に限り、「物品、権利、役務その他の当該消費者契約の目的

となるものが当該消費者の生命、身体、財産その他の重要な利益についての損害又は危険を回避するために通常必要であると判断される事情」が追加された（同法４条５項３号）。これは「当該契約を必要とする事情」をも「重要事項」の対象とする意味を持つ（消費者委員会消費者契約法専門調査会「中間取りまとめ」（2015年）では、「当該消費者契約の締結を必要とする事情に関する事項」とされていたことをふまえた解釈をすべきである）。例えば、床下にシロアリがいるという虚偽の事実を告げてリフォーム工事の契約を締結させるといった場合、「シロアリがいるから契約をする」というのは契約の必要性であり、契約の目的の質、用途その他の内容等ではないため、改正前の同法４条では対象外であった。改正にあたっては「契約の必要性」をより具体化することを要件を明確にするために、「損害又は危険を回避するために通常必要であると判断される事情」とされた。もっとも、「損害又は危険を回避するために」という文言は解釈によっては狭くとらえられかねない。例えば、「今後黒電話が使えなくなるから新しい電話を買うように」と不実の事柄を告げられたという場合に、黒電話が使えなくなるということが「損害又は危険」といえるのか懸念されるが、ここでの「損害又は危険」は「不利益」といった広い意味でとらえられるべきであり、適用される事案を狭く解すのは妥当でない。しかし仮に「不利益」という意味にとらえるとしても、例えば消費者に対して「一般市場価格は購入価格よりも大幅に高い（だからこんな値段で買えるのはお得だ）」といったように、契約締結が消費者にとって「有利」であるという旨の不実の事柄を告げた場合には、「損害又は危険」にあたるのか、疑問が残る。立案担当者によれば、消費者が利益を得られないという積極損害だけではなく消極損害をも含む広い意味であることが確認されているが、有利さをいう消極損害のようなタイプを本当に文言上カバーできるのかは不安がある（座談会21頁〔沖野眞已発言〕）。そのほかに、「ご近所は皆同じリフォームをやっている」といった不実を告げることで消費者の動機を歪めさせる場合、「不利益」にも「有利」にもあたらず、同法４条５項１号でカバーできるのかはやはり疑問が残る。もともと「重要事項」は「その他消費者の判断に通常影響を及ぼす事項」であり、これについて事業者が不実告知をしたことによって消費者が誤認して契約をした場合には、その不実告

知によるリスクは不実告知をした事業者が負うべきというのが基本的な考え方であることを念頭に置かなければならない（鹿野・規律163頁）。そのことからも、「重要事項」は契約締結が必要かどうかを判断する重要な事情、動機にあたる部分を広く把握したものととらえるべきであろう（河上129頁）。

なお、**Unit 12** で説明する特定商取引法9条の3では、同法6条1項に違反して不実のことを告げる行為によって消費者が誤認して契約の申込みおよび承諾をしたときは、意思表示の取消しができる。同項では、2016年改正前の消費者契約法で不実告知の対象とされていない「当該売買契約又は当該役務提供契約の締結を必要とする事情に関する事項」（特商6条1項6号）、および、「顧客又は購入者若しくは役務の提供を受ける者の判断に影響を及ぼすこととなる重要なもの」（同項7号）についても不実告知の対象とされていたが、同法の適用範囲は訪問販売等に限定されている点で限界があった。2016年消費者契約法改正で特定商取引法6条1項6号に相当するものの一部についても取消しを認めたことになるが、前述したように消費者の判断に影響を及ぼすこととなる重要なもののすべてがカバーされない可能性がある。例えば、消費者にとって「有利」であるという旨の不実の事柄は消費者契約法の不実告知では取消しができないが、特定商取引法では取消しができるのではないか（**Unit 12** 参照）。

(b) 不実告知の要件

第1に、「事実と異なることを告げる」について、民法の詐欺とは異なり、事業者が真実または真性でないことにつき認識を有している必要はなく、また過失がなくてもよい。告知の内容が客観的に真実または真正でないことで足りる（逐条解説消契法48頁）。

第2に、「安い」、「新鮮」、「優れた」などの主観的評価は、客観的な事実により真実または真正であるか否かを判断することができない場合には、「事実と異なること」の告知の対象とならないとするのが立案担当者の考え方である（逐条解説消契法49頁）。実際、客観的な事実により真実または真正であるか否かを判断することができない内容についての告知は「事実と異なること」の告知にあたらないとした裁判例もある（那覇地判平成30年7月13日判時2409号76頁）。しかし、主観的評価であっても、客観的相場や保存期間、

保存方法から「安い」、「新鮮」という評価も客観的な判断が可能な場合もあり、これを一律に対象から排除すべきではない。例えば、「優れた住環境を享受できるマンション」という広告について、立案担当者によれば「優れた」という文言が主観的な評価であって不実告知の対象とならないとのことである。しかし、日照・眺望、利便性等の客観的な事実から住環境が「優れた」ものであるということが事実が不実かを判断できるのであり、また、主観的な評価を不実告知の対象外とすると主観的な表現を用いていれば真実と異なる言い方をしてもよいという誤解を招くことになり、妥当ではない。

第3に、真実または真正であるか否かの判断は契約締結の時点において、契約締結に至るまでの事業者の告知の内容を全体的に評価して行われることから、事業者が告げた内容が当該契約における事業者の債務の内容となっている場合に、契約締結後に当該債務について不履行があったとしても、そのことによってさかのぼって不実告知を行ったということにはならないというのが立案担当者の見解であるが（逐条解説消契法51頁）、債務不履行と不実告知の区別については難解な問題がある（**Unit 16**）。

(ii) 断定的判断の提供（消費者契約法 4 条 1 項 2 号）

「将来における変動が不確実な事項」について、確実であるかのように決めつけた言い方によって断定的な判断を提供する行為である。断定的な言い方であるために、「絶対に」、「必ず」といったフレーズを伴うか否かは問わない（逐条解説消契法54頁以下）。

立案担当者によれば、「将来における変動が不確実な事項」とは、消費者の財産上の利得に影響するものであって、将来を見通すことがそもそも困難であるものを指す（逐条解説消契法53頁）。実際の裁判例をみても、パチンコ攻略方法（東京地判平成17年11月 8 日判時1941号98頁（インデックス23番）、名古屋地判平成23年 5 月19日消費者法ニュース89号138頁（百選36番））、投資取引など、財産上の利得にかかわる事例が多い。しかし、実際の消費者相談では、学習塾における「うちの塾に入れば必ず成績が上がります」、「このエステを受ければ必ず美しくなれます」など、財産上の利得以外の不確実な事項について断定的な判断がなされたとする事例もある。これらの財産上の利得以外の変動については「将来における変動が不確実な事項」にあたらないとされ

た裁判例もあるが（大阪高判平成16年7月30日平成15年㈱3519号公刊物未登載（インデックス22番））、このような財産上の利得以外の不確実な事項についても、本条の適用があると解するべきであるとする説がある（神戸地尼崎支判平成15年10月24日平成13年㈦874号ほか公刊物未登載（前掲大阪高判平成16年7月30日の原審））。条文の文言上も、「その他の将来における変動が不確実な事項」とあり、「不確実な財産的事項」となっていないことから、財産上の利得に限る必要はないだろう（条解54頁）。もっとも、例えば成績の向上やエステの効果については、消費者契約法4条1項1号の不実告知としてもとらえることができることから（実際には個人差があるにもかかわらず、必ず成果が出るかのように不実の事柄を告げたというものである）、断定的判断の提供の対象を広げるべきなのかどうかについては今後も検討が必要であろう。

その一方で、事業者がある商品・サービスについての効用・メリットを説明する場合で、一定の前提のもとで客観的に将来を見通すことが可能な情報を提供することは問題とならない（逐条解説消契法55頁も参照）。

(3) 消費者契約法4条2項：不利益事実の不告知

事業者が消費者契約の締結について勧誘をするに際し、当該消費者に対してある重要事項または当該重要事項に関連する事項について、当該消費者の利益となる旨を告げ、かつ、当該重要事項について当該消費者の不利益となる事実（当該告知により当該事実が存在しないと一般的・平均的な消費者が通常考えるべきものに限る）を故意または重過失によって告げなかったことにより、消費者が、当該事実が存在しないとの誤認をし、それによって申込みまたは承諾の意思表示をしたときは、これを取り消すことができる。例えば、すでに不動産取引の説明義務のところ（**Unit 4** 2(1)(iii)・**Unit 23**）で見たが、マンションの日当たりのよさをアピールしつつ、隣の土地に高層マンションが建つことを業者が知っていた場合に業者がそれを告げないこともこれにあたりうる。

不実告知、断定的判断の提供が、いずれも事業者の積極的な行為を問題としていたのに対して、不利益事実の不告知は不告知という消極的な行為を問題にしている。

不利益事実の不告知の場合、先行行為としての利益告知と不利益不告知という付加的な2要件を満たす必要がある。しかし、実際の裁判例では、例えば東京地判平成21年6月19日判時2058号69頁（インデックス25番）や大阪地判平成23年3月4日判時2114号87頁のように、先行行為（利益の告知）を特に問題としていないような裁判例も見受けられる。このような事案では不利益事実が告知されないという不告知の側面だけが際立っており、実質的には故意の不告知による取消しを認めているということができる（山本・見直し292頁）。以上をふまえて、学説では、先行行為を不要としている事案では、目的物の内容・性質や取引条件そのものの不告知が問題となっているのであり、このような消費者の判断に直接に影響を与えるものについては、先行行為を不要としてよいのではないか、言い換えればこの場合には故意ではなくても過失による不告知でも取消しを認めるべきではないかとの指摘もなされている。もっともこの場合には、事業者に過度な情報提供義務を課すことにもなりかねないため、故意要件、重要事項の内容をふまえた上で要件を改めて検討する必要がある。

　また、不実告知の「重要事項」と不利益事実の不告知の「重要事項」を同様に解してよいのかは熟考を要する。不実告知の場合、事業者が事実と異なることをいわなければよいだけであるのに対して、不利益事実の不告知の場合には事業者の積極的な説明が求められる。そうすると、具体的に何を説明すべきかの範囲は明確なものでなければならない（池田92頁も参照）。そうすると、不実告知の場合のように消費者の動機にかかわるような事項にまで拡張するのは困難であろう。

　2018年消費者契約法改正では、消費生活相談の現場では事業者の故意についての立証が消費者にとって困難であり、実務上利用しにくい規定であるとの批判をふまえ、不利益を告げない不告知については故意（ここでの「故意」は、立案担当者によると、①当該消費者に不利益な事実が存在することの認識、②かつ、当該消費者が当該事実を認識していないことを知っていながら、あえて、という意味である（逐条解説消契法58頁））のみならず、重過失、すなわち、ほとんど故意に近い著しい注意欠如によって不告知がなされた場合にも、不告知要件が肯定されると明文化された。実際にも、先行行為を具体的な告知と

して認定しつつ、故意の認定に際しては具体的な事実を摘示せずに不利益事実の不告知を認めた判決（中古住宅の売買契約において、売主が、当該建物がリフォーム工事によりその土台と基礎の一体性を欠く状態に陥った事実を認識していたものと推認されるところ、かえって買主に対し、当該建物の基礎に上記のような問題がないかのように誤認させる説明をしたという事実を認定して、不利益事実の不告知を認めた名古屋地判平成28年12月20日消費者法ニュース111号278頁）や、事業者が消費者の誤認を認識しえたことから故意を認定した裁判例（歌手・俳優等の養成所への入所契約における月謝の値上げについての不告知から、消費者がこれを知らなかったのは当然であり、しかも、この事実は事業者においても認識しえたはずであるとして、事業者の故意を認定した神戸簡判平成14年3月12日平成13年(ハ)2302号公刊物未登載（インデックス24番））のように、故意要件を事案に即して柔軟に解釈した判決が存在したことによる（上野ほか60頁）。

　もっとも、故意に近い重過失という要件を厳格にとらえすぎるのではなく、先行行為に基づいて、事業者が当然調査してしかるべきであるにもかかわらず、それを怠っていたような著しい注意義務違反の場合も「重過失」にあたるといえよう（大上25頁）。

　ただし、事業者が消費者に対して不利益事実を告げようとしたにもかかわらず、当該消費者がこれを拒否した場合には取消事由とならない（消契4条2項ただし書）。

4　取消権の行使期間と原状回復義務の特則

(1)　取消権の行使期間

　消費者契約法4条1項・2項の取消権の行使期間は、追認をすることができるときから1年間である（同法7条1項前段）。「追認をすることができる時」とは、事業者の勧誘行為が①不実告知、②断定的判断の提供、③不利益事実の不告知のいずれかにあたることを知った時や、困惑から脱した時、および、過量契約については当該消費者契約を締結するか否かについて合理的な判断をすることができない事情が消滅した時である。追認をするか取消しをするかの選択が現実的に期待可能となるだけの事実認識をした時と解すべ

きとされている（鹿野・規律176頁）。また、契約締結の時から5年を経過したときにも取消権は消滅する（同項後段）。もっとも、民法の取消権行使期間より短い期間が定められている理由については、事業者の行う取引が反復継続的に行われるものであることから、迅速な処理が求められ、かつ、取引の安全確保、法律関係の早期の安定に対する要請が強いこと、消費者契約法が民法の定める場合よりも取消しを広く認めるものであることが挙げられているが（逐条解説消契法146頁以下）、この理由のみで1年間または5年間という期間でよいと言えるのかどうかは疑問が残る。

(2) 取消権行使の効果

また、取消権を行使した消費者の返還義務は、「給付を受けた当時その意思表示が取り消すことができるものであることを知らなかったときは」、「当該消費者契約によって現に利益を受けている限度において（現受利益）」返還の義務を負う（消契6条の2）。2017年改正民法により、無効な法律行為に基づく債務の履行として給付を受けた者は、その者が行為の時に制限行為能力者であった場合などの一定の例外を除いて、原則として原状回復義務を負うことになる（同法121条の2）。そうすると、例えば消費者が不実告知を受けて健康食品を購入させられ、一部使ってしまった後に取消権を行使したという場面で、消費者が原状回復義務を負うとなると使ってしまった分についても返還しなければならず（この場合には使ってしまった健康食品の代金相当額）、結局消費者にとっては対価を支払うことと一緒となる。このような「給付の押付け」や事業者の「やり得」を避けるために、民法121条の2の例外を定める規定として、消費者契約法6条の2が設けられた。要件としては、消費者が、事業者から給付を受けた時点で、自らのした意思表示が取り消すことができるものであることについて善意であったことが求められている。また、利得がすでに消滅していることは、消費者が立証責任を負うことになろう（鹿野・規律175頁）。ただし、現受利益の解釈は民法に委ねられていることから、例えば、判例上、「現受利益」ありとされている生活必需品のための費消であるととらえられるといまだ現受利益ありとされることにもなりかねない。また、無形の役務提供契約の場合に「現受利益」をどのようにと

らえるか、という点や（鹿野・規律175頁）、使用利益が「現受利益」に含まれるかといった点（薬袋65頁以下）が問題となるが、これらの解釈いかんによっては「給付の押付け」を防ぐためという立法趣旨に反することになる。

5　「媒介者」による誤認・困惑行為

　事業者が第三者に消費者契約締結の媒介を委託し、その第三者が誤認・困惑行為を行った場合にも、消費者は意思表示を取り消すことができる（消契5条1項）。第三者が契約締結に介在するケースについても、その第三者の不適切な勧誘行為に影響されて消費者が自らの意に沿わない契約を締結させられることがある。この場合に事業者は第三者の利用によって事業の効率化等を図ることができる一方で、第三者の利用によって消費者と事業者の間の構造的な情報格差・交渉力格差が生まれている。しかし、事業者が消費者契約締結のための事務を第三者に委ねた場合に、事業者はその第三者が事業者のためにした行為について、行為者の第三者性を援用して自己が服するべき法の規範を回避することは許されない。同条は、このような考え方に基づく民法101条をふまえた規定であるというのが学説の見解である（消費者契約法5条につき、佐久間・展開52頁以下）。

　「媒介」とは、他人間に契約が成立するように、第三者が両者の間に立って尽力することをいい、必ずしも契約締結の直前までの必要な段取りを第三者が行っていなくても、これに該当する可能性がある（逐条解説消契法132頁）。これに対しては、第三者の行為が事業者から委託を受けたこととして行われたものであり、その行為が契約の締結に寄与したものと認められるときには、事業者がその行為による法的に不利な結果の負担を拒むことは許されず、そのことから、例えば事業者から契約締結の勧誘のためにある情報の提供を委託された第三者のように、尽力の対象が契約締結に至る一連の過程の一部に限定されている場合にも消費者契約法5条が適用されるという見解が有力である（佐久間・展開54頁）。

　具体的には立替払契約等につき実際の勧誘を行っている販売店（**Unit 12**も参照）、不動産の仲介や代理販売をする宅地建物取引業者、住宅ローンの

設定に際し火災保険契約を媒介した銀行等がこれにあたりうる。その一方で、裁判例ではローン立替払契約の有効性について、信販会社の加盟店である工事業者が媒介受託者として消費者にとっての不利益な事実を告知しなかったとしてローン契約の取消しを認めたものがある（小林簡判平成18年3月22日消費者法ニュース69号188頁（インデックス28番））。また、同じくローン契約の有効性について、信販会社が本件立替払契約締結のために独自に原告の意思確認や与信調査を行っていたことから、販売会社の尽力により、被告信販会社が原告と契約締結さえ済ませればよいという状況になっていたと認めることはできないとして、「媒介者」該当性を否定したものもある（三島簡判平成22年10月7日消費者法ニュース88号225頁）。前者の裁判例では、立替金や消費貸借金の使途となる売買契約に関する不実告知等がクレジット契約の重要事項についての不実告知等にあたるという考え方が前提とされている（佐久間・展開56頁）。

　当該第三者からさらに委託された別の第三者も「媒介者」に含まれる。ここでの第三者には、事業者が第三者に委託する際に再委託を許していなかったにもかかわらず再委託がされた場合の、その再委託を受けた以降の者も含まれるとの見解が有力である。民法上は一般的にこのようにいうことができないが、消費者契約法では事業者がその取引組織の制御について民法上一般に要求されるよりも厳格な責任を負うべきという考え方がその基礎にある（佐久間・展開55頁）。

　消費者の代理人（当該消費者が未成年者である場合の法定代理人、事業者の代理人など）が行った意思表示については、本人がしたものとみなされる（民法101条1項と同趣旨である）。なお、これによると消費者の代理人である弁護士等も「消費者」とみなされることになるが、これは消費者の代理人である弁護士等は、消費者から消費者契約の締結について与えられた代理権の範囲内、いわば消費者のコントロール下において消費者の代理をすることができるのであり、その意味で弁護士等が消費者の代理人である場合も消費者として取り扱うことが適切であると考えられたことによる（逐条解説消契法136頁）。

　もっとも、「媒介の委託」に限らず、事業者が第三者を契約締結過程にお

ける勧誘や情報提供に関与させたような場合の第三者についても消費者契約法5条が適用され、事業者に責任を負わせるべきであるとの裁判例や学説もあり、今後の消費者契約法の見直しにあたって検討の余地がある（**Unit 15**でも詳しく説明する）。立案担当者者は、2023年に、逐条解説を改訂し、「本条の趣旨を考慮すれば、両者の間に立って尽力することには、必ずしも契約締結の直前までの必要な段取り等を第三者が行っていなくても、これに該当する可能性があるものと考えられる」（逐条解説消契法132頁）とするに至った。

6　消費者契約法の評価

　消費者契約法4条1項・2項は、従来の判例にいう動機の錯誤類型にあたるような事案や、詐欺の故意の立証が困難な事案を救済する道を開いたといえる一方で、それぞれの要件、つまり改正前民法95条の「要素の錯誤」と類似のものとして「重要事項」、および詐欺の「社会的に相当性を欠く行為」と類似する事業者の行為態様という要件を二重に課したという面もある（大村100頁）。「重要事項」という要件をかけるならば、行為類型を限定する必要はなく、また逆に行為類型を絞るのであれば「重要事項」に限らなくてもよかったのではないか（例として、丸山16頁）という問題点も指摘されている。消費者契約法4条では行為類型が特定されているのに対して、民法96条の詐欺・強迫は類型による限定をしていないため、さまざまな態様のものが含まれうるという見方もできる（鹿野91頁。ただし、故意の立証は困難であろう）。結局要件を細かくして事業者にとってどのような行為が規制の対象となるかを明確にしようとした反面、個々の文言につき解釈の余地が残されている。

　しかし、それでも消費者契約法施行後、これまで錯誤や詐欺、さらには不法行為によって処理されてきた契約締結過程のトラブルにつき、同法4条の適用によって消費者を救済する事案が増えている。このこと自体の意味は大きい。さらに、「重要事項」概念も2016年同法改正で若干ではあるが改正され、また、不利益事実の不告知も「故意又は重過失」要件へと修正されたこ

とで、取消しの可能性は広がっている。

　それでも、消費者契約法でも取消しが認められない場合にはどうすればよいか。行為態様の限定および「重要事項」という限定がある同法では、取消しが不可能な場合もあるだろう。このような場合には、やはり民法95条・96条の要件を拡張することで何か解決策が得られないか、その際に消費者契約法が示した契約締結トラブルに対する1つの対応策が参考にならないか、今後の理論的課題である。1つの方向性として、民法95条1項2号の法律行為の基礎事情に関する錯誤が、消費者契約法の不実告知等が適用されない場面をカバーする形で適用されることが期待できないだろうか（原田80頁）。

　また、現在の消費者契約法の実体法ルールの中心は契約締結過程における意思表示の取消権と不当条項規制（ **Unit 9** ）であるが、このうち、契約締結過程に関するルールとしては、取消しだけではなく損害賠償ルールを設けることや、消費者契約からの途中離脱を可能にする新たなルールを設けることも検討の余地があろう（有識者懇談会報告書11頁。 **Unit 1** も参照）。

　なお、消費者は消費者契約法4条によって取消しができる場合であっても、民法95条や96条による取消しを主張することができる（消契6条）。また、本Unitで説明した意思表示の取消権については、特定商取引法の禁止行為規定違反に基づく意思表示の取消権と比較した検討が必要である（ **Unit 12** ）。

＊参考文献＊

本文中、**鹿野**菜穂子「消費者契約法における契約締結過程の**規律**——2016年・2018年改正の意義と課題」消費者法研究6号（2019年）159頁、山本敬三ほか「**座談会・消費者契約法の改正と課題**」ジュリスト1527号（2019年）14頁、**大澤彩**「2022年の消費者契約法改正による『情報提供』の『**多様化**』を受けて」後藤古稀21頁、**大澤彩**「消費者契約法の過去・**未来**」法の支配214号（2024年）45頁、**福島**成洋「消費者契約における約款の事前開示について」河上古稀Ⅱ375頁、**宮下**修一「**落日の消費者契約法**——失われた輝きを取り戻せるか」消費者法ニュース132号（2022年）93頁、**宮下**修一「**判批**」百選82頁、**民法（債権法）改正検討委員会**編『詳解・債権法改正の基本方針Ⅱ契約および債権一般(1)』（商事法務、2009年）、**沖野**眞已「消費者契約法の変遷と課題」現代消費者法59号（2023年）4頁、**大澤彩**「**消費者取引法の体系化・現代化**」現代消費者法60号（2023年）87頁、**山本敬三**

「消費者契約法における努力義務規定の意義と課題」河上古稀Ⅱ 55頁、山城一真「広告表示と契約」現代消費者法30号（2016年）35頁、鹿野菜穂子「判批」私法判例リマークス56号（2018年）37頁、三枝健治「判批」百選92頁、河上正二「改正消費者契約法の課題と適切な運用に向けて」消費者法研究 6 号（2019年）127頁、山本敬三「消費者契約法の改正と締結過程の規制の見直し」同『契約法の現代化Ⅱ——民法の現代化』（商事法務、2018年）268頁、池田清治「判批」現代消費者法10号（2011年）94頁、上野一郎ほか「消費者契約法改正の概要」NBL1128号（2018年）58頁、大上修一郎「不利益事実の不告知と誤認取消し」現代消費者法41号（2018年）24頁、薬袋真司「消費者契約法による取消しと使用利益の返還——『逐条解説』の記載の問題点と立法的手当てへの期待」消費者法ニュース134号（2023年）65頁、佐久間毅「消費者契約法 5 条の展開——契約締結過程における第三者の容態の帰責」現代消費者法14号（2012年）52頁、丸山絵美子「消費者取消権」法律時報83巻 8 号（2011年）15頁、鹿野菜穂子「総論・契約締結過程の規律」中田＝鹿野編72頁、原田昌和「契約締結過程の規律と消費者法」消費者法研究 9 号（2021年）57頁。

その他、条解 1 頁以下も参照されたい。また、消費者契約法のコンメンタールとして、落合誠一『消費者契約法』（有斐閣、2001年）、日本弁護士連合会消費者問題対策委員会編『コンメンタール消費者契約法〔第 2 版増補版〕』（商事法務、2019年）。

Unit 6
消費者契約における交渉力の不均衡

1　交渉力の不均衡とは

　消費者契約法1条にあるように、消費者契約において問題となるのは「事業者と消費者の間の情報の質及び量並びに交渉力の格差」である。このうち、Unit 4 と Unit 5 では、主として情報の質・量の格差から生じるトラブルに、民法および特別法の規定がどのように対応しうるかを説明した。このUnitでは、事業者と消費者の間の交渉力の不均衡から生じるトラブルに、民法および特別法がいかに対処しうるかについて説明する。

　その前に、「交渉力」とは何であり、その不均衡によっていかなる格差が生じるかについて、説明する。一般に、「交渉力」とは、文字どおり取引において交渉を行う能力を言うと思われるが、本Unitで取り上げる、かつ、消費者契約において主として問題となるのは、消費者が「契約をしない」という「断る」選択肢を手中にしながら、事業者との間で消費者にとってなるべく有利な契約となるよう、交渉を行う能力である（大村102頁）。これだけではわかりにくいので、具体例を交えて説明しよう。

〈事例〉

　Aが自宅でお昼ご飯を食べていたところ、突然チャイムが鳴った。出てみると、スーツを着たBが立っていた。BはAの玄関にいきなり座り込み、「本日はあなたにぴったりの商品をお持ちしました。コラーゲンが配合された、お肌にとってもよい健康食品です。これを毎日飲めば、いつまでもお若いままでいられますよ。今なら半年分で6万円ですが、割引価格で半年分を3万円でどうでしょうか」と勧誘を始めた。Aはお昼ご飯を食べているところだったことを理由にBを追い返そうとしたが、それでもBは世間話とお世辞をまじえながら勧誘を続けた。Aは何度も「健康食品は飲まないようにしています」とか、「そんな高額商品を買う余裕はありません」と、追い返そ

うとしたのだが、Bは玄関に座り込んでなかなか帰ろうとしない。かれこれ3時間が経ち、疲れてきたAは、せめて3か月分ならと思い、Bに対して「3か月分1万5000円なら買います」とおそるおそる言ったが、Bは「半年分でないと割引価格が適用されません」と言ってきた。さらに2時間が経ったがBは一向に帰ろうとしないので、夕方になり、そろそろ帰ってもらわないと困ると思い、何よりもなかなか帰ってくれないことに恐怖を感じたAは仕方なく契約を締結することにし、クレジット契約を締結した。この契約を取り消すことはできないか、Aは悩んでいる。

〈事例〉は、典型的な訪問販売の事案である。訪問販売では、事業者が突然消費者の自宅に侵入することによって契約交渉が開始されるので、消費者にとっては不意打ちとなることが多い。このように交渉開始時点ですでに事業者と消費者の間で立たされている状況が異なる。しかも、事業者はどっかりと玄関に腰を下ろしてしまっており、消費者は帰ってもらいたくてもなかなか追い返すことができず、そんな圧倒的に不利な状況で価格交渉をしても聞いてもらえず、ついには事業者の勧誘を受け入れることとなる。

ここでは事業者と消費者の間で取引の交渉力において格差が生じている。これは、事業者が次の2点を濫用することによって生じている。

第1に、事業者はもともと消費者に比べて圧倒的な情報量や取引能力を持っている。その結果、消費者は事業者が一方的に提供する情報に惑わされたり、事業者の雄弁さに圧倒されてしまうものの、自分には適切な情報や交渉力がないことから、結局事業者に押し切られた形で契約を締結してしまう。このように、事業者は元来消費者との間に存在している情報量や交渉力の格差、つまり、事業者という「立場」を濫用することで、消費者が望んでいない契約を締結させるのである。

第2に、事業者は自分の「立場」のみならず、その「立場」を利用して作り上げた、事業者にとって圧倒的に有利な取引状況を濫用して、消費者との交渉を行う。この事案の場合、自宅という密閉空間で、しかも事業者が玄関先に座って長居するとなると、消費者にとっては恐怖を感じるだろう。このように、消費者が恐怖の中で冷静な判断を行うことができないような「状況」を、事業者はあえて作り出し、この「状況」を濫用して消費者と交渉す

るのである（大村115頁も参照）。消費者の立場からみれば、自分にとって不利な「状況」下では、もともとそれほど持ち合わせていない交渉力を発揮することはさらに難しくなる。

このUnitで主として問題となるのは第2の点、つまり消費者が恐怖の中で冷静な判断を行うことができない「状況」を作り出し、それを利用して事業者が消費者に対して無理矢理契約を締結させるというトラブルである。この種のトラブルに対して、法律論としてはいかなる対処法が考えられるだろうか。〈事例〉では、特定商取引法にいう訪問販売であるからクーリング・オフが可能になることとなるが（ Unit 11 ・ Unit 12 参照）、もしクーリング・オフ期間を経過していた場合には、消費者はもう契約を取り消すことはできないのであろうか。この問いへの答えを探るのが本Unitの目標である。一方で、第1の点、つまり事業者が自己の立場を濫用している場面についても検討しなければならない。この点についても随所で触れる。

さらに、最近の消費者法学では、以上の「誰でも陥りがちな一時的な脆弱性」だけではなく、高齢者や若年者等、年齢や判断能力、知識、経験の不足による「特に脆弱な消費者」への配慮を、法的にどのように実現するかという点、および、AIやデジタル化によって消費者が意図せずに自己に不利な契約を締結することがある（これをダークパターンという）点に消費者法がどのように対処すべきかが検討されている（筆者がこの問題について若干考察を加えたものとして、大澤・AI）。

2　民法の規定——強迫

民法の規定をもとに考えると、まず思いつくであろう規定は同法96条の「強迫」である。

強迫とは、故意に害悪を告げることによって違法に相手方を畏怖させ、一定の意思表示をさせることである。相手方に対して害悪を示して恐怖心を生じさせ、その者の自由な意思決定を妨げている点が問題とされる。

明示・黙示に告げられた害悪の客観的重大性の有無を問わず、これによって表意者が畏怖させられれば足り、かかる畏怖の結果意思表示をなしたとい

う関係が主観的に存在すればよく、表意者の自由な意思決定が完全に奪われて抗拒不能となる必要はないとされている。

　もっとも、「害悪を告げること」が要件とされている強迫では、消費者取引における交渉力の不均衡事例に対応することは難しい。事業者は自己の立場および取引状況を濫用して消費者を勧誘しているが、その際に「害悪を告げている」とまでいえることはあまりないであろう。〈事例〉のように、「セールストークを繰り広げている」にすぎない場合には強迫の規定で取り消すのは難しい。また、「相当の社会的違法性」がある場合でないと強迫にはならないと考えられており、しつこい勧誘がこれにあたるかは判断が分かれるだろう。

　また、実際には〈事例〉のように、物理的な強制（なかなか帰ってくれない）によって消費者を困惑させ、契約を締結させる場面だけが、交渉力の不均衡が生じている場面ではない。事業者が消費者よりも経済的に優位に立っていることを利用して自己に有利な内容の契約を締結させる場合や、消費者の弱みにつけ込んで契約を締結させるような場合（例えば判断能力が劣っている人に対する契約など）もあり、このような場合にも同じように当事者間の交渉力の不均衡が生じている。このような場合には、民法上の強迫を認めることは困難である。

3　消費者契約法における交渉力の不均衡事例への対応

(1)　消費者契約法制定当初の規定——消費者契約法4条3項1号・2号

　消費者契約法4条3項1号・2号は、事業者が消費者契約の締結について勧誘をするに際し、当該消費者に対して一定の威迫または困惑させる行為があった場合に、その契約を取り消しうるものとしている。

　具体的には、①当該消費者が、その住居またはその業務を行っている場所（すなわち、消費者の職場）から退去すべき旨の意思を示したにもかかわらず、それらの場所から退去しないこと（不退去。消契4条3項1号）、およびその逆として、②当該事業者が当該消費者契約の締結について勧誘している場所から当該消費者が退去する旨の意思を示したにもかかわらず、その場所から

当該消費者を退去させないこと（退去妨害。同項2号）である。「退去させないこと」は、物理的なものであると心理的なものであるとを問わず、当該消費者の退去を困難にさせた場合を意味するとされている（逐条解説消契法77頁。「退去させない」旨を消費者に告げたわけではないが、担当者の一連の言動からその意思が十分推測されるとして、監禁を認めた東京簡判平成15年5月14日消費者法ニュース60号213頁（インデックス27番）。例えば、容易に帰れないように座席を設定して周りを取り囲むことなど）。

また、「退去すべき旨の意思」や「退去する旨の意思」の表示は、必ずしも明示的・直接的（「帰ってください」など）である必要はなく、黙示的・間接的であっても認められることがあると解されており、身振りや、勧誘に応じる時間的余裕がない旨の告知（「もう結構です」、「今忙しいです」）でもかまわない。例えば、大分簡判平成16年2月19日消費者法ニュース60号59頁にあるように、「黙示的であっても、社会通念上、退去して欲しいという意思が示された場合を含む」とされている。ただし、事業者に明確に「退去すべき旨の意思」が伝わることが必要であるというのが立案担当者の見解である（逐条解説消契法76頁）。

不退去・退去妨害型の勧誘行為によって消費者が拘束状態にある場合の滞留時間の長短は問わない（逐条解説消契法74頁。むしろ、滞留時間の長さは、不当な不退去・退去妨害型勧誘行為であるとの推定を強めることになるといわれている）。①または②と、消費者の意思表示の因果関係があった場合には、消費者は当該契約を取り消すことができる。

(2) 消費者契約法4条3項1号・2号の限界

消費者契約法4条3項1号・2号は、畏怖や抗拒困難な状況である強迫とまではいえないが、強引・執拗・威圧的な言動によって事業者が消費者を困惑させ、消費者の自由で冷静な判断を困難にした場合に取消しを認めることで、民法の強迫規定を拡張するものである。

しかし、2000年の消費者契約法成立当初、威迫し困惑させる行為の類型が2つに限られていた点については、限界が指摘されていた。なぜなら、「不退去」や「退去妨害」とまではいえないが、消費者を不当に威圧し、困惑さ

せるような行為はほかにもさまざまあるからである。具体的には、執拗な勧誘行為（電話勧誘など）や、事業者の粗野・乱暴な言動などによる勧誘、契約目的を隠匿した接近行為のように物理的に消費者を圧迫するものである。また、消費者側の事情（例えば、高齢者、障害者など）につけ込んだ勧誘や、霊感商法のように消費者の不安感につけ込んだ勧誘もある。そこで、2016年・2018年の消費者契約法改正に向けた議論においては、主に次の２つが提案されていた。

　第１に、新たな不当勧誘類型を付け加えるというものである。この点につき、のちにみる特定商取引法では、訪問販売において威迫・困惑行為（同法６条３項）のほか、販売目的を隠して勧誘する行為（同条４項）が罰則付きで禁止行為とされており、また、指示の対象となる行為として迷惑を覚えさせる勧誘（特商則18条１号）や判断力の不足に乗じた契約（同条２号）などが列挙されている点も参考となる（**Unit 11**）。

　第２に、第１のように類型を列挙すると、新たな手口に対応できないことから、困惑類型をより一般化した上位概念として、「意に反する勧誘の継続」と「それによる困惑」を挙げ、その具体的な類型として退去妨害、執拗な勧誘等を例示として示すという提案である。これに関して参考となるものとして、諸外国でみられる、経済的強者に立つ者が自己に有利な内容の契約を締結させる場合、その内容が不相当であるとき、状況の濫用あるいは経済的強迫として契約の効力を否定する規定がある（例えば、フランス民法典1143条）。このように、恐怖心を抱くまでには至らない威圧的言動や事業者が経済的地位を濫用して消費者に契約を締結させた場合について強迫法理を拡張するという考え方が参考になる。

　そこで、消費者契約法改正論議においては、消費者委員会消費者契約法専門調査会「中間取りまとめ」（2015年８月。以下、本Unitにおいて「中間取りまとめ」という）において、「事業者が、消費者の判断力や知識・経験の不足、心理的な圧迫状態、従属状態など、消費者が当該契約を締結するか否かについて合理的な判断を行うことができないような事情を利用して、不必要な契約を締結させた場合に、必ずしも対価的な均衡を著しく欠くとまでいえなくても当該契約の効力を否定する規定を消費者契約法に設けるべきである」

（中間取りまとめ20頁）とされ、取消権を付与することを念頭に規定案が議論された。しかし、ヒアリングや意見募集を受けた後の同専門調査会においては、事業者にとっての予見可能性を確保する観点から、どのような場合に当該規定が適用されるかについてできる限り客観的な要件をもって具体的に規定することが必要であるとされた。

(3)　2016年の消費者契約法改正──消費者契約法4条4項

　その結果、まず、2016年の消費者契約法改正で現在の同法4条4項が設けられ、「事業者が、合理的な判断をすることができない事情がある消費者に対し、その事情につけ込んで不要な契約を締結させるような場合」の1つの典型的な類型として、過量販売の場面を想定し、取消権が付与された（逐条解説消契法104頁）。消費者が過量な内容の消費者契約を締結してしまうのは、当該消費者に、当該消費者契約を締結するか否かについて合理的な判断をすることができない事情（加齢や認知症による判断能力の低下、知識・経験不足、事業者による断りにくい状況の作出等）がある場合だからである（逐条解説消契法105頁）。具体的には以下の2つの要件を満たす必要がある。

　第1に、「過量な内容の消費者契約であること」が必要である。具体的には、「分量、回数又は期間」が「当該消費者にとっての通常の分量等」を「著しく」超えることである（単一型過量契約）。消費者契約の目的となるものの内容（性質、性能・機能・効能、重量・大きさ、用途等）および取引条件（価格、景品類提供の有無等）、および消費者の生活の状況（日常的な生活の状況のみならず、一時的な生活の状況、例えば、近所の人にお土産を配るために大量の物を買うという場合）とそれに対する当該消費者の認識を考慮して判断される。

　また、消費者がすでに同種契約を締結していた場合には、消費者が新たに締結した消費者契約の目的となるものの分量等だけではなく、すでに締結していた同種契約の目的となるものの分量も合算した分量で判断される（累積過量型。逐条解説消契法109頁）。立案担当者によれば、「同種」であるか別の種類であるかは、事業者の設定した区分によるのではなく、過量性の判断対象となる分量等に合算されるべきかどうかという観点から、別の種類のものとして並行して給付を受けることが通常行われているかどうかのみならず、

当該消費者が置かれた状況に照らして合理的に考えたときに別の種類のものと見ることが適当かどうかについても、社会通念に照らして判断すべきである（逐条解説消契法109頁）。この場合に取消しの対象となるのは、すでに締結していた同種契約ではなく消費者が新たに締結した消費者契約に係る意思表示である（逐条解説消契法109頁以下）。

　第2に、事業者が過量な内容の消費者契約の締結について勧誘をするに際し、過量性を認識しながら勧誘し、それによって消費者が当該消費者契約の申込みまたはその承諾の意思表示をしたことが要件とされる。消費者の合理的な判断をすることができない事情があることを事業者が利用して過量な内容の消費者契約を締結させた点を問題としている以上、過量性の認識が必要であるというのが立案担当者の見解である（逐条解説消契法111頁）。もっとも、この要件を厳格にとらえすぎると、消費者の立証負担が重くなることや救済に資さないおそれもあることから、当該契約締結の状況からすれば「知っていたと考えられるべき」場合を包含し、故意のみならず過失または重過失の場合を含むという解釈もみられる（河上・改正消費者契約法130頁）。

　特定商取引法にも同様に過量販売取引における解除権を付与する規定が存在する（同法9条の2・24条の2。*Unit 12*）。しかし、同規定は訪問販売、電話勧誘販売に限定されている一方、消費者契約法4条4項はすべての消費者契約に適用される。他方で、消費者にとっての立証負担が異なるとの指摘もある（以下、鹿野168頁）。特定商取引法の場合、申込者が過量性（個別の消費者にとって社会通念上必要とされる通常量を著しく超えていることという外形的要件を立証すれば足りる。逐条解説特商法106頁）およびそれについての事業者の認識を立証すれば足り、これに対して事業者は申込者に過量販売契約の締結を必要とする特別の事情があったことを立証できれば例外的に解除を免れる。その一方で、消費者契約法では「当該消費者にとっての通常の分量等」を著しく超えることとそれについての事業者の認識を消費者が立証することから（条文上、「当該消費者契約の目的となるものの分量、回数又は期間……が当該消費者にとっての通常の分量等……を著しく超える」とある）、実質的に消費者の立証負担が重くなる可能性がある。さらに、過量性の認識については、同法の場合には常に認識が必要であるが、特定商取引法では次々販売の場合

Unit 6

消費者契約における交渉力の不均衡

にのみ必要である（すなわち、1回の取引によって過量となる場合には、過量性の認識が当然備わっていることが前提とされている。丸山54頁）。効果については、消費者契約法の場合には勧誘と意思表示の因果関係が認められれば取消しができるが、特定商取引法では因果関係は要求されない。返還費用や精算ルールについて、同法ではクーリング・オフと同様のルールとなるが（同法9条の2第3項が準用する9条5項）、消費者契約法の場合には現受利益にあたる使用利益であれば返還しなければならない。なお、特定商取引法と消費者契約法のいずれの規定の適用を主張することも消費者は可能である。

　しかし、消費者が合理的な判断ができない事情を利用する場合は過量販売の場合に限定されるものではなく、本規定はあくまでその一場面を切り出したものにすぎない。消費者が合理的な判断ができない事情を利用した場合に広く適用される一般規定も必要であろう。このような合理的な判断ができない事情を利用する類型として、2018年消費者契約法改正で後述するような類型が追加される。

(4) 2018年消費者契約法改正——（2022年6月改正前）消費者契約法4条3項3号から8号まで

　そこで、次に2018年消費者契約法改正では、まず、困惑の類型に追加する形で以下の4つの規定が設けられた。いずれも2016年の同法改正で設けられた同法4条4項同様、消費者が合理的な判断をすることができない事情を利用して契約を締結させる場合を具体化したものである。

(ⅰ) 社会生活上の経験不足の不当な利用①不安をあおる告知

　消費者に社会生活上の経験が乏しいことから「願望（進学、就職等の社会生活上の重要な事項や、容姿等、身体の特徴または状況に関する重要な事項）」の実現に過大な不安を抱いていることを事業者が知りながら不安をあおり、契約の目的となるものが願望の実現に必要である旨告げたことにより消費者が契約を締結した場合には、これを取り消すことができる（2022年改正前消契4条3項3号。現在の同項5号）。

　この規定の立法事実の典型例として挙げられていたのは、就活中の大学生が就職の不安を抱いていることにつけ込んで就活教材を売るという事案で

あった。しかし、立案担当者によれば若年者だけではなく、若年者ではない消費者についても当該消費者の就労経験や交友関係等の事情を総合的に考慮して社会生活上の経験不足の有無を判断するとのことである（逐条解説消契法81頁）。また、契約の目的となるものや勧誘の悪質性も考慮される（逐条解説消契法81頁）。この条文の本来の趣旨が、不安をあおり、正当な理由があるわけではないのに契約締結の必要性を告知するという点にあることをふまえると、「社会生活上の経験」という文言をあまり厳格にとらえるべきではなかろう（座談会31頁〔河上正二発言〕、鹿野169頁も参照）。問題なのは、不安をあおった事業者の勧誘態度の悪性である。

　社会生活上の「重要な事項」等に対する願望が条文上列挙されているが、これらはあくまで例示であることから、ここには含まれていないものも「重要な事項」に該当しうる（例えば、育児、家族の健康なども含まれる）。

　文言上は、すでに過大な不安を抱いている消費者の不安をさらにあおる場合が想定されているようにみえるが、事業者がより積極的に消費者の不安を新たにかき立てた上で、その不安に乗じて契約を締結させる場合も排除されないだろう（鹿野170頁）。もっとも、「過大な不安」という文言ゆえ、一般的・平均的な消費者よりも大きい心配をしていることや、そのことを事業者が「知りながら」勧誘をしていることが必要であることから、要件は相当に限定されているかのように見える。後者については、すでに過大な不安を抱いている者の不安をさらにあおる勧誘をしている以上、消費者の過大な不安に対する事業者の認識は推認されてよいのではないかとの指摘が見られ、この要件を課すことで消費者に過大な立証負担を課すことへの批判もなされている（丸山61頁）。また、若年者以外の消費者が「社会生活上の経験不足」とされる場合がどのような場合なのかは今後の解釈を見守る必要がある。「裏付けとなる合理的な根拠がある場合その他の正当な理由がある場合でないのに」という要件を満たすことや、「不安をあおる」行為も要求されている。

　しかし、「契約の目的となるものが願望実現に必要である旨告げた」行為が要求されているが、実際には願望実現に必要でないにもかかわらず必要である旨告げる行為は不実告知にもなりえよう。この場合、社会生活上の経験不足等を問わず、不実告知を認めてよい。

(ii) 社会生活上の経験不足の不当な利用②恋愛感情等に乗じた人間関係の濫用

　消費者に社会生活上の経験が乏しいことから、勧誘者に恋愛感情等の好意の感情を抱き、かつ、勧誘者も同様の感情を抱いていると消費者が誤信していることを事業者が知りながら、これに乗じ、契約を締結しなければ関係が破綻する旨告げたことにより、消費者が契約を締結した場合には、これを取り消すことができる（2022年改正前の消契4条3項4号。現在の同項6号）。

　いわゆるデート商法（恋人商法）が典型例である（被害者の交際に対する期待を利用して被害者に冷静な判断をさせる機会や情報を十分に与えないままにマンションの売買契約を締結させた行為が不法行為にあたるとして、慰謝料を命じた東京地判平成26年10月30日金判1459号52頁）が、恋愛感情以外の好意の感情であっても「良い印象や好感を超えて恋愛感情と同程度に親密な感情」であれば消費者契約法4条3項4号の対象になりうる（逐条解説消法87頁）。例えば、学校・職場における先輩・後輩関係等も含まれ、既存の関係を濫用した場合も当然含まれる（伊吹＝森貞16頁、逐条解説消契法88頁）。しかし、相当程度の親密さが要求されるとなると、単なる友情関係や取引関係はこれにあたらないことになり、この要件の解釈いかんによっては同号による取消しが認められる事案は限定され、妥当ではない。

　ただし、ここでも「社会生活上の経験が乏しいこと」が要求されている（これも法案作成段階で追加された文言である）。これについては、消費者契約法4条3項5号と同様に解釈されているが、社会生活上の経験が乏しいことと、恋愛感情等の感情を抱くことの因果関係があるといえるのだろうか（丸山61頁、鹿野170頁も参照）。実際、いわゆる社会生活上の経験に乏しいとはいえない30代、40代のデート商法被害が存在する（婚活サイトを悪用した投資マンションの販売事案など）。そのことから、同号同様、この要件が若年者のみを想定したものととらえられるようなことはあってはならない。また、「当該勧誘を行う者も当該消費者に対して同様の感情を抱いているものと誤信」という要件があることから、勧誘者が消費者に対して恋愛感情等を有しているか否かが消費者にとって不明な場合には消費者契約法4条3項6号による取消しが認められないことになるが、これでは限定的にすぎる。むし

ろ、相手が自分に対して恋愛感情を有していないと思うことで、相手をつなぎとめるために契約をするという場合もあろう。さらに、「知りながら」については、勧誘者が当該消費者以外の者に対しても同様の勧誘を行っている場合には、これを立証することで当該勧誘者が消費者に対して真実の恋愛感情等を有していないと評価できるというのが立案担当者の見解であるが（逐条解説消契法88頁以下）、これも限定的に解釈されないか、懸念が残る。また、「破綻することになる旨を告げること」も厳格にすぎる要件であり、問題なのは消費者が関係悪化や破綻の不安を感じるという点であろう。そうすると、明示的に告げた場合に限定されず、黙示のものも含まれ、契約を締結しなければ関係が破綻するということを想起させるような言動も含める（明確に「契約をしなければもう会わない」といった場合に限られず、例えば、「将来の結婚を匂わされたので断れなかった」ような場合も含める）べきだろう（河上・改正消費者契約法139頁、伊吹＝森貞17頁）。同条で重要なことは、人間関係における相手方に対する依存心あるいは要請を断り切れない状況を濫用した契約締結であり、これらを広くとらえられるよう、解釈することが考えられる（座談会32頁〔河上発言〕も参照）。

(ⅲ)　加齢等による判断力の低下の不当な利用

　加齢または心身の故障により判断力が著しく低下していることから、生計、健康等に関し現在の生活の維持に過大な不安を消費者が抱いていることを事業者が知りながら不安をあおり、契約を締結しなければ現在の生活の維持が困難となる旨告げることにより、消費者が契約を締結した場合には、これを取り消すことができる（2022年改正前消契4条3項5号。現在の同項7号）。

　（ⅰ）、（ⅱ）が「社会生活上の経験」の乏しさという、一見若年者を想定した条文にとらえられかねないことが問題視され、高齢者被害を念頭に、2018年消費者契約法改正の際に衆議院による修正によって追加された規定である。「過大な不安をあおる」点を問題視している点は同法4条3項5号と類似するが、同号は社会生活上の経験の乏しさを問題視しているのに対して、同項7号では加齢や心身の故障による判断力の著しい低下が予定されている点、および、「過大な不安」の対象が異なる。しかし、立法の経緯を考えると、同項5号と7号、および、次に説明する8号は重畳的に適用されうる（伊吹

＝森貞12頁）。

判断力が「著しく」低下していることが要求されているが、「著しく」という要件は事業者の不当性を基礎づけるためのものとして設けられたものであり、過度に厳格に解釈されてはならない（逐条解説消契法91頁）。その一方で、「過大な不安」であることが要求されている点や、事業者が「知りながら」不安をあおることが要件とされているのは、事業者のつけ込み行為の不当性をとらえる要件である（逐条解説消契法91頁）。

「不安をあおり」については、不安をあおるような内容を直接的に告げなくとも、契約の目的となるものが必要である旨の告知を繰り返し告げたり、強い口調で告げたりして強調する態様でも足りる（逐条解説消契法92頁）。「不安」は消費者があらかじめ感じていた不安だけではなく、事業者が新たに作り出した不安であってもこれに該当する（逐条解説消契法93頁）。もっとも、不安の対象が「現在の生活の維持」とされている点は高齢者の消費者被害を想起させるものであり、限定的であるとの批判もなされている（鹿野171頁）。

(iv) 霊感等による知見を用いた告知

霊感その他の合理的に実証することが困難な特別な能力による知見として、そのままでは重大な不利益を与える事態が生ずる旨を示して消費者の不安をあおり、契約を締結することにより確実に重大な不利益を回避できる旨告げることにより、消費者が契約を締結した場合には、これを取り消すことができる（2022年改正前の消契4条3項6号。現在の同項8号）。

これも衆議院による修正によって付け加えられた規定である。「その他の合理的に実証することが困難な特別な能力」とあることから、霊感に限られない（超能力など。逐条解説消契法93頁）。「重大な不利益」には財産上のもののみならず、健康、家族の病気、さらには不幸になる等、個別具体的な事情により消費者に対して重大な不利益を伝えたとみることができる場合も含まれる（逐条解説消契法94頁）。

同号では消費者に「過大な」不安を与えたことは要求されていない。その理由として、立案担当者によれば、消費者に強い心理的不安を与えながらその告知内容は合理的に実証できる根拠に基づいていない点で、勧誘の態様として不当性が高い点が挙げられている（逐条解説消契法94頁）。また、事業者

が消費者の「過大な不安」を認識していることも要求されていない。

　また、この類型では事業者が消費者に対して、重大な不利益を与える事態が生ずることを契約締結によって確実に回避することができる旨を告げることが要件とされている点に特徴がある。具体的には、断定的な告げ方や、重大な不利益を回避できる可能性が非常に高い旨を告げることも含まれる。これによって、消費者が自由な判断ができない状況に陥らされる可能性が類型的に高く、そのような場面を適切にとらえるための要件である（逐条解説消契法94頁以下）。しかし、文言上は「家族が不幸になりそうだ。この壺を買わないと家族が不幸になる」といった告知は対象となるものの、例えば「この壺を買えば来年運気が上昇する」という告知は「不利益を回避できる」といえるのかどうか、定かではない。広く消費者に「重大な不利益を回避できる」と思わせる点に問題があるのであり、解釈・適用の工夫で限界がある場合には立法による解決も必要であろう（なお、すぐ後で述べるように、2022年12月に消費者契約法4条3項6号の適用範囲が若干拡張された）。

　以上の4類型は、どれも根拠なく契約締結の必要性を告知することで消費者の不安をあおることが問題とされている。そうすると、不実告知と重なる部分もあるが、不安をあおるためには、重大な不利益回避のために契約をすることが必要であることを繰り返したり、強調する言い方であることが求められる。ただし、黙示でも足り、不安を煽る行為と別途告げる行為を行っている必要まではないという見解もある（伊吹＝森貞14頁）。これに対して、不実告知では強調等することまでは求められていない。以上の類型の核心は消費者の不安をあおり、契約をさせるという事業者の行為態様を問題視したものであることにあり、これをふまえた柔軟な解釈が求められる。

(v)　契約締結前に債務の内容を実施等する行為

　他方で、消費者契約法4条3項7号および8号（いずれも2022年改正前。現在は9号および10号）は、心理的負担を抱かせる言動等によって契約を締結させる類型である。専門調査会では威迫等による勧誘を困惑類型に追加することが提案されてきたが、この類型の要件を明確にした上で追加したものである。具体的には、事業者が契約締結前に債務の内容を全部または一部実施して実施前の原状回復を著しく困難にして消費者に心理的負担を抱かせ、契

約を締結させた場合（2022年改正前の同項7号。現在の9号）、および、契約締結を目指した事業活動による損失補償請求等の告知によって消費者に契約を締結させた場合（2022年改正前の同項8号。現在の10号）には、これを取り消すことができる。

　まず、消費者契約法4条3項7号（現在の9号）は、竿竹屋に話しかけたところ、契約をする前に竿竹を事業者が切断してしまい、消費者が断り切れなくなったという事案が典型例である。ここでは、事業者の行為が「通常、当該消費者契約を締結したならば当該事業者が実施する行為」にあたるかどうかが問題となる。契約締結前の段階である以上、当該契約の実際の債務内容になっているか否かが判断できないため、「通常」という文言が用いられている（逐条解説消契法96頁）。ただし、当該消費者契約の締結の有無にかかわらず、事業者が通常実施している行為を行った場合は、これにあたらない。原状回復が著しく困難になることで、事業者が作出した既成事実から逃れることができないという消費者の心理的負担がより重いものになるという不当性をとらえた類型である。そのことから、「原状の回復を著しく困難にすること」には、原状回復を物理的に不可能とすることのほか、一般的・平均的な消費者にとって事実上不可能な状態にすることも含まれる（逐条解説消契法96頁）。つまり、専門的な技術を用いれば原状回復が可能である場合でも、消費者がそこまで考えることは難しく、原状回復が不可能であると考えてしまったような場合は、依然としてこの要件を満たす。ほかにも、事業者が威圧的な態度をとったために消費者が原状回復を求められなかった場合も含まれるという解釈もある（吉村21頁）。重要なことは、既成事実の積上げによって消費者に心理的圧迫を加え、消費者の自由な判断を妨げるという点である（河上・改正消費者契約法144頁）。

　次に、消費者契約法4条3項8号（現在の10号）には「前号に掲げるもののほか」という要件があることから、同項7号（現在の9号）にいう行為以外の、消費者契約の締結を目指した事業活動が対象となる。例えば、契約締結前の目的物の調査、商品説明がこれにあたるが、特定の消費者との間での契約締結を目指した活動でなければならず、例えばチラシ配布のように不特定多数の消費者向けの活動はこれにあたらない（逐条解説消契法98頁以下）。

消費者が保険契約の説明を受けるためにレストランで事業者と会食をして、消費者が最後に断ったところ事業者が「食事代を支払え」という行為がこれにあたりうる。「当該事業活動が当該消費者からの特別の求めに応じたものであったことその他の取引上の社会通念に照らして正当な理由がある場合でないのに」というのは、消費者の事業者に対する調査等の事業活動の求めが消費者契約の締結に際して一般的にみられる程度を超えた場合や（消費者の態度が信義則に反するような場合。消費者に何らかの落ち度があるというだけでは足りないだろう。吉村22頁）、事業者による損失補償請求に正当性が認められる場合を指す。その上で、「当該事業活動が当該消費者のために特に実施したものである旨及び当該事業活動の実施により生じた損失の補償を請求する旨を告げる」ことが必要である。しかし、費用請求が明示的になされていない場合であっても消費者に心理的負担を与えることはありうるのであり、追加的経済負担を暗示した場合にも適用されると解釈されるべきであろう（河上・改正消費者契約法144頁）。

　消費者契約法4条3項7号（現在の9号）と8号（現在の10号）の関係については、原状回復を困難にした場合ではないときには同項7号（現在の9号）は適用されないものの、契約締結前に「義務の内容の全部又は一部を実施」した行為が同項8号（現在の10号）の「その他の当該消費者契約の締結を目指した事業活動を実施した場合」に該当する場合には、同号のその他の要件を満たせば同号で取消しができる（吉村21頁）。

　　(vi)　**まとめ**

　以上の2018年の消費者契約法改正で設けられた新規定は、具体的に問題が生じやすい事案を念頭に置いて、かつ、詳細で明確な要件に基づくものである。特定商取引法の禁止行為（ _Unit 11_ ・ _Unit 12_ ）を想起させる規定でもあり、民事ルールである消費者契約法が行政ルールである特定商取引法に接近しているとみることもできる。このような明確な規定が設けられたのが、特に事業者側から主張された規制の明確性担保のためであるとすれば、行政ルールであり、規制根拠の明確化が求められる同法ならばともかく、民事ルールであり、包括的な要件にならざるをえない（それによって適用範囲も一般化される）消費者契約法でここまで要件を絞り込むべきであったのかとい

う疑問も残る（松本25頁）。消費者契約法は私法ルールであり、*Unit 1* で述べたように、事業者の基本的な行為規範といった「プリンシプル」を示すとともに、消費者契約一般における紛争解決規範を用意するという役割がある（山本（4・完）14頁など多くの文献でこのことが指摘されている）。詳細かつ明確に過ぎる要件に基づく規定を追加するだけでは、この役割を果たすことはできないだろう。しかし、抽象度が高いルールであれば消費者相談現場での活用が難しいというジレンマもあるため、両者のバランスをとるのは難しい。

　そうすると、消費者契約法4条3項各号でカバーされていない交渉力の不均衡に由来する事例を民法の、例えば公序良俗規定の規定の解釈によって補完することが考えられるが、消費者契約法に包括的な一般条項を設けることも積極的に考えるべきである。具体的には、消費者の意思決定を妨げる行為を広くカバーする一般条項と、消費者契約法4条3項各号と同条4項、さらには、特定商取引法の威迫・困惑類型等の行為規制（*Unit 11*）とを組み合わせる形での「攻撃的な取引行為」リストとを並存させ、適宜民事効果と行政効果を組み合わせることも考えて良い（大澤・消費者取引法91頁）。

(5) 2022年6月消費者契約法改正

　2022年の消費者契約法改正に向けた議論においては、（以下、議論をまとめたものとして、山本(1)7頁以下）、「困惑類型の脱法防止規定」として、同法4条3項1号、2号、7号および8号（いずれも2022年改正前）と同等の不当性が認められる行為をとらえることを明らかにしつつ、例えば、その場で勧誘から逃れようとする行動を消費者がとることを困難にする行為という形で類型化することが提案された（消費者契約に関する検討会「報告書」（2021年9月。以下、本Unitにおいて「報告書」という）5頁以下）。また、同項8号（2022年改正前）の要件を整理し直すことによって同号を脱法防止規定とすることも考えられると指摘されていた（報告書6頁）。

　その結果、事業者が消費者に勧誘することを告げずに、当該消費者が任意に退去することが困難な場所であることを知りながら、当該消費者を退去困難な場所へ同行して勧誘する行為（同項3号）、および、契約前に目的物の

現状を変更し、原状回復を著しく困難にした場合が追加された。

　また、「報告書」では「消費者の心理状態に着目した規定」、つまり、「事業者が、正常な商慣習に照らして不当に消費者の判断の前提となる環境に対して働きかけることにより、一般的・平均的な消費者であれば当該消費者契約を締結しないという判断をすることが妨げられることとなる状況を作出し、消費者の意思決定が歪められた場合における消費者の取消権を設けることが考えられる」とされた（報告書7頁）。その結果、当該消費者が当該消費者契約の締結について勧誘を受けている場所において、当該消費者が当該消費者契約を締結するか否かについて相談を行うために当該事業者以外の者と連絡する旨の意思を示したにもかかわらず、威迫する言動を交えて消費者が当該連絡をすることを妨害する行為が同項4号に追加された。

　他方で、「報告書」では、「消費者の判断力に着目した規定」、つまり、「判断力の著しく低下した消費者が、自らの生活に著しい支障を及ぼすような内容の契約を締結した場合における取消権」を定めることが考えられるとされていたが（報告書8頁以下）、結局、法制化は見送られ、同法3条1項2号に、消費者の「年齢、心身の状態」という文言が追加されるにとどまった（**Unit 4**）。

(ⅰ)　消費者を任意に退去困難な場所に同行しての勧誘

　事業者が消費者に対して、消費者契約の締結について勧誘をすることを告げずに当該消費者が任意に退去することが困難な場所であることを知りながら、当該消費者をその場所に同行し、その場所において当該消費者契約の締結について勧誘をするという行為である。消費者にとっては退去困難な場所で想定外の勧誘への対応を強いられる状況下にあって退去する旨の意思を示すことは困難であり、退去妨害と同程度の不当性があるからである（逐条解説消契法72頁）。

　当該消費者の任意の退去が困難であるか否かは、当該消費者の事情を含む諸般の事情から客観的に判断されるが、これに加えて当該消費者が任意に退去することが困難であることについての事業者の主観的認識も要件とされている（逐条解説消契法78頁以下）。また、消費者契約法4条3項3号は事業者が消費者を退去困難な場所に移動させた上で勧誘を行った点を問題視してい

Unit 6

消費者契約における交渉力の不均衡

103

るため、消費者が自発的に移動困難な場所に移動している場合は対象とならない。

2022年改正法に対する衆議院の附帯決議（令和4年4月19日）では、同号について、同項1号および2号の従前の解釈を狭めるものではないことを周知することが求められている。

(ii) 契約締結の相談を行うための連絡を威迫する言動を交えて妨害する行為

消費者が消費者契約の締結について勧誘を受けている場所において、当該消費者契約を締結するか否かを相談するために電話その他の内閣府令で定める方法によって事業者以外の者と連絡する旨の意思を示したにもかかわらず、威迫する言動を交えて、当該消費者が当該方法によって連絡することを妨げる行為が追加された。特に若年者や高齢者が親族等に相談したいと告げたにもかかわらず、「自分の意思で決めるように」といった言葉等で威迫して相談することを妨害し、契約を締結させるという消費者被害が多いことによるものである。消費者が退去する旨の意思等を示していないため既存の困惑類型により取り消すことはできないものの、これらと同程度の不当性があるからである（逐条解説消契法72頁以下）。

消費者が相談するために連絡する方法は、消費者契約法施行規則1条の2で「次に掲げる方法その他の消費者が消費者契約を締結するか否かについて相談を行うために事業者以外の者と連絡する方法として通常想定されるものとする」と網羅的に規定された上で、電話や電子メール等が列挙されている（いわゆるSNSのメッセージ機能を用いる場合も含まれる。逐条解説消契法80頁）。

また、消費者が契約を締結すれば負うこととなる義務の内容の全部または一部の実施行為を対象としている消費者契約法4条3項9号に、「契約前に目的物の現状を変更し、原状回復を著しく困難にする」行為が追加された。例として、立案担当者は、不要品買取業者に査定してもらうために指輪等を見せたところ、それらを切断されてしまい、買取に応じてしまったという事例を挙げている（逐条解説消契法97頁以下）。事業者が、当該義務の実施とは言えない形で、契約の目的物の現状を変更することにより、もはや契約を締結するしかないと消費者を動揺させるような状況を作出して消費者を困惑さ

せるという消費者被害の救済を目的としたものである（逐条解説消契法73頁）。

その一方で、消費者の属性や心理状態を要件としている2022年改正前同項3号、4号、5号（現在の5号、6号、7号）のように、当該消費者が有している合理的判断ができない事情は多様であって、受け皿規定を設けることは困難であることや、消費者の心理状態のすべてを事業者が認識することや消費者がこれを立証することも困難であることから、合理的判断ができない事情を要件とする規定の受け皿規定を設けることは断念された（報告書6頁）。「事業者の予見可能性」を確保するために要件を「明確に」することには困難があることから、消費者の心理状態や判断力に着目して取消権を付与する規定は立法化が難しいとされているが（2022年改正に至る議論の特徴と問題点につき、山本(3)39頁以下）、契約相手方の心理状態や判断力については、民法の公序良俗規定適用にあたって考慮に入れた裁判例がなかったわけではなく（4および *Unit 7*）、裁判例で考慮された要素（消費者側・事業者側ともに）を抽出して一般規定や具体的な要件をもって定める個別の取消規定を設けることが本当に不可能であるのかについては、前述したとおり、今後も検討する必要がある。

(6) 2022年12月消費者契約法改正

令和4年8月に、消費者庁「霊感商法等の悪質商法への対策検討会」が設置され、霊感商法等による消費者被害の発生および拡大防止のための対策が検討された。同検討会の報告書は令和4年10月に公表され、消費者教育や消費者相談の観点も含め、幅広い観点からの対策が提案されている。このうち、民事ルールに関するものとしては、①2022年改正前の消費者契約法4条3項6号（現在の8号）の取消権の拡大とその行使期間の延長、②いわゆるつけ込み型の不当勧誘に対する取消権の法制化に向けた検討を早急に行うべきであること、および、③いわゆる寄附に関する被害の救済を図るため、寄附の要求等に関する一般的な禁止規範およびその高価を定めるための法制化に向けた検討を行うべきであることが提案されている。

これを受けて、同じく2022年12月の臨時国会では、以下の改正および新法制定が実現した。

まず、消費者契約法4条3項8号によって取消しができる範囲が拡大され

た。具体的には、当該消費者だけではなく「その親族の」生命等の重要な事項について、将来生じうる重大な不利益だけではなく、「現在生じている」重大な不利益についてもそれを回避することがでいないとの不安をあおった場合にも拡大された。さらに、単に不安をあおるだけではなく、現在「不安を抱いていることに乗じた」場合にも適用されることになった（この場合の不安は、勧誘者が惹起したものでなくてもよい。宮下・不当勧誘39頁）。その上で、事業者から、重大な不利益を回避するためには消費者契約の締結が「必要不可欠」である旨の告知があったことが要件とされている。この要件については、全体の文脈の中で契約締結の強要につながる言動がなされれば、「必要不可欠」である旨の告知がなされたと広く理解すべきであるといわれている（宮下・不当勧誘39頁）。同号については、取消権の行使期間も、追認をすることができるときから3年、および、契約締結時から10年へと伸張された。勧誘を受けた場合に霊感等による正常な判断を行うことができない状態（マインドコントロール）から抜け出すためには相当程度の時間を要し、そこから解放された時には行使期間を過ぎてしまっていることが予想されるからである（逐条解説消契法147頁、宮下・不当勧誘40頁）。

　次に、「寄附不当勧誘防止法」が制定され、寄附そのものを規制するのではなく、寄附に関する不当勧誘を防止するための措置がとられた（宮下・不当勧誘40頁）。同法で対象となる「寄附」には、無償の権利移転に関する契約だけではなく、無償で財産上の利益を供与する「単独行為」も含まれる（同法2条。寄附の法的性質につき、宮下・法的性質17頁以下）。その上で、同法では、法人等による寄付の勧誘について、次の3つの観点から不当勧誘を防止している。

　第1に、法人等に対して、寄附の勧誘にあたって配慮義務を課している（同法3条）。具体的には①寄附の勧誘が、個人の自由な意思を抑圧し、寄附に関する適切な判断が困難な状況に陥らないようにすること（同条1号）、②寄付により、個人・配偶者・親族の生活の維持を困難にすることがないようにすること（同条2号）、③寄付の勧誘を受ける個人に対し、寄付の勧誘を行う法人等を特定するに足りる事項を明示するとともに、寄付される財産の使途について誤認させるおそれがないようにすること（同条3号）が、配

慮義務の内容となっている。「十分に配慮」することが求められており、より厳格な配慮義務を課している（宮下・不当勧誘41頁）。①のように、勧誘によって個人が自由に意思決定できないことが問題とされているだけではなく、②に表れているように個人の生活を圧迫しかねない金額の寄付がなされる点が問題とされていることがわかる。これらの規定は配慮義務にすぎず、違反した場合の法的効果は定められていないが、配慮義務違反が不法行為を構成するとして損害賠償請求をすることや、勧誘態様の悪質性や寄付金額の過大性を問題視して暴利行為にあたるとして寄附（契約あるいは単独行為）の無効を主張することができよう（宮下・不当勧誘41頁）。他方で、配慮義務違反に対しては、配慮義務の遵守に係る勧告やこれに必要な報告の要求ができ、これに従わなかったときは公表が可能である（同法6条）。

　第2に、法人等が、同法4条1号から6号までに列挙された行為（法人等の関係者の不退去や退去妨害等、消費者契約法4条3項の行為と一部重なっている）をして困惑させることが禁止されている（寄附不当勧誘防止法4条）。同条に違反した結果として困惑して行った寄付は取消しの対象となる（同法8条。寄付が消費者契約に該当する場合には、消費者契約法の規定が適用される）。取消権の行使期間については同法9条で定められている。

　第3に、法人等が借入れまたは寄付者個人や家族が現に居住している建物・敷地等を処分することを前提とした資金調達の要求をして寄付をさせることが禁止されている（同法5条）。前述した同法3条2号の「生活の維持を困難にすることがないようにする」配慮義務の具体化である（宮下・不当勧誘42頁）。本条の違反にも民事効果は定められていないが、民法の不法行為や公序良俗違反無効を主張できる可能性はあろう（宮下・不当勧誘42頁）。

　以上の寄附不当勧誘防止法4条と5条の禁止行為に違反した場合には、内閣総理大臣が必要に応じて寄付の勧誘に関する業務状況の報告を要求できる（同法13条）。未報告や虚偽の報告があったときは罰則が科される（同法17条・18条）。

　また、寄附者の子や配偶者が婚姻費用や養育費等の定期金債権を保全するために、本法および消費者契約法に基づく寄附の取消権や寄付した金銭の返還請求権について、履行期が到来していなくても債権者代位権を行使するこ

とができる（同法10条）。消費者契約法等の取消権は、原則として寄附をした本人かその代理人、承継人しか行使できないところ、本人が取消権を行使しないと家族が救済されない（詐欺、錯誤等による取消しと同様、意思決定のゆがみに着目する点で、民法120条2項同様、取消権者は限られよう。沖野178頁）。しかし、本人がマインドコントロールを受けているなど、相手方の影響下にあって取消しを望まない場合には、取消権が発動できない。そこで、以上のような債権者代位権の特例が定められている（宮下・不当勧誘42頁）。また、将来発生する定期金債権にも代位行使できるとする規定（寄附不当勧誘防止法10条1項）や、将来発生する定期金債権について、法人等に対し、債務者である寄付者に返還すべき金銭等を供託所に供託させることができるとする規定（同条2項）、さらに、国に対して、被害者が取消権や債権者代位権の適切な行使により被害回復等を図ることができるようにするため、法テラスと関係機関・関係団体等の連携強化による利用しやすい相談体制の整備等、必要な支援に努める義務を国に課している（同法11条）。

　さらに、2023年12月には、「特定不法行為等に係る被害者の迅速かつ円滑な救済に資するための日本司法支援センターの業務の特例並びに宗教法人による財産の処分及び管理の特例に関する法律」が成立した。同法は、解散命令を請求されるなどとした宗教法人のうち、解散命令の原因となった不法行為等に係る被害者が相当多数存在するものと見込まれるものにつき、財産の散逸を防ぐために財産処分などを監視することや、法テラスによる被害者支援を拡大している。

　検討会ではいわゆる「つけ込み型」の包括的な取消権規定が提案されていたにもかかわらず、消費者契約法4条3項8号の適用範囲の拡大や、寄附不当勧誘防止法4条の取消権が定められるにとどまった。これについては、被害者救済のために個別の規定にとどまらず、「つけ込み型」の包括的な取消権を付与する既定の創設が提案されている（宮下・不当勧誘44頁）。また、個人の生活を脅かすような献金をさせないよう、一定の金額を超える寄附を禁止するという方策も考えられるところ、同法は受領者側の行為態様に着目する無効規定を設けるという方策を採用した。前者は、割賦販売法の過剰与信を想起させるが、どのぐらいの金額（年収に対する割合など）の献金を禁止

するかを法律で定めることが容易ではないことや、適正な寄附と不正な寄附の切り分けが必ずしも容易ではないことから（河上7頁）、まずは受領者側の行為態様に着目する規定を設けることはありうる方策である。

4　民法の規定による補完

(1)　公序良俗規定（暴利行為）

　暴利行為は、明文規定で定められているわけではないが、公序良俗違反の一類型として考えられているものである。具体的には、相手方の窮迫・軽率・無経験に乗じて過大な利益を獲得する行為は公序良俗に反するという法理であり、この法理を援用する裁判例は多くみられる（**Unit 7**も参照）。ここでは、「窮迫に乗じた」という主観的要件だけではなく、「過大な利益」という客観的要件をも満たすことが要求されていることから、一見すると悪質な行為、かつ、「過大な利益」を獲得している場合に限られるが、実際の裁判例では一方当事者が他方当事者に対する自己の優越的な地位を濫用して過大な利益を得ている場合にも当該契約を無効としているものがある。

　公序良俗規定は、本来は契約内容の不当性に着目したものである。しかし、公序良俗規定、とりわけその内容の1つである「暴利行為」法理は、実際には不当勧誘事例でも活用されており、当事者間の経済力・交渉力の不均衡に対応する上で大きな可能性を秘めた法理といえる（**Unit 7**を参照）。

(2)　取引的不法行為（不当勧誘）

　強迫を補完するために不法行為が用いられることがある。例えば、秋田地本荘支判昭和60年6月27日判時1166号148頁は、高齢者を相手に11時間に及んでなされた勧誘が公序良俗に反し、不法行為にあたるとして損害賠償請求を認めた。

　このように、事業者の不当勧誘により消費者が契約を締結し、損害を被るような事案は、特に悪質商法の場合によくみられる。このときに、勧誘の態様が公序良俗違反で不法行為を構成するとする裁判例が多く存在する（**Unit 15**）。このことは裏を返せば、民法96条による取消しの困難さを示し

ている。強迫の要件を満たすのは難しいのに対して、同法709条によるのであれば、裁判官は、企業の側に一定程度の注意義務を課し、義務違反があれば過失責任を問うことが可能になるからである。

5　関連法理：不招請勧誘の禁止

　不招請勧誘の禁止とは、顧客が要請していない限り、事業者は顧客を勧誘すること自体が禁止されるというルールであり、先物取引や金融商品に関する特別法で認められてきた考え方である。例えば、金商法38条4号や商品先物取引法214条9号において、勧誘の要請を受けていない者に対し、訪問しまたは電話をかけることによる勧誘が規制されている。さらに、2012年の特定商取引法改正により、同法58条の6第1項で訪問購入類型における不招請勧誘の禁止ルールが設けられた（*Unit 12*）。

　このようなルールによって、消費者、とりわけ消費者被害のターゲットとなっている高齢者が取引に巻き込まれること自体を防ぐというのがその目的である。つまり、消費者は不意打ち的な勧誘などを受けると契約締結を拒否できない状況に追い込まれることが多いということから（実際にもこのような消費者相談事例は多い）、そもそも消費者が望んでいない場合には勧誘自体を禁止すべきではないかという考え方に基づく。

　不招請勧誘が禁止される根拠としては、それが消費者の私生活の平穏を侵害するものであるということが挙げられることがある。この議論の特徴として、勧誘の結果、契約締結に至った場合はもちろん、契約締結に至らなかった場合でも、私生活の平穏が害されたこと自体を問題として、私生活の平穏を侵害する不法行為として慰藉料を認めるという点が挙げられる（従来の裁判例・議論の内容について、後藤86頁以下、大澤・不招請勧誘38頁以下）。しかし、業種や商品の種類を限定せずに一般的に勧誘自体を禁止するルールを消費者契約法に盛り込むことには慎重な見解も多い。学説では、不招請勧誘を理由とする不法行為を認めた裁判例もあるが、それらの裁判例は特定の領域に集中しており、また、説明義務違反などと合わせて不招請勧誘が認められているにとどまると指摘されている。

110

そこで、不当勧誘に関する一般条項（受皿規定）を設けた上で、勧誘の不当性を判断する上で不招請勧誘があったか否かを考慮するといったものにとどめる提案や、消費者契約法の困惑類型の延長上に不招請勧誘を位置付けるという提案がなされている（大澤・不招請勧誘40頁も参照）。

　もっとも、仮に不招請勧誘の禁止を根拠とする民事ルールを設ける場合に、その効果が契約の取消しということになるのか、それとも取消しよりも不法行為を理由とする損害賠償を認めるにとどめるのかということが問題となる。

　また、執拗で消費者を困惑させる勧誘や判断力の低下につけ込んだ勧誘などと、不招請勧誘として問題となるような勧誘との相違点を整理する必要があろう。不招請勧誘が問題になる場面は、顧客が断っているのに執拗に勧誘する場面のほか、（年齢、判断能力などを理由に）当該取引への適合性を欠く者を勧誘するという場面である。そうであるとすれば、およそ一般的に勧誘自体を禁止するのではなく、こういった執拗な勧誘や適合性を欠く者への勧誘を取り上げて禁止すればよい。不招請勧誘は、事業者の営業の自由と抵触する可能性があることをふまえると、不招請勧誘を一般的にルール化するよりも、具体的にどのような勧誘行為が問題とされているかを整理し、困惑類型の中に位置づけて具体的な類型として立法化する方が望ましいだろう。

　ただし、適合性を欠く者への勧誘についても、勧誘自体を禁止することやこれらの者の契約締結の機会を過度に制限するものであってはならない。例えば、2016年・2018年の消費者契約法改正に向けた議論では、「当該消費者の需要及び資力に適した商品及び役務の提供について、必要かつ合理的な配慮をする」ことについても検討されたが（議論の内容について、大澤・序論89頁以下）、この判断が事業者側からは簡単ではないことや、かえって消費者への商品・役務提供が妨げられることが懸念され、見送られた。一定の属性や状況にある消費者に消費者法で配慮する制度設計を検討する必要性が高い一方で（後藤・課題53頁）、そのような消費者の取引機会を過度に制約することにならないか、バランスの求められた制度設計が必要である（適合性の原則について、特集・適合性原則、および、*Unit 22* を参照）。

　また、特定商取引法においても取引類型横断的なルールとして不招請勧誘

禁止ルールを導入することは断念されたが、訪問販売類型に存在する再勧誘禁止ルールや、訪問購入類型の不招請勧誘ルールのように、同趣旨の規定は存在している。また、地方の条例レベルでは不招請勧誘禁止のステッカー等の取組みも見られる（河上（その1）78頁。例として、夏秋53頁以下）。また、同法の「訪問販売」類型（典型的な自宅への訪問のみならず、キャッチセールス等も含まれる）のように勧誘が不意打ち的でかつ長時間にわたり、消費者が困惑して契約をしがちな場面については、同法の規定に見られるようにさまざまな特則があることも合わせて述べておく（ **Unit 11** ・ **Unit 12** ）。

6　まとめ──契約締結過程規制のポイント

Unit 4 から本Unitまで3つのUnitにわたって契約締結過程の規制のあり方について論じてきたが、特に訪問販売や電話勧誘など、消費者への勧誘とそれによって消費者が不本意な契約を締結する場合については以下の問題点があることがわかる（後藤・方向性411頁以下も参照）。

第1に、消費者に対する攻撃性が問題となる場合である。勧誘自体が不快、迷惑という場合はもちろん、強引な勧誘や深夜勧誘、長時間勧誘などがこれにあたる。

第2に、消費者の情報不足が問題となる場合である。

第3に、消費者の判断能力に問題がある場合である。もともと正常な判断能力がない場合はもちろん、判断力はあるが断ることが苦手な者に対する勧誘などである（「能力」法理から本Unitでも取り上げた消費者契約法4条3項・4項、さらに暴利行為法理について分析する、山城83頁以下）。

第4に、支払能力を超えた契約をさせるなど、契約締結自体が消費者に影響を及ぼす場合である。

以上の場面につき、法律はどのように対応すべきか。実はそれぞれの場面によって考慮すべきポイントは異なる。執拗な勧誘が問題となることが多い訪問販売などについては消費者契約法4条はもちろん、特定商取引法にも勧誘規制がある。ここで問題となっているのは、物理的・心理的な圧迫行為により、消費者が意思決定を意に沿わない形で誘導され、自由な意思によらず

に契約を締結させられるという側面である。これに対して、情報不足については Unit 4 、 Unit 5 で取り上げたように、民法の錯誤や説明義務論、および、消費者契約法4条1項・2項の対象となる。ここでは情報提供不足や誤った情報提供により、消費者が明確な認識に基づいて契約を締結できなかったという点が問題となる。判断能力が劣る者への勧誘は、本来であれば意思能力や行為能力で問題とされることであるが、判断能力の有無を民事ルールでどのような形で考慮すべきかは検討の余地がある。この点につき、金融商品取引（ Unit 22 ）で認められ、現在では特定商取引法の指示行為の対象の1つにもなっている適合性の原則が参照されることがある（この見解によれば、消費者契約法4条3項5号以下や同法3条に現れている、特に脆弱な消費者を対象とする同法改正は、適合性の原則の進展という観点から理解される（後藤・人と消費者9頁））。最後に、支払能力を超える契約を締結させるという問題は、割賦販売法や貸金業法などの支払能力調査義務などとも関係する（ Unit 13 ）。

　もっとも、勧誘が威圧的である場合や情報提供が不十分な場合のみならず、実際には勧誘が威圧的である上に、不当に高い利益を獲得するといったように、その勧誘によって契約を締結させることで、単に本意ではない契約をさせたというだけではなく、不当に高額な金銭を支払わせるといったような、金額の高額性が問題となる場合がある。また、支払能力を超える商品を多数購入させるという問題も、契約を締結させる事業者が過大な利益を得ることになる点で問題を一にする。ここでは、勧誘態様だけではなく、その取引の内容が問題となっている。これは民法でいえばいわゆる暴利行為の場面であるが、Unitを変えて説明する。

＊参考文献＊

本文中、**大澤彩**「AIと消費者」法律時報94巻9号（2022年）23頁、**河上正二**「**改正消費者契約法**の課題と適切な運用に向けて」消費者法研究6号（2019年）127頁、**鹿野**菜穂子「消費者契約法における契約締結過程の規律」消費者法研究6号（2019年）159頁、**丸山**絵美子「消費者契約法の改正と消費者取消権」ジュリスト1527号（2019年）54頁、山本敬三ほか「**座談会・消費者契約法の改正と課題**」ジュリスト

1527号（2019年）14頁、**伊吹健人＝森貞**涼介「つけ込み型勧誘取消権の新類型の活用法」現代消費者法41号（2018年）11頁、**吉村健一郎**「威迫由来の困惑取消し（２類型）」現代消費者法41号（2018年）18頁、**松本恒雄**「2018年消費者契約法改正にみる民事ルールのあり方」消費者法ニュース117号（2018年）25頁、**山本敬三**「2022年消費者契約法改正と今後の課題(1)(3)（４・完）」NBL1230号４頁、1232号33頁、1234号（2023年）10頁、**大澤彩「消費者取引法の体系化・現代化**」現代消費者法60号（2023年）87頁、**宮下修一**「霊感商法・寄附の**不当勧誘**と新たな法規制──消費者契約法の改正と寄附不当勧誘防止法の制定」法学セミナー820号（2023年）38頁、**宮下修一**「宗教的な寄附（献金・寄進・お布施等）の**法的性質**について」消費者法研究13号（2022年）17頁、**沖野眞已**「立法対応──民事的救済──の方向について」消費者法研究13号（2022年）171頁、**河上正二**「霊感商法・霊視商法の被害者への対応について」消費者法研究13号（2022年）１頁、**後藤**巻則『消費者契約と民法改正』（弘文堂、2013年）、**大澤彩「不招請勧誘**規制違反と民事効」現代消費者法33号（2016年）38頁、**大澤彩**「消費者の『**脆弱性**』をめぐる立法論的課題・**序論**──『**適合性原則**』から『**濫用**』へ」柳明昌編著『金融商品取引法の新潮流』（法政大学出版局、2016年）89頁、**後藤**巻則「総則規定の問題点と**課題**」ジュリスト1527号（2019年）46頁、「**特集・適合性原則**と消費者法」現代消費者法28号（2015年）４頁、**河上正二**「特定商取引（その１）」法学セミナー763号（2018年）77頁、**夏秋**智行「奈良県における訪問勧誘お断りステッカーによる法規制について」消費者法ニュース117号（2018年）53頁、**後藤**巻則「消費者契約法の運用状況と今後のあるべき**方向性**について」河上編著・論点整理399頁、**山城一真**「契約当事者の判断能力と消費者法」消費者法研究９号（2021年）83頁、**後藤**巻則「**人と消費者**──消費者の個別化・集団化の進展と民法」NBL1199号（2021年）６頁。

Unit 7

契約内容の適正
——成立段階での内容の妥当性

〈事例〉

中学時代の友人から「いい話があるから会わないか」という電話があり、レストランで会った。別の勧誘者も同席し、「海外の不動産に投資をすれば仮想通貨で配当があるので、消費者金融で借金をしても埋め合わせができる。投資者を紹介すれば紹介料を受け取ることができるので、借金の返済は簡単だ」と説明を受けた。学生だと借金ができないので結婚式の費用として借りるように指示され、消費者金融4社から総額約130万円を借金して、代金を友人に手渡した。

しかし、契約書面や領収書は受け取っておらず、セミナーにも参加したが投資の仕組みの説明はまったくなかった。友人に解約の連絡をしたところ、半額しか返金できないといわれた。

（引用元：http://www.kokusen.go.jp/news/data/n-20190725_1.html）

1 消費者契約における内容の不当性とは

消費者契約では、事業者側の勧誘によって不当な内容の契約をさせられ、その履行を迫られることがある。このような契約から消費者を解放する法理について検討する必要がある。具体的には、次の2つの場合に分ける。

第1に、消費者が締結した契約内容そのものに不当な点がある場合である。悪質商法がその例として挙げられる。また、**Unit 8** で説明する契約条項規制は、契約の価格や目的物そのものではなく、免責条項など契約の付随条項に不当性がある場合である。

第2に、契約内容を合意された内容どおりに実現することが不当な結果をもたらす場合である。これは成立した契約の内容の解釈や履行範囲の調整原

理である。この点については *Unit 10* で説明する。

2　具体例──悪質商法と公序良俗規定

　これまで、取引内容の公序良俗違反性が争われた事案の多くは、ネズミ講、マルチ商法、原野商法などのいわゆる悪質商法である（竹内303頁以下、斎藤129頁、坂東＝圓山99頁）。前提として、「マルチ商法＝連鎖販売取引」と「ネズミ講＝無限連鎖講」の違いについて説明しておく。両者は、他の会員の募集や昇進（これらを併せて「リクルート」という）によって利益を得ることに主眼がある点で共通しているが、一応違いがあるとされている。

　無限連鎖講は、2以上の倍率をもって増加する後続の加入者が支出する金銭から、自己の支出した額を上回る金銭を受領することを内容とする金銭配当組織であるとして、1978年に成立した「無限連鎖講の防止に関する法律」で全面的に禁止されている。組織参加者の収入は後順位者の支出のみによって賄われるため、必然的に破綻する性格を有する（特商法解説233頁）。同法が制定されるきっかけとなったのが、ネズミ講に関して公序良俗違反による無効を認めた長野地判昭和52年3月30日判時849号33頁である（①破綻の必然性、②非生産的・射倖的要素、③詐欺的、誇大宣伝、④社会的悪影響、⑤入会金の不当性が、公序良俗違反性を基礎づけている）。

　一方で、マルチ商法は物品販売組織であり、組織外への販売等の事業活動による利益が十分に得られるようなものであれば必ずしも破綻するとは限らないことから（特商法解説233頁）、全面禁止はされていないものの（立法時には禁止すべきか、それとも厳しい予防措置などを課すかが議論された。圓山172頁。詳細は、圓山・一試案356頁以下）、特定商取引法の「連鎖販売取引」部分で厳格な規制がなされている（*Unit 11*）。それによると、連鎖販売取引は、商品販売や役務提供をする事業であって、「特定利益」を得られると誘引し、「特定負担」をさせる取引である（具体的には、目的物の種類に応じて複数の取引類型があるが、これについては、条解843頁以下参照）。具体的には、氏名等の明示義務（同法33条の2）や不実告知や故意の事実不告知等の禁止行為規定（同法34条）違反や広告規制（同法35条・36条）、迷惑メール規制（同法36条の

3・36条の4）、書面交付義務（同法37条）違反には刑事罰や行政処分を課すなど厳格な規制がなされており、それによると、例えば入会者の多くが成功して報酬を得ているかのような誇大な説明がなされた場合には特商法違反となることから、「実質的禁止」とも表現されることがある（圓山〔第4版〕160頁、竹内307頁以下）（そのほかに、連鎖販売契約でもクーリング・オフや中途解除権が認められているが、これについては **Unit 11** を参照）。

　マルチ商法の一例として、大阪地判平成4年3月27日判時1450号100頁がある。この事例では、「ベルギーダイヤモンドから宝石を購入し、かつ、販売媒介委託契約を締結して教育を受け、会員となって宝石の販売媒介のための勧誘活動に従事し、顧客にベルギーダイヤモンドから宝石を買わせて新会員にすると、ベルギーダイヤモンドから所定の手数料の支払を受ける」という商品販売システムにつき、①破綻の必然性、②射倖性があること、③詐欺的、欺瞞的な勧誘がある点を問題視し、しかも、この事例で販売された宝石が、実際にはピラミッド組織営業の単なる道具にすぎないとして、「マルチ商法まがいの著しく不健全な取引であって、公序良俗に反し、違法である」とされた（ベルギーダイヤモンド事件をめぐる別の裁判例として、大阪高判平成5年6月29日判時1475号77頁（インデックス12番）も参照）。

　もっとも、マルチ商法の中にも商品販売を仮装しただけで実質的には単なる金銭配当組織になっているものがあるため、両者の区別は難しく、商品等が介在しているか否かだけで区別することは妥当ではない（条解837頁）。一応の区別として挙げられているものによれば、①商品の仕入価格と販売価格に大きな差があること（10倍前後）、②組織の運営者が商品の販売自体にほとんど努力せず、もっぱら会員の加入に重点を置いていたこと、③会員も商品の販売による利得は期待せず、もっぱら新会員の勧誘により配当を受けることに努めていたこと、があれば、無限連鎖講と認めてよいとされている。実際の裁判例でも、印鑑セットを利用したマルチ商法について、通常の商品売買契約と連鎖式金銭配当契約が合体したものであるとして、後者の部分を公序良俗に反し無効であるとした判決（名古屋高金沢支判昭和62年8月31日判時1254号76頁）や、一連のベルギーダイヤモンド事件につき、商品販売の名を借りただけで、実質的には金銭配当組織類似の方法でなされたものであ

り、無限連鎖講にあたるとしたもの（神戸簡判昭和60年8月28日判タ577号53頁）、がある。さらに、東京地判平成18年5月23日判時1937号102頁では、栄養補助食品等の販売という、商品販売システムであることから、一見するとマルチ商法にあたるが、裁判所は、「実際に発注・製造された商品が、契約上必要とされた商品のわずか約26％に過ぎない」など、「商品販売の実体は伴わず、会員も商品の価値に注目して取引に参加していたものではなく、あくまで高額な金銭の配当を得ることを目的として会員になっていたものと認められ、本件各取引システムは、商品の連鎖販売を仮装しつつ、その実体は、金銭販売組織であった」とし、その上で、①すぐに破綻することが必至であったこと、②強い射倖性を有し、それ自体強い反社会性を有すること、③大多数の末端会員に莫大な額の経済的損失を被らせることが不可避であるとして、本件各取引システムに基づく取引の公序良俗違反による無効を認めた。同判決では、商品販売が形式的には存在していたものの、実質的には金銭配当組織であったという点が重視されている。このように、裁判所は、ネズミ講（無限連鎖講）とマルチ商法の区別を、商品や役務が介在しているかだけではなく、実際の取引の実態や加入者の意図なども考慮して行っており、その際に取引内容の公序良俗違反性が問題とされている。実質的には金銭配当組織であるマルチ商法が横行していることから、マルチ商法、すなわち、連鎖販売取引について登録制を導入することを提案する見解もある（圓山183頁）。

　最近では「役務」のマルチ商法が若者を中心に問題となっている。〈事例〉がその一例である。例えば、友人やSNSで知り合った人などから、暗号資産（仮想通貨）や海外事業等への投資やアフィリエイトなどの儲け話を「人に紹介すれば報酬を得られる」と勧誘され契約したものの、事業者の実態や儲け話の仕組みがよくわからない上、事業者に解約や返金を求めても交渉が難しいというケースが散見される（国民生活センターサイト（http://www.kokusen.go.jp/news/data/n-20190725_1.html））。こういった「モノなしマルチ商法」も、実体のない商品取引のマルチ商法を実質的にネズミ講と同様であると判断した過去の裁判例と同じように考えられるだろう。つまり、公序良俗違反でマルチ商法への加入契約を無効にして加入金を返還してもらうこと

> **Column　マルチ商法で加入者が得た「利益」の扱い**
>
> 　マルチ商法で加入者が利益を得ることもある（特に販売組織の上位にいる加入者の場合）。その際加入者と販売組織の間の契約が公序良俗違反によって無効となり、加入者からの既払金返還請求が認められると、加入者が得ていた利益を控除すべきとの主張が組織運営者からなされうる（同様の問題は、いわゆる内職商法やモニター商法でも問題となる。**Unit 21**）。この点に関連して、架空の投資話による詐欺の被害者が受給した仮装配当金が、被害者からの不法行為に基づく損害賠償請求における損益相殺の対象とならないとされた判例がある（最判平成20年6月24日判時2014号68頁）。また、最判平成26年10月28日民集68巻8号1325頁は、無限連鎖講およびその加入契約が公序良俗に違反し、それによって給付を受けた配当金が不法原因給付にあたることを前提とした上で、給付者（本件無限連鎖講の主宰者）の破産管財人から受給者（本件無限連鎖講の会員となって配当金の給付を受けた者）に対する返還請求を信義則を用いて認めている。受給者が破産管財人に対して、本件配当金の給付が不法原因給付にあたることを理由としてその返還を拒むことは信義則上許されないとしている（大澤・判批79頁以下も参照）。マルチ商法によって給付を受けた者は単なる投資詐欺の「被害者」とは異なり、「加害者になりそこねた被害者」や「潜在的加害者」であることから、返還を拒むことができるかどうかが問題となる（民法708条にいう「不法性」が受給者にもあるかどうかが問題となる。竹内281頁、窪田32頁）。前掲最判平成26年10月28日はこの点を正面からは問題にせず（そのことから、他の悪質商法事案へも射程が及びうるとする山本和66頁）、無限連鎖講の被害者間の衡平を重視して、返還を拒むことが信義則違反であると判断している。

が考えられる。また、そもそも連鎖販売取引を禁止するか、少なくとも登録制にするなど、行政上の対処が検討されるべきであろう（圓山・一試案370頁以下、および、373頁以下も参照）。また、鹿野・課題11頁は、販売預託取引を原則禁止とし、禁止対象契約を民事的にも無効としている預託法の例が参考になるとしている。

3 公序良俗論と消費者取引

　以上、契約内容の適正化を図り、不当な内容の契約から消費者を解放する手段として、民法の公序良俗規定が用いられていることがわかった。その背景には、民法学における公序良俗論の展開がある。

(1) 学 説

　民法90条の「公の秩序又は善良の風俗」については、伝統的な学説によると国家の統治機構や性風俗を害する行為のみが対象とされていた。

　しかし、その後このような考え方が判例の現実と合致しなくなる。公序良俗は国家の統治機構や性風俗のみならず、取引行為のような経済活動に関するもの、さらには労働基本権、男女平等の確立など個人の権利・自由を保護するためにも活用されるようになる。

　消費者取引に関連するものとしては、判例によって形成された暴利行為論を挙げることができる。暴利行為とは、相手方の窮迫・軽率・無経験に乗じて（主観的要件）、過大な利益を獲得する行為（客観的要件）のことである。これらの要件該当性が具体的にどのような場合に肯定されるかは結局事例ごとの判断となるが、後述するように、消費者取引においては暴利行為の主観的要件・客観的要件ともに柔軟に判断されている。

　学説では、消費者取引における公序良俗論の活用について、理論的には以下の説明がなされている。

　まず、公序良俗違反は、契約における自由を例外的に制限し、政治秩序や家族秩序を守るだけでなく、契約における公正さ（契約正義）を確保しているとする見解がある。この見解は、要件の面では、契約内容だけではなく契約締結の態様や法令違反の有無も合わせて総合的に判断すべきことが、効果の面では、相対無効・一部無効などが認められるべきであるとする（大村・契約正義）。

　次に、私人は国に対して基本権保護請求権を有する。それゆえに、基本権を侵害する契約は公序良俗違反とされるとするものがある。そうすると、消

120

費者保護は「消費者の基本的権利」であることから、これを保護するために公序良俗規定が活用されることになる（山本敬）。

ほかに、消費者公序論と呼ばれる考え方もある。消費者公序論とは、事業者との取引において、消費者の正当の利益を擁護するため、これを侵害する行為を制限または禁止することを指す。この利益を正当に擁護するための手だてが消費者公序である（例として、長尾）。

以上はいずれも取引当事者の保護という価値を実現する際に、公序良俗概念を拡張することを積極的に提案している点で共通している。このような見解が有力となった背景には、1980年代から先にみたマルチ商法の事例など悪質商法を中心に消費者取引をめぐる下級審裁判例で暴利行為の準則が積極的に活用されていたことがあった。また、以上の学説の発展は、消費者保護に関する行政規定に違反する行為を、民法90条によって私法上も無効とする余地を大きくすることになる（4）。

(2) 消費者取引における公序良俗規定の活用

公序良俗規定は、古くからマルチ商法やネズミ講による契約を無効にする法理として用いられていたほか、原野商法の違法性を判断する上でも用いられていた。しかし、公序良俗はこれらの悪質商法類型にはとどまらず、さまざまな手口の悪質商法事案において積極的に活用されている。

例として、呉服販売業者がその従業員に対して呉服等の自社商品を従業員の支払能力に照らして過剰に購入させた契約を公序良俗違反として無効とした大阪地判平成20年1月30日判時2013号94頁は、消費者に必要以上に物品を購入させる、過量販売の事案（*Unit 6* も参照）である（同種の事案として、高松高判平成20年1月29日判時2012号79頁）。また、女性販売員から長時間手を握ったりするなどの思わせぶりな態度をとられながら宝飾品の購入を勧められ、しかも、女性販売員の仲間から威圧的な態度で購入を迫られたので宝飾品を購入する契約を締結した、いわゆるデート商法（恋人商法）（*Unit 6* も参照）の事案で当該宝飾品の売買契約を公序良俗違反で無効とした最判平成23年10月25日民集65巻7号3114頁がある（この事案については、*Unit 13* も参照）。

これらの事案の特徴として、以下の点を挙げることができる。

第1に、契約内容の不当性はもちろん、その契約締結に至るまでのプロセスにも問題があることが考慮されている（大村130頁）。過量販売事例では、消費者に対する不当な働きかけという契約の勧誘態様の違法性と、消費者に不必要な物を過剰に買わせることで消費者に不当な不利益を与えるという契約内容の悪質さとが合わさって公序良俗違反であると判断されている。もっとも、事案を詳細にみると、契約内容それ自体よりも契約締結過程での勧誘の不当性の方が目に付く事案も多い。例えば、原野商法では、土地の販売そのものというよりはむしろ、無価値な原野をいかにも高い価値があるものであるかのように消費者を欺罔しているという、勧誘の不当性が問題にされている。一般に消費者は土地の取引には不慣れであるし、特に自分の地元以外の土地の価値についての知識はないことがほとんどである。このような消費者の無知につけ込み、高値で土地を売りつけている点が公序良俗違反とされる。

このように契約の締結過程における事業者の勧誘、およびそれによって生じた消費者の錯誤等が問題になるため、実際の裁判例でも錯誤や詐欺に基づく取消しが主張されることも多い。しかし、錯誤や詐欺に基づく取消しが認められるのは難しいことから、例えば名古屋地判昭和57年9月1日判時1067号85頁のように、錯誤や詐欺については認めず、公序良俗違反による無効を認めたものが存在する。同判決では、事業者が消費者のアパートを夜間に突然訪れて一方的に説明を始めて、執拗な勧誘を行うなどした勧誘行為が、「消費者であるYに思慮の機会を与えなかった」点、および、土地の価値について過大な説明を行っている点が、「Yに正しい情報を与えず、考慮の機会を与えないようにしてYの無知・無思慮に乗ずるもの」であり、商業道徳を著しく逸脱した方法により暴利を博する所為であるとして、公序良俗違反を認めている。この事案で、錯誤・詐欺が認められなかった点には疑問が残るものの（「過大宣伝、暴利の事実は認められるものの、ことさらに虚偽の事実を告げて欺罔したとまでは言えない」というのが理由である）、公序良俗違反と評価されることによって、錯誤・詐欺の限界を補っているとみることもできる。契約締結過程における不当性については、これまでにみた錯誤・詐欺・消費者契約法はもちろん、その拡張（例えば状況の濫用法理など、経済的地位

の濫用場面など）理論およびそれらの立法化によって対処することが考えられるが、その一方で、契約内容の不当性をも考慮するためには、立法で契約内容と契約締結過程の不当性の両方を要件とする新たな法理を（同法4条4項のように）導入するのであればともかく、そうでなければ公序良俗規定が有効な役割を果たすともいえる。

　第2に、消費者の判断力の低下や不安感・恋愛感情など、弱み・心理につけ込んで、多額の出費をさせる行為も公序良俗違反と評価されることがある。例えば、高齢者へ洋服等の過量販売が問題となった事案で、事業者が支払能力に疑問を抱いた時点以降に締結した契約を公序良俗違反とした判決（福岡地判平成22年7月7日消費者法ニュース86号136頁）において、「顧客の年齢や職業、収入や資産状況、これらから窺われる顧客の生活状況、判断能力、取引対象商品の必要性、取引の頻度、総量や代金額、取引手法等の諸事情に、これらに対する販売者側の認識も加味した上、総合的に見て、社会的相当性を著しく逸脱したと判断される場合には、公序良俗違反により無効となる」との判断が示されている。これについては、判断力の低下を利用した契約締結を意思無能力を理由として無効とすることは意思無能力の立証が困難であることを考えると難しく（これを指摘する大村＝道垣内編18頁以下）、むしろ相手方の脆弱性に乗じて（例えば高齢消費者の脆弱性）契約締結に至ったということを暴利行為であれば柔軟に認定できることから、肯定的にとらえる学説もある（山下54頁）。そのほかに、浄霊のため多額の出費をさせる行為につき、科学的な根拠がないというだけでただちに違法であるということはできないとしつつ、当該行為が被害者を「いたずらに不安に陥れたり、畏怖させたりした上で、そのような心理状態につけ込んで行われ」被害者の社会的地位や資産状況等に照らして不相当な多額の金印を支出させるなど、社会的に考えて一般的に相当と認められる範囲を著しく逸脱するものである場合には公序良俗違反になるとした事例も存在する（名古屋地判平成24年4月13日判時2153号54頁（インデックス133番））。以上のように、仮に暴利行為によって相手方の弱みや心理へのつけ込みによる契約締結事例をカバーできるのであれば、交渉力の格差に関する規制（強迫や現行消費者契約法4条など）を補完する意味も持つ。これらの事案では、暴利行為の主観的要件が柔軟に肯定

されている（窮迫、軽率、無経験に乗じて、という要件が、状況の利用などでも肯定されている。鹿野35頁）。

第3に、ネズミ講、マルチ商法などの不当性ゆえに主宰者の不法行為責任を肯定した裁判例もある。静岡地判昭和53年12月19日判時934号87頁は、ネズミ講が①早期に行き詰まりを生ずる仕組みであること、②射倖的であること、③加入者が損失を被ること、④①から③までについてネズミ講開設者が違法であることを認識しながらも、欺罔的な宣伝を行ったことが、不法行為を構成するとしている。

このように、民法90条であれば本来、無効となるはずの行為が不法行為とされている理由として、伝統的な判例で示された暴利行為法理の要件が厳格にすぎることが挙げられている（民法（債権法）改正検討委員会編Ⅰ59頁）。これに対しては、ここでの損害賠償の内容が原状回復的賠償であるとしても、その損害の有無や範囲・額自体に疑問の余地が残ることや、そもそも契約を有効としつつ、原状回復的な損害賠償を認めることに評価矛盾があるとの批判もある（民法（債権法）改正検討委員会編Ⅰ59頁）。実務上は不法行為規定が活用されるのもやむをえないように思われるが、不法行為による場合の賠償の範囲や損害概念自体については契約を無効とする場合と比較した検討が必要である（**Unit 15**）。

〈事例〉では、被害者が本件投資セミナー主催者との間で締結した、本件セミナー組織加入契約が暴利行為にあたり、公序良俗に違反して無効と言えるか否かが問題となる。

まず、客観的要件該当性については、お金を持っているとはいえない学生に借金までさせて130万円を得ており、満たすのではないか。

次に、主観的要件該当性については、消費者金融で資金調達させてマルチ商法などに勧誘する手口は頻繁にみられる（**Unit 12**で説明する割賦販売法改正で、個別信用購入あっせんの形でクレジットを組むことが困難になったことによる）。本件もそうであるが、消費者金融で資金調達までさせて勧誘する手口の悪質性をふまえていっそう公序良俗違反を肯定できるのではないだろうか。

また、本件では被害者が学生である。取引経験が十分あるとはいえず、ま

た人間関係ゆえに断りにくい心情になりやすいことや、金銭的に十分な収入があるとはいえない学生を勧誘していることから、学生の無知・無経験につけ込んでおり、窮迫に乗じた、といえるのではないか。

効果の面では、不法原因給付が問題となる。この被害者が他に友人を勧誘して紹介料をもらっている場合、「加害者に近い被害者」とみることもできる。そのことから、組織主催者と被害者の双方に不法性があるといわれる可能性はないだろうか（ただし、前掲*Column*で引用した判例を参照）。

(3) 立法論

以上のように、消費者取引をめぐる裁判例で暴利行為法理が積極的かつ柔軟に活用されていたこともあって、2017年民法改正においては、暴利行為を具体化、かつ、柔軟にした規定を設けることが提案されていた。例えば、法制審議会民法（債権関係）部会「民法（債権関係）の改正に関する中間試案」（2013年2月26日）においては、「相手方の困窮、経験の不足、知識の不足その他の相手方が法律行為をするかどうかを合理的に判断することができない事情があることを利用して、著しく過大な利益を得、又は相手方に著しく過大な不利益を与える法律行為は、無効とする」（第1の2(2)）という改正提案である。結局、暴利行為法理を明文化するには至らなかったが、改正論議での提案が判例法を準則の形で示そうとしたものであることから、かつての判例が示した暴利行為の準則を拡張した改正提案の方向性が今後の暴利行為の判断の方向性を示すものであるという説が学説では有力である（山本敬7頁）。

さらに、消費者契約法改正論議においても、契約締結過程における不当勧誘行為規制と不当条項規制という契約内容規制の二元的構成だけでは不当な契約を十分に補足できないことから、契約締結過程と契約内容を融合した、消費者公序規定の創設が提案されていた。勧誘行為のみに着目しても契約の無効・取消しを導けないものや、契約内容のみに着目してもその不当性が対価部分や契約の量などに関する場合（過量販売など）では無効となりにくい事例があることや、高齢者被害に対応するためである。結局、2016年の同法改正では「合理的な判断をすることができない事情を利用」した場面の1類型として、過量販売取消権が付与されたにとどまる（**Unit 6** 参照）。

このように、公序良俗規定の1バージョンである暴利行為は、有力説による拡張提案によれば知識・経験の不足、さらには従属状態や抑圧状態といった消費者が置かれたさまざまな状況を考慮に入れることができる規定である。しかし、勧誘行為の不当性については、本来であれば錯誤や詐欺、さらには消費者契約法4条などで対処すべきものということもできる。消費者の弱み・心理的要素につけ込んだ取引についても同様である。したがって、「受け皿規定」として消費者公序規定を設けること、その際に暴利行為規定の要件を具体化することはありうるとしても、それと同時に、**Unit 5** や**Unit 6** で述べた契約締結過程における規定の具体化・充実や、高齢者など、判断能力が低下した者に対する取引のルールを検討することが必要であろう。

4　関連問題——取締規定違反行為の私法上の効力論

消費者契約において問題になる点として、行政規定に違反する行為が私法上どのような効力を有するかという問題がある。消費者取引では、特定商取引法はもちろん、独占禁止法等多くの行政規定（業法ともいわれる）に違反する取引が数多くみられるが、ではこれらの行政規定に違反した取引は私法上も無効となるのか。これは、「取締規定違反行為の私法上の効力」という、民法学で古くから議論されてきた問題である。

かつての通説は、行政規定違反をただちに民事上も無効とすることを否定していた。その際、行政規定を「取締規定」と「効力規定」とにわけ、後者に違反する行為のみを私法上も無効とする。この両者の区別について、①規制の趣旨、②社会的非難の程度、③当事者の公平、④取引の安全の4要素を基準としているが、消費者契約に関連する行政規定は原則として取締規定とされているため、これらの消費者保護規定に違反するだけでは、私法上当該契約が無効とされないことになる。判例も、取締規定違反がただちに私法上も無効となることを否定するものが従来は主流である（最判昭和49年7月19日判時755号58頁など）。

しかし、このような通説の考え方に対して、取締規定と効力規定の2つに

分ける考え方を批判し、「公法によって私法秩序を補強する」という点も必要であるという考え方が有力に主張された（大村129頁）。具体的には、次の2つの考え方がある。

第1に、取締法規を取引とは直接関係しない価値の実現を目的とする「警察法令」と取引と密接に関連する「経済法令」とに分け、さらに経済法令には当事者の利益の保護を目的とする「取引利益保護法令」と市場秩序の維持を目的とした「取引秩序維持法令」があるとした上で、警察法令によって取引が犠牲とされるのを避けるという観点からは、法令違反であっても私法上の効力は否定されないが、取引の効力と密接な関連を有する経済法令については、経済法令の目的を達成するためにも、民法90条に基づいて取引の私法上の効力自体を否定すべき場合があるとする（大村・契約法から201頁）。

第2に、取締法規も国家が市民の基本権を保護・支援するために定められたものである以上、取締法規が目指している基本権の保護ないし支援をよりよく実現するために民法90条を用いて取締法規違反行為の私法上の効力について判断すべき場合がある。ただし、裁判所が違反行為の効力を否定することが過剰介入の禁止に反しないかどうかが問題となるため、同条に違反しているか否かは、具体的には、法令の目的達成のための手段としての適合性・必要性、法令の目的の重要性と制約手段との間の均衡性という個別原則からなる比例原則によって、行政法規違反の効力を否定することが国家による過剰介入の禁止に反しないかという観点から判断される（山本敬250頁以下で詳しく述べられている）。

そうすると、例えば業者規制と同時に契約当事者（多くは消費者）の保護を目的としている行政規定である特定商取引法に違反する行為については、契約当事者の保護という民法の目的とも共通する以上、同法90条を媒介として私法上も無効とする余地があろう。特定商取引法にいう連鎖販売取引のように、契約内容自体に違法性が強い点が存在し、公序良俗違反を導きやすいものである取引の場合はもちろん、「威迫行為」による消費者の勧誘の禁止（同法6条3項）規定に違反した行為がその例である。裁判例では同法に反して消費者を困惑させる勧誘行為につき、商品の過量販売性や行政からの是正勧告を無視した点などその他の事情とも併せて公序良俗違反にあたるとした

ものがある（東京地判平成20年2月26日判時2012号87頁（百選51番））。**Unit 1**で述べた消費者法における公私協働論をふまえると、公法と私法の「連携」による消費者利益の保護が期待される（武田143頁も参照）。

　実際、裁判例では最高裁レベルであっても、行政規定に違反する行為を私法上も公序良俗違反で無効とするものが徐々に現れている（旧証券取引法（現在の金融商品取引法）に違反する損失保証契約を公序良俗に反して無効とした最判平成9年9月4日民集51巻8号3619頁、不正競争防止法に違反する商品の販売契約を民法90条によって無効とした最判平成13年6月11日判時1757号62頁、建築基準法違反の建物の建築を目的とする契約を民法90条に違反して無効であるとした最判平成23年12月16日判時2139号3頁）。

　立法の一例として、2021年に改正された預託法14条1項は、販売預託取引を原則禁止とし、禁止対象契約を民事的にも無効としている。このように、行政規定の規制目的に鑑み、その規定違反の契約の効果を民事的にも否定することは、行政規定の中でもその違反の場合には事業者の行為の悪質性が高く、それによる消費者の利益侵害の程度が大きいのであれば、民事上も公序良俗違反を認めることが可能であることを示唆しているのではないか（黒木10頁）。

＊参考文献＊

本文中、**竹内**昭夫「マルチとネズミ講」同『消費者保護法の理論——総論・売買等』（有斐閣、1995年）281頁、斎藤雅弘「ねずみ講、投資・利殖詐欺、マルチ商法（上）」現代消費者法2号（2009年）129頁、**坂東**俊矢＝圓山茂夫「特商法による連鎖販売取引（マルチ商法）の規制」法学教室318号（2007年）99頁、圓山茂夫「連鎖販売取引（マルチ商法）」中田＝鹿野編168頁、圓山茂夫「連鎖販売取引の規制強化に関する**一試案**——特定商取引の改正をめぐって」穴沢大輔ほか編『長井長信先生古稀記念・消費社会のこれからと法』（信山社、2024年）353頁、圓山茂夫「マルチ商法・連鎖販売取引」中田＝鹿野編〔**4版**〕157頁、**大澤**彩「**判批**」平成26年度重要判例解説（ジュリスト臨時増刊1479号）（2015年）79頁、**窪田**充見「マルチ商法における違法性の分析」ジュリスト1154号（1999年）30頁、**山本**和彦「**判批**」百選66頁、**鹿野**菜穂子「特定商取引法の到達点と**課題**」現代消費者法58号（2023年）4頁、**大村**敦志『公序良俗と**契約正義**』（有斐閣、1995年）、**山本敬三**

『公序良俗論の再構成』（有斐閣、2000年）、**長尾**治助『消費者私法の原理』（有斐閣、1992年）、**大村敦志＝道垣内弘人編**『解説民法（債権法）改正のポイント』（有斐閣、2017年）、**山下**純司「高齢消費者の保護のあり方」法律時報83巻 8 号（2011年）49頁、**鹿野**菜穂子「消費者と民事法」中田＝鹿野編22頁、**民法（債権法）改正検討委員会編**『詳解・債権法改正の基本方針 I 序論・総則』（商事法務、2009年）、**大村**敦志『契約法から消費者法へ』（東京大学出版会、1999年）、**武田**直大「取締規定と消費者法」百選143頁、**黒木**和彰「破綻必至商法の実態と今後の課題」現代消費者法62号（2024年） 4 頁。

本文に掲げたもののほか、大村敦志「公序良俗——最近の議論状況」同『もうひとつの基本民法 I 』（有斐閣、2005年）15頁、平尾嘉晃「第 8 章　消費者公序規定」「『消費者契約法に関する調査作業チーム』論点整理の報告」（http://www.cao.go.jp/consumer/doc/201308_shoukeihou_houkoku2.pdf）、山本敬三「法律行為通則に関する改正の現況と課題」法律時報86巻 1 号（2014年）11頁（同『契約法の現代化 III ——債権法改正へ』（商事法務、2022年）37頁）。

Unit 8

消費者契約における契約条項規制①民法

〈事例〉

> Aは東京にあるB英会話スクールに行くことにし、1年分の代金を前払いしたが、急遽名古屋への転勤が決まったため、契約からわずか3か月で中途解除することになった。しかし、Bと契約した際にBから受け取った書面には「途中で解除する場合にも、支払済みの受講料は一切返還しません」という契約条項が印刷されていた。Aは、書面にサインする際にはこれらの契約条項を大雑把にしか読んでいなかったので、この契約条項に気がつかなかったのである。

1 契約条項とは何か——用語の確認とその背景

(1) 契約条項・契約条件

例えば、冒頭の〈事例〉では、AはBに対して受講料を支払い、BはAに対して英会話教育サービスを提供する債務を負う。これは、この契約の目的物と対価である。しかし、この契約ではほかにもさまざまなことが取り決められていることが多い。具体的には、冒頭の事例のように、中途解除の場合には、代金を返還しない旨が定められていることがある。このように、目的物と対価以外の事項を定める条項を一般に「付随条項」や「付随的契約条件」(あるいは単に「契約条件」や「契約条項」。契約条件は内容面に、契約条項は形式面に着目した言葉であるとされている)と呼ぶ(以下、「付随条項」または「契約条項」という言葉を使う)。

契約条項には実にさまざまなものが存在する。代表的なものは事業者の責任制限に関する条項や、解約時の損害賠償額を定める条項、および、違約金条項である。では、なぜこれらの契約条項が定められているのか。それは、端的にいえば契約の履行過程で生じるトラブルに対処するために、事業者が

自分の責任の範囲をあらかじめ明確にする意味で定められている（大村187頁）。例えば、免責条項や責任制限条項は、事業者の債務不履行責任や不法行為責任を限定するものであり、解除時の損害賠償額を定める条項や違約金条項は解除などの不測の事態が生じた際に、事業者が消費者から一定の金額を徴収することでリスクを軽減する役割を果たす。これらの条項を定めることによって、事業者は起こりうるトラブルをあらかじめ軽減することも目的としているといえる。

しかし、これらの契約条項が時として消費者にとって不利な内容になっている場合もあり、その場合にはこれらの効力が否定されることがある。例えば、〈事例〉のように英会話教室に入って3か月しか教育を受けていないのに前払金である1年分の受講料を返還しないとする条項や、消費者に発生した損害について、当社は一切責任を負わない旨を定める免責条項が、消費者にとって不当に不利な内容であるとして効力が否定されることがある。このような条項を不当条項という。

(2) 約　款

これらの契約条項は、事業者がこれらの契約条項をあらかじめ一括して書面に記載する形で定めていることが多い。このように、契約条項が事業者によって一括提示される形態を約款という。約款とは、一般に、契約の一方当事者が多数の相手方との契約に用いるためにあらかじめ定式化された契約条項の一群のことを指す（山本219頁も参照）。特徴として、多くの顧客を相手に使用することを前提に、事業者によってあらかじめ作成されたものであり、そこに書かれた契約条項の内容が固定されている点を挙げることができる。この特徴を満たすものであれば、〈事例〉のように、書面で提供されるものだけではなく、インターネット上で「利用規約」等の名称で提示されているものや、壁に掲示されているもの、さらには手書きのものも約款に該当しうる。

契約条項という言葉は、個々の契約条項の内容面に着目したものであり、約款というのはその一括提示という形式面に着目した見方である。実際には契約条項の大部分が約款という形式で提示されることが多いことから、両者

Unit 8

消費者契約における契約条項規制①民法

は重なり合うが、契約条項が不当な内容である場合にそれをいかにして規制するかについて検討する際の観点（不当条項規制論）と、約款がその一括提示という特徴ゆえに消費者にとって不当となるという点を考慮する際の観点（約款論）には異なるものがある（大村187頁）。これについては、すぐ後に説明する。

2 約款規制・不当条項規制のあり方

(1) 規制の根拠

(i) 約款規制の根拠

約款は多数の顧客を相手にする事業者が自己の営業の便宜のために生み出したものであるが、消費者にとってもメリットがある（大村201頁）。例えば、運送契約の場合に、いちいち契約条件を交渉しないといけないとなると、消費者をはじめとする相手方にとっても手間がかかる。そこで、事業者が事前に決めた契約条項に相手方が「同意」することで、約款の内容が契約に組み入れられる。このようにして、約款による取引が行われる。〈事例〉でいえば、AがBの約款に同意したことによって、Bが作成した契約条項がAB間の契約の内容になる。

しかし、約款の根本的な問題として、それが事業者によって一方的に提示されることから実質的には消費者が一方的に約款の内容を受け入れることが圧倒的多数である点を挙げることができる。なぜなら、消費者側は約款の内容を知らないことが多く、仮に約款を見たとしてもそこに書かれていることの意味がわからないことも少なくない。また、仮に内容がおかしいと思っても、事業者に修正を申し出ることは困難であろう。交渉力の格差があるからである（大村201頁以下も参照）。さらに、特にインターネット上の取引では、事業者が作成する「利用規約」に利用者が「同意」しない限り、次の画面に進めないことが多い。そうすると、利用者は利用規約の内容を理解できないまま、焦って「同意」することもある。また、インターネット上では何度もスクロールしないと規約を見られない場合や、リンクが複数に分かれて読みにくいといったように、利用者にとって十分に約款の内容がわかりやすく提

示されているとはいえない場合もあろう。

　以上のことから、相手方が思いもよらないような契約条項や相手方に一方的に不利な内容の契約条項が約款に含まれていることがある。〈事例〉では、AがBの約款に「同意」している以上、約款の内容が契約内容に組み入れられるが、仮にこの事例でBの約款がものすごく小さな字で書かれていてAにとって読みにくかった場合や、きちんと読むことができる状態であったとしても、Aにとって一方的に不利な内容の契約条項が入っていた場合にはどうなるかが問題となる。

　そこで、学説では約款に含まれる個別の契約条項の内容へ当事者が合意し、それらが契約内容に組み入れられたといえる場合はどのような場合なのかについて、および、約款に相手方にとって不利な内容の条項が含まれていた場合に、当該条項の効力はどうなるかどうかについて、議論がなされてきた。

　前者については、約款の拘束力に関するリーディングケースとされる大判大正4年12月24日民録21輯2182頁が、保険約款の拘束力につき、当事者が特に普通保険約款によらない旨の意思を表示しないで契約をしたときは、反証のない限り、その約款による意思をもって契約したものと推定すべき旨の判断を下した（いわゆる「意思推定説」と呼ばれることが多く、約款の拘束力をあくまで当事者の合意から導きだす点で一部の学説では契約的構成と分類される（以下、約款の拘束力に関する学説の詳細は、河上178頁以下））。これに対しては、意思に還元されない内容的合理性に根拠を求める法規説と呼ばれる立場や、保険約款など一定の取引は一般に約款によることが商慣習になっていることを約款の拘束力の根拠とする商慣習法説も現れたが、その後は、約款の組み入れにあたって、「約款を契約内容とする」当事者の合意を前提とする契約説が有力となり、現在にいたる。それによると、約款が契約内容に組み入れられるためには、約款が相手方に開示され、それによって相手方が約款の内容について具体的に認識可能な状態にあること、および、約款を組み入れる旨の当事者の合意が必要である。ただし、そのために契約時に約款が「開示」されているとするのが多数説であるが、開示のレベルとして、文字どおり個別の開示を要求するのか、それとも相手方の認識の機会を確保すれば足

りるのかなど、学説も一様ではない（新注民(11) II 335頁〔後藤巻則〕）。

後者については、約款の組入れ要件が満たされ、当事者が約款に含まれる個別の条項へ合意をしたとみなされる場合であっても、約款に定められた条項に不当な内容がある場合には規制がなされる。なぜなら約款の内容が開示されていても、消費者は付随条項に十分注意を払うとは限らないことや、仮に十分注意を払っても個々の条項の内容の変更を交渉するまでには至らないことから、消費者にとって一方的に不当に不利な条項が入っていることがあるからである。その場合には、当該条項の内容の不当性に着目して、当該条項を排除しなければならない。これが不当条項規制であり、民法の規定であれば公序良俗規定などによる条項無効や契約の解釈による実質的な内容規制が（ **Unit 10** ）、さらに、消費者契約については消費者契約法 8 条以下の規定による内容規制（ **Unit 9** ）がなされる。また、条項作成者の相手方にとっておよそ合理的に予測できない内容の条項は契約内容にならないという、不意打ち条項の排除という考え方も存在している。

(ii) 不当条項規制の根拠

以上のように、当該条項の内容が不当である場合にその条項の効力を否定するのが不当条項規制である。不当条項規制で問題となるのは、 **Unit 7** で扱った契約の目的物や価格そのものよりは、むしろ（〈事例〉のように）違約金を定める条項や免責条項といった付随条項である。契約自由の原則から、契約の内容に裁判所が介入することは謙抑的であるという考え方が導かれる一方で、これらの付随条項に対しては、契約の目的物や価格自体よりも、より厳しく内容の不当性が審査される。それはなぜか（以下、大村188頁以下を参照）。

第 1 に、消費者は付随条項にまで意識が及ばず、単純に受け入れてしまいがちだからである。契約条項は、事業者が自分のリスクを回避・軽減するために置く条項であるが、一方で消費者がトラブル発生を前提に契約を結ぶことはなかなかない。また、付随条項であるゆえに、契約の目的物や価格そのものよりも注意力が及びにくく、その条項の意味も消費者にとっては理解困難なものであることが多い。そうすると、消費者に一方的に不利な内容となっていないかを厳格に規制する必要がある。

第2に、消費者が事業者に比べて「脆弱な」存在だからである。取引に不慣れな消費者の支払が遅れたり、通知が遅れることはよくある。この場合に、消費者側に軽微な不履行があったからといって、事業者が消費者の責任をただちに問うのではなく、一定程度では消費者に寛容な態度を示す必要もあるのではないか。また、消費者は生身の人間であるため、商品の欠陥が原因で人身損害を被ることもあるから、その場合の損害賠償は迅速になされなくてはならない。そうすると、免責条項によって事業者が損害賠償を免れるとなると、消費者は治療費などの賠償を受けることができなくなるが、これは消費者にとっては酷な結果となる。

(2) 2つの規制アプローチ

以上、不当条項規制の根拠と約款規制の根拠についてみてきた。それでは、実際にこれらを規制するための法制度の構造はどのようなものとなっているのだろうか。海外の法制度に目を向けると、規制の手法としては、ドイツのように（消費者契約か事業者間契約かといった契約当事者の属性を問わず）約款による契約を規制対象として、約款の形式面の規制や約款に定められる不当条項のみを対象とする契約条項規制規定を設ける方法（約款アプローチと呼ばれる）や、事業者に比べて情報・交渉力の面で劣る消費者が事業者の不当条項や約款を受け入れざるをえないという点に着目して、それが消費者契約で交わされた約款や不当条項であれば、一定の形式面・内容面の規制を行う（約款に書かれた条項であるかを問わない場合と、問う場合とがある）方法（消費者アプローチと呼ばれる）が代表的である（そのほかに、約款であるか否か、消費者契約であるか否かを問わず、ある種の不当な内容の条項をすべて規制する国もある。廣瀬313頁、ドイツの約款規制について、河上）。例えば、フランスでは消費法典に消費者契約における不当条項規制規定（約款に定められているかどうかは問わない）を設けている一方で、民法典では附合契約という一方当事者が契約条項に従属した状態に焦点を当てて契約条項規制を設けている（大澤、および、大澤・附合契約362頁以下）。

日本では、2000年に消費者契約法において、約款に限定せず消費者契約を対象とした「消費者アプローチ」による不当条項規制が開始された。その

Unit 8

消費者契約における契約条項規制①民法

135

後、2017年の民法改正法成立によって、同法に「定型約款」の規定が設けられ、「定型約款」という「約款」よりも狭い概念を適用対象として、「定型約款」に含まれる条項に定型約款作成者の相手方が同意したということができる場合、およびその例外として、不当な内容の条項については「合意しなかったものとみなす」とする規定等が設けられている。後者の例外規定が実質的に不当条項を排除する役割を果たすとすれば、同法における内容規制については「(定型) 約款アプローチ」がとられているとみることができる。このようなあり方は一定程度ありうるアプローチの仕方であるが、「消費者アプローチ」と「(定型) 約款アプローチ」の併存は、契約条項をめぐる問題が次の2つのレベルで現れることを示すものである。

　第1に、約款に含まれる個別の条項に相手方が同意したといえるためにはどのような要件を満たす必要があるか、例えば、どの程度まで約款を相手方に開示する必要があるのかといった問題を考える必要がある。この問題はこれまで本書でみたところでいえば、「十分な説明がない」という契約締結過程の問題と共通する問題である。そこで、契約内容について十分な、また、わかりやすい説明もないままに、消費者が一方的に契約条項を受け入れてしまっている場合に、その条項が消費者を拘束することがあるのかという観点から規制を行う必要がある。

　第2に、約款には同意したが、そこに含まれる契約条項の内容が消費者にとって不当に不利益である場合がある。これは、本書でいえば契約内容の問題に通じる（契約内容そのものの悪性を問題にする公序良俗が想起される）。そこで、その契約条項の内容が不当か否かという観点からの規制が必要となる。これは当該条項が約款に含まれているかどうかを問わず必要な規制である。

　このように、不当条項規制においては、以上の2点を常に意識していく必要がある。そこで、以下では民法による契約条項規制についてこの2点に分けて検討する。

3　民法による規制の現状

(1)　契約締結過程の問題としての不当条項規制

　これまでの裁判例では、問題となった契約条項について相手方の同意がないことを理由に契約内容への組入れ自体を否定した裁判例がみられる。

　有名な最高裁判例は、賃貸借契約の契約終了に際して賃借人に通常損耗の原状回復を負わせる特約（通常損耗補修特約）の成立の可否および仮に成立しているとしても通常損耗の補修費用は賃料で補われていることから、これを負担させる特約は公序良俗に違反するか否かが争われた最判平成17年12月16日判時1921号61頁（インデックス11番）である。最高裁は、通常損耗が賃料から回収されるものであることを前提とした上で、賃借人に通常損耗についての原状回復義務を負わせるのは賃借人に予期しない特別の負担を課すことになることから、「少なくとも、賃借人が補修費用を負担することになる通常損耗の範囲が賃貸借契約書の条項自体に具体的に明記されているか、仮に賃貸借契約書では明らかでない場合には、賃貸人が口頭により説明し、賃借人がその旨を明確に認識し、それを合意の内容としたものと認められるなど、その旨の特約（以下『通常損耗補修特約』という。）が明確に合意されていることが必要であると解するのが相当である」とし、本件では通常損耗補修特約の内容を明らかにする記載や説明がなかったとして、同特約への合意の成立を否定した。

　このように、裁判例では、約款は事業者によって一方的に提示されるものであることから、事業者の十分な説明が求められるとし、その説明がなければ合意がなかったとされている。合意がない以上、その契約条項の内容は問題となっていない。通常損耗補修特約についてはその内容が不当であるとして、不当条項にあたるとの見方を示す下級審裁判例が存在した（大阪高判平成16年7月30日判時1877号81頁（沖野56頁））。また、2017年の民法改正により、賃借人は通常損耗を原状回復する義務を負わないことが明文化されている（同法621条）。これに対して本判決は特約への合意の成立自体を否定しているが、これについては「賃借人に予期しない」内容の条項であることからそ

Unit 8

消費者契約における契約条項規制①民法

137

の合意成立については厳格に問うという姿勢が前述した不意打ち条項に通じるものであるとする見解と、条項内容の異常性までは問われていないとして単純成立レベルでの排除を行ったものにすぎないとする見解の両方とがある（沖野58頁）。

(2)　契約内容規制の問題としての不当条項規制

一方で、不当条項規制が問題になった裁判例の多くは、付随条項の内容自体が、問題となった事例であり、次のような方法での規制がなされている。

第1に、契約解釈による不当条項規制である。契約解釈については **Unit 10** で述べるが、ここでの契約解釈は狭義の解釈というよりは、限定解釈などによって、当該条項を消費者に有利に解釈することによる、実質的な契約内容の修正である。（そのことから、「隠れた内容規制」であるとの批判もある。**Unit 10** 参照）。例えば、東京地判平成9年2月13日判時1627号129頁は、「本クラブの利用に際して、会員本人または第三者に生じた人的・物的事故については、会社側に重過失のある場合を除き、会社は一切損害賠償の責を負わないものとする。」旨の条項について、「一般的、平均的な入会申込者ないし会員にとって予期可能であり、かつ、合理的に理解することができる内容のものとして」解釈した上で、「スポーツ施設を利用する者の自己責任に帰するものとして考えられていることについて、事故が発生しても、Yに故意又は重過失のある場合を除き、Yに責任がないことを確認する趣旨のものと解するのが相当である」と判断した。

第2に、より直接的な内容規制として、一般条項による規制が積極的に行われている。その中でも特に活用されているのが公序良俗規定である。すなわち、契約条項を解釈した上で、それでも合理性を欠くとされる場合や、契約条項が消費者に著しい不利益をもたらす場合には公序良俗に基づいて当該条項が無効とされる。大学の学納金不返還特約について、暴利行為法理に基づいて無効とした裁判例がその一例である（大阪高判平成16年9月10日民集60巻9号3810頁）。

138

4 まとめ

⑴ 民法の限界

不当条項および約款それぞれの規制根拠・特徴に立ち返れば、「約款」という形式面だけではなく、契約条項について消費者が認識した上で合意していたかという契約締結レベルの問題と、契約条項の内容そのものが消費者にとって不当に不利益ではないかという2段構えで判断する必要があることがわかる。

もっとも、契約締結についてはもちろん、内容規制の基準には不明確な部分も残されている。それは、民法による場合の判断が、契約解釈や一般条項による合理性の判断といった、裁判官の判断に委ねられているからである。そうすると、すべての事案で同種の不当条項を排除できるとは必ずしも言えない。また、消費者にとってはもちろん、条項を使用する事業者や条項の不当性を判断する裁判官にとっても、いかなる条項が不当といえるかについて、一定の基準を示した方が法的明確性に資する。そのような要請でできたのが *Unit 9* で説明する消費者契約法による不当条項規制、および、特定商取引法による違約金・損害賠償額の予定条項規制である。

⑵ 民法改正における定型約款

2017年改正後の民法では約款のうち、「定型取引において、契約の内容とすることを目的としてその特定の者により準備された条項の総体」を「定型約款」と定義した上で（同法548条の2第1項本文）、「定型約款」に当事者が拘束される場合、言い換えれば、当事者が定型約款内の個別の条項に合意をしたものとみなされる場合を明文で定めている（同項1号・2号）。また、定型約款の中に不当な内容の条項が含まれている場合には、当該条項がそもそも契約内容として組み入れられないという効果を有する規定によって、不当な内容の条項を実質的に排除することを可能にしている（同条2項）。これは不当条項規制と同趣旨といえる（ *Unit 9* ）（以下、定型約款については、河上責任編集の諸論稿や、大澤・定型約款662頁以下およびそこで引用された文献を

参照。また、前述した約款の拘束力に関する学説と定型約款に関する規定の関係については、松田73頁が簡潔に述べているほか、大澤・判批）。

　定型約款は定型取引という、不特定多数向けの取引で、かつ、内容の全部または一部が画一的であることがその双方にとって合理的なもので用いられる条項の総体であるが、不特定多数向けであるのみならず、内容が画一的であること（しかも、両当事者にとって）が要求されていることから、従来の約款概念よりも標準化された、つまり当事者によって修正されることが一切ない約款を想定したものといえる。

　このように、不特定多数向けで内容が変更されることを予定していない（しかも、それが相手方にとっても合理的である）約款に限られていることとも関連して、民法548条の２で定められたみなし合意の要件は、従来の学説による約款の組入れ要件と比較すると、非常に緩やかな要件ということができる。同条１項１号は両者の合意を前提としているが、同項２号では定型約款準備者があらかじめその定型約款を契約の内容とする旨を相手方に表示していたときであっても、合意したとみなされるとしており、相手方へ定型約款を開示することは組入れの要件となっていない。たしかに、同法548条の３によって、定型約款準備者には約款の開示の義務が課されており、しかも、相手方からの開示請求を拒んだ場合にはみなし合意が否定されるが、ここでの開示は相手方からの請求がある場合にのみ義務づけられており、しかも、契約締結前だけではなく契約締結後相当の期間内の開示でも足りるとされている。しかし、約款への合意は本来約款の開示がされている状態、少なくとも相手方がアクセスしようとすれば可能である状態でなければならないのではないか。特に消費者契約の場合には、事業者は消費者に対して契約内容について情報提供する努力義務が課されている（消契３条１項２号）ことからも、事業者は消費者に対して定型約款の内容を示す努力が求められる。契約内容について情報提供すべきということからは、契約内容を書き示した約款を開示すべきということが自然に導かれる結論であろう。同法改正論議では、消費者契約における約款の事前開示の努力義務の明文化が最終段階まで提案されていたが、この趣旨は民法548条の３が「消費者が請求するまでは開示しなくてよい」というミスリーディングを生じさせることを懸念したも

のでもあった（その後、消費者庁の消費者契約に関する検討会「報告書」（2021年9月）では、事業者に対して消費者への勧誘時に定型約款の表示請求権の存在および行使方法についての必要な情報を提供することを努力義務として定めることが考えられる、とされ（第4の2）、2022年改正で消費者契約法3条1項3号が追加された（**Unit 5**））。

　また、民法548条の4は、相手方の同意なしに定型約款を変更することを一定の要件のもとで認めている。相手方が約款の中身を見ないことの方が多いことや、多数の相手方から変更についての同意を得ることが現実的ではない場面があることをふまえた規定である。しかし、本来、契約内容の変更は両当事者の合意によらなければならないという原則をふまえ、要件の解釈は厳格になされるべきである。

＊参考文献＊

本文中、**山本**豊「約款」争点219頁、**河上正二**『約款規制の法理』（有斐閣、1988年）、**廣瀬久和**「附合契約と普通契約約款——ヨーロッパ諸国に於ける規制立法の動向」星野英一ほか『岩波講座・基本法学4 契約』（岩波書店、1983年）313頁、**大澤彩**『不当条項規制の構造と展開』（有斐閣、2010年）、**大澤彩**「フランス契約法改正における『**附合契約**』概念」法学志林116巻2・3号（2019年）362頁、**沖野眞已**「判批」百選〔初版〕56頁、**河上正二責任編集**「特集・改正民法における『定型約款』と消費者法」消費者法研究3号（2017年）1頁、**大澤彩**「**定型約款**」松岡久和ほか編『改正債権法コンメンタール』（法律文化社、2020年）662頁、**松田貴文**「判批」民法百選Ⅱ〔第9版〕72頁、**大澤彩**「**判批**」保険法判例百選（近刊）。
そのほかに、山本豊『不当条項規制と自己責任・契約正義』（有斐閣、1997年）。

Unit 9

消費者契約における契約条項規制②
消費者契約法

Unit 8 で述べたように、かつて日本では契約解釈や公序良俗を中心とした一般条項による不当条項規制がなされていたが、民法による規制だけでは規制基準に不明確な点が残るなど問題もある。

このような状況を受けて、日本では1990年代に入るとそれまでの学説で示されていた「約款アプローチ」や「消費者アプローチ」などの具体的な不当条項規制のあり方をもとに、ついに立法による規制への道を進むことになった。その背景にあるのは、1993年に発表された「不当条項規制に関するEC指令」や、国内外での消費者保護の気運である。こうして、学説で活発な議論がなされ、同時に国民生活審議会でも立法に受けた議論がなされる。その結果、2000年に成立した消費者契約法において不当条項規制規定が設けられた。

立法の目的は、消費者と事業者との間の交渉力に大きな格差があることにかんがみて、より直接的に不当な契約条項を排除するというものである。

1 消費者契約法による不当条項規制①不当条項リスト

消費者契約法1条にあるように、「事業者の損害賠償の責任を免除する条項その他の消費者の利益を不当に害することとなる条項の全部又は一部を無効とする」のが、同法8条から10条までの規定である。

(1) 消費者契約法8条

消費者契約法8条1項1号は全部免責条項を無効とし、同項2号は責任制限条項（一部免責条項）を故意・重過失免責の場合にのみ無効とする。また、不法行為責任に関する責任制限条項（同項3号・4号）、も規制対象となって

142

いる。同条 2 項は、事業者が契約不適合責任の免責・制限を定めていても、その代わりに当該事業者が履行の追完や代金減額をする旨定めていることがあり、この場合には消費者には救済の手段が残されていることから、損害賠償責任の免責・制限を定める条項を例外的に有効とするものである（同項 1 号）。同項 2 号によって第三者によってそのような追完責任等が引き受けられている場合にも同様となる。もっとも、同号については、当該第三者のところまで出向かなければ（例えば売主ではなく製造者のところ）修理依頼をできないという点でなお消費者にとって不利益であるとみることもでき、このような条項も不当となる余地があることが指摘されている（中田・不当条項規制122頁）。

　ただし、「債務不履行により」（消契 8 条 1 項 1 号・ 2 号）、「債務の履行に際してされた」（同項 3 号・ 4 号）とあるように、債務不履行による損害賠償を免除または制限する場合に同条が適用されるのであり、例えば「当駐車場に駐車中の自動車に積載されている物件について、当社は保管の義務を負わない」といった条項のように債務不履行とは関係なく、単に事業者の債務を免除する条項には同条が適用されない。その一方で、同条 1 項 3 号・ 4 号の賠償責任は民法のみならずその他の特別法による賠償責任（例えば製造物責任法や一般法人法に基づく法人の責任）をも含むため、例えば製造物責任法による賠償責任を免除・制限する条項も対象となる（2016年の消費者契約法改正によって、同法 8 条 1 項 3 号・ 4 号の「民法の規定による」という文言が削除されたことによる）。

　消費者契約法 8 条は、従来民法解釈によって無効とされてきた事業者の免責条項や責任制限条項の無効基準を具体的に示す意味がある（消費者契約法 8 条を適用して免責条項や責任制限条項を無効とした裁判例として、東京高判平成29年 1 月18日判時2356号121頁や大阪地判令和元年 6 月21日判時2448号99頁）。しかし、事業者の通常の過失や軽過失による場合には免責を認めている点に対しては批判も加えられている。また、消費者の権利行使期間を制限する条項（「消費者が瑕疵を知ってから 1 か月以内に事業者に申し出た場合に限り、責任を負う」といった条項）など、結果的に事業者の免責・責任制限を実現するものであっても、同条の対象とはならない条項がある（ただし、同法10条に

よって無効となりうる）。

　2018年の消費者契約法改正によって、事業者の損害賠償責任の有無または限度を決定する権限を当該事業者に付与する条項が、無効となる条項のリスト（不当条項リスト）に追加された（同法8条1項1号から4号までに、それぞれ当該事業者にその責任の有無や限度を決定する権限を付与する条項が追加されている）。決定権限を適切に行使しないことにより実質的に事業者が本来負うべき責任を免れることが可能となることが不当性の理由である。例えば、「当社が過失のあることを認めた場合に限り、当社は損害賠償責任を負うものとする」といった条項や、「不可抗力」の文言の範囲を広く解釈する権限を付与する条項である。同様に、同法8条の2に関して当該解除権の有無を決定する権限を事業者に付与する条項も無効となる。

　もともと、事業者に解釈権限・決定権限を付与する条項のリストへの追加が検討されていたところ、2018年消費者契約法改正では事業者が自己の責任を免れることにつながりうる条項のみが類型として追加された。たしかに、「被保険者の生死が不明の場合でも、保険会社が死亡したものと認めたときは、死亡保険金を払うことがある」といったように、消費者にとっても利益となりうるような解釈権限を与えている場合は不当とならないし、銀行等における暴力団排除条項（大澤・リマークス55号30頁以下参照）やインターネット上のセキュリティ維持のための解釈権限条項のように、消費者の安心安全な生活環境・取引環境維持の上で必要な条項があることは否定できない。しかし、事業者による解釈または決定それ自体が広範に与えられていると、消費者の権利・利益を侵害するおそれがあることから、事業者による一方的な解釈や決定が許容されるのは、事業を行う上で真にやむをえない場合に限定されるだろう。

　2022年の消費者契約法改正に向けた検討会では、かねてより不当性が高いと指摘されていた、いわゆるサルベージ条項を不当条項の類型に追加するどうかについて検討された。サルベージ条項とは、ある条項が強行法規に反し全部無効となる場合に、その条項の効力を強行法規によって無効とされない範囲に限定する趣旨の契約条項であり、「当社が負う損害賠償は、法律上許される限り、○○円を上限とする」といった条項がその例である（以下、消

144

費者契約に関する検討会「報告書」(2021年9月)18頁以下)。このような条項は、留保文言が付される結果、契約条項のうち有効とされる範囲が消費者にとって不明確な点で問題がある。その意味で、同法3条1項1号で事業者に要請されている、条項の平易明確性に欠ける条項であるが、同時に、この種の条項が消費者の権利行使を抑制する意味で不当条項に該当するのではないかという観点からの議論が学説や法改正論議でなされてきた(2018年の同法改正に向けた議論について、大澤・現状と課題195頁以下)。2022年の同法改正に向けた議論においては、この種の条項が、事業者の損害賠償責任の範囲を定めるために用いられることで、消費者の事業者に対する損害賠償責任の追及を抑制してしまい、同法8条の目的が大きく損なわれることとなりかねない点が問題とされた。その結果、事業者の債務不履行または不法行為責任の一部を免除する消費者契約の条項であって、「当該条項において事業者、その代表者又はその使用する者の重大な過失を除く過失による行為にのみ適用されることを明らかにしていないもの」を無効とすると定める同条3項が追加された。もっとも、損害賠償責任限定条項以外にも、サルベージ条項が使われることや、この種の条項の本質的な問題が契約内容の不明確性にあることをふまえ、サルベージ条項を不当条項リストに追加するのか、それとも、同法3条1項1号の問題として対応すべきか、今後の検討が必要である。

(2) 消費者契約法8条の2

消費者契約法8条の2は、事業者が契約で定められた債務を履行しない場合であっても消費者の解除を認めない旨定める条項を無効としている。この場合に消費者の解除が認められないと、消費者は契約に不当に拘束され続けるからである。

解除権を「放棄させる」条項であることから、解除権を制限する条項(例えば、解除権の行使期間を制限する条項、解除が認められるための要件を加重する条項、解除をする際の方法を限定する条項など)は(消費者契約法10条によって無効となる可能性はあるものの)、同法8条の2に該当しない(逐条解説消契法182頁)。また、他の条文によって解除権が認められる場合(例えば委任契約の場合の民法651条)にその解除権を放棄させる条項も消費者契約法8条の

2には該当しない（逐条解説消契法184頁）。しかし、少なくとも民法の委任契約や請負契約の解除権については、当事者を当該契約に拘束し続けることが妥当ではない場合には相手方に生じる損害を填補さえすれば解除が認められるというのが民法の立場である以上、損害賠償による填補の余地なく解除すら認めないというのは、合理的な理由がない限り、消費者に一方的に不利益といえ、消費者契約法10条によって無効となる余地はあろう。

(3) 消費者契約法8条の3

事業者に対し、消費者が後見開始、保佐開始または補助開始の審判を受けたことのみを理由とする解除権を付与する消費者契約の条項は無効となる（消契8条の3）。後見開始等の理由のみで消費者が契約を解除されるのは消費者にとって不利益が大きいことや、成年後見人等が本人の行為能力の制限された部分を補うことによって取引に参加できるようにするという成年後見制度の趣旨に反することによる。また、高齢化社会の進展に伴い、後見開始の審判等のみを理由として事業者に解除権を付与するということを安易に認めるべきではないというのも、同条が追加された理由である。実際に裁判例でも賃貸借契約に定められたこの種の条項を同法10条に基づいて無効としたものがある（大阪高判平成25年10月17日消費者法ニュース98号283頁）。ただし、民法656条・653条3号で、準委任契約の受任者が後見開始の審判を受けたことが契約の終了事由とされていることから、消費者が事業者に対し物品、権利、役務その他の消費者契約の目的となるものを提供することとされている消費者契約の条項は無効とならない（消契8条の3括弧書）。例えば、消費者がモニターとして事業者のアンケート調査に回答する契約において、モニターが後見開始等の審判を受けた場合に事業者はモニター契約を解除することができる旨の条項は、同条では無効とならない（逐条解説消契法189頁以下。ただし、同法10条で無効となる余地はある）。

また、ここで問題とされているのは、後見開始の審判等を受けたこと「のみを理由とする」解除権であり、後見開始の審判等を契機に、個別に消費者への適合性の有無の確認等を行い、その結果、客観的に合理的な理由があるときに最終的に解除に至ることが想定された条項までも一律に無効とするこ

とを想定した規定ではない（逐条解説消契法187頁）。

　もっとも、後見開始の審判等のみならず、例えば、家賃滞納を理由に無催告で賃貸借契約を解除するといった条項や、消費者の破産等を理由に無催告で賃貸借契約を解除するといった条項は、判例上の信頼関係破壊の法理の観点からみても消費者に一方的に不利益な条項といえないか、検討の余地がある。破産等、消費者の信用不安がある際に事業者が当該契約を解除する必要性が高いことは否定できないが、破産といった事情のみを理由に、しかも、無催告で契約を解除することも正当化されるのか、今後検討が必要であろう。また、建物の賃貸借契約における暴力団排除条項や、インターネットサービスなどで消費者の安全安心な利用環境を提供するために悪質な利用者に対し解除や解約を行う条項等、消費者の安全安心な生活環境や取引環境の保護から必要性が高い条項もあるが、これらの条項も該当性判断基準を定める文言（例えば「悪質な利用者」）の解釈権限が広範に事業者に与えられていると、事業者の恣意的な解釈によって容易に無催告解除がなされるおそれも否定できない。この問題は次に述べる事業者に解釈権限・決定権限を付与する条項の妥当性とも関係した議論が必要である。差し当たり、以上の条項が消費者契約法10条によって無効とされる余地は否定されていないだろう。

(4)　消費者契約法 9 条

　消費者契約法 9 条 1 項 1 号は違約金条項・損害賠償額の予定条項に関して、「当該事業者に生ずべき平均的な損害の額」を超える部分を無効とするものである。事業者が損害が生じる場合に備えて一定の損害賠償額を予定したり違約金条項を定めることはよくあるが、この金額が不相当に高額であると消費者に不当な金銭的負担を強いることになる。そこで、同条 1 項 1 号では、事業者が違約金等として消費者から徴収してよいのは、事業者に通常生ずる損害の平均値であることを明文化した。事業者には多数の事案について実際に生じる「平均的な損害」の賠償を受けさせれば足り、それ以上の賠償の請求を認める必要はないからである。逆にいえば、それ以上の金額を消費者から徴収することは不当な違約金となる。

　消費者契約法 9 条 1 項 1 号で問題になるのは「当該事業者に生ずべき平均

的な損害の額」とは何かという点である。これについては、文言にあるように「当該条項において設定された解除の事由、時期等の区分に応じ、当該消費者契約と同種の消費者契約の解除に伴い」生ずるか否かで判断される。この「平均的な損害」は、当該消費者契約の当事者たる個々の事業者に生じる損害の額について、契約の類型ごとに合理的な算出根拠に基づき算定された平均値であり、当該業種における業界の水準ではないとされている。また、実際に生じた損害、ではない点に注意が必要である。

　「平均的な損害」の意味やその判断基準についてはじめて具体的に示したのが、東京地判平成14年３月25日判タ1117号289頁である。同判決は消費者がパーティーの予約をしたものの２か月前に解約した場合の営業保証料が問題になった事案である。判旨の冒頭にあるように、「平均的な損害」は、「当該消費者契約の当事者たる個々の事業者に生じる損害の額について、契約の類型ごとに合理的な算出根拠に基づき算定された平均値であり、解除の事由、時期の他、当該契約の特殊性、逸失利益・準備費用・利益率等損害の内容、契約の代替可能性・変更ないし転用可能性等の損害の生じる蓋然性等の事情に照らし」判断するのが相当であるとされている。その上で、解約時期や他の客を獲得できる可能性等を考慮した上で、民事訴訟法248条の趣旨に従って「平均的な損害」額を算定している。一方で、中古車注文をキャンセルした場合の違約金条項が問題になった大阪地判平成14年７月19日金判1162号32頁は、立証責任が事業者にあるとした上で、中古車の販売によって得られたであろう利益（得べかりし利益）が消費者契約法９条１号（当時）の「平均的な損害」にあたるとはいえないとした。

　これまでに消費者契約法９条１項１号がもっとも活用されたのが、大学入学時に支払う学納金の返還が問題になったいわゆる「学納金返還訴訟」である。ここでは、学納金不返還特約が、同号の損害賠償額の予定条項または違約金条項に該当するとされた上で、学納金が大学に生じる「平均的な損害」を超えるか否かが判断されている。初期の事案では入学金の返還も認められていたが、その後の事案では、入学金は「学生の地位の対価、入学手続の費用」であるから、いったん入学手続を行って入学資格を得ている以上、大学は学生に返還する必要はないが、授業料については「平均的な損害額」を超

えるからその部分の不返還を定めた特約は無効であり、大学は学生に授業料は返還しなければならないとするのが大部分の下級審がとっている結論である。最高裁も同様の判断を下した（最判平成18年11月27日民集60巻9号3597頁など、同日に出された複数の判決を参照）。もっとも、この特約の不当性判断を、「平均的な損害」額を超える額を没収するものであるかどうかという基準のみで判断することが適切なのか否か、疑問が残る（大澤・判批2123頁以下）。

消費者契約法9条1項1号は、これまで民法の公序良俗規定で判断されていた過大な損害賠償額の予定条項を無効とする基準を明確化した点で大きな意味を持つ。数多くの裁判例が出ていることからも同号の果たす役割は大きい。しかし、その一方でいくつか問題もある。

第1に、「解除の事由、時期等の区分に応じ」とあることから、解除に伴う損害賠償のみが念頭に置かれており、例えば契約を解除しない場合の損害賠償額の予定条項や、契約解除とは関係がない条項、例えば交通機関への不正乗車の場合の割増運賃のような違約金条項には適用されない。また、解除の可否や要件を定めるもの（例えば、解除は認めない、とするもの）の有効性は消費者契約法10条で判断される。

第2に、やはり「平均的な損害」の意味が問題となる。特に問題とされているのは、「平均的な損害」には当該契約が履行されていれば得られたであろう履行利益も含まれるのか、それとも原状回復を内容とする損害賠償に限定されるのかという点である。これについて、裁判例では、契約履行前の解除か履行後の解除かによって判断が分かれている。消費者が冠婚葬祭に係る互助会契約を具体的な冠婚葬祭施行請求前に解除した事例では、「原状回復を内容とするもの」に限定される、具体的には「契約の締結及び履行のために通常要する平均的な費用の額」が「平均的な損害」となるとされた（大阪高判平成25年1月25日判時2187号30頁（インデックス31番））。その一方で、携帯電話利用契約における解約金条項の有効性が問題となった大阪高判平成25年3月29日判時2219号64頁や大阪高判平成24年12月7日判時2316号133頁（インデックス36番）は、実質的に履行利益を含めている（大澤・携帯電話17頁以下）。これに対しては、「平均的な損害」に履行利益が含まれるのは消費者の

解除に伴う損害を他の消費者との契約で代替することができないような場合に限るべきとの批判が可能である。実際に学説でも、消費者契約が多数の消費者と同種の契約を締結するものであることから、契約の履行前の段階では他の消費者と契約することによって損害を回復することができるのであれば、契約履行前の段階では原状回復的賠償に限定されるという説が有力に主張されている（議論の詳細は、大澤・不当条項規制346頁や、大澤・補完79頁以下を参照）。

　第3に、「平均的な損害」は「当該条項において設定された解除の事由、時期等の区分に応じ」て算定される（消契9条1項1号）。そのことから、事業者が当該条項で設定した解除時期における額を算定すべきとする下級審裁判例がある（前掲大阪高判平成24年12月7日（インデックス36番））が、消費者の解除時期によって事業者に生じる損害額が異なりうる以上、「平均的な損害」の額を、事業者が設定した解除時期をさらに細分化してそれぞれの解除時期における損害を算定するという方法も考えられるのではないか（京都地判平成24年7月19日判時2158号95頁を参照）。

　第4に、「平均的な損害」の立証責任が問題となる。これについて、最高裁は立証責任が消費者にあると判断しているが（前掲最判平成18年11月27日）、消費者が事業者側に生じる損害を立証することには困難が大きい。2016年消費者契約法改正や2018年の同法改正論議では、立証責任の転換や事実上の推定の活用が検討されたが、実現されるには至らず、2022年の同法改正論議でも立証負担の緩和を実現するための方策が議論された。

　2022年消費者契約法改正では、事業者は、消費者から損害賠償額の予定または違約金の算定の根拠の説明を求められたときは、その算定の根拠の概要を説明するよう努めなければならないとの規定が追加された（同法9条2項）。衆議院附帯決議（令和4年4月19日）では、請求されている損害賠償または違約金が平均的な損害の額を超えているか否かについて消費者が理解しうるような説明を事業者がすべきことを周知することが求められている。立案担当者によると、同法の2022年改正前は、違約金額が妥当なものであることについて事業者から十分な説明がないため、消費者が判断できずに紛争が発展することがあったことや、監督規制等がない場合等において、違約金等を定

めた契約条項に基づき損害賠償または違約金を請求する際に違約金等について何ら説明する必要がないため、高額な違約金等を設定して不当に利益を収受している事業者が存在していたことをふまえた改正である（逐条解説消契法204頁）。「当該消費者から説明を求められたとき」に説明する、しかも、努力義務とされている。どのような場合に義務に違反したことになるかの基準を明確に示すことが困難であることや、事業者の業態等によって「平均的な損害」の額が異なりうる以上、説明内容については事業者の創意工夫に委ねる必要性があるというのが、努力義務とされた理由である（山本(2)24頁の説明を参照）。説明が求められる算定根拠は、違約金等を事業者が設定するにあたって考慮した事項、当該事項を考慮した理由、使用した算定式、および、金額が適正と考えた根拠など違約金等を設定した合理的な理由である。しかし、消費者からすれば請求されている「損害賠償又は違約金」の具体的な金額と「平均的な損害の額」との関係性が説明されなければ、請求されている金額が妥当なのか判断できない以上、事業者は、請求する損害賠償または違約金が平均的な損害の額を超えているか否かについて、消費者が理解しうるように説明するよう努めなければならない（逐条解説消契法206頁）。

　算定根拠の説明は、適格消費者団体からの要請があった場合にも求められている。具体的には、適格消費者団体は、消費者契約の解除に伴う損害賠償額の予定条項や違約金条項におけるこれらの額を合算した条項が「平均的な損害」の額を超えると疑うに足りる相当な理由があるときは、当該条項を定める事業者に対して、その理由を示して、当該条項に係る算定根拠を説明するよう要請することができ（同法12条の4第1項）、事業者は営業秘密等に該当する場合を除き、その要請に応じる努力義務がある（同条2項）。適格消費者団体が事業者に対して違約金等が「平均的な損害」の額を超えるとの疑いをもって説明を求めても当該事業者が回答しないなど、さらなる調査が困難であるために差止請求の申入れを断念せざるをえなかった事例があることや、違約金等について説明した事業者と説明しなかった事業者との間で不均衡が生じることから設けられた規定である（逐条解説消契法278頁）。

　もともとは、2022年の消費者契約法改正に向けた議論の中で、消費者が負う「平均的な損害」の立証責任の緩和のための方策が検討されていたが、こ

れに替えて算定根拠を説明する努力を事業者に求めることになった。実質的には、合理的な根拠なしに高額な違約金を定めることを防ぐことに眼目があろう。しかし、この規定があっても、最終的には消費者や消費者団体が「平均的な損害」を立証しなければならず、今回導入されなかった、積極否認の特則や、文書提出命令の特則、立証責任の転換等による緩和が引き続き検討されるべきである。特に、事業者は「営業秘密等」に該当すればこの要請に応じる努力義務はないので、「営業秘密等」の範囲の解釈いかんによっては説明が実行されるのかは不透明である。

　また、「消費者契約に関する検討会」でも指摘されているように、「平均的な損害」の意義やその考慮要素、さらには、この基準を違約金条項の妥当性判断に用いること自体の意味について、実体法・手続法の両面からの検討が求められる。「消費者契約に関する検討会」報告書（以下、本Unitにおいて「報告書」という）では、「平均的な損害」の立証困難性や、事業者にとってもどのような要素を考慮して違約金条項を定めるべきかどうかを判断できないことが問題として指摘され、「平均的な損害」を算定する際の主要な考慮要素を列挙することで、「平均的な損害」の明確化を図ることが考えられるとされていた（報告書13頁。検討会報告書をめぐる議論の経緯につき、山本(2)24頁）。結局、改正法では法制化が見送られている。しかし、契約解除に伴う違約金条項には、単に消費者に契約の解除を躊躇させるために事業者に発生する「平均的な損害」の有無と関係なく金額が定められたものもあることから（消費者庁「解約料に関する現状等について」(2023年12月)（https://www.caa.go.jp/policies/policy/consumer_system/meeting_materials/assets/consumer_system_cms101_231211_05.pdf）18頁を参照）、「平均的な損害」を不当性判断の基準とすること自体、再考すべきである。特に、違約金条項の中には、目的物・サービスの価格を安価にするかわりに解約時に違約金の支払いを求める条項もあることから、価格設定の問題ともとらえることができる。そうすると価格との関係で当該違約金が妥当か否かを判断せざるをえず、それは「平均的な損害」基準だけでは不十分である。

　最後に、消費者契約法9条1項2号は金銭債務の不履行の場合に消費者が支払うべき損害賠償額の予定・違約金の合計額が当該支払期日における支払

残高に年14.6％を乗じた額を超える場合はその超過部分を無効としている。14.6％という数字になったのは、立法例や取引慣習を見ると、民事上の契約においては遅延損害金の限度としてこの基準が定着しているという理由による。

　以上の「不当条項リスト」、正確にいえば、「該当すればただちに無効となる条項のリスト」は、数回にわたる法改正によって内容が追加されてきたが、それでも諸外国に比べればまだ十分とはいえない。不当条項リストには、裁判官にとって不当な条項を具体的に示すという機能だけではなく、事業者にとっては具体的に不当となる条項を明記することで、あらかじめ当該条項を定めること自体を防ぐ紛争予防効果や、消費者にとっても不当となる条項の情報提供機能がある。そのことから、これまでの裁判例や相談事例（さらには、適格消費者団体による差止事例）をふまえて、不当性の高い条項のリストを追加することがさらに求められる。むろん、消費者契約法がすべての消費者契約（業種等を問わない）に適用されることから、あらゆる取引類型において不当といえる条項がどのようなものであるかを決定することは容易ではないが、具体的な不当条項リストに乏しいことは、次に説明する同法10条という一般条項に基づく条項の不当性判断が活発になされていることにも現れており、法制度の設計として一般条項に依存する不当条項規制の是非が問われる。

2　消費者契約法による不当条項規制②消費者契約法10条

　消費者契約法8条から9条までで規定されている条項以外にも、事業者からの契約解除・解約の要件を緩和する条項、権利行使期間短縮条項、契約内容変更条項など、消費者の利益を一方的に害する契約条項は多々ある。同法10条はそれらをすべて補足する趣旨で設けられた一般条項であり、「受け皿規定」と呼ばれることもある。

　裁判所では、さまざまな条項の有効性が消費者契約法10条によって判断されている。東京地判平成15年11月10日判時1845号78頁は、大学医学部専門進学塾の解除制限特約の効力が問題とされ、同条の判断枠組みの典型例が示さ

Unit 9

消費者契約における契約条項規制②消費者契約法

153

れた。本件解除制限特約は、委任に関する民法651条１項が「いつでも解除できる」としているのに比べて「消費者の権利を制限」するものであるとし、１人の解除によって準備作業が無駄になるわけではないことから、「申込者からの解除時期を問わずに、申込者からの解除を一切許さないとして実質的に受講料又は受験料の全額を違約金として没収するに等しいような解除制限約定は、信義誠実の原則に反」するとした。また、賃貸借契約における敷引特約や更新料特約の効力も消費者契約法10条に照らして判断された（敷引特約につき、最判平成23年３月24日民集65巻２号903頁、および、最判平成23年７月12日判時2128号43頁。更新料特約につき、最判平成23年７月15日民集65巻５号2269頁。大澤・敷引特約110頁以下、大澤・民法百選Ⅱ128頁）。さらに、約款の一方的変更権限を事業者に付与する条項の有効性が同条に照らして判断された裁判例もある（東京高判平成30年11月28日判時2425号20頁。ただし、結論としては、本件変更条項を、一定の合理的な範囲においてのみ変更が許される趣旨であると限定的に解すべきことを理由に、同条該当性が否定された）。このように、同条は、消費者契約における不当条項について、その当否を判断するための一般的かつ積極的な審査権能を消費者に付与した点に意義がある（中田・不当条項規制116頁）。

　注意しなければならないのは、前段要件に該当するからといってただちに消費者契約法10条に違反して無効となるというのではなく、前段要件に該当した上でさらに後段要件にも該当しないと不当条項にはならないということである。この点、前段要件に該当することで不当であると「推定」される、すなわち、任意法からの逸脱が不当性推定機能を果たすとする学説もあるが（潮見編著89頁〔松岡久和〕）、この学説も事業者が後段要件に該当しないことを立証しなければならないとするだけである。また、条文の文言上は前段要件と後段要件を別個に考えるのが素直であろう（道垣内44頁以下）。

(1)　消費者契約法10条前段要件

　消費者契約法10条前段要件は、同条後段要件該当性を判断する前提として、任意法（明文の任意規定だけではなく判例等不文の法理を含む）からどの程度逸脱しているかを判断するための要件である。同条前段要件を満たす条項

の例として「消費者の不作為をもって当該消費者が新たな消費者契約の申込み又はその承諾の意思表示をしたものとみなす条項」が掲げられているが、これは、次の理由による。2016年5月の同法改正において、同条前段要件にいう任意規定等には、明文の規定だけではなく一般的な法理等も含むとする最高裁判決（前掲最判平成23年7月15日）をふまえ、「問題となる契約条項が当該契約におけるデフォルト・ルール（当該条項がなければ適用されるルール）と比較して、消費者の権利を制限し又は義務を加重するものである」というルールを明文化しようとしつつも、「デフォルト・ルールが明文で規定されていない事項に関する契約条項が問題となった場合、消費者や消費生活相談員にとって、当該条項がデフォルト・ルールと比較して消費者に不利な内容となっているかを判断することは容易ではない」ことから、「デフォルト・ルールが明文の規定からは必ずしも明らかではない契約条項の例をあげる」ことが考えられるとの提案がされた。その上で、「消費者の不作為をもって意思表示をしたものとみなす条項」を、該当すればただちに無効となる条項のリスト（同法8条・9条）として掲げるのではなく、一定の場合には合理性を欠き、不当であるとされる条項のリストに掲げるべきとされていた。しかし、いかなる場合に不当とされるかの要件を定めることが困難であり、また、ただちに無効となるわけではない点で事業者にとって明確性を欠くとの批判を受け、同法10条前段要件を満たすことを前提として同条後段要件を満たした場合には不当とするというリストとして掲げられていたのを発展させて、同条の前段要件に組み込んだ。このような経緯で同条前段要件に該当する条項の例が掲げられた点は、今後のいわゆるグレーリスト追加にあたってのきっかけとなりうる点で意味がないとはいえないものの、同条前段要件がかえって読みにくくなったという評価（中田・不当条項規制118頁）や、同条は一般条項であることから、個別具体的な条項の列挙は同法8条、9条に追加する形でなされるべきであったとの批判（大澤・見直し63頁以下）がなされている。今後の改正にあたっては、端的に前掲最高裁平成23年7月15日判決をふまえ「当該条項がない場合と比較して」という要件に前段要件そのものを改めることが求められる。

消費者契約法10条前段要件を満たす条項の例として追加された「消費者の

不作為をもって当該消費者が新たな契約の申込み又は承諾の意思表示をしたものとみなす条項」は、「不作為」の場合に限定されており、例えば消費者が商品のパッケージを開けた場合には契約の申込みまたは承諾の意思表示をしたものとみなす旨を定める条項は、明文上は対象とならない。もっとも、同条前段要件を満たす条項のあくまで「例」であることから、同条による判断の余地は残されているだろう。

その他に、条文上は例示されていないものの、「逐条解説」では、消費者契約法10条前段要件を満たす条項の例として、「消費者の所有権等を放棄するものとみなす契約条項」があげられている。この条項の例を「逐条解説」にあげることは、報告書で提言されていた（20頁。「逐条解説」によって立法を目指した内容を「規定ではない」形で実現した一例である。*Unit 1* も参照）。

(2) 消費者契約法10条後段要件

「消費者の利益を一方的に害し」、「信義則に反して」という要件である。消費者契約法10条前段要件に該当して任意法から逸脱している場合に、その逸脱が「消費者の利益を一方的に害して」おり、それが信義則に照らして正当なものといえるか否かを問う要件である（中田・不当条項規制117頁）。

その上で、後段要件該当性の判断要素が問題となる。この点を検討する際には、次の2つが問題となる。

第1に、条項の不当性判断にあたって個別の相手方を想定して判断するのか、それとも、当該条項の使用が予定されている多数の相手方について画一的に判断するのかが問題となる。さらにいえば、個人訴訟と団体訴訟とで不当性の基準、考慮要素を分ける必要があるかも問題となる。これについては、団体訴訟による差止めを認める場合には個別当事者の事情が考慮に入れられないとしても、全体としてより厳格な判断をすることによってバランスがとられる可能性が存在すると指摘する学説がある。この学説は団体訴訟と個人訴訟とで不当性の判断方法が異なりうることを前提としているように思われる（道垣内48頁。また、大澤・定型化33頁以下を参照）。

第2に、考慮要素については、立法提案や諸外国の立法を見ると、①契約の性質・趣旨、②契約締結時のすべての事情、③取引慣行、④他の条項、⑤

156

契約のもとで提供されるべき履行の性質が列挙されている。学説でも、消費者契約法成立時より、消費者契約法10条後段要件該当性を判断する上では、「契約の対象となる物品・権利・役務の性質、当該契約の他の条項、当該契約が依存する他の契約の全条項を含む契約時点のすべての事情」が考慮されると言われている。最高裁も、前掲最判平成23年7月15日において、「当該条項が信義則に反して消費者の利益を一方的に害するものであるか否かは、消費者契約法の趣旨、目的（同法1条参照）に照らし、当該条項の性質、契約が成立するに至った経緯、消費者と事業者との間に存する情報の質及び量並びに交渉力の格差その他諸般の事情を総合考量して判断されるべきである」としている。

　もっとも、これについては、以下の点が問題となる。

　第1に、契約締結過程の事情（説明の有無）のうち、裁判例で問題となっている考慮要素の中には、果たして条項の内容規制レベルで考慮に入れることが妥当といえるかどうかが問題となるものがある。その一方で、消費者契約法10条前段要件によって任意法の逸脱が肯定され、かつ、それによって当事者間の利益の不均衡が合理性を欠いていることを判断するのが後段要件であるという見解によれば、後段要件該当性判断において、事業者が消費者の情報・交渉力のなさにつけ込んで不当な利益を上げているか否かが判断されることになるため、当該当事者の知識、交渉力の格差といった具体的な事情も判断されうるという見解も傾聴に値する（道垣内50頁以下）。

　条項の不当性判断にあたっては、契約の個別的プロセスにかかわる要素によって条項の不当性判断が異なってくるものはあるが、基本的には条項の客観的な内容面での要素を重視すべきではないだろうか（河上75頁）。具体的には、条項自体の内容が合理的なものであるか否か、その条項を設けることが不利益回避手段として合理的といえるか否か、その条項以外に事業者の不利益回避の方法はないか、他の代替的条項の存在などが挙げられる（潮見編著91頁〔松岡久和〕）。これに対して、前述した敷引特約や更新料条項に関する判決では、交渉経過などの個別具体的な事情が重視された結果、契約の内容の適正化が十分になされていないのではないか（中田・不当条項規制116頁。大澤・不動産賃貸借26頁以下も参照）。

Unit 9

消費者契約における契約条項規制②消費者契約法

157

他方で、条項の理解困難性や曖昧さといった、条項の「不明確性」ゆえに消費者に一方的な不利益がもたされる場合に、消費者契約法10条の後段要件該当性判断において、条項の不明確性を考慮に入れることができるのかは、学説でも議論されている（酒巻をはじめとする同氏の一連の研究や、大澤・定型化）。たしかに、条項が「不明確」であるために、消費者の権利が制限される（あるいは、消費者が条項の意味を理解できないためにそのように感じる）場合はありえる。事業者が条項を明確にするという努力を怠った結果が、消費者の不利益につながることを是認することには躊躇がある。そうすると、条項の文言を不明確にすることで、事業者に広範な裁量を与えている場合や消費者の権利を著しく制限している場合には、不当条項規制によって権利・義務の不均衡を是正する必要がある（**Unit 10**で取り上げる、東京高判令和２年11月５日消費者法ニュース127号190頁を参照）。しかし、条項が「明確」であったことを理由に、条項の内容面の審査をすり抜けるようなことはあってはならない。条項の「不意打ち性」も評価の対象たりうる民法548条の２第２項と、条項の明確性や消費者への情報提供を求める規定が別途存在する消費者契約法とで、条項の「明確性」と条項の不当性判断との関係が異なるのかも含め、今後の検討が必要である。

　また、消費者契約法10条後段要件該当性を判断する上で、約款運用の実務等、約款外の事情を考慮に入れることができるかどうかも検討の余地がある。前掲最判平成23年７月15日が示した判断枠組みによれば、一切の事情を考慮できることになるが、その一方で、約款の画一的処理の要請から、当該約款が適用される契約に類型的にみられる事情以外の個別事情は考慮されるべきではないとの指摘が見られる。特に差止請求の場合にはいっそう問題となる（鹿野70頁。大澤・定型化34頁）。

　その他、ライフライン供給契約や運送契約など、不特定多数の顧客に対して、定型的に、かつ、公平に目的物や役務が提供されることが求められる取引では（３も参照）、顧客間の公平性や、監督官庁の認可の有無等も考慮に入れられる可能性がある（大澤・定型化35頁以下）。

　現在では、適格消費者団体による不当条項の使用停止の事前申入れや差止めのように、不当条項の事前規制が積極的に活用されている。不当条項規制

にあたっては、不当な条項を定めること自体を防ぐことが重要であることから、適格消費者団体による事前申入れや差止めは促進されるべきである。そのためには、条項の不当性判断基準をより明確にするとともに、消費者の合意の適正化確保のための他の民事的・行政的手段にも目を向けなければならない。また、消費者契約法による不当条項規制の対象である契約条項の多くは、事業者や契約ひな型を作成した事業者団体が、集団としての消費者を念頭において作成した約款に含まれていることから、次に述べる定型約款規制との関係も重要となる。

3　定型約款規制における契約内容規制

Unit 8 で取り上げた民法の定型約款規制規定の中には、すでに説明したように、契約条項の内容規制を可能にする規定が存在する（Unit 8 で引用した文献も参照）。

つまり定型約款の中に不当な内容の条項が含まれている場合には、当該条項がそもそも契約内容として組み入れられない旨定める規定によって、不当な内容の条項が実質的に排除されうる（民548条の2第2項）。具体的には、相手方の権利を制限し、または、相手方の義務を加重する条項であって、「その定型取引の態様及びその実情並びに取引上の社会通念に照らして」同法の信義則に反して相手方の利益を一方的に害するもの、については、合意をしなかったものとみなされる。

当該条項がない場合と比較して相手方の権利義務が制限・加重されているか否かを要件としている点、および、その信義則違反性を考慮する点で消費者契約法10条と類似するが、信義則違反性を考慮する際に、「その定型取引の態様」、つまり、当該定型取引がどのような形でなされたのか、および、「その実情並びに取引上の社会通念」という考慮要素で当該条項そのもののみならず、当該定型取引の実情等を広く考慮するとされている点が異なる。消費者契約法が当事者間の構造的な情報・交渉力格差を基礎としているのに対して、民法548条の2第2項は、定型約款に含まれる個別条項へのみなし合意が緩やかな要件で認められることから、その中に紛れ込んでいる不当条

項や不意打ち条項を契約から除外するという点に根拠を求めたものである。つまり、同項の判断にあたっては、不特定多数の相手方向けに取引が定型的になされているという点を念頭に置いて、つまり、個別当事者の事情よりも不特定多数の相手方に類型的にみられる事情を重視して不当性判断がなされるべきであろう（大澤・定型化33頁以下）。もっとも、定型化の態様は取引によってさまざまであること（行政機関による約款の認可の有無など）から、取引類型の特性によって考慮される事情も異なるのではないか（詳細は、大澤・定型取引112頁以下）。

　また、定型約款規制においては、付随条項だけではなく、代金などの給付内容を定める中心条項も定型約款に該当しうるという考え方が前提とされており（筒井＝村松編著245頁）、民法548条の2第2項の文言上も、中心条項の内容規制は排除されていない。**Unit 8**で説明したように、不当条項規制はもっぱら付随条項を念頭に置いており、目的物や価格の不当性は**Unit 7**で説明した暴利行為法理や競争法規といった別の枠組みによるのが原則であろうが、最近ではまさに「定型取引」や、デジタルプラットフォームの利用規約のように、事業者の主たる債務や価格自体が約款で定められていることも少なくない。そうすると、消費者が契約を締結した目的の実現自体を妨げる中心条項や、当事者の金銭的負担を不明確にしている価格条項などが、不当ないし「不意打ち的」であるとして、同項で排除されることはありうるだろう（この点は、消費者契約法10条の解釈適用にあたっても同様であろう。大澤・定型化36頁以下）。

＊参考文献＊

本文中、**中田邦博「不当条項規制」**中田＝鹿野編108頁、**大澤彩「判批」**私法判例リマークス55号（2017年）30頁、**大澤彩「不当条項規制の現状と課題」**消費者法研究6号（2019年）179頁、**大澤彩「判批」**法学協会雑誌125巻9号（2008年）2123頁、**大澤彩「携帯電話利用契約における解約金条項の有効性に関する一考察」**NBL1004号（2013年）17頁、**大澤彩「消費者契約法における不当条項規制の『独自性』と『領分』を求めて」**河上編著・論点整理341頁、**大澤彩「不当条項リストの補完」**河上編著・論点整理67頁、**山本敬三「2022年消費者契約法改正と今後の**

課題(2)」NBL1231号（2022年）23頁、**大澤彩「敷引特約**の有効性と消費者契約法10条（最判平成23・3・24、同23・7・12）」現代消費者法13号（2011年）110頁、**大澤彩「判批」民法百選Ⅱ**128頁、**潮見**佳男**編著**『消費者契約法・金融商品販売法と金融取引』（経済法令研究会、2000年）91頁〔松岡久和〕、**道垣内**弘人「消費者契約法10条による無効判断の方法」大村敦志責任編集『民法研究第2集第2号〔東アジア編2〕』（信山社、2017年）41頁、**大澤彩「**不当条項リストの追加・10条の**見直し」**法律時報88巻12号（2016年）63頁、**大澤彩「**取引の**『定型化』**と民法・消費者法の役割」NBL1199号（2021年）32頁、**河上**正二「消費者契約法の展望と課題」現代消費者法14号（2012年）68頁、**大澤彩「不動産賃貸借**で授受される金銭」現代消費者法44号（2019年）23頁、**酒巻**修也「消費者契約法上の不当条項規制における契約条項の透明性の考慮とその抽象性」青山法学論集65巻3号（2023年）23頁、**鹿野**菜穂子「判批」インデックス70頁、**大澤彩「『定型取引』**概念誕生による約款・不当条項規制の変容と今後（序論)」消費者法研究9号（2021年）111頁。

Unit 10

契約内容の適正
——契約内容や履行範囲の調整とは

Unit 7 で説明した「契約内容の適正化」とは、主に契約締結段階ですでに契約内容に不当性がみられる場合であった。例えば、ネズミ講やマルチ商法は、破綻が必然的であり、また射倖的要素が強く反社会性が強いなど、その契約内容に不当な点があるために、裁判例では公序良俗違反を理由に契約全体が無効とされていた。その際、契約内容はもちろん、契約締結段階の勧誘の不当性や、取締法規違反の存在なども考慮に入れられ、不当な内容の契約から消費者を解放することが目指されていた。

本Unitでは、勧誘の不当性などがみられず（つまり、契約締結過程には問題がなく）、また、契約内容自体も反社会性が強いとは言えないが、その契約を当初の内容どおりに履行することが消費者にとって不都合をもたらしうるために、裁判所が契約内容や履行範囲を「調整」するための法理について説明する。

1　契約内容の調整（契約の解釈）

(1)　具体例

具体例として最判昭和62年2月20日民集41巻1号159頁を取り上げる。この事案は、交通事故の被害者の相続人が、加害者が保険契約を締結していた保険会社に対して保険金を請求したところ、保険会社が保険約款にあった「通知義務」、および、いわゆる「60日条項」違反があったことを理由に保険金の支払を拒絶したという事案である。

本件では、「60日条項」の効力が問題となった。「60日条項」とは、「保険者が保険契約者又は被保険者から事故通知を受けることなく事故発生の日から60日を経過した場合には、保険契約者又は被保険者が過失なくして事故の

発生を知らなかったとき又はやむを得ない事由により右の期間内に事故通知できなかったときを除いて、保険者は事故に係る損害を塡補しない」旨を定める条項である。

　最高裁はこの「60日条項」につき、「例外に当たらない限り、常に保険者が損害のてん補責任を免れうることを定めたものと解するのは相当でな」いとしている。その上で、「保険者が損害のてん補責任を免れうることを定めたものと解するのは相当でなく、保険者が損害のてん補責任を免れうる範囲の点についても、また、事故通知義務が懈怠されたことにより生じる法律効果の点についても、右各規定が保険契約者及び被保険者に対して事故通知義務を課している目的及び右義務の法的性質からくる制限が自ら存するものというべき」であるとしている。具体的には、事故通知義務の目的が「保険者が、早期に保険事故を知ることによつて損害の発生を最小限度にとどめるために必要な指示を保険契約者又は被保険者等に与える等の善後措置を速やかに講じることができるようにするとともに、早期に事故状況・原因の調査、損害の費目・額の調査等を行うことにより損害のてん補責任の有無及び適正なてん補額を決定することができるようにすること」にあることから、「保険契約者又は被保険者が保険金を詐取し又は保険者の事故発生の事情の調査、損害てん補責任の有無の調査若しくはてん補額の確定を妨げる目的等保険契約における信義誠実の原則上許されない目的のもとに事故通知をしなかつた場合においては保険者は損害のてん補責任を免れうるものというべきであるが、そうでない場合においては、保険者が前記の期間内に事故通知を受けなかつたことにより損害のてん補責任を免れるのは、事故通知を受けなかつたことにより損害を被つたときにおいて、これにより取得する損害賠償請求権の限度においてであるというべきである」として、「60日条項」によつて保険者が免責される範囲を縮減している。このように、条項を限定解釈することによって、消費者（この場合には被害者の相続人）が保険金を受けることができる余地を残しているのである。その際、考慮に入れられているのは、「60日条項」の趣旨や法的性質である。

Unit 10
契約内容の適正

⑵ 契約の解釈とは

前掲最判昭和62年2月20日のように、裁判所が、契約の解釈や意思表示の解釈を通じて硬直的な条項や不都合な条項を契約から排除することはしばしばみられる。このことから、契約の解釈は、消費者契約において消費者にとって不利な契約内容を修正する役割を果たすことになる（*Unit 7*も参照）。同じく生命保険契約において最判平成16年3月25日民集58巻3号753頁（インデックス10番）は保険者の責任開始の日から1年以内に被保険者が自殺した場合には保険者は死亡保険金を払わない旨の特約につき、当該自殺に関して犯罪行為等が介在し、当該自殺による死亡保険金の支払を認めることが公序良俗に違反するおそれがあるなどの特段の事情が認められない場合には、当該自殺の動機、目的が保険金の取得にあることが認められるときであっても、免責の対象とはしない旨の約定と解するのが相当であるとした。

契約の解釈には、「契約の意味の確認」である確認的解釈（狭義の解釈）と、「意味の持ち込み」といわれる創設的解釈とがある。狭義の解釈では当事者の意思の客観的な探求がなされるというのがかつての通説であるが、最近の有力説では当事者の主観的な理解・意思の探求が重視されている。具体的には、両当事者が表示に現実に付与した意味を探求し、その意味を確定した上で両者の付与した意味が一致していれば、その意味どおりの内容で契約の成立を認める。両者の付与した意味に一致がない場合には、その意味付与のうちいずれが正当かが問われる。その際には、社会における通常の意味を基本としつつ、取引当時の事情・取引慣行など当事者間の特殊事情を考慮して、何が合理的な意味付与かを明らかにする（佐久間73頁。付与意味基準説や意味付与比較説といった名前で呼ばれることがある）。もっとも、客観的な探求を行うにあたっても、当事者が表示手段を用いた際の諸事情を考慮することを明確にし、当事者に視座を据えた解釈を基準とするならば、有力説の理解を一定程度取り込むことが不可能ではない（民法（債権法）改正検討委員会編Ⅱ154頁）。

実際に消費者契約における契約の解釈を分析すると、問題になっているのは当事者の主観的な意思の探求、すなわち狭義の解釈よりも、「意味の持ち

込み」である創設的解釈であることが多い（大村133頁）。そこで、以下創設
的解釈について説明する。

(i) 消極的解釈と積極的解釈

創設的解釈には、約款の条項の意味を限定的に解釈することによって契約
内容を修正する消極的解釈と、裁判官が契約書には書かれていない契約内容
を契約に読み込む積極的解釈とがある。

(a) 消極的解釈

消極的解釈とは、解釈によって契約書に明示されている契約条項を削除し
たり、その適用範囲を限定することである。前掲最判昭和62年2月20日はそ
の例であるが、ほかにも東京地判昭和60年10月25日判時1168号14頁、およ
び、その上告審である最判平成5年3月30日民集47巻4号3262頁もその例で
ある。前者では、「記名被保険者の故意によつて生じた損害をてん補しない」
という免責条項について、自動車対人賠償の任意保険制度は、今日では被保
険者に代わって保険契約における第三者である自動車事故の被害者の損害を
填補し、被害者を可及的迅速、かつ確実に救済するという社会的機能を果た
しているという保険制度の社会的機能に照らして、「本件免責条項のような
免責約款の解釈にあたつては、右保険制度の果たしている社会的機能及び右
約款の趣旨に徹し、その文言をみだりに拡張して解釈すべきではなく、むし
ろその文言にしたがい限定して厳格に解釈するのが相当である」としてい
る。保険約款の趣旨を考慮した上で、「未必の故意によって生じた損害」は
約款の「故意によって生じた損害には該当しない」というように、「故意に
よって生じた損害」の範囲を限定的に解することにより、消費者が保険金の
支払を受けることができるようにしている。上告審も同様に条項を限定的に
解釈している。その際にも、合理的な意思解釈がなされている。

限定解釈によると、消費者にとって不都合な条項のみが修正されるので、
契約全体が無効となるわけではない。つまり、契約を「なくす」わけではな
く、契約内容のうち、消費者にとって不都合な部分だけを修正することで契
約内容をより消費者に有利になるよう調整しているのであり、効果としては
一部無効に近い。

ほかに、当該契約条項を単なる例文にすぎないとして当該事案への適用を

否定する解釈方法を「例文解釈」といい（沖野・例文解釈）、このような解釈方法によって相手方に不利な条項を排除した裁判例も存在する（東京地判昭和32年3月9日判時111号13頁、東京地判昭和44年1月17日判時562号54頁）。

　(b)　**積極的解釈**

　積極的解釈とは、契約書には書かれていない内容が、裁判官によって契約に盛り込まれるというものである。例として、事業者に安全配慮義務や説明義務が課される場合がこれにあたる。説明義務についてはすでに紹介したので、ここでは安全配慮義務に触れておく。安全配慮義務とは最判昭和50年2月25日民集29巻2号143頁（民法百選Ⅱ2番）で認められたものであり、「ある法律関係に基づいて特別な社会的接触の関係に入つた当事者間において、当該法律関係の付随義務として当事者の一方又は双方が相手方に対して信義則上負う義務」である。

　(ii)　**評　価**

　以上の2つの方法によって、裁判所が消費者にとって不都合な条項を修正することや、契約上の義務を新たに課すことがみられる。しかし、創設的解釈が行われると、結局は解釈の名の下に裁判官が契約内容を実質的に修正していることになる。これについては、解釈の名の下になされる内容規制であり「隠れた内容規制」であるとして批判する学説もあるが、解釈による内容規制は、条項の一部を修正してでも契約全体を維持することが両当事者にとって合理的な場合には有効といえる。問題はその解釈基準であろう。

　先にも述べたように、狭義の解釈では当事者の意思の探求がなされるが、消費者契約の解釈でなされているのはもっぱら合理的解釈、つまり、「当事者の合理的な意思」、あるべき意思の探求である（大村137頁）。契約は当事者がみずからの法律関係を形成するために行うものである以上、当事者がどのように理解し、また理解すべきだったかという基準を立てることが契約制度の趣旨に合致するというのがその理由として挙げられる（民法（債権法）改正検討委員会編Ⅱ153頁）。消費者契約の解釈にあたって、この「当事者の合理的な意思」は、平均的な消費者の抱くであろう期待などを参考に、通常、信義則によって判断される。

　では、なぜ消費者契約では合理的解釈が中心となるのか。それは、消費者

契約における契約内容の解釈の多くが約款の解釈であることによる。
Unit 8 で述べたように、約款は事業者が一方的に作成したものであり、消費者は約款の存在すら知らないことも多い。そうすると、このような約款には事業者の意思しか反映されておらず、消費者の意思を問うことには意味がないので、約款の解釈にあたっては、一定の顧客圏を前提とした客観的・類型的・合理的な解釈が求められる（河上67頁）。これを消費者契約における約款に則していえば、事業者によって一方的に決められた契約内容を、消費者の合理的な理解や期待等を基準に客観的・合理的に解釈することが必要になる。

　解釈にあたっては信義則が参考にされることが多いが、それでも解釈ができない場合には慣習、任意規定、条理などが参考にされる。しかし、当事者が合意しなかった事項についても当事者による契約の趣旨が明らかであるならば、契約外の法規範によってではなくその契約の趣旨にとって補充が行われるべき場合もあるというのが最近の有力な考え方である（例えば、佐久間74頁）。任意規定も慣習も、程度の差はあれ、典型的な場合を想定したものであり、常に実際の契約に適合するわけではないからである（民法（債権法）改正検討委員会編II 155頁）。

(3)　条項使用者不利の原則

　しかし、以上のような原則で解釈しても、複数の解釈の余地が残る場合もある。このような場合は、そもそもその契約条項の表現が不明確であり、消費者にとって自己の権利義務がわかりにくいという問題が生じていることが多い。

　そこで、事業者は消費者契約における条項を定めるにあたって、消費者の「権利義務その他の契約の内容」、すなわち、商品・権利・役務等の質および用途、契約の目的物の対価や取引条件、商品名、事業者の名称等（逐条解説消契法25頁）が消費者にとって明確かつ平易なものとなるようにしなければならない。このような考え方は、すでに消費者契約法3条1項1号の平易明確化の努力義務にも表れている。もっとも、単なる努力義務となっていることについては批判が強く、学説では平易明確化を法的義務とする提案がなさ

れていた（沖野43頁以下）。2016年・2018年の同法改正をめぐる議論において
もこのような方向性からの検討がなされた。2018年の同法改正によって、消
費者契約の内容が明確かつ平易なものになるように配慮する努力義務に、
「解釈について疑義が生じない」という文言を追加することで、事業者に対
して明確な条項を定めるよう、よりわかりやすい形で促すこととされた（上
野ほか59頁以下）。

　また、消費者契約法改正論議では、契約に含まれる条項の意味につき契約
解釈の一般原則に従った解釈を尽くしてもなお複数の解釈の可能性が残る場
合には、条項作成者である事業者にとって不利な解釈を採用するという条項
使用者不利の原則を設けるべきであるとの提案もなされた。条項使用者不利
の原則は、海外では消費者法のみならず民法にも設けられている、一般的な
ルールである。例えば、フランス消費法典L.211-1条1項では、「事業者から
消費者に提示される契約条項は、明瞭かつ理解できる方法で提示および作成
されなければならない」とされ、同条2項では疑いがある場合には当該契約
条項は「消費者に最も有利な意味で解釈される」と定められている。民法典
1190条でも「疑いがある場合には、合意による［討議を経た］契約は債権者
に不利に、債務者に有利に解釈され、また、附合契約は［当該条項を］提示
した者に不利に解釈される」と定められている。

　条項使用者不利の原則は、条項に複数の解釈の余地が残るような不明確な
条項を作成・使用した事業者に不明確さに起因するリスクを負担させるべき
であるという考え方に基づくものであり、かつ、この原則によって事業者が
条項を明確に作成するインセンティブを与えることを目的としたルールであ
る（河上67頁以下）。すでにわが国の裁判例でもこのルールを適用したものが
ある（例えば札幌高決昭和45年4月20日下民集21巻3＝4号603頁）。特に消費者
契約においては、消費者が事業者から不利な解釈を押し付けられるおそれが
あることを考えると、このルールは消費者の利益保護のために意味がある。
このルールを立法化することに対しては経済界からも批判があるが、この
ルールが用いられるのは例えば「A、B」といったように文言が列挙されて
いる場合に、「AまたはB」なのか「AかつB」なのかが不明確であると
いった、通常の解釈原則によっても解釈できない場面に限られる。消費者に

対して条項の内容を明確にすることは、契約内容を明確にする上で基本的に求められることであり、事業者に大きな負担を課すものではないことから、以上の原則を明文化することは経済活動に悪影響を与えるものではない（以上のように、通常の解釈原則に劣後するとのとらえ方が、必ずしも裁判例では不明瞭であるなど、条項使用者不利の原則の位置づけの不明瞭さにつき、消費者契約のように意思自律の前提が妥当しない消費者契約においては条項使用者不利の原則を契約一般とは異なる位置づけを付与することで、事業者に対する透明性に関する義務の遵守やサンクションの意味を持つとする、酒巻401頁以下が参考となる）。

　この点、前述したように2018年の消費者契約法改正で消費者契約の内容について解釈に疑義が生じない明確なものになるよう配慮する旨、条文で明らかにされたことは、立案担当者によれば、条項使用者不利の原則が同法3条1項1号の趣旨から導かれる考え方の1つであることを条文上より明確にするという意味を持つ（上野ほか60頁。逐条解説消契法25頁）。また、そもそも同条が努力義務であるからといって常に法的効果を有さないわけではなく、他の事情と相まって不明確な記載が不実告知と評価される場合や、条項使用者に不利に解釈される場合、さらには、不明確な特約の成立自体が否定されることもありうるだろう（鹿野89頁も参照）。しかし、他方で、同条1項2号は条項使用者不利の原則とは似て非なるものであり、この努力義務が信義則と結合すると、合理的な解釈をしてもなお疑義が残る際に、その条項を作成した者に不利になるという債務内容の確定のためのニュートラルなルールよりも、かえって事業者にとって脅威になる可能性があるのではないかとの指摘もみられる（座談会27頁〔河上正二発言〕。同項1号）。直接的には条項使用者不利の原則を規定した条文ではないものの、同法において「解釈について疑義が生じない明確なものであること」が要請されるということを示したことには大きな意味がある。

　適格消費者団体である原告が、不特定かつ多数の消費者との間でポータルサイト「モバゲー」に関するサービス提供契約を締結するにあたり、消費者契約法8条1項に規定する消費者契約の条項に該当する条項を含む契約の申込みまたは承諾の意思表示を現に行い、または行うおそれがあると主張し

て、Yに対して、同法12条3項に基づき、以下の契約条項を含む契約の申込みまたは承諾の意思表示の停止等を求めた事案では、「他のモバゲー会員に不当に迷惑をかけたと当社が判断した場合」、「その他、モバゲー会員として不適切であると当社が判断した場合」等の文言の不明確性が問題となった。東京高判令和2年11月5日消費者法ニュース127号190頁は、同法8条1項1号・3号前段に該当することを認めた一審の判断を踏襲しているが、その際に同法3条1項1号の趣旨をふまえている点に意義がある（この判決について、大澤4頁以下を参照）。

　消費者契約法3条1項1号の趣旨をふまえると、消費者にとって契約条項の趣旨が明確でなければならず、実際には事業者が実務運用や限定解釈によって消費者の不利益にならないように契約条項を適用しているという場合であっても、消費者は契約条項の文言を見て自己の権利主張を断念することがありうる。また、前述の条項のように、消費者がどのような場合に不利益を被りうるかを明確に認識できないことは、消費者にとっての紛争予防を妨げる。これらのことから、上記高裁判決の考え方を支持することができる。

(4)　契約の解釈による内容規制の限界——団体訴訟の場面

　もっとも、以上のように条項を限定的に解釈して妥当な内容にするという方法は、適格消費者団体による差止請求権（**_Unit 26_**）を行使するにあたって問題を引き起こす。例として、東京高判平成30年11月28日判時2425号20頁をみてみよう。この事案では、携帯電話の利用に係る通信サービスの提供業者Yの約款に存在した「当社は、この約款を変更することがあります。この場合には、料金その他の提供条件は、変更後の約款によります。」との変更条項を、一定の合理的な範囲においてのみ変更が許される趣旨と限定的に解すべきであり、また、消費者契約法10条該当性も変更後の内容につき判断されるべきであるから、本件条項は同条前段要件に該当しないと判断した。

　しかし、この判決は適格消費者団体が本件条項の差止めを求めたものである。本判決のように、本件条項を裁判官が限定解釈することによって本件条項の内容が不当と判断されなくなると、適格消費者団体は提訴しても敗訴することになり、ひいては条項差止訴訟の意義を失わせる。そのことから、適

格消費者団体による差止訴訟では限定解釈を行うべきではないとの見解が存在する（山本34頁）。

最判令和 4 年12月12日民集76巻 7 号1696頁は、差止請求訴訟において「条項の文言を補う限定解釈をした場合には、解釈について疑義の生ずる不明確な条項が有効なものとして引き続き使用され、かえって消費者の利益を損なうおそれがあることに鑑みると、本件訴訟において、無催告で原契約を解除できる場合につき上記アにおいてみたとおり何ら限定を加えていない本件契約書13条 1 項前段について上記の限定解釈をすることは相当でない」とし、差止訴訟での限定解釈に慎重な見解を示した。差止訴訟の機能不全を避けるために妥当な判断であるが、条項が不明確であるために消費者が自己の権利の有無を誤解するおそれがある以上、契約条項の不当性判断にあたっては、その契約条項の文言を消費者がどのように理解すると期待されるかを重視すべきことや、消費者契約法 3 条 1 項 1 号の趣旨をふまえると、以上の判断が個別訴訟においても成り立つ可能性は否定できない（大澤・判批874頁）。

2　契約の履行範囲の調整（信義則）

(1)　具体例

ここでは 2 つの具体例を見ることで、契約の履行範囲の調整のあり方、およびその際の信義則の役割について検討する。

まず、釧路簡判平成 6 年 3 月16日判タ842号89頁は、無職の主婦 Y に対してその支払能力を超える過剰与信をした信販会社 X が、Y に対して返済を求めることができるかが問題になった事案である。裁判所は、Y の夫の手取額と妻の取引の 1 か月分の返済額を比較した上で、夫の確認を求めるなどの手段がとられていなかったことや、Y 自身の収入の調査がなされていなかったという事実について、「X には、Y の返済能力につき重大な調査不足又は判断の誤りがあったと言わざるを得ない」としている。「過剰与信防止」に関する貸金業法や割賦販売法の規定は訓示規定的なものであるので、各規定に違反する行為がなされたからといって、それがただちに不法行為になったり契約が無効になると解するのは困難であるとしつつも、「違反の程度が著し

い場合には、国が右過剰与信禁止規定を設けた趣旨は、信義則違反あるいは権利濫用の判断、更には公序良俗違反の判断を根拠づける重要な要素として働く」とした。その上でYの債務は自然債務であり、Yには支払義務はないというY側の主張について、裁判所はYの支払義務自体は肯定したが、過剰与信が現実に生じた場合に、債務者の返済能力を超えるかどうかについての調査や判断に重大な誤りがあった事業者が、法の力を借りて債務の全額の支払を債務者に求めるのは、信義誠実の原則違反で権利濫用にあたるため、信義則を適用して事業者の請求できる範囲を限定すべきであるとして、契約額の約4分の3に縮減した。

次に、有名なダイヤルQ₂最高裁判決（最判平成13年3月27日民集55巻2号434頁）は、Yの子で当時中学3年生の男子であった訴外Aが、Yの自宅に設置されている本件加入電話（Xとの間で加入電話利用契約を締結している）から、見知らぬ女性と会話する番組（いわゆるツーショットダイヤルやパーティライン）を提供する情報提供者に電話をかけて、Yの承諾なしにダイヤルQ₂サービスを利用した結果、情報料を含む電話料金が約40万円へと高額化したという事案である。ダイヤルQ₂サービスとは、利用者が「0990＋番組電話番号」をダイヤルすることによって、情報提供業者（IP）から有料情報を入手できるサービスであり（2014年にサービス終了）、利用者は通話料に加えて、利用時間に応じて定められた情報料をIPに支払う義務を負う。当時のXの電話契約サービス約款によると、加入電話契約者は、その契約者回線から行った通話に関しては、加入電話契約者以外の者が行ったものであっても、所定の通話料金の支払をしなければならなかった。しかし、Yが電話料金を支払わなかったので、XはYに対し、ダイヤルQ₂による通話料を含む、本件加入電話に係る通話料合計14万2891円、およびこれに対する各支払期日の翌日から支払日前日まで年14.5％の割合による延滞利息の支払を求めた。

最高裁は「Yは、本件約款の文言上は、Xに対して本件通話料の支払義務を負う」とし、ダイヤルQ₂による通話料にも本件約款が適用されるとした上で、次のように述べている。「ダイヤルQ₂事業は電気通信事業の自由化に伴って新たに創設されたものであり、Q₂情報サービスは当時における新しい簡便な情報伝達手段であって、その内容や料金徴収手続等において改善すべ

き問題があったとしても、それ自体としてはすべてが否定的評価を受けるべきものではない。しかし、同サービスは、日常生活上の意思伝達手段という従来の通話とは異なり、その利用に係る通話料の高額化に容易に結び付く危険を内包していたものであったから、公益的事業者であるXとしては、一般家庭に広く普及していた加入電話から一般的に利用可能な形でダイヤルQ₂事業を開始するに当たっては、同サービスの内容やその危険性等につき具体的かつ十分な周知を図るとともに、その危険の現実化をできる限り防止するために可能な対策を講じておくべき［信義則上の］責務があったというべきである」。そして、本件では、Xが上記責務を十分に果たしていなかったために、本件のような事態が起こったとして、「Yが料金高額化の事実及びその原因を認識してこれに対する措置を講ずることが可能となるまでの間に発生した通話料についてまで、本件約款118条１項の規定が存在することの一事をもってYにその全部を負担させるべきものとすることは、信義則ないし衡平の観念に照らして直ちに是認し難い」ことから、XがYに請求できるのは、本件通話料の金額の５割をもって相当とすると判断した。

　本判決は、ダイヤルQ₂によって発生する通話料に約款118条が適用されるからといって、それだけで加入電話契約者が通話料支払義務を負うことになるのではなく、場合によっては負うべき義務の内容、範囲が調整されることもあるとした。その際に、最高裁が、権利義務関係の調整機能を果たすものとして挙げたのが信義誠実の原則である。

(2)　信義則の役割

　以上の２つの判決はともに、事業者に信義則上の義務を課し、その義務違反があった事業者については、本来請求できる債務であってもその全額を請求することは信義則違反であるとして、請求できる範囲を縮減している。このように、当事者の権利義務およびその履行範囲を調整する役割を果たしているのが信義則である。ここで、信義則は次の２つの役割を果たしている。

　第１に、一方当事者（主に事業者）に義務を課すことで契約内容を調整している。これは、先にみた創設的解釈であり、契約内容には書かれていない義務を一方当事者（主として事業者）に課している。前掲釧路簡判平成６年

3月16日は、過剰与信を防ぐために、消費者の返済能力につき適切な調査および判断をなす注意義務が、信義則上事業者に課されている。ダイヤルQ₂最高裁判決では、事業者に対して、ダイヤルQ₂サービスの内容や危険性について具体的かつ十分な周知を図り、その危険の現実化をできる限り防止するために可能な対策を講じておくべき「信義則上の責務」が課されている。

第2に、事業者が消費者に対して請求できる債権の範囲を調整する役割を果たしている。もっとも、4分の3や5割といった割合については裁判官の判断に委ねられることになるため、その当否については慎重に判断すべきであろう。

このように、消費者契約における信義則は、消費者保護という観点から、裁判官がその目的を果たすために契約の履行の調整を行うものである。具体的には、当該具体的な事情のもとで、権利行使が信義則に反するか否かを決定するというものであり、不当条項規制における信義則判断とは異なる（道垣内53頁）。ほかにも消費者契約では信義則が活用される場面がある。その一例として本Unitで見た契約の解釈のほか、契約締結段階の責任（契約締結段階の説明義務、契約交渉段階の不当破棄事例などについて、**Unit 3**）、クレジットの抗弁対抗（**Unit 13**）などの際に信義則が活用されている。もっとも、信義則は一般条項であり、裁判官の判断に委ねられる部分が大きいことから、事案による判断の違い、割合的解決の妥当性について、疑問が生じる余地も大きくなる。一般条項の活用が「濫用」にならないよう、慎重な判断が要求されるが、とりわけ消費者保護という価値を実現するために、個々の消費者の事情や取引の内容を多分に考慮し、柔軟な結果をもたらすことが要求される消費者裁判例では信義則が一定の役割を果たしているのも事実である。そこでの信義則は、契約の一方当事者の不誠実な態様を戒める（あるいはそのような態様を防ぐ）だけではなく、契約当事者間の衡平を確立するための法理といえよう。

＊ **参考文献** ＊

本文中、**民法（債権法）改正検討委員会編**『詳解・債権法改正の基本方針Ⅱ契約

および債権一般(1)』（商事法務、2009年）、**沖野眞已**「いわゆる**例文解釈**について」中川良延ほか編『星野英一先生古稀祝賀（上）日本民法学の形成と課題』（有斐閣、1996年）603頁、**河上正二**「条項使用者不利の原則・その他の論点」法律時報88巻12号（2016年）65頁、**沖野眞已**「約款規制」河上編著・論点整理41頁、**上野**一郎**ほか**「消費者契約法改正の概要」NBL1128号（2018年）58頁、**酒巻**修也「消費者契約における一方当事者に不利な契約の解釈準則の位置づけに関する一考察」河上古稀Ⅱ401頁、**鹿野**菜穂子「総論・契約締結過程の規律」中田＝鹿野編72頁、山本敬三ほか「**座談会**・消費者契約法の改正と課題」ジュリスト1527号（2019年）14頁、**大澤彩**「オンラインサービス利用規約における条項の『不明確』性について」NBL1193号（2021年）4頁、**山本**豊「**適格**消費者団体による差止請求」法律時報83巻8号（2011年）27頁、**大澤彩**「**判批**」民商法雑誌159巻6号（2024年）864頁、**道垣内**弘人「消費者契約法10条による無効判断の方法」大村敦志責任編集『民法研究第2集第2号〔東アジア編2〕』（信山社、2017年）41頁。

本文に掲げたもののほか、安永正昭「保険契約の解釈と約款規制」商事法務1330号（1993年）25頁、滝沢昌彦「法律行為の解釈」争点61頁、谷口知平＝石田喜久夫編『新版注釈民法(1)』（有斐閣、1988年）73頁〔安永正昭〕、新注民(1)131頁〔吉政知広〕、大澤彩「判批」百選242頁。

Unit 11

消費者契約と特定商取引法①

1　消費者法における業法の役割

　本Unitから *Unit 13* では、特定商取引法と割賦販売法という、消費者法において重要な役割を果たす法律をみていく。もっとも、これまでみてきた消費者契約法が民法の特別法である民事ルールであるのに対して、特定商取引法は特定商取引というある特定の取引類型を行う事業者を監督官庁が行政的に規制するための行政ルール、言い換えれば業法である。

　消費者法を学ぶ際には民法、消費者契約法、製造物責任法といった民事ルールのほかに、いわゆる業法といわれる特定商取引法、割賦販売法等の役割を避けて通ることはできない。のちに述べるように、たしかに特定商取引法や割賦販売法には民事ルールも存在するが、これらの法律はもともと業者規制のための業法である。また、業法の中には、消費者の安全確保のために業者規制を行う業法（食品表示法、食品衛生法など）もある。こうして、消費者取引のほとんどは何らかの業法による規制が行われている。

　以下では、業法一般の特徴などを説明した上で、業法の中でも消費者取引分野において重要な役割を果たしている特定商取引法について、*Unit 12* と合わせて詳しく説明する。

2　業法の規制モデル

　業法の規制方法の中心は行政規制であり、これによって消費者被害の発生や拡大を未然に防止することが目的である。詳細にみると行政規制のあり方には以下のタイプがある（大村243頁以下参照）。

(1) 行政規制の種類

(i) 開業規制

ある事業を営むには監督官庁の許可などを受けなければならないとし、一定の場合には許可等の停止・取消しという処分を課す形で事業者に対する規制を行う。これによって、消費者の利益の確保の見地からみて望ましい事業者のみに開業を認めることができ、また、行政庁が業者の運命を左右することによって、各種の行為規制の実効性を高めることができる。

具体例として、宅建業法の免許制度（同法3条以下）、貸金業者の登録制度（貸金業3条以下）などがある。特定商取引法には開業規制は存在しない。

(ii) 行為規制

事業者の一定の行為を法律上制限ないし禁止し、必要に応じてその違反に対して罰則を定めている。一定の事項の表示義務や書面交付義務、広告規制、禁止行為の定めなどが例として挙げられる。後にみる特定商取引法には多くの行為規制が存在している。

(iii) 商品規制

消費者自身では安全性・危険性を判断できないが、被害が生じた場合に深刻な結果を生ずるものについては、消費者の選択に任せるのではなく、国がその責任において直接に商品を規制する必要がある。典型例は、医薬品の規制である。危険な物を市場に置かせないことで、消費者の安全性を確保することを目的としたものである（**Unit 16** および **Unit 19** も参照）。

(iv) 民事ルールとの協働

特定商取引法や割賦販売法など、業法の中でも特に消費者保護の色彩が強く、かつ、取引に関する特別ルールを定めている業法には私法的効果を有する規定も含まれている。クーリング・オフ、違約金・損害賠償額の制限、抗弁の対抗がその一例である。特に特定商取引法は民事ルールとしての色彩を強めている。2004年の同法の改正により、禁止行為による契約の取消権が規定されたからである。

ここでは、行政規制と私法規範の協働がみられるが（**Unit 1**）、行政規制は後述するように年々強化されており、消費者契約法の私法規範だけでは消

費者被害の防止および救済として十分ではなく、行政規制の強化も不可避となっていることが指摘されている（渡辺7頁）。

(2) 命令による細則

業法の特徴として、法律の下位規範である省令などで細則が定められている点を挙げることができる。例えば、特定商取引法で義務づけられている表示や書面の具体的な内容については施行規則、通達などによってかなり細かい規制がなされている。

(3) 規制の効果

事業者が規制に違反した場合には、行政機関が報告・立入調査を行うことができ、その上で違反が認定されれば、指示、改善命令、業務停止命令などの命令が課される。この他に罰則などの刑事罰が課されることもある。例えば、訪問販売において禁止行為に違反した場合（不実のことを告げる行為の禁止に違反した場合。特商6条1項違反）には、同法70条1号により懲役3年以下または300万円の罰金が科される。

また、行政処分としては、以上の違反行為の是正を目的としたもののほか、消費者被害の回復に資するものとして近時特に注目されているものとして、課徴金納付命令や違法収益の処分といったものがある。これは、事業者から一定の金額を徴収してこれを国庫に移転し、その国庫を被害者に分配するというものであり、被害回復の観点から導入が提案されている（景品表示法の課徴金納付命令について、**Unit 27**）。

その一方で、行政規定に違反する行為が私法上も無効となるかについては、ただちに私法上も無効となるとはいえないが、公序良俗違反性や不法行為の違法性判断にあたっては、特定商取引法違反性もその他の事情と併せて考慮されうる（**Unit 7**）。また、後述する書面交付義務を果たさなかった場合には、事業者に情報提供義務違反があるとして、錯誤の要件を緩和する効果があるという見解や、不交付の場合には民事上も契約を無効とすべきとの見解もあるが（条解394頁）、書面交付の意義をふまえてこの見解の妥当性を検討する必要があろう。

178

3　特定商取引に関する法律

(1)　概要と特徴

　特定商取引法は、消費者にとって不意打ち的な訪問販売や電話勧誘販売による被害の増加、および、悪質なマルチ商法の社会問題化を受けて1976年に制定された「訪問販売等に関する法律」（訪問販売法）に由来する。訪問販売法においては、訪問販売、通信販売、連鎖販売取引の3つの取引類型とネガティブオプションが規制対象とされており、このうち訪問販売と通信販売については政令で指定された商品のみが適用対象とされていた（指定商品制）。しかし、新たな商品をめぐる消費者被害の多発や、以上3つの類型以外の取引をめぐる消費者被害が社会問題化するのを受けて、1988年の改正で指定商品の品目の拡大や指定役務制・指定権利制の採用が実現し、また1996年には電話勧誘販売、1999年には特定継続的役務提供の規制が新設される。さらに、2000年に、業務提供誘引販売取引に関する規定が新設されるとともに、名称が「特定商取引に関する法律」に改称された。その後も、複数回の改正を経て現在に至っている。

　特定商取引法は、特定商取引を「公正にし、及び購入者等が受けることのある損害の防止を図ることにより、購入者等の利益を保護し、あわせて商品等の流通及び役務の提供を適正かつ円滑にし、もつて国民経済の健全な発展に寄与する」ことを目的としている（同法1条）。同法では「消費者」ではなく「購入者等」という言葉が用いられており、他の法律（例えば消費者契約法や商法）によれば、「事業者」や「商人」とされる可能性がある者（例えば、業務提供誘引販売取引に参加する個人など。ただし、*Unit 2* に留意）も含まれるが、その実態は多くの場合いわゆる一般消費者であり、取引関係に不慣れであることに基本的差異がないことから、保護される立場として同一に扱われている（特商法解説48頁以下）。もっとも、のちにみるように、訪問販売、通信販売および電話勧誘販売については「営業のために若しくは営業として締結する」契約が適用除外とされていることから（特商26条1項1号）、同法は実質的には消費者保護法としての性格を強く有している（ただし、消費者

契約法の「事業」概念とは異なり、「営業」概念が用いられている）。実際の裁判例では、いわゆる零細事業者など消費者に類似して事業者との間に情報・交渉力の格差がありうる者について、特定商取引法上のクーリング・オフ権の行使が認められるか否かが争われた（認めたものとして、大阪高判平成15年7月30日消費者法ニュース57号155頁など。この問題については、条解295頁以下のほか、大澤16頁）。その他に、消費者がその住居において取引するために来訪するよう請求した場合や、店舗業者が過去1年以内に当該事業に関して1回以上の取引があった顧客に対する契約、無店舗販売業者が過去1年以内に当該事業に関して2回以上の取引があった顧客に対する契約は訪問販売の規制の対象とはならない。なぜ過去の取引実績から適用除外としているかといえば、過去に「健全で満足のいく取引」がなされていれば問題ないということである。

　特定商取引法は消費者保護にあたって非常に重要な役割を果たしており、同法には以下のような特徴がある。

　第1に、特定商取引法は現下の消費者トラブルに対応するために頻繁に改正されている。例えば、次々販売トラブルに対応するために2008年の同法改正で過量販売解除権等が追加され、規制の抜け穴を減らすために商品と役務の政令指定制が廃止された。また、事業者が顧客の住居に押しかけて強引に廉価で貴金属を買い取る「押し買い」トラブルに対応するために、2012年には「訪問購入」類型が追加された。もっとも、消費者トラブルの特徴として、法の隙間をかいくぐった新たな手口による問題が次々と起きるという点があり、後追い型の法律ともいえる同法が必ずしも適用されないトラブルも生じうる。同法は行政処分や刑事罰を科す法律であることから、その要件・効果は明確でなければならず、どうしても個別具体的な取引態様や事業者の行為にスポットを当てて具体的な要件を定めなければならない。そのことから、射程が極端に広い抽象的な規定を設けることは難しく、どうしても具体的なトラブルが出るたびに問題となる行為類型を追加していく、という形での対処とならざるをえない。しかし、改正によって新たな類型に次々に対処することができる、機能性の高い法律とも言える。

　第2に、特定商取引法の行為規制に違反した事業者には、内閣総理大臣

（権限は消費者庁長官に委任）および経済産業大臣による改善指示（同法7条など）、業務停止命令（同法8条など）、業務禁止命令（同法8条の2ほか）、報告徴収・立入検査（同法66条）などの行政処分のほか、刑事罰が課されることもある（都道府県知事にも同様の権限が付与されていることがある）。これらに加え、同法にはクーリング・オフや違約金・損害賠償額の制限などの民事ルールも規定されており、それによって購入者が不本意な契約の拘束力から逃れることや、不当な損害を被ることを防いでいる。特に、2004年の同法改正で不実告知・故意による不告知が取消権の対象となった点は、同法の民事ルールとしての色彩を強くした。また、行政処分や刑事罰を伴う書面交付義務に基づく書面交付時点がクーリング・オフ期間の起算点となるなど、行政規制・刑事罰と民事ルールが密接に関連し、かつ、相互に影響している（条解290頁）。

(2) 規制される取引類型

(i) 訪問販売（定義：特定商取引法2条1項）

営業所、代理店、露天、屋台店その他これに類する店等以外の場所において契約を締結する場合（特商2条1項1号）、および、「特定の誘因方法による顧客（特定顧客）」が営業所等において契約した場合も含まれる（同項2号）。具体的には、営業所等以外の場所で契約を締結する場合（路上での販売、ホテル等での展示販売等も含まれる）、あるいは、いわゆるキャッチセールス（消費者を呼び止めて営業所等に同行させて勧誘する行為）やアポイントメントセールス（契約についての勧誘をするためのものであることを告げずに来訪要請する行為、または、呼出しの対象となっている者が、それ以外の者に比較して著しく有利な条件で取引できる旨を告げて、営業所等への来訪を要請する行為）による営業所等での契約がこれにあたる。アポイントメントセールスについては、2016年の同法改正により、電話、郵便、電子メール、ファックス、ビラ等の配布、住居訪問による来訪要請に加え、SNSのメッセージ機能等による来訪要請がアポイントメントセールス等の誘因方法に追加された（契約当事者以外の者がSNSで消費者を事業者に紹介し、その者に消費者金融から借入れをさせて商品を買わせた事案においても、当該勧誘者が販売業者にあたるとして、

当該勧誘者が本件契約の勧誘目的であることを秘してメッセージアプリ（LINE）で連絡をとったことはアポイントメントセールスにあたるとした神戸地判平成29年1月13日平成27年(ワ)2108号（消費者法ニュース116号22頁の紹介を参照）がある）。

　訪問販売にあたるかどうかが問題になるのは、集会場やホテルで行われる展示会である（特定商取引法2条1項1号にいう事業者の「営業所等」にあたるかが問題となる）。「営業所」とされると、訪問販売トラブルを引き起こす「不意打ち性」がないとされ、同法による保護を受けられない。名古屋地判平成16年11月19日判時1917号117頁では、3、4日間の展示販売会場が「営業所」にあたるかが問題となっているが、「商品の展示販売のための場所を設けて、購入者の考慮・選択の余地を残している」ことから「営業所」であるとした（そのほかに、大阪地判平成6年3月9日判タ892号247頁、大阪高判平成18年9月13日判タ1225号275頁、東京地判平成20年3月28日判タ1276号323頁）。「営業所」や特定商取引法施行規則1条4号にいう「一定の期間にわたり、商品を陳列し、当該商品を販売する場所であつて、店舗に類するもの」（原文ママ）にあたるかが問題となるが、「店舗に類する場所」か否かについては、通達により次の3つが要件となる。①最低2、3日以上の期間にわたって、②指定商品を陳列し、消費者が自由に商品を選択できる状態のもとで、③展示場等販売のための固定的施設を備えている場所で販売を行うもの、である。

　また、いわゆる「次々販売」と言われる過量販売に関する規定も設けられている。後述する（**Unit 12** 3）。

(ii)　電話勧誘販売（定義：特定商取引法2条3項）

　電話勧誘販売とは、事業者から電話（スカイプやIP電話も含む）をかけて契約の締結を勧誘すること、または、販売目的を告げないで消費者に電話をかけさせて勧誘することである（詳しい方法は特定商法施行令2条で定められている。契約締結についての勧誘であることを告げずに電話をかけさせることや、ほかの者に比して著しく有利な条件で契約締結できることを告げて電話をかけさせること、である。具体的な方法は、条解356頁以下参照）。電話をかけてその場で契約を締結する場合のみならず、当該売買契約等の申込みを郵便等により受け、もしくは、郵便等によって契約を締結して行う場合も含まれる（消費

者から主体的に電話をかけて契約を申し込む場合は「通信販売」である）。

電話勧誘販売は、事業者から一方的に勧誘行為を行い、消費者にとって不意打ち的な状況で契約をさせる点で、訪問販売と問題を一にするものであるため、規制内容は訪問販売とほぼ同一のものとなっている。

ⅲ 通信販売（定義：特定商取引法 2 条 2 項）

消費者から郵便等（郵便、民間事業者による信書便、電話、ファックス、インターネット等）で申込みを受け付けて商品、権利を販売する取引または役務を提供する取引である。後にも述べるが、一般に通信販売は訪問販売などと違い、消費者が広告をみて自発的に申込みを行う点で、不意打ち性がないと言われる（ただし、本当にこのように言うことができるのかについては後述する）。そのため、訪問販売や電話勧誘販売とは異なり、広告の適正化を確保する規制が中心となっている。

ⅳ 連鎖販売取引（特定商取引法33条）

商品販売や役務提供のための組織を拡大することにより利益（「特定利益」）が得られることを誘引文句にして「特定負担」をさせるシステムであり、いわゆるマルチ商法である。「特定利益」とは、組織内の下位者が支払った金銭の一部が上位者に分配される利益であり、「特定負担」とは、新規入会時や、入会後に上級ランクに昇格する時に支払う取引料、商品購入代金などである（以下、圓山171頁も参照）。

特定商取引法33条 1 項以下で「連鎖販売取引」についての規制がなされている。それによると、勧誘に先立って事業者の名称・販売目的・金銭負担を伴うことの明示義務（同法33条の 2 ）、不実告知等の禁止（同法34条）、広告への一定事項の表示義務（同法35条）、誇大広告の禁止（同法36条）、書面交付義務（同法37条）などが課せられている。また、契約後、契約書面の交付を受けた日から20日以内であればクーリング・オフができる（同法40条 1 項）ほか、中途解除の規定もある。不実告知等による契約の取消しもできる（同法40条の 3 ）。マルチ商法のクーリング・オフの対象には適用除外となる商品・役務はなく、また、消耗品を使用した場合、営業としての契約（無店舗の個人に限られる）であってもクーリング・オフができる。統括者、勧誘者の場合と一般連鎖販売業者の場合とで行為規制の内容が異なるものがある

（例えば、同法34条参照）。

(v)　特定継続的役務提供（特定商取引法41条）

　政令で指定された7種類の役務提供がこれにあたる（エステティックサロン、美容医療、外国語会話教室、学習塾、家庭教師等、パソコン教室、結婚相手紹介サービス）。これらは、受けてみないとわからない無形の役務の提供ゆえ、中途解除等が問題になることから特定商取引法の対象となっている（特定継続的役務提供については *Unit 20* を参照）。

(vi)　業務提供誘引販売取引（特定商取引法51条）

　仕事を提供して収入が得られること（「業務提供利益」を収受しうること）を誘引文句に、その仕事をするために必要だとして商品や役務を販売する（「特定負担」をさせる。例えば、業務を行うために利用する商品の購入代金や研修等の役務の対価の支払代金がこれにあたる。その他、登録料、入会金などの「取引料」も含まれる）取引である。典型的には、内職商法、モニター商法である。例えば、パソコンを購入すれば在宅ワークの入力業務を提供すると勧誘する例（東京地判平成18年2月27日判タ1256号141頁がその例）や、パソコン研修という役務の提供を受けて修得した技能を利用して行うデータ入力の内職を勧誘する例である。

　大阪地判平成23年3月23日判時2131号77頁（インデックス66番）はいわゆるドロップシッピング事業に加入する契約が、ネットショップの運営主体は加入者ではなくネットショップの運営主体たる事業者自身であり、加入者はその運営の一部の作業を運営主体の指示に従って従属した立場で行っていたにすぎないことから、本件各契約において加入者が従事することとされている業務は、ネットショップの実質的な運営主体が加入者に対して提供する業務であること、および、本件運営主体は加入者に対し、「業務提供利益」である商品販売価格と仕入価格の差額を収受しうることをもって本件加入契約の締結を誘引したものと認められるとして、「業務提供誘引販売取引」にあたるとした。なお、ドロップシッピングで加入者が得た利益を既払代金の返還にあたって控除すべきかが問題となる（同様の問題は、内職商法、モニター商法によって加入者が利益を得ていた場合にも問題となる）。これについて、前掲大阪地判平成23年3月23日および東京地判平成14年7月24日判タ1139号

171頁は控除を認めていない。業務に従事して得た利益であることに代わりはなく、業務に従事したことの対価を加入者がもらうことは正当であるというのがその理由である（この問題については、**Unit 7** の *Column* も参照）。

昨今では、消費者に対して「内職・副業による高収入が見込める」ことを謳い文句として勧誘を行い、その副業に必要な商品等を購入させる契約を締結させたものの、消費者側が高収入を得られるかどうか疑わしいので、契約の効力を失わせたいという相談が相次いでいる（サイドビジネス商法とも呼ばれている）。例えば、「商品をSNSで宣伝すると報酬がもらえる」といって多額の商品を購入させる行為（国民生活センター2019年4月11日発表）や、モデルになれるとして締結させるレッスン受講契約である。裁判例としては、ハウスクリーニング業務のフランチャイズ契約への加入を受けたものの、実際には被勧誘者がハウスクリーニング業務のあっせんを1度も受けることがなかったという事案で、交付書面の不備を理由に特定商取引法58条1項に基づく本件契約のクーリング・オフを認めた一方で、事業者が示した収益モデルが詐欺的であることを理由とする不法行為に基づく損害賠償請求を棄却した大津地判令和2年5月26日判時2474号131頁がある。

業務提供誘引販売取引については、勧誘時の氏名等の明示義務、禁止行為（不実告知等）、広告規制、書面交付義務、クーリング・オフ、意思表示の取消規定、損害賠償額の制限規定が存在する。ただし、禁止行為、書面交付義務、クーリング・オフ、意思表示の取消規定、損害賠償額の制限規定は、事業所等によらないで業務を行う個人を相手方とする業務提供誘引販売取引に適用が限定されている。すなわち、自宅や自分の本業と関係ない場所で内職をする個人に限定されている。法人および事業所等を構えて業務を行う個人は、一般的に商取引に習熟したものと考えられ、これらの規定による保護の必要性がないことによる（特商法解説402頁）。

(vii) ネガティブオプション（特定商取引法59条）

ネガティブオプションとは、消費者から注文がないのに、一方的に商品を送りつけて売買を申し込む商法である。これについて、かつては、消費者が商品を受領した日から14日間以内（引取りを請求したときは7日間）に消費者が商品購入を承諾せず、かつ事業者が当該商品を引き取らないときは、その

後は事業者は商品の返還請求権を失うものと定めていた。しかし、新型コロナウイルス感染症の感染拡大による外出自粛に伴ってこの手の「送り付け商法」に関する相談が増加したことを受け（笹路ほか88頁以下）、2021年の特定商取引法改正によって、一方的に送りつけた商品について、販売業者はただちにその商品の返還請求をすることができなくなることになった（改正後の同法59条1項）。つまり、消費者は、一方的に送りつけられた商品をただちに処分等できる。

　ここでの送りつけには、郵便や運送手段だけではなく、販売業者自身が出向いて消費者のもとに商品を送り届ける場合や、消費者の意思を確認しないまま、あるいは消費者がいらない旨の意思を表示したにもかかわらず、販売業者が勝手に商品等を置いていった場合もこれにあたる（特商法解説521頁、河上85頁）。

　また、販売業者が、消費者が契約を締結していないにもかかわらず、契約を締結させて代金を支払わせようとして、売買契約の成立自体を偽って商品を送付した場合も、以上の規定の対象となる（特商59条の2）。

　消費者が契約を締結していないという事実を誰が立証するかについては、契約書やネット上の注文画面等が事業者側に存在していることから、あくまで契約の成立を主張する事業者に立証責任が課せられていると指摘する見解がある（坂東16頁）。しかし、そもそも一方的に商品が送りつけられただけであれば契約は成立しない。消費者が送られた商品を消費したのであればともかく、そうでない限り、契約が成立しない以上、消費者は送付された商品の代金を支払う義務を負わない（条解1293頁が述べるように、ただ梱包を開いただけでは「消費」にあたらないと解すべきである）。そのことから、仮に消費者が代金を支払ってしまった場合にも、代金の返還請求ができるのはいうまでもない。

⑻　訪問購入（特定商取引法58条の4）

　2010年以降、消費者の自宅を突然業者が訪問し、消費者が所有する貴金属等を不相当に安価で買いとる、いわゆる「押し買い」トラブルが急増した。消費者の自宅を突然業者が訪問し、消費者に物品等を販売する「押し売り」には、特定商取引法第2章の「訪問販売」の規定が適用されるが、「押し買

い」のように消費者が売主となる場合には「訪問販売」の規定は適用されない。しかし、突然業者の訪問を受けて熟慮せずに売買契約を締結してしまう点では「押し売り」も「押し買い」も同様である。

そこで、2012年の改正によって特定商取引法の6類型に、7番目の類型として「第5章の2　訪問購入」が追加された。訪問購入とは、「物品の購入を業として営む者（以下「購入業者」という）が営業所等以外の場所において、売買契約の申込みを受け、または売買契約を締結して行う物品」の購入である（同法58条の4。詳しい内容は *Unit 12* で説明する）。

(3)　規制の対象となる商品・役務

かつては、特定商取引法が適用される商品・役務・権利の種類が政令で指定されたものに限られていた。しかし、規制の抜け穴の問題を解消するため、2008年同法改正によって訪問販売、電話勧誘販売、通信販売については、指定商品・指定役務制が廃止され、同法本文と特定商取引法施行令で指定された適用除外リスト（特商26条1項～9項など）に掲げられているものを除き、すべての商品・役務を取り扱う販売を規制対象とすることとした。その一方で、指定権利制についても、「施設を利用し又は役務の提供を受ける権利のうち国民の日常生活に係る取引において販売されるものであって制令で定めるもの」のみとされていた（具体的には、「スポーツ施設利用権利、美術等を鑑賞・観覧する権利、語学の教授を受ける権利」に限られていた）ことから、これらに該当しない「権利」に関する取引であるといった外観をとることで同法の規制を潜脱する悪質商法が問題となった（CO_2排出権や未公開株など）。

そこで、2016年特定商取引法改正によって、同法が適用される権利について、社債その他の金銭債権や株式等にも拡大し、「特定権利」という名称に改められた（その意味では「権利」という区分が残されることになった）。これらの権利の販売と称するものが実態は労務または便益の影響であれば、同法の対象となる。このように、「権利」と称される問題商品のほとんどが「役務」を含むものとして規制対象に含まれることが解釈上明らかにされ、また、「特定権利」の内容も明文で列挙されていることから、少なくとも現在問題となっている「権利」と称される問題商品に対しては隙間なく対応でき

ると期待されている（河上78頁）。

　なお、連鎖販売取引と業務提供誘引販売取引については、もともと政令指定制が存在しないため、不動産を除くすべての商品および役務、施設を利用しまたは役務の提供を受ける権利を適用対象としている。特定継続的役務提供は、特定商取引法施行令で指定された「特定継続的役務」に限られている。訪問購入の場合には、物品に限られるが、同令で適用除外となる物品の種類が定められている。

(4)　規制内容の概要

　特定商取引法には開業規制はなく、行為規制が中心となっている。その基本構造は、事業者に対して、消費者に対する正確な情報を開示させ（書面交付義務、広告規制）、消費者の自主的な選択の機会を確保する（クーリング・オフ、不実告知、故意の事実不告知の禁止、威迫・困惑行為の禁止といった勧誘行為規制）というものである（日弁連159頁以下）。ただし、通信販売類型では広告規制が中心となっており、他の取引類型とは異なる規定も設けられている（ **Unit 12** 参照。そのことの是非についても **Unit 12** 参照）。

(i)　行為規制の内容

(a)　事業者名・契約の勧誘目的等の明示義務（特定商取引法3条・16条・33条の2・51条の2・58条の5）

　販売業者は、訪問販売等をしようとするときに、勧誘に先立って、事業者名・商品等の種類・契約の勧誘目的であることを明示しなければならない。違反によって購入者等の利益を保護する必要性が生じた場合においては、改善指示（特商7条）や業務停止命令等（同法8条）の対象となる。

　同様に、契約の勧誘目的であることを秘匿した上での勧誘や呼出しは禁止される（特商6条4項）。

(b)　契約を締結しない旨の意思を表示した者に対する勧誘の禁止（特定商取引法3条の2）

　訪問販売において消費者が拒絶の意思を示しているにもかかわらず、執拗な勧誘を受けるという被害が発生している。特に、高齢者を相手としたこの種の勧誘が顕著に見られる。そこで、訪問販売業者は、相手方に勧誘を受け

る意思があることを確認するよう努めなければならず（特商3条の2第1項）、また、契約を締結しない旨の意思を示した者に対する当該売買契約または当該役務提供契約の勧誘は禁止される（同条2項）。違反によって購入者等の利益を保護する必要性が生じた場合においては、改善指示（同法7条）や業務停止命令等（同法8条）の対象となる。

電話勧誘販売において、契約を締結しない旨の意思を表示した者に対して勧誘が禁止される旨のルールが設けられているが（特商17条）、これも同趣旨の規定である。

(c) 契約書面の交付義務（特定商取引法4条・5条・13条・18〜20条・37条・42条・55条・58条の7・58条の8）

不意打ち的な取引類型において、購入者等が取引内容を十分に認識したり理解したりしないまま契約を締結することや、契約をするか否かの意思が不確実あるいは不完全な状態で契約の締結に至ってしまうことを防ぐために定められている義務である（条解377頁）。訪問販売を例に説明する。消費者が契約の申込みをし、販売員がその場で契約を承諾して契約を締結したときは「直ちに」（申込みが完了したその場で）「契約書面」を交付する義務がある。申込みを受けて会社に持ち帰り契約を承認して正式に契約が成立する場合には、まず、申込みを受けたときにただちに「申込書面」を交付する義務があり、次に契約が成立したときに「契約書面」を「遅滞なく」（通常、3、4日以内。特商法解説74頁）交付する義務を負う（特商4条・5条）。

契約書面・申込書面の記載事項は、特定商取引法および特定商取引法施行規則に具体的に規定されている。主なものとして、①事業者の名称、住所、代表者氏名、固定電話番号、②申込みまたは契約締結を担当した者の名前、③商品名・商標・製造者名、④型式・種類、⑤数量、⑥販売価格、⑦支払時期・方法、⑧商品の引渡時期、⑨クーリング・オフに関する事項、⑩契約日、⑪契約不適合責任、⑫契約解除事項、⑬その他の特約である。

書面に用いる字の大きさ（8ポイント以上）も決まっており、また、書面には書面の内容を十分に読むべき旨を赤枠の中に赤字で記載しなければならない（特商則6条2項・3項）。クーリング・オフに関する事項についても赤枠の中に赤字で記載しなければならない。

交付義務違反（不交付のみならず、虚偽記載や記載不備も含まれる）に対しては6か月以下の懲役または100万円以下の罰金が科せられる（特商71条1号）ほか、指示や業務停止命令の対象となる。また、書面交付はクーリング・オフの起算点としての意味も持っている点が重要である（**Unit 12**）。そのことから、裁判例では書面交付がなされていたか否かが争われる事例（書面不交付ゆえにクーリング・オフ期間は満了していない、との主張が消費者側からなされる）が多く、裁判例では書面交付の有無や書面の記載内容等は厳格に解されている。例えば、「購入者等に交付された法定書面それ自体によって契約内容等が明らかとなることが必要というべきであり、書面交付時の口頭説明によって補われれば足りると解するのは相当ではない」とした大阪高判平成31年3月14日消費者法ニュース120号340頁がある。

2021年の特定商取引法改正によって、紙での書面交付を原則としつつ、消費者の承諾を得た場合に限り、例外的に契約書面等に記載すべき事項を電磁的方法（例えば電子メール）により提供することが可能となった（改正後の同法4条2項）。紙よりも紛失の可能性が低い等のメリットが指摘されている一方で、デジタル機器の利用に不慣れな消費者が不利益を被ることへの懸念も示されている（笹路ほか89頁以下。また、条解300頁以下で電子化に至るまでの経緯と電子化の問題点が指摘されている）。そうすると、消費者が本意でない承諾をさせられないための方法を検討する必要があるが、そもそも消費者が真に納得して承諾したといえるためにはどのような方法が適切なのかは、簡単な問題ではない（池本68頁も参照）。

事業者が政省令等で定められた方法による消費者の有効な承諾を得ずに電磁的方法での提供を行った場合には、当該事業者は書面を交付したものとみなされず、クーリング・オフ期間が満了しないのはもちろん、書面交付義務違反として行政処分や刑事罰の対象となる（特商8条・71条1号など）。

2021年改正時の附帯決議では、政省令改正の審議にあたって、事業者が消費者から承諾を取る際に、電磁的方法で提供されるものが契約内容を記した重要なものであることや契約書面等を受け取った時点がクーリング・オフの起算点となることを書面等により明示的に示すなど、書面交付義務が持つ消費者保護機能が確保されるよう、慎重な要件設定を行うことが要請されてい

た。これを受けて、消費者庁は「特定商取引法等の契約書面等の電子化に関する検討会」を設置し、これに沿った政省令が2023年6月1日に施行された（内容について、池本・電子化10頁以下）。具体的には、「電磁的方法」としては、電子メール等によって書面に記載すべき事項を送信する方法等があることや（特商則8条1項）、電磁的方法に求められる適合すべき基準（同条2項）、さらに、電磁的方法により書面に記載すべき事項を提供するときは、申込みをした者が当該事項を明瞭に読むことができるように表示しなければならないこと（同条3項）が規定されている。また、「契約書面等に記載すべき事項の電磁的方法による提供に係るガイドライン」も公表されている（特商法解説815頁以下）。

(d) **禁止行為・指示対象行為（特定商取引法6条・7条・14条・21条・22条・34条・38条・44条・46条・52条・56条・58条の10・58条の12）**

例えば、訪問販売では商品の種類・性能・品質、対価、代金支払方法など特定商取引法6条1号から7号までに定める事項についての不実の告知、同条1号から5号までに定める事項についての故意の事実不告知、威迫・困惑行為、販売目的秘匿勧誘（勧誘目的を告げない方法で誘引した消費者に対して、公衆の出入りする場所以外の場所で、売買契約等の締結について勧誘を行うこと）が禁止されている（同法6条）。このうち、不実の告知、故意の事実不告知には取消権が付されている（同法9条の3）。また、同法6条に違反した者には、3年以下の懲役または300万円以下の罰金が科せられる（同法70条1号）ほか、指示や業務停止命令の対象となる。同法6条1項1号に掲げる事項につき不実告知の有無を判断するために必要があるときには、当該販売業者等に対して、期間を定めて、当該告げた事項の裏付けとなる合理的な根拠を示す資料の提出を求めることができる（同法6条の2）。性能、種類といった、当然に合理的な根拠を保持していてしかるべき事項を対象としたものであり、その資料を提出しないときには、指示および業務停止命令を行うに際して同法6条1項に違反して不実告知をしたものとみなされる。

ほかに、改善指示の対象となる行為として、例えば特定商取引法7条では契約の履行拒否・不当な履行遅延（同条1項1号）や過量販売取引の勧誘（同項4号）のほか、特定商取引法施行規則18条各号では、迷惑を覚えさせる勧

誘、判断力の不足に乗じた取引、虚偽の事実を記載させる行為、つきまとい
行為、消耗品のクーリング・オフ妨害、顧客の知識、経験、財産の状況に照
らし不適当と認められる勧誘を行うことが規定されている。2016年の特定商
取引法改正では、契約締結に際し、事業者が消費者に借金を強要する行為
や、預貯金を引き出させようとする行為も改善指示の対象に追加された。

(e) クーリング・オフ（特定商取引法 9 条・24条・40条・48条・58条・58
条の14）

Unit 12 で説明する。ただし、通信販売については、その他の類型にいう
ところのクーリング・オフに関する規定はなく、返品ルールについての規定
が設けられている（特商15条の 3 ）。

(f) 損害賠償額の制限（特定商取引法10条・25条・40条の 2 ・49条・58条
の 3 ・58条の16）

消費者に債務不履行などがあって契約を解除する場合の、事業者から請求
できる損害賠償額の定めについての規制である（**Unit 9** の消費者契約法 9 条
1 号を参照）。例えば、特定商取引法10条では事業者が請求できる損害賠償
の上限として、①商品（権利）が返還された場合、通常の使用額（販売価格
から転売可能価格を引いた額が、通常の使用料の額を超えているときにはその額）、
②商品（権利）が返還されない場合、販売価格に相当する額、③役務を提供
した後である場合、提供した役務の対価に相当する額、④商品（権利）をま
だ渡していない場合（役務を提供する前である場合）、契約の締結や履行に通
常要する費用の額、が定められている（**Unit 20** も参照）。

(g) 誤認による取消し（特定商取引法 9 条の 3 ・24条の 3 ・40条の 3 ・49
条の 2 ・58条の 2 ）

不実の告知、故意の事実不告知によって、申込者等に誤認が生じ、それに
よって契約締結に至った場合には、顧客はその意思表示を取り消すことがで
きる。2004年の改正で設けられた民事ルールである（**Unit 12** で説明する）。

(h) 広告規制（特定商取引法11条・12条・35条・36条・43条・53条・54条）

販売条件を広告する場合には、販売価格、支払方法、商品の引渡時期、返
品特約に関する事項など、具体的な記載事項が義務づけられている。通信販
売において返品を認めないときはその旨も記載しなければならない。また、

事実と著しく異なる表示、実際よりも著しく有利・優良と誤認させる表示は禁止される。違反した場合には行政処分の対象となるとともに、刑事罰の対象でもある。

(ii) 違反行為の法的効果

特定商取引法に定める行為規制に違反した事業者に対しては、内閣総理大臣（権限は消費者庁長官に委任）および経済産業大臣が行政処分権限を行使することができる。具体的には、報告徴収・立入検査（同法66条）、是正措置等必要な措置をとるべき旨の業務改善指示（同法7条など）、業務停止命令と事業者名の公表（同法8条など）、業務禁止命令（同法8条の2）である。なお、訪問販売、連鎖販売取引、特定継続的役務提供、業務提供誘引販売取引・訪問購入については都道府県知事にも同様の権限が付与されている。

行政規制権限の行使に際し、不実告知および誇大広告の有無を判断するため必要があるときは、事業者に対して、期間を定めて、裏付けとなる合理的根拠資料の提出を求めることができ、事業者がこの資料を提出しないときは、不実告知または誇大広告であるとみなされる（特商6条の2・12条の2等）。

2016年の特定商取引法改正で業務停止命令の期間も最長1年から2年に伸長され、また、業務停止命令を受けた事業者に対して、消費者利益を保護するために必要な措置（例えば、行政処分を受けた旨を既存顧客に通知したり、消費者への返金など）を指示できることになった。

さらに、2016年の特定商取引法改正では業務禁止命令制度が創設された。具体的には、業務停止を命じられた法人の取締役やこれと同様の支配力を有すると認められるもの（従業員、黒幕的第三者など。「役員」等の肩書きがついているか否かではなく、会社に対して取締役等と同等以上の支配力を有することが実態上認められるか否かによって判断される。牧野ほか86頁参照）に対して、停止の範囲内の業務を新たに法人を設立して継続すること等が禁止され、違反した場合には罰金や懲役刑が科される（同法8条の2等）。業務停止命令の日前1年以内に役員等であった者が対象となる。また、命令前からすでに命令の対象となる業務と同一の業務を行っている場合にも、その業務を停止できるよう命令することができる（同条2項）。ほかにも改善指示について、将来発生する消費者被害の防止のみならず、すでに発生した消費者被害の回

復に資することを目的として行うことができる旨が明示された（同法7条1項等）。指示の公表も義務づけられる（同条2項等）。

また、刑事罰も科される（特商70条以下）。具体的には、書面交付義務違反と禁止行為違反に対しては直接の罰則規定が存在する（同法71条1号・70条1号）。その他の行為規制については、改善指示や業務停止命令に違反した場合にのみ罰則の対象となる（同法71条2号・70条3号）。ほかに、報告徴収・立入検査に関する規定に違反した場合にも罰則が科されている（同法71条3号・4号・73条2号）。2016年の同法改正で不実告知等に対する法人への罰金は改正前の300万円以下から1億円以下に引き上げられ、また、業務停止命令違反に対する懲役刑の上限も2年から3年に引き上げられるなど、刑事罰が強化されている。不実告知によって刑罰が科される点については、詐欺罪が成立しない場合でも成立しうるという意味で、詐欺罪を補完する役割を果たしていると指摘されている（佐伯57頁）。

以上のように、行政規制や刑事罰による消費者被害の防止が目指されている。しかし、罰金の引き上げや行政規制の充実化が実現したとはいえ、抑止として十分な制裁がなされているか、および、被害が発生したことが適切に国民に通知されているといえるかは検討の余地がある。

(iii) 消費者団体訴訟制度

2008年の特定商取引法改正によって、消費者団体訴訟制度の差止請求の対象となる不当行為類型が、景品表示法、特定商取引法に拡大された（同法58条の18以下）。

対象となっているのは、特定商取引7類型における①不実告知、故意の事実不告知、威迫・困惑によるなどの不当な勧誘行為、②誇大広告、③クーリング・オフを無意味にするような特約、④解約等に伴う損害賠償額の上限を超える特約などを含む契約締結の行為等である。これらの行為を不特定かつ多数の者に、現に行い、または行うおそれがあるときは、適格消費者団体は事業者に対して行為の停止もしくは予防、その他の必要な措置をとることを請求できる（*Unit 26* も参照）。

(iv) 申出制度

何人も事業者が特商法に違反している疑いがあるときは、主務大臣に対

し、調査・措置を行うよう申し出ることができる（特商60条）。

(v) 実効性確保のための自主規制

第1に、業法で顧客からの預金の保全のための措置がはかられていることがある。具体的には、割賦販売法では前受金の一定割合に相当する額が保全されていることが契約締結の条件とされ（同法18条の3）、この保全措置を引き受ける受託事業者の指定を行っている（同法35条の4）。

第2に、法律によって業界団体の設立を促していることもある。具体的には、例えば特定商取引法には訪問販売協会や通信販売協会という名称の業界団体を設立することができるとし（同法27条・30条）、これらの団体に苦情処理を委ねている。

＊参考文献＊

本文中、**渡辺**達徳「消費者契約法の10年と消費者契約関連法の展望──企画の趣旨を兼ねて」法律時報83巻8号（2011年）4頁、**大澤**彩「消費者・事業者概念を問い直す」現代消費者法53号（2021年）13頁、**圓山**茂夫「連鎖販売取引（マルチ商法）」中田＝鹿野編168頁、**笹路**健ほか「『消費者被害の防止及びその回復の促進を図るための特定商取引に関する法律等の一部を改正する法律』の解説」現代消費者法52号（2021年）86頁、**河上**正二「特定商取引（その1）」法学セミナー763号（2018年）77頁、**坂東**俊矢「特定商取引法の改正──通信販売に関する改正を中心に」法学セミナー816号（2023年）11頁、**池本**誠司「特定商取引法および特定商品預託法の書面交付義務の電子化の提案についての検討」現代消費者法50号（2021年）64頁、**池本**誠司「特商法の書面交付義務の**電子化**と政省令の活用と課題」消費者法ニュース140号（2024年）10頁、**牧野**将宏ほか「特定商取引に関する法律の一部を改正する法律の解説」現代消費者法32号（2016年）86頁、**佐伯**仁志「消費者と刑法」中田＝鹿野編55頁。
本文に掲げるもののほか、中川丈久「消費者と行政法」中田＝鹿野編42頁。

Unit 12

消費者契約と特定商取引法②

　本Unitでは、特定商取引法の民事ルールを取り上げるとともに（1・2）、同法の中でも特に特徴的な類型や規定を取り上げる。

1　特定商取引法の民事ルール①クーリング・オフ

　クーリング・オフとは、一定の取引形態につき、所定の期間内であれば、何らの理由も必要とせず、かつ、無条件に契約を解除することができるとする制度である（クーリング・オフは法令上の名称ではないが、「頭を冷やしてよく考えて契約をとりやめる」という考え方から一般にいわれている俗称である。以下、大澤138頁以下）。消費者は販売業者の不意打ち的な勧誘により契約意思が不確定なままで契約を締結しがちである（例えば、訪問販売や電話勧誘販売）。また、継続的な役務提供取引では、現実に役務提供を受けなければ役務の質等を正しく認識できない。連鎖販売取引および業務提供誘引販売取引においては、収受しうる利益を強調した勧誘により契約意思が不安定なまま契約に引き込まれるおそれがある上に、取引内容が複雑である（これらの特徴を整理するものとして、斎藤118頁以下）。そこで、消費者が頭を冷やして契約から離脱することができるようにするために、事業者に対して契約書面の交付義務を課し、その契約書面の交付日を起算日として一定期間の無理由・無条件の解約権を付している。日本では1972年の割賦販売法改正（制定時同法4条の3、2008年改正前同法4条の4）によって導入された後、訪問販売法（現在の特定商取引法）に導入され、現在では、宅建業法や金商法などでも採用されている（それぞれの法律によって要件は異なる）。

(1) クーリング・オフの要件

(i) クーリング・オフの対象・行使期間

　書面を受け取った日から一定期間であれば（初日を算入する点に注意）、書面によって契約を解除することができる。対象となるのは、訪問販売と電話勧誘販売は原則としてすべての商品・役務・特定権利（ただし、後述する適用除外あり）、特定継続的役務提供は政令指定されている7種、連鎖販売取引と業務提供誘引販売取引、および、訪問購入ではすべての商品・権利・役務である。

　特定商取引法の規定によると、訪問販売、電話勧誘販売、特定継続的役務提供、訪問購入では法定の契約書面交付日から8日間、連鎖販売取引、業務提供誘引販売取引では同じく書面交付日から20日間とされている。一定の熟慮の期間を与えて消費者の冷静な判断を可能とするとともに、契約が解除されるか否かという不安定な状態があまりに長期にわたるのを防ぐために設けられた期間である（そのことから、内容が複雑な取引では20日と長期となっている）。

　ここで、期間の起算時は「契約時」ではなく「書面交付時」である点に注意が必要である（電磁的方法の場合には、申込みをした者や契約の相手方などの使用にかかる電子計算機に備えられたファイルへの記録がされた時が、到達時点であるとみなされている）。つまり、事業者が書面を交付しない限り期間が進行しないので、消費者はいつまでもクーリング・オフをすることができる。また、書面不交付の場合のみならず、書面は交付されているもののその記載が不備な場合や虚偽の記載がある場合にも書面を交付したことにならないので、クーリング・オフ期間が進行しない（以下、裁判例を分析したものとして、斎藤124頁以下）。東京地判平成16年7月29日判時1880号80頁は特定商取引法（旧・訪問販売法）の書面交付義務の規定で明記されている記載事項の逸脱があった場合に、「書面交付がなかった」としてクーリング・オフの期間が進行していないとした（その結果、何か月も経った後のクーリング・オフを認めた）。裁判例や学説では、法所定の書面の記載要件は厳格に解されており、例えば、書面に記載すべき商品名と実際の商品が客観的に一致していると判

断できる程度の記載がされていたということは困難であるとして、書面要件を満たしているとはいえないとした京都地判平成28年10月11日判時2333号103頁があるほか、記載要件が欠けている場合に、他の文書の記載をもってこれを補完することはできないとされている（学説の概要について、右近94頁以下も参照）。このように、行政規制である書面交付義務は、それを履行しないとクーリング・オフ期間が進行しないというやり方で民事上の制裁と結びつけられている（大村85頁）。消費者保護の観点からは書面交付義務を厳格に解することが求められるが、書面交付の趣旨が消費者への情報提供や内容確認を容易にするという点にあることをふまえ、形式的にもどこまで厳格に解するかが問題となる。前述した商品名の記載についても、消費者があとから商品名と実際の内容を判断できるかどうかという視点をもふまえる必要があり、また、他の文書による補完についても、例えば商品数が多い場合には「別紙参照」を認めることがありうる。また、契約締結から何か月、何年も経過した後でのクーリング・オフが認められている点は、前述したように契約意思の不安定性を解消するための「熟慮」期間と法的安定性のバランスの結果として設けられた行使期間の趣旨との関係でどのように評価すべきか、疑問も残る。

　事業者が事実と異なることを告げたり威迫したために消費者が誤認、困惑してクーリング・オフを行使しなかった場合には、改めて書面でクーリング・オフの告知を受けるまでは期間が進行しない（特商9条1項ただし書）。書面が再交付されて、かつ、クーリング・オフができることを消費者に説明した日から8日間または20日間となる（同項ただし書等）。

(ii)　行使方法

　クーリング・オフは書面により通知しなければならない（特商9条1項）。行使期間内に通知書を発信することによって解除の効力が発生する（同条2項。発信主義）。当事者の権利関係を明確にし、クーリング・オフ権の行使をめぐっていたずらに紛争を招くことのないようにするために書面によることが要求されている。この点につき、口頭によるクーリング・オフが可能であるかについては、下級審では判断が分かれている。法令で書面が要求されている以上、書面がないとクーリング・オフができないとするのが筋であると

思うが、この問題は、クーリング・オフによる「消費者保護」をいかなる範囲にまで及ぼしていくべきかという根本的な議論と結びついており、後述する（もっとも、書面でなく口頭で申込者が解除を申し出て事業者が異議を唱えずこれを受領した場合には、クーリング・オフと同趣旨の合意解除が成立したものとみなされる場合が多いと考えられている。特商法解説105頁以下）。

2021年の特定商取引法改正により、クーリング・オフ通知を紙媒体だけではなく、電子メールも含む電磁的記録で行うことが可能となった（改正後同法9条1項等）。電磁的記録による通知の例としては、電子メールのほか、USBメモリ等の電磁的記録媒体や、販売業者等が自社のウェブサイトに設けるクーリング・オフ専用フォーム等により通知を行う場合が該当する（特商法解説105頁）。電磁的記録によるクーリング・オフの場合、消費者が電磁的記録を発したかどうか、また、いつそれを発したかに関する紛争が生じないように、販売業者等としては、電磁的記録によるクーリング・オフを受けた場合、消費者に対してクーリング・オフを受け付けた旨について電子メール等で連絡をすることが望ましい（特商法解説105頁）。

(iii) 適用除外

訪問販売の規定にはいくつか適用除外がある（特商26条）。

① 自動車および自動車リース（特商26条4項1号、特商令14条）、葬式・居酒屋・マッサージの呼込みなど（特商令13条）。

② 政令で指定された化粧品などの消耗品は、交付された書面に「使用するとクーリング・オフができなくなる」旨の記載があり、かつクーリング・オフ期間内に使用・消費した商品については、通常の小売最小単位についてクーリング・オフができなくなる（特商26条5項1号など）。例えば4箱中2箱のように途中まで使った場合は、未使用のものについてはクーリング・オフができる。これに対して、政令で指定されていない商品の場合、書面にその旨の記載がない場合にはクーリング・オフが可能である。自分の意思で使った場合でないと「使用した」ことを理由にクーリング・オフを拒めない。例えば、事業者がクーリング・オフを妨げるために、消耗品を契約したその場で使用または消費させた結果、「使用済み」になってしまった場合には、クーリング・オフをすること

ができる（ただし、証明は困難であろう）。

　もっとも、消耗品を消耗したというだけでただちに契約解消できなくなると考えるべきではなく、違法な勧誘行動による契約で給付されたものは、不法原因給付となり、「小売最小単位」についても厳格に考えるべきであるとの指摘もある。「押しつけられた利得」であるという考え方による。この考え方によれば、取消し後の清算については、現受利益の返還で足りる（河上（その１）81頁）。

③　政令で指定された金額未満の現金取引の場合（訪問販売の場合には3000円未満）にはクーリング・オフは適用されない。

④　*Unit 11* で述べたように、「営業のために若しくは営業として」契約を締結した場合（特商26条１項１号）、来訪要請をした場合（同条６項１号）、過去１年間に２回以上取引がある場合（同項２号、特商令18条２号・３号）も適用されない。

(2)　クーリング・オフの効果

　契約はさかのぼってなかったものとされるので、事業者は受け取った代金全額を返還しなければならない。また、事業者は損害賠償などの請求をすることができず（特商９条３項）、商品返還のための費用も事業者負担である（同条４項）。

　クーリング・オフの事業者の代金返還義務と消費者の商品返還義務は同時履行なのかが問題となる。たしかに両者に原状回復義務が生じるが、実質的には事業者に一方的に義務がかかる。事業者はその契約に関して受領した一切の代金を返還し、引渡し済みの商品については引取りの義務がある（実際に事業者が来ないのであれば着払いで送るというのが実務上の対応であると言われている）。

　商品使用に伴う消費者の利得を返還する義務の有無については、特定商取引法９条５項で定められているように利用利益の請求は認められない。また、消費者がすでに役務を受けていた場合にも、その役務の対価を返還する必要はなく、逆に事業者は受領した対価を全額返還する義務がある（同条６項）。ただし、連鎖販売取引、業務提供誘引販売取引の場合には、受けた役

200

務相当分対価を返還すべきかどうかは民法の原則による（**Unit 11**）。

土地などの工作物の現状に変更を加える役務提供契約で、役務の提供がされている場合には、消費者は事業者に対して原状回復を求める権利がある。消費者が原状回復を求めた場合には、事業者は無償で行う義務がある（特商9条7項）。

クーリング・オフの規定は強行規定であり、顧客に不利な合意は無効とされる（特商9条8項）。このように、顧客は、一定期間内であれば、何の理由もなく、また、何ら負担も負わずに契約を失効せることができるのがクーリング・オフ制度である。

(3) クーリング・オフの意義と消費者保護のあり方

クーリング・オフについては、法律上は「申込みの撤回又は契約の解除」と呼ばれている場合もあれば、「解除」とのみ規定されていることもあるが、共通しているのは、一定の状況の下で契約を締結した者であれば一定期間内に限り、申込みや契約の拘束力から無条件で免れることを認める権利であるという点である。その法的性質をめぐってさまざまな議論がなされているが、大きく分けると、民法では認められていない、消費者保護のための特別ルールであると考えるものと、民法法理の延長線にある制度としてとらえるものとに分かれており、最近では後者が有力である（学説の詳細について、松岡54頁以下）。後者の例として、クーリング・オフ制度は、十分な判断力を有しない状況で契約を締結した消費者の判断力を回復するために、契約の成立段階を遅らせる制度であるととらえるものがある（河上）。さらに、クーリング・オフ制度が個別具体的な消費者の意思表示の瑕疵を問うていないことから、契約類型の特性など、定型的に私的自治の機能不全が問題になるような場面に置かれた者に対して、定型的・画一的に一種の集団的な消費者の保護を目指す制度であるとする見解も主張されている（松岡56頁）。いずれにしても、契約の成立時点を遅らせることで個別の消費者が置かれた個別具体的な状況を問題にせずに、一定の取引類型における顧客を一律に保護している点で、同法の意思表示の瑕疵や解除の規定を補完するものといえるだろう。

このように錯誤・詐欺を補完し、消費者の意思表示のやり直しを認める
クーリング・オフという強力な制度を消費者保護のためにもっと拡張するこ
とができないかという議論が出てくるのはある意味当然の流れである。

下級審裁判例の中には（下級審の動向について、石川124頁）、クーリング・
オフが消費者保護に重点を置いた規定であること、書面を要する理由が申込
みの撤回等について後日紛争が生じないよう明確にしておく趣旨であること
から、それと同様の明確な証拠がある場合には保護を与えるべきであるとし
て、口頭によるクーリング・オフを認めるものがあり（福岡高判平成 6 年 8
月31日判時1530号64頁（インデックス 5 番））、学説も賛同するものが多い。し
かし、これについては、クーリング・オフが契約当事者の一方の単独行為に
より合意による拘束を免れることを認めることから、その行使の方式を厳格
にし、かつその効果の発生について後日紛争が生じないようにするために書
面が要求されている以上、口頭での行使を不可とするものもある（大阪地判
昭和62年 5 月 8 日判タ665号217頁）。そのことから口頭でも可とするのが絶対
的とはいえないだろう。学説では、合意解除の認定や信義則の援用によって
処理すべきとの見解もある（大村88頁）。また、前掲福岡高判平成 6 年 8 月
31日がいう「〔書面と〕同等の明確な証拠がある場合」というのがどのよう
な場合を指すのかが必ずしも明らかではない（熊谷11頁）。

クーリング・オフは特別法で明確な要件を定めることで、その運用が明確
となり適用に疑念が生じにくいことの引換えに、原因・合意なしでの解除を
可能にするという強力な保護を消費者に与えている。この強力な保護を維持
する必要はある以上、逆にその適用要件はできる限り明確にしておくことが
望ましい。立法論にもよるが、少なくとも解釈によって適用範囲を広げるこ
とには慎重であるべきであり、クーリング・オフが適用されない場合につい
ては、錯誤・詐欺、さらには消費者契約法という他の方法による救済を拡張
していくことで対応すべきではないだろうか（これに対して、裁判例の詳細な
分析に基づいて口頭でのクーリング・オフを認めない学説への疑問を提起する、
石川・クーリング・オフ269頁以下）。

前述したように、2021年改正で「電磁的記録」によるクーリング・オフも
認められたが、ここでの「電磁的記録」は紙媒体の「書面」同様、クーリン

グ・オフ権を行使したことの記録が残る点で、やはり「口頭」によるクーリング・オフとは異なる。むしろ、紙媒体の書面の郵送等の手間を省略することができる点で、消費者にとってはクーリング・オフの行使が容易になったとみることもできないだろうか。他方で、消費者が「書面」あるいは「電磁的記録」によってクーリング・オフができる（逆に言えば、法はこれらの手段によってのみクーリング・オフを認めている）ことを、事業者が消費者に伝達するなどして、消費者がこれらの手段によらなければクーリング・オフが行使できないことを認識できるような体制が求められる。そのためには、法定書面にクーリング・オフ権の存在を記載するだけではなく、契約からの離脱の一手段であるクーリング・オフについてその方法も含め、契約申込み時に詳しく情報提供することが求められよう（この点は、消費者契約法3条1項4号の努力義務からも正当化できないだろうか。 *Unit 5*）。

2　特定商取引法の民事ルール②禁止行為と取消権

　特定商取引法6条1項・2項は、契約締結についての勧誘をするに際し、または、クーリング・オフの行使を妨げるために行った同条1項1号から7号までに定める事項についての不実告知、および、同条1項1号から5号までに定める事項についての故意による事実不告知を禁止している（違反した場合には、罰金、指示・業務停止命令の対象になる）。2004年の同法改正により、これらの禁止行為によって、消費者に誤認が生じ、それによって契約締結に至った場合には、当該契約は取り消しうるものとされた（同法9条の3）。

　具体的には、商品等の種類・性能、対価、代金・対価の支払時期・支払方法、商品引渡し時・権利移転時・役務提供時やクーリング・オフに関する事項（クーリング・オフ期間を短めに告げる行為や、個人的な都合によるクーリング・オフはできないといった、不実告知）、顧客が契約締結を必要とする事情およびその他顧客の判断に影響を及ぼす事項に関する不実告知（特商6条1項1号〜7号）、および、不実告知の対象から契約締結を必要とする事情および顧客の判断に影響を及ぼす事項を除いた事柄に関する故意による不告知（同条1項1号〜5号）が取消権の対象となるなど、より具体的かつ広範囲で

不実告知・故意による不告知を取り消しうるとしている。どちらも相手方が錯誤に陥り、契約を締結しまたは解除を行わなかったことは必要としないとされており（特商法解説80頁）、意思表示の瑕疵を要件としている消費者契約法との比較が問題となる。故意による事実不告知の「故意」とは、「当該事実が当該購入者等の不利益となるものであることを知っており」かつ「当該購入者等が当該事実を認識していないことを知っていること」をいう（特商法解説81頁）。

　取消権の行使期間は追認できる時から1年間である（特商9条の3第4項）。取消権が行使された場合、消費者契約法同様、売買契約等に基づく債務の履行として給付を受けた消費者は、意思表示を取り消した場合において給付を受けた当時その意思表示を取り消すことができることを知らなかったときは、現受利益を返還する義務を負う（同条5項）。

　特定商取引法9条の3で認められている取消権は、消費者契約法による取消権よりも有利であるとされている。特に不実告知の場合には、消費者の動機（特商6条1項6号の「顧客が当該売買契約又は当該役務提供契約の締結を必要とする事情に関する事項」）や消費者の判断に影響を及ぼす重要事項（同項7号）が含まれている点で、「重要事項」という限定がある消費者契約法よりも取消しの対象が広い（ただし、故意による事実不告知の場合にはこれらの事項は対象外である）。具体的には、特定商取引法では例えば「ご近所はみんなやっている」と告げてリフォーム契約の勧誘を行う行為や「法律上、1年おきに詰め替えの義務がある」といって消火器を買わせるような行為も同法6条1項6号・7号で対象となるが（特商法解説79頁以下）、2016年の消費者契約法改正で追加された同法4条5項3号でこれらの事項が対象となるかどうかは解釈によらざるをえない（*Unit 5*）。また、故意の事実不告知では同法の不利益事実の不告知で要件の1つとされている、利益となる旨を告げる先行行為要件がない。

　もちろん、特定商取引法では取引態様が限定されていることから、すべての場合にこの取消権を使えるわけではなく、また、威迫・困惑行為による契約の取消権は定められていない。しかし、本来業法で民事的効力を有しなかった同法に取消権という民事的効力を有する規定が設けられたことには、

民事ルールと行政ルールの協働という観点からも大きな意味がある。

　同様の規定が電話勧誘販売に関する特定商取引法24条の３、連鎖販売取引の同法40条の３、特定継続的役務提供の同法49条の２、業務提供誘引販売取引の同法58条の２にある（通信販売でも虚偽・誇大広告については取消権を付与すべきとの議論が改正論議で見られたが、実現しなかった）。

3　特定商取引法各論①過量販売

　いわゆる過量販売（次々販売）においては、消費者がクーリング・オフ期間を過ぎてから「過量」であることに気づくことが通常であるためにクーリング・オフ制度が利用できないという問題が生じていた。そこで、2008年の特定商取引法改正で過量販売に対応する規定が訪問販売の箇所に導入された。

　具体的には、正当な理由なく、日常生活において通常必要とされる分量を著しく超える商品販売契約等の締結を勧誘する行為が改善指示の対象となり（特商７条１項４号）、また、日常生活において通常必要とされる分量を著しく超える商品販売契約等（過量販売）については、消費者にその契約を結ぶ特別の事情がなければ、契約後１年間は消費者による契約の解除等が可能となった（同法９条の２）。

　過量販売には、次の３つのタイプがある。

①　同一の販売業者による同一商品の過量販売の契約である場合であって、１つの契約で過量販売契約となるもの。

②　①と同様の場合であって、複数の契約で過量販売契約となるもの。

③　複数の販売業者による同一商品の過量販売契約。

　具体的に「過量」といえるか否かは、結局のところ、個々の事案に応じて判断される。

　ただし、販売業者が過量販売であることを「知りながら」契約していることが必要であり（特商９条の２第１項２号。一度で過量となる場合には認識不要。この点、消費者契約法の過量販売取消権（同法４条４項）では常に過量性の認識が必要である。*Unit 6*参照）、これを欠いている場合には解除できない。また、

消費者に過量販売契約の締結を必要とする特別の事情があったことを事業者側が立証した場合には、過量販売契約を解除できない。

　2016年特定商取引法改正によって、電話勧誘販売における過量販売規制も導入された。具体的には電話勧誘販売において過量な契約を締結した消費者は契約締結から1年間、当該契約を解除することができること（同法24条の2）、および、電話勧誘販売による過量販売を勧誘する行為が行政処分の対象となること（同法22条1項4号）が規定された。

4　特定商取引法各論②通信販売

　通信販売とは、消費者から「郵便その他の省令で定める方法」で申込みを受け付けて商品、権利を販売または役務提供する取引である。具体的には、郵便、電話、ファックス、インターネットを利用した取引である。取引対象はすべての商品・役務、特定権利である。

　通信販売では消費者が契約するかどうかを検討する材料が広告に限られることから、通信販売に関する特定商取引法の規定は、広告表示の適正化を確保するための規制が中心となっている。

(1)　通信販売における広告規制

(i)　広告とは

　ここでの広告には、カタログ、新聞・雑誌、折込チラシ、投げ込みチラシなど、紙媒体はもちろん、テレビの広告、インターネットのHP、電子メールなど、すべてが含まれる。

(ii)　広告に記載すべき事項（特定商取引法11条）

　広告に書くべき事項が定められている（義務的記載事項）。例として、特定商取引法11条1号から6号までに書かれているもののほか、販売業者等の氏名または名称、住所および電話番号が義務的記載事項とされている（特商則23条）。ただし、消費者からの請求によって、これらの事項を記載した書面（インターネット通信販売においては電子メールでもよい）を遅滞なく提供することを広告に表示し、かつ、実際に請求があった場合に「遅滞なく」提供で

きる措置を講じている場合は、広告の表示事項を一部省略できる。広告のスペース等の都合で義務的記載事項をすべて広告に記載することが現実的ではないことによる（河上（その1）82頁）。ここでいう「遅滞なく」提供されることとは、販売方法、申込みの有効期限等の取引実態に即し、申込みの意思決定に先立って十分な時間的余裕をもって提供されることを意味する（河上（その1）82頁）。

　以上の規定に違反した場合には、主務大臣が販売業者等に対して改善のための指示や業務停止命令を行うことができる（特商14条・15条）。

(iii)　誇大広告の禁止（特定商取引法12条）

　義務的記載事項を含め、商品の種類や性能、役務の内容や効果などについて、著しく事実に相違する表示や、実際より著しく優良でありもしくは有利であると誤認させるような表示をしてはならない。これに違反した場合には、主務大臣による改善指示や業務停止命令のほか、100万円以下の罰金が課されることもある（特商72条1項1号）。

　この規定は、景品表示法5条の規定に準ずるものであるが（*Unit 27*）、同法との違いとして、競争法的な市場行動規制である同法では、実際に自己の供給する商品・役務の内容や取引条件と広告等で表示した内容との比較における優良・有利性の乖離のみならず、同種・類似商品等を供給する他の事業者の商品・役務・取引条件との比較が不当表示の対象となるのに対して、特定商取引法では、もっぱら購入者たる消費者の選択や契約判断の前提となる事実認識の誤りを防止するという観点から、当該通信販売事業者が実際に販売・提供しているものと広告表示との乖離や比較が対象となるとされている（河上（その1）83頁）。

　これらの違反については、一定期間を定めて通信販売業者に対し、表示の裏付けとなる合理的な根拠を示す資料の提出を求め、その期間内に合理的な根拠資料の提出ができない場合には違反事実の存在を擬制する「不実証広告規制」制度がある（特商12条の2）。

(iv)　顧客の意に反して申込みをさせる行為の禁止

　インターネット通信販売において、コンピュータ上の操作等により消費者が意図していない取引に引き込まれることのないよう、「意に反して契約の

申込みをさせようとする行為」が禁止されており、違反した場合には指示や業務停止命令がなされることがある（特商14条1項2号・15条）。

例えば、販売業者等が、消費者に対して、あるボタンをクリックすればそれが有料の契約の申込みとなることを消費者が容易に認識できるよう表示していないことや、申込みの際に、消費者が申込内容を容易に確認し、かつ訂正できるように措置していないことが挙げられる（特商則42条1項）。詳細は、「通信販売の申込み段階における表示についてのガイドライン」で具体化されている。また、はがき等で申込みをさせる場合にも、契約申込みであることが容易に認識できるような記載となっていなければならない。

(v) 迷惑メール規制

迷惑広告メールについては、2002年の特定商取引法の改正によって、表示の規制、拒絶者への送信禁止（いわゆる「オプトアウト規制」）が規定された。しかし、それ以降も広告メールに関する苦情件数が増加しており、消費者が望まない取引に気づかずに誘引される場合もあった。

そこで、事前に広告メールの送信について承諾等のあった者に対してのみ送信を可能とする「オプトイン規制」へと転換することとなった。具体的には、消費者のあらかじめの承諾または請求がなければ、電子メール広告の送信が原則禁止されている（特商12条の3）。この規制は、その送信を販売業者から委託されている電子メール広告受託事業者についても課せられる（同法12条の4）。事業者は、消費者の承諾または請求を適切な形で（例えば、電子メールを受け取ることについての承諾または請求となることを消費者が容易に認識できるよう表示していないといけない）取得することが必要である。取得した消費者の承諾または請求の記録については、電子メール広告の送信から3年間、適切な方法により保存しなければならない。

ただし、契約の成立・注文確認・発送通知などに付随した報告、メールマガジンやフリーメール等に付随した広告には、以上の規制が適用されない。

以上と同内容の迷惑メール規制が、連鎖販売取引、特定継続的役務提供、業務提供誘引販売取引にも定められている。

なお、特定商取引法で対象となる取引類型のみならず、広く電子メールによる広告を規制するものとして、特定電子メール法がある。具体的には、広

告・宣伝メールは、原則としてあらかじめその送信に同意した者に対しての
みその送信が認められ（同法3条1項）、当該同意があったことを証する記録
の保存義務を送信者等に課すとともに（同条2項）、送信者等がメールの受
信を拒否する旨の通知を受けた場合は、以後の送信が禁止される（同条3
項）。さらに、送信をする場合には、送信者の氏名・名称、受信を拒否する
場合の通知先等の一定の事項の表示義務が課される（同法4条）。以上の規
定に違反した場合において、電子メールの送受信上の支障を防止するため必
要があると認めるときは、総務大臣および消費者庁長官は違反行為を行った
者に対して、電子メールの送信の方法の改善に関し必要な措置をとるべきこ
とを命じることができる（同法7条）。

　2016年の特定商取引法改正によって、ファクシミリ広告の請求や承諾をし
ていない消費者に対するファクシミリ広告の提供を禁止する旨の規定が設け
られた。以上の電子メール規制同様、オプトイン規制の形式をとっている。

(2)　返品ルール

　通信販売における返品に関する特約の表示がなかった場合、商品を受け
取った日から8日間は消費者による契約の解除を可能とする旨が定められた
（ただし、クーリング・オフの場合とは異なり、返品時の送料を購入者側が負担す
るのが一般的である）。このことは逆にいえば、返品を受け付けない旨を広告
等に明記すれば、返品を受け付けなくてもよいということになる。

　むろんそのためには購入者に対して事業者が明確に返品特約（あるいは返
品を受け付けないこと）を表示しなければならない。返品特約については、
「返品の可否」、「返品の期間等条件」、「返品に係る費用負担の有無」に係る
事項の記載を省略することは認められない（河上（その1）82頁）。具体的に
は、顧客にとって見やすい箇所に、明瞭に判読できるような方法で表示しな
ければならず、個別具体的な表示方法は消費者庁通達別添5「通信販売にお
ける返品特約の表示についてのガイドライン」に示されている。

　また、商品の引渡しが債務不履行と評価されれば、民法の規定に基づいて
事業者の責任を追及することができる。さらには、返品を不可とする特約
が、事業者が自己が負うはずの債務不履行責任や不法行為責任を免除するこ

とになるとして消費者契約法8条や10条によって無効とされることもある
（*Unit 9*）。

(3) 定期購入契約

　1回目や初回は通常価格よりも非常に安価であることを誇張する一方で、
数か月間の定期購入が条件となっている健康食品等に関する相談が増加して
いる。そこで、2016年の特定商取引法改正により、定期購入契約に関して
は、通信販売の広告やインターネット通販の申込み・確認画面上で、「定期
購入契約である旨および金額、契約期間その他の販売条件を表示する義務」
が課されることになった（同法11条5号（現在の6号）、特商則8条7号（現在
の23条7号））。また、定期購入契約の申込みの最終段階の画面上で契約の主
な内容のすべてが表示されていない場合や、それが容易に認識できないほど
その一部が離れた場所に表示されている場合、また、その内容を確認・訂正
するための手段も提供されていない場合は、顧客の意に反して申込みをさせ
ようとする行為に該当して、主務大臣による指示の対象となる（特商14条1
項2号、特商則16条1項1号・2号（現在の42条））。しかし、この法改正後も
定期購入をめぐるトラブルが相次いだ。そこで、2021年特定商取引法改正に
よって、通信販売における契約の申込みを受ける最終段階の表示において、
定期購入契約において重要な要素となる販売する商品・役務の分量、対価、
支払時期、引渡し時期、契約の解除に関する事項等を表示することが、販売
業者等に対して義務づけられた。これらを表示しないことや、不実の表示を
すること、または、人を誤認させるような表示をすることは禁止される（同
法12条の6。違反には行政処分や罰則が科される）。通信販売での契約の申込み
を行う直前に消費者が必要な情報につき一覧性をもって確認できるようにす
るとともに、不当な表示が行われないよう規制する必要が高いとして設けら
れた規定である（特商法解説151頁）。
　販売業者等が、通信販売に係る契約の申込みの撤回または解除を妨げるた
め、契約の解除に関する事項や契約の締結を必要とする事情に関する事項に
ついて、不実のことを告げる行為も禁止される（特商13条の2）。
　以上の禁止規定に違反した勧誘によって消費者が誤認して申し込んだ場合

には、申込みの意思表示を取り消すことができる（特商15条の4）。適格消費者団体の差止請求の対象にも追加されている（同法58条の19）。

なお、音楽や動画配信などのサービスを定額で使い放題となる、サブスクリプション取引にも、以上の規制が適用される（坂東14頁以下）。

⑷　前払式通信販売の承諾書の交付義務（特定商取引法13条）

代金の全部または一部を商品の引渡し前に支払わせる場合には、受領した金銭の金額、受領日、契約を承諾するかどうか等を記載した書面を遅滞なく相手方に交付しなければならない。

⑸　インターネット時代における「通信販売」規制

インターネット上のデジタル・プラットフォームでは、個人もインターネット・オークションに出品して取引を行うことが頻繁に見られる（デジタル・プラットフォームについて、詳しくは *Unit 24* を参照）。注意すべきは、個人であっても特定商取引法の要件を満たせば、「事業者」に該当し、「通信販売」規制を受ける点である（河上（その1）82頁も参照）。インターネット・オークションにおいて営利の意思をもって反復継続して出品・販売を行う場合がその例である（これについては、通達で「販売業者」該当性の目安が示されている。*Unit 24*）。

その一方で、インターネット上のSNSや動画配信サイトでの広告やターゲティング広告によって消費者を誘引するという通信販売サイトも少なくない。ときには「この動画は今だけ閲覧可能」、「今から30分以内に申し込めばお得」といった言辞で消費者に熟慮の余裕を与えず、取引をさせることもある。このような現状で、通信販売には「不意打ち性が乏しい」、「消費者自ら申し込んでいるのでクーリング・オフを認める必要はない」という考え方が依然として妥当しうるのか、具体的には、事業者が定める返品特約によるとする現行法制のままでよいのかは、検討の余地があろう（鹿野10頁も同様の問題意識であると思われる）。SNSやメッセージアプリのチャット機能（インターネットを利用して利用者間でリアルタイムでメッセージのやりとりができる機能）を利用した勧誘を受けた消費者が事業者のサイトにアクセスして取引

をする場合は、現行法では特定商取引法の「通信販売」に該当することになり、クーリング・オフ権を行使することはできない（内閣府消費者委員会「デジタル化に伴う消費者問題ワーキング・グループ報告書（チャットを利用した勧誘の規制等の在り方について）」（2023年8月）（以下、本Unitにおいて「報告書」という）で問題点が整理されている）。しかし、SNS等のチャットにも不意打ち性や密室性、覆面性があり、この点で電話勧誘販売と類似する（報告書15頁以下）。また、上記報告書によると、勧誘にあたって事業者名の明示がないことや、再勧誘が行われるなど、規制の不存在による問題点も生じている。報告書で特に問題視されているのは、事業者からチャットを利用した勧誘を開始する場合や、勧誘の対象となる商品等の販売目的を告げずに消費者にチャットを開始させる場合であり、これらの場合の再勧誘の禁止やクーリング・オフの導入、さらには民事取消権の付与などの法的対処が求められると指摘されている（報告書18頁）。ただし、販売目的を告げてはいるものの消費者にチャットを開始させる場合でも、チャットのやりとりの中で事業者から執拗な勧誘が行われる場合はありえ、この場合には「通信販売」と同様に扱うことで足りるのか、検討が必要であろう。また、報告書でも指摘されているように、チャットを利用した勧誘は、一般的な通信販売における広告とは異なり、短文で断片的なメッセージを送り、一覧性がないことから、現行の広告規制で足りるのか、検討の余地がある（報告書20頁）。

5　特定商取引法各論③訪問購入

　2010年以降、消費者の自宅を突然業者が訪問し、消費者が所有する貴金属等を不相当に安価で買い取る、「押し買い」トラブルが急増した。消費者の自宅を突然業者が訪問し、消費者に物品等を販売する「押し売り」には、特定商取引法第2章の「訪問販売」の規定が適用されるが、「押し買い」のように消費者が売主となる場合には「訪問販売」の規定は適用されない。しかし、突然業者の訪問を受けて熟慮せずに売買契約を締結してしまう点では「押し買い」と「押し売り」は類似する。そこで、平成24（2012）年法律第59号によって特定商取引法の6類型に、7番目の類型として「第5章の2

訪問購入」が追加された。訪問購入とは、「物品の購入を業として営む者（以下「購入業者」という。）が営業所等以外の場所において、売買契約の申込みを受け、又は売買契約を締結して行う物品」の購入である（同法58条の4）。ただし、自動車、家具、書籍・CD・DVD等の購入には適用されない（特商令34条）。

規定の内容は訪問販売と類似しており、氏名・勧誘目的等の明示義務、勧誘を受ける意思の確認義務（特商58条の6第2項）、再勧誘の禁止（同条3項）、不実告知の禁止等の勧誘規制・クーリング・オフの妨害禁止（同法58条の10・58条の12、特商則146条）、書面交付義務（特商58条の7・58条の8）、損害賠償等の額の制限に関する規定（同法58条の16）が設けられている。

押し買いトラブルの特徴として、買い取られた物品が第三者に転売されてしまい、場合によってはすでに換金処分されていることもあるなど、消費者が物品を取り戻すことができないというトラブルが生じやすい点を挙げることができる。そこで、契約申込み時書面または契約締結時書面の交付を受けた日から8日を経過するまでは書面によってクーリング・オフを行うことができる（特商58条の14第1項）が、クーリング・オフ期間中は、売主たる消費者は購入業者およびその承継人に対して物品の引渡しを拒むことができる（同法58条の15）。売主たる消費者が物品を引き渡すか否かを判断できるようにするため、購入業者は、クーリング・オフ期間中に、売主たる消費者から直接物品の引渡しを受ける時は、物品の引渡しを拒むことができる旨を告知しなければならない（同法58条の9）。物品の引渡しを受けるために不実告知をする事等も禁止される（同法58条の10）。

クーリング・オフ期間中において購入業者に対して物品が引き渡され、さらにその物品が第三者に転売された場合であっても、売主たる消費者はクーリング・オフをもって第三者に対して物品の所有権を主張することができる（特商58条の14第3項本文）。ただし、善意・無過失の第三者に対しては物品の所有権を主張することができない（同項ただし書）。取引の安全に配慮した規定である。

物品が購入業者から第三者に転売された場合において、購入業者は、売主たる消費者に対しては当該物品の第三者への引渡しに関する情報を、第三者

に対しては相手方によるクーリング・オフ行使の有無に関する情報をそれぞれ通知しなければならない（特商58条の11・58条の11の2）。

　また、訪問購入の勧誘の要請をしていない者に対し、営業所等以外の場所において、当該売買契約の締結について勧誘をし、または勧誘を受ける意思の有無を確認してはならない（特商58条の6第1項）。いわゆる不招請勧誘の禁止規定である。消費者契約法改正論議でも検討の対象となっていた不招請勧誘の禁止規定（**Unit 6**）が特定商取引法の訪問購入部分において実現したことになる。

　以上の規定に違反した場合、購入業者には行政処分、罰金が科される。

　しかし、課題もある。事業者が買取りにあたって現金で代金を支払うのではなく、商品券等の金券によってなされるといった脱法行為や、事業者が消費者にあらかじめ電話で訪問についての同意を得た上で訪問するという脱法行為も見られる。これらについても禁止対象に含めるかは、将来の立法的課題である。

＊参考文献＊

本文中、**大澤**彩「総論・訪問販売・電話勧誘・クーリングオフ」中田＝鹿野編131頁、**斎藤**雅弘「クーリング・オフの時間的拡張」松本還暦113頁、**右近**潤一「判批」現代消費者法39号（2018年）91頁、**河上**正二「特定商取引（その1）」法学セミナー763号（2018年）77頁、**松岡**久和「消費者撤回権と民法法理」現代消費者法16号（2012年）54頁、**河上**正二「『クーリング・オフ』についての一考察——『時間』という名の後見人」法学60巻6号（1997年）1178頁、**石川**正美「判批」百選124頁、**熊谷**士郎「判批」インデックス10頁、**石川**正美「書面等によらない**クーリング・オフ**について」神奈川法学55巻4号（2022年）269頁、**坂東**俊矢「特定商取引法の改正——通信販売に関する改正を中心に」法学セミナー816号（2023年）11頁、**鹿野**菜穂子「特定商取引法の到達点と課題」現代消費者法58号（2023年）4頁。

Unit 13

消費者取引とシステム設定者の責任論①

1 前提——複合契約とは何か

　複合契約とは、「二当事者ないしそれ以上の者の間で複数の契約が結ばれ併存する取引」のことである。では、なぜ複合契約が消費者法において重要な問題となるかというとそれは次の理由による。すなわち、複合契約では各契約が締結され履行されることで全体として１つの取引が達成されるという構造にあり、形式的には複数の独立した契約であっても、これらが密接に関連し依存する関係にあるため、これらを一体的に扱うべきかが問題になるからである。２つの場面に分けて説明しよう（大村214頁以下も参照）。

(1) 二当事者間の複合契約

　これは同一の当事者（X、Y）の行う取引が、単一ではなく複数の契約（A、B）によって構成されているという場合である。

```
————————契約A————————
X          密接に関連？          Y
————————契約B————————
```

　ここで、例えば契約Aに公序良俗、債務不履行などの法的問題が生じた場合に、関連している契約Bも無効や解除となるのか、が問題になる。

　この問題についてのリーディングケースである最判平成８年11月12日民集50巻10号2673頁では、リゾートマンションであるコンドミニアムの売買契約と、コンドミニアムの購入と同時に会員になるとされていたスポーツクラブ会員契約という２つの契約が問題になっている。この事案では、広告等に「○○リゾートコンドミニアム（スポーツクラブ会員権付）」とあったように、クラブの会員権がついていることがリゾートマンションの売りになっていた。しかし、スポーツクラブのプールの建設がなされないので、Xらはプー

215

ル完成の遅延を理由に、本件売買契約と会員権契約を解除する旨の意思表示をした。

最高裁は、両契約が「密接に関連づけられている」とした上で、「このように同一当事者間の債権債務関係がその形式は甲契約及び乙契約といった2個以上の契約から成る場合であっても、それらの目的とするところが相互に密接に関連付けられていて、社会通念上、甲契約又は乙契約のいずれかが履行されるだけでは契約を締結した目的が全体としては達成されないと認められる場合には、甲契約上の債務の不履行を理由に、その債権者が法定解除権の行使として甲契約と併せて乙契約をも解除することができるものと解するのが相当である」とした上で、「Yによる屋内プールの完成の遅延という本件会員権契約の要素たる債務の履行遅滞により、本件売買契約を締結した目的を達成することができなくなった」と判断して、プール完成の「履行遅滞を理由として民法541条により本件売買契約を解除することができるものと解するのが相当である」とした。

このように、裁判例では二当事者間の契約における複合契約については、両契約が「密接不可分」であるか否かがメルクマールになっているが、結論は事案によってさまざまである（複合契約について、河上、都筑・複合取引、都筑（上）、都筑（下）、小林ほか編著、都筑・法理）。

(2)　三当事者間の複合契約——クレジット契約

X・Y間で締結された契約(a)とX・Z間で締結された契約(b)とによって全体としての取引の仕組みが成り立っている場合を三当事者間の複合契約という。典型例は、いわゆるクレジット契約である。クレジットとは、一般には信用供与事業者（以下、本書では「信販会社」とする）が販売事業者と提携して行う与信（販売与信）と金銭の直接の借入れである「消費者金融」とを包含した消費者信用のことを指すことが多い（角田11頁）。クレジット契約のうち、次の2つの形態は後述する割賦販売法で規定されており、法的な問題も多い。

(i)　信用購入あっせん

消費者Xが信販会社Zから発行されたカード等を提示して、Zと提携する

販売業者Yから商品を購入すると、ZがXに代わって代金をYに支払い、X
はZに対して立替金を分割払いするというもの（割販2条3項）。あらかじめ
カードが発行されないものもある（同条4項）。

```
        Y ← （立替払） ― Z（信販会社）
                  ＼        ／立替払契約
              X（消費者）
```

(ⅱ) ローン提携販売

消費者Xが販売業者Yから商品を購入する際に、YがXの保証人となるこ
とによって銀行等Zから融資を受けることを可能とするというもの（割販2
条2項）。ただし、販売業者にとっては保証責任を負わない信用購入あっせ
んの方が経済的メリットが大きいため、あまり用いられていない（後藤185
頁）。

```
        Y ― （保証） → Z（信販会社）
                  ＼        ／
              X（消費者）
```

2　クレジット契約の諸問題

(1)　問題の所在

消費者法で生じる問題の中心は、特に三当事者間でのクレジット契約にお
ける法的トラブルである。なぜなら、消費者・販売業者間の法律関係と、消
費者・信販会社間の法律関係が、形式的には別個独立しているからである。
具体例をみてみよう。

〈事例〉

> XがYから購入した商品に欠陥があった。XはZ信販会社のカードを使っ
> てYから商品を購入し、Zとの間で立替払契約を締結していた。ここで、X
> は商品の欠陥を理由にZへの立替金の支払を拒むことができるか。

クレジット契約はメリットもあるが、悪質な販売業者による不当勧誘行為

や契約不履行などによって消費者被害が生じやすい面もある。そのため、消費者と販売業者との間で商品売買契約の無効・取消し・解除等の問題が生じたときに、信販会社に対する立替金の支払を拒絶できるのかが問題となる。この場合、信販会社は、ＸＹ間の売買契約とＸＺの立替払契約は別個独立の契約であるとして抗弁の切断を主張し、また、抗弁切断条項を契約書に挿入してきた（大村218頁）。その結果、ＸのＹに対する抗弁をＺに主張することを認めない、すなわち、Ｘは依然としてＺに立替金を返済しなければならないことになる。

　この問題は、「クレジット契約における『抗弁の対抗』（抗弁の接続)」という問題として、重要な法律問題となった。いくつか裁判例も存在する。その１つが、高裁レベルの最初の裁判例である高松高判昭和57年９月13日高民集35巻２号188頁である。裁判所は、「本件立替払契約は本件機械の売買と法律上は別個でも取引上では密接不可分の関係にあ」ることから、抗弁権の切断を認めることが信義則および公序良俗に反するものであり、抗弁権の切断の合意があっても、なお消費者は本件機械の前記用途上の欠陥を理由として本件立替払契約が要素の錯誤により無効であることを主張できる、とした。

(2)　立法による解決とその後

　以上の問題は、結局、立法によって解決された。つまり、1984年に割賦販売法が改正され、同法30条の４という規定が新設された。この規定は、購入者または役務の提供を受ける者が、割賦購入あっせんによって指定商品、指定権利、指定役務に係る立替金の支払の請求を受けたときは、販売者・役務提供者に生じている事由（売買契約の無効・取消しなど）をもって、当該支払の請求をする割賦購入あっせん業者に対抗することができるとした。

　以下ではまず、割賦販売法の概要について説明した上で、抗弁の対抗に関して残された問題について検討する。

3 割賦販売法とは

(1) 概 要

割賦販売法は1961年に制定された（以下、最新のコンメンタールは条解、また、平成20年版割販法解説もある）。当初は割賦流通秩序の保護が目的であったが、1972年の改正でクーリング・オフや損害賠償額の制限規定など購入者保護を目的とした規定が設けられ、その後、複数回の改正を経て現在に至る（改正の概要は、条解1371頁以下が詳しい）。同法では「消費者」という文言は用いられていないが、特定商取引法と同様、「営業のために若しくは営業として」行う割賦販売等が適用除外対象とされているため（割販8条1号・35条の3の60など）、実質的には消費者保護法の1つと言える（角田75頁）。

割賦販売法は、代金後払いのクレジット契約として「割賦販売」、「ローン提携販売」、「信用購入あっせん」を規定しているが、ほかに、「前払式割賦販売（政令指定商品を引き渡すに先立って2回以上にわたりその代金の全部または一部を受領する割賦販売）」や「前払式特定取引（デパートの『友の会』や冠婚葬祭互助会など）」も規制の対象となっている。

このうち、クレジット契約である前三者について説明すると、「割賦販売」とは、販売業者が、購入者から代金を2か月以上の期間にわたりかつ3回以上に分割して受領することを条件として、指定商品、権利、役務を販売する（割販2条1項1号）二者型の取引であり、販売業者が購入者のクレジット債務を連帯保証する「ローン提携販売」、連帯保証しない「信用購入あっせん」は三者型の取引である。信用購入あっせんでは、割賦払だけではなく、2か月を超える一括後払いも対象となる（いわゆるボーナス払いのようなものが対象となる。これに対して、翌月一括払いは対象とならない）。また、「信用購入あっせん」には①あらかじめ与信枠（利用限度額）を設定してクレジットカード等を発行し、販売業者にカードを提示してクレジットを利用する包括式と、②商品購入のつどクレジット申込書を作成し、支払能力の調査と電話確認により契約締結を審査する個別式とがある。

クレジット契約の支払方法としては、①一括払い、②割賦払い（割賦販売

法では「2ヶ月以上かつ3回に分割して支払うもの」)、③リボルビング方式（あらかじめ設定した与信枠の中で商品を購入すると、あらかじめ定めた計算方法で算出した支払月額を支払う）がある。このうち、①は信用購入あっせんのみ、2か月を超える一括後払いであれば対象となる（翌月一括払いの、いわゆる「マンスリークリア」は対象とならない）。2008年改正前の同法では「2月以上かつ3回以上の分割払い」のみが規制対象となっていた。このため、「2月以上かつ2回払い」といった事例や、いわゆる「ボーナス払い」についての消費者相談件数が多かった。そこで、とりわけ問題が多かった「割賦購入あっせん」につき、分割払いの要件を外し、翌月払いを除き、2か月以上の与信であれば一括払いも含めて規制対象とし、また名称を「割賦購入あっせん」から「信用購入あっせん」に改めた（さらに「包括信用購入あっせん」と「個別信用購入あっせん」に分けられている）。ただし、割賦販売、ローン提携販売では変更されなかった。なお、「後からリボ払い」のように、最初は一括払いで決済したが、後日リボルビング払いに変更した場合には、変更後は割賦販売法の適用を受けるものと理解されている（日弁連202頁）。

　購入商品、役務、権利については「政令指定商品制」が採用されている。しかし、これについても2008年の割賦販売法改正で信用購入あっせんについては指定商品・役務制が廃止された（指定権利制は維持された。また、割賦販売とローン提携販売については指定制が維持された）。信用購入あっせんで例外となるのは不動産ぐらいである。

図表1　割賦販売法の規制対象

割賦販売 （割販2条1項）	割賦払	包括式 個別式	指定商品
	リボルビング	包括式	
ローン提携販売 （同条2項）	割賦払	包括式	指定商品
	リボルビング	包括式	
信用購入あっせん （同条3項）	割賦払	包括信用購入あっせん	指定なし（権利については指定制）
	割賦払	個別信用購入あっせん	
	リボルビング	包括式	
前払式特定取引			指定商品・指定役務

なお、決済手段には以上のほか、例えばプリペイドカードによる支払など
さまざまな手段があるが、これらには資金決済法が適用される（本書では立
ち入らない。日弁連218頁以下参照）。

(2) 規制内容

(i) 登録制

割賦販売法では、割賦販売業者に登録を求めている（開業規制。*Unit 11*）。
包括信用購入あっせんについては制定当初から、個別信用購入あっせんにつ
いては2008年同法改正で個別信用購入あっせんをめぐる苦情件数が増加した
ことを受けて登録制が導入された（同法35条の3の23以下）。

最近ではクレジットカードが日常の買い物にも利用される機会が増加し、
少額の包括信用購入あっせん（極度額が10万円程度）について、利用者から
のニーズが増加していることや、少額・低リスクの包括信用購入あっせん
サービスを提供する事業者も増加していることから、2020年の割賦販売法改
正によって「登録少額包括信用購入あっせん業者」制度が創設され、既存の
包括信用購入あっせん業者より参入要件や一部の行為規制が合理化されてい
る（佐伯ほか16頁以下）。

(ii) 取引条件表示義務（書面交付義務）

包括信用購入あっせんの場合にも個別信用購入あっせんの場合にも、取引
条件を記載した書面を交付する義務を負う。包括信用購入あっせんの場合に
は、クレジットカードを消費者に交付するとき、またはカード番号・記号を
付与するとき、ならびに包括信用購入あっせんの取引条件を広告するとき
は、取引条件に関する一定の事項（支払期間・回数、手数料率など）を記載し
た書面を利用者に交付しなければならない（割販30条）。個別信用購入あっ
せんの場合には、販売業者が販売時までに現金販売価格、支払総額、支払期
間・回数、手数料率等の取引条件を記載した書面を交付する義務を負う（同
法35条の3の2）。しかし、これは販売業者に課される書面交付義務である。
2008年同法改正によって、個別信用購入あっせん業者も特定商取引5類型に
関する個別クレジット契約の申込みを受けたときおよび契約を締結したとき
は、遅滞なく、個別クレジット契約の申込書面および契約書面の交付義務を

負うとされた（同法35条の3の9。さらに、販売業者の書面交付義務も強化されている。同法35条の3の8）。書面交付義務は包括信用購入あっせん業者にも課されている（同法30条の2の3）。また、包括信用購入あっせんを利用して商品を販売した販売業者も、遅滞なく、販売契約の内容に関する事項を記載した契約書面の交付義務を負う（同条4項）。

2020年の割賦販売法改正によって、原則は書面および電磁的方法を含む情報提供義務としつつ、購入者等から書面の交付を求められた場合には書面交付義務を課すという規制方法に改められた（同法30条1項～3項、ならびに、同法30条の2の3第1項～4項）。

(iii) 過剰与信防止義務

信用購入あっせん全体について、過剰与信防止義務が設けられている。どちらも違反した場合は行政処分が課される。2008年割賦販売法改正前は過剰与信をしないようにする努力義務を定める訓示規定が定められているのみ（改正前同法38条）であったが、これが行政処分をもって義務化された。具体的には、包括信用購入あっせん業者は購入者の年収、預貯金等を調査しなければならず（同法30条の2）、それに基づいて算定した個別支払可能見込額を超える与信を行ってはならない（同法30条の2の2）。個別信用購入あっせんについては、個別信用購入あっせん業者が個別クレジット契約を締結しようとするときは、購入者の年収、預貯金、クレジット債務の支払状況、借入状況、その他の「個別支払可能見込額」を判定するために必要な事項を調査しなければならない（同法35条の3の3）。また、個別信用購入あっせん業者は、個別支払可能見込額の算定にあたっては、指定信用情報機関が保有する特定信用情報を利用しなければならない（同条3項）。その上で、当該個別クレジット契約の支払総額のうち1年間に支払うこととなる額が、上記の調査により得られた事項を基礎として算定した個別支払可能見込額を超えるときは、当該個別クレジット契約を締結してはならない（同法35条の3の4）。

2020年の割賦販売法改正によって、支払可能見込額調査と同程度以上の精度を有する与信審査手法を用いるカード会社等については、過剰与信を未然に防止し消費者を保護するという同法上の法益を担保することができることから、経済産業大臣の認定を受けた上で、支払可能見込額調査に代えて当該

与信審査手法を用いることができることになった（「認定包括信用購入あっせん業者」。同法30条の５の４・30条の５の５・30条の５の６・30条の５の７。佐伯ほか15頁以下を参照）。

(ⅳ) 個別信用購入あっせんをめぐるルール

　個別信用購入あっせんは、販売契約ごとに申し込む取引形態であるため、クレジットカードを持っていない者（高齢者など）でも利用可能であり、そのために高額商品の訪問販売などで利用されることが多く、消費者被害の原因となってきた。そのため、個別信用購入あっせんについていくつかのルールが追加された。

　まず、個別クレジット契約（法律上は「個別信用購入あっせん関係受領契約」だが、本書では「個別クレジット契約」とする）のクーリング・オフを創設し、個別クレジット契約がクーリング・オフされると販売契約もクーリング・オフされることとした（割販35条の３の10・35条の３の11）。これによって既払金の返還が可能となる。また、「次々販売」に対応するために、訪問販売（および2016年同法改正で電話勧誘販売も追加）による過量販売契約にかかる与信契約の解除権を設けて、販売契約、個別クレジット契約ともに巻き戻してクレジット既払金の返還を可能にした（同法35条の３の12）。

　また、個別信用購入あっせんにおける既払金返還の民事ルールが創設された（割販35条の３の13〜35条の３の16）。具体的には、通信販売を除く特定商取引法適用取引に個別信用購入あっせんを提供する場合であり、かつ、加盟店（販売業者）が個別クレジット契約に関する重要事項について不実の告知または不告知を行った場合や、個別クレジット契約を必要とする事情や契約締結の判断に影響を及ぼす重要な事項につき、不実告知をした場合には、個別クレジット契約を取り消すことができるとした。この結果、取り消された個別信用購入あっせん業者に既払金の返還責任が生じる。消費者契約法４条および５条の特則である。個別信用購入あっせん業者と販売業者との間に契約勧誘・締結過程における特に密接な牽連関係が存在することと、特定商取引５類型における個別信用あっせんの利用によって消費者被害が助長されやすいこととにかんがみた規定である（佐久間・展開56頁）。もっとも、信販会社が販売業者の信用状況を把握できる立場にあることから、店舗取引で販売

業者等の債務不履行により購入者が契約を解除した場合にも、信販会社に対する既払金返還請求が認められてよいのではないかとの指摘もみられる（後藤197頁）。

この規定については、契約締結過程における第三者の利用とその者を利用した事業者の責任という、根本的な問題も潜んでいる（**Unit 5** の消費者契約法5条、**Unit 15** の不法行為法の箇所を参照）。事業者による契約締結過程における第三者の利用が事業者と消費者との間の情報力格差・交渉力格差を生ずる大きな原因であることにかんがみれば、その第三者の責められるべき容態によって消費者が重大な事実認識の誤りに基づいて意思表示をしていた場合に、事業者が第三者との別人格性に依拠して契約の利益を確保することを認めることは、消費者保護の観点からみても許されないだろう（佐久間・展開58頁）。

以上の趣旨から、通信販売における個別信用あっせん取引や店舗取引において販売業者が不実告知を行ったという場合には、販売業者が消費者契約法5条の「媒介者」にあたりうることから、同法4条の取消事由に該当する限り、個別クレジット契約の取消しができる（池本36頁）。

さらに、適正与信義務も設けられた。具体的には、個別信用購入あっせん業者は、販売契約の勧誘方法等について調査義務を負い（割販35条の3の5）、不適正な勧誘行為による販売契約の場合には個別クレジット契約が禁止される（同法35条の3の7）。この義務は特定商取引法上の訪問販売、電話勧誘販売、連鎖販売取引、特定継続的役務提供および業務提供誘引販売取引について個別クレジット契約を締結しようとする場合のみに課される。違反した場合には行政処分が課される。また、個別信用購入あっせん業者は、顧客から苦情が寄せられたときは、苦情の適切かつ迅速な処置のため加盟店の調査義務を負う（割販35条の3の20）。包括クレジット契約の場合には適正与信調査義務にあたる規定はないものの、業務適正化義務（同法30条の5の2）の規定の中に顧客の苦情発生時の適正処理義務が規定されている点は、適正与信調査義務の一部を構成するものといわれている（池本36頁）。

⒱　**クレジットの不正使用対策**

包括信用購入あっせん業者または2か月払購入あっせんを業とする者は、

従業員、退職者等が容易にクレジットカード番号等を漏洩または不正な手段で取得できないよう、クレジットカード番号等の適切な管理のために必要な措置を講ずる義務を負う（割販35条の16）。

2016年割賦販売法改正では加盟店等のセキュリティ対策義務や加盟店調査義務が課された。**Unit 14** ではこの改正の背景でもある近時のクレジットカードをめぐる問題を説明した上で、2016年の同法改正について述べる。

4　抗弁の対抗規定をめぐる問題点

抗弁の対抗規定については1984年割賦販売法改正後も抗弁の対抗をめぐる以下の2つの問題が残り、裁判例・学説で議論されることになる（大村219頁も参照）。これらの問題は、まさしく抗弁の対抗規定の意義および射程に関する問題である。

第1に、1984年の改正法の適用がないケースについて抗弁の対抗が認められるかが問題となった。この問題は、新しい立法の意味を問うことになる。つまり、新しい割賦販売法30条の4が従来の判例の取扱いを確認したものにすぎないのであれば（確認説）、1984年の改正前のケースについても抗弁の対抗が認められることになるが、一方で、本来は無理なことをわざわざ新しい立法で認めたということであれば（創設説）、1984年の改正前のケースには同条は適用されないということになる。これについて、最判平成2年2月20日判時1354号76頁が判断を下した。同判決は、「改正後の割賦販売法30条の4第1項の規定は、法が、購入者保護の観点から、購入者において売買契約上生じている事由をあっせん業者に対抗し得ることを新たに認めたものにほかならない。したがって、右改正前においては、購入者と販売業者との間の売買契約が販売業者の商品引渡債務の不履行を原因として合意解除された場合であっても、購入者とあっせん業者との間の立替払契約において、かかる場合には購入者が右業者の履行請求を拒み得る旨の特別の合意があるとき、又はあっせん業者において販売業者の右不履行に至るべき事情を知り若しくは知り得べきでありながら立替払を実行したなど右不履行の結果をあっせん業者に帰せしめるのを信義則上相当とする特段の事情があるときでない

限り、購入者が右合意解除をもってあっせん業者の履行請求を拒むことはできないものと解するのが相当である」というように、創設説の立場に立った。

　第2に、割賦販売法30条の4が認めたのは抗弁の対抗、すなわち未払金の支払を拒絶することであり、すでに支払った金銭つまり既払金の返還請求をも認めたわけではない。裁判例では、既払金の請求を否定するのが主流であった。なぜなら、販売業者と購入者との間の契約が無効になったからといって、ただちに信販会社と購入者の間の契約までもが当然に無効となるわけではないからである。前述した2008年の同法改正で一部改善されたが、すべての問題を解決したわけではない。裁判例の中には、信販会社に加盟店（すなわち購入者と契約関係にある販売業者）の適正与信調査業務違反がある（同法でいえば35条の3の5）として、不法行為に基づいて損害賠償として実質的に既払金の返還を認めるものもあるが、この場合にも既払金全額の返還が認められているわけではない（静岡地浜松支判平成17年7月11日判時1915号88頁では、購入者の既払金から受領済みモニター料金および寝具の価格相当額を控除した額の限度で購入者からの損害賠償請求を認容している）。

　以上の2点が問題となった最高裁判決として、最判平成23年10月25日民集65巻7号3114頁がある。裁判所は、いわゆるデート商法の手口で消費者に宝石等を買わせたという売買契約が公序良俗に違反すると判断した上で、たとえ売買契約が公序良俗に反して無効とされる場合であっても、「販売業者とあっせん業者との関係、販売業者の立替払契約締結手続への関与の内容及び程度、販売業者の公序良俗に反する行為についてもあっせん業者の認識の有無及び程度等に照らし、販売業者による公序良俗に反する行為の結果をあっせん業者に帰せしめ、売買契約と一体的に立替払契約についてのその効力を否定することを信義則上相当とする特段の事情があるときでない限り……立替払契約が無効となる余地はな」く、「本件立替払契約の無効を理由として、本件既払金の返還を求めることはできない」と判断した。このように、クレジットを組むきっかけとなった契約（本件では売買契約）の無効等を理由に立替払契約の効力をも否定するためのハードルは高いといえる（実際、本判決でも既払金返還を否定している）。本判決は前述した与信契約取消権を導入

した2008年改正前の事案であり、当時は民法の法律構成によって既払い返還を請求するしかなかった。しかし、2008年改正で導入された与信契約取消権の対象が決して広いわけではないこと（都筑・法理268頁）、それにもかかわらず、本判決の法理によれば既払い金返還請求が認められるためのハードルが高いことから、既払い金返還が実現する場面は相当に限られることになる（都筑・法理277頁）。理論的には、本判決における複数の契約相互間での効力の否定が相当に限られたものであることから、従来の学説における「複合契約論」（本Unit冒頭参照）とは異なる考え方であるとも指摘されている（都筑・法理278頁）。

　他方で、売買契約と別個の立替払契約であっても、非常に限られた場面とはいえ、一定の要件のもとで無効となる可能性が認められたことは無視できない。（都筑・法理279頁。既払金返還請求の可否をめぐる学説や判例について、中田・判批94頁を参照）。

＊参考文献＊

本文中、河上正二「複合的給付・複合的契約および多数当事者の契約関係」法学教室172号（1995年）48頁（磯村保ほか『民法トライアル教室』（有斐閣、1999年）所収）、都筑満雄『複合取引の法的構造』（成文堂、2007年）、都筑満雄「複合契約と公序良俗——無効判断枠組みの解明に関する一考察（上）（下）」国民生活研究47巻2号20頁、47巻3号（2007年）18頁（同『複合契約の法理』（日本評論社、2024年）143頁に所収）、小林和子ほか編著『複合契約の理論と実務』（民事法研究会、2013年）、都筑満雄『複合契約の法理』（日本評論社、2023年）、角田真理子『クレジットカードと消費者トラブルの法的分析』（信山社、2017年）、後藤巻則「総論・割賦販売法」中田＝鹿野編183頁、経済産業省商務情報政策局取引信用課編『平成20年版割賦販売法の解説』（日本クレジット協会、2009年）、佐伯昌彦ほか「令和2年改正割賦販売法の概要」NBL1180号（2020年）13頁、佐久間毅「消費者契約法5条の展開」現代消費者法14号（2012年）52頁、池本誠司「販売信用取引の現状と課題」法律時報83巻8号（2011年）35頁、中田邦博「判批」百選94頁。
その他、割賦販売法について、阿部高明『逐条解説割賦販売法(1)(2)』（青林書院、2018年）。

Unit 14

消費者取引とシステム設定者の責任論②

1　クレジットカード取引をめぐる問題

　Unit 13 で説明した信用購入あっせんのうち、クレジットカードが用いられる取引は、カード利用者、加盟店、信販会社の三者間取引である。しかし、現在ではカード利用者へのカード発行と加盟店へのカード利用環境提供を別々の業者が行っているのが取引実態となっている（産業構造審議会商務流通情報分科会割賦販売小委員会「報告書～クレジットカード取引システムの健全な発展を通じた消費者利益の向上に向けて～」（2015年7月）4頁以下参照。なお、2016年6月2日に本報告書の追補版が出され、本報告書以降の状況変化等が報告されている）。

　具体的には、消費者にカード利用者に与信枠を供与してカードを発行し、実際に会員から利用代金を受け取るカード発行会社（イシュア。法律上は「クレジットカード等購入あっせん業者」（割販35条の16第1項柱書））、加盟店にカード利用環境提供を行う加盟店管理会社（アクワイアラ。法律上は「立替払取次業者」（同項3号））が分化しており、両者を国際ブランドが介していることが多い。このようにイシュアとアクワイアラが分化した取引を「オフアス取引」という（分化していない従来の取引を「オンアス取引」という）。国際ブランドは、クレジットカードの世界的な決済システムを提供し、知的財産を所有・管理する団体である。イシュア・アクワイアラを結びつけ、イシュア・アクワイアラに決済ネットワークを提供するプラットフォーム事業者と言える（イシュア・アクワイアラは、国際ブランドのルールに従う）。他方で、国際ブランドは、カード会員・加盟店との間では何らの契約も結んでいない（伊藤294頁、および、296頁）。なお、百貨店、鉄道会社などによる提携カードもあり、その場合カード会員の獲得・管理は百貨店、鉄道会社などが行い、カード発行はイシュアが行う。

さらに、インターネット通信販売の発展を背景に、アクワイアラと加盟店との間に介在し、加盟店契約の締結段階ないし履行段階に関与する決済代行業者（Payment Service Provider：PSP）が存在することもある（以上、プラットフォームビジネスという観点からカード決済の取引構造を分析し、決済が終了しなかった場合の利害関係者観の権利義務関係を論じるものとして、千葉・取引構造364頁以下）。

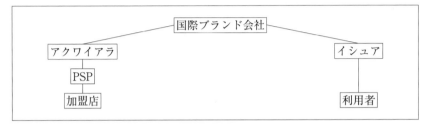

　以上のようにクレジットカード取引に関わる主体が複数に分かれていることは、加盟店との間で消費者がトラブルに巻き込まれた際の法的解決を困難にしている。従来はイシュアとアクワイアラの機能をクレジットカード会社が一手に引き受けていたため、加盟店の調査等はクレジットカード会社が行うことが可能であった。しかし、アクワイアラとイシュア、さらには決済代行業者が分化していることで、イシュアは加盟店調査を直接に行いうる立場になく、他方でアクワイアラおよび決済代行業者にとっては加盟店の獲得および売上げのみに関心を有し、カード利用者の保護に取り組むインセンティブに欠けるといわれている（渡辺24頁）。他方で、カード利用者と直接接点があるのはイシュアのみである（毎月1回、会員に対して請求データを送付する業務を担っている）。

　最近のカード取引をめぐる消費者相談では加盟店に原因があるものが多い。その際、消費者は苦情をイシュアに申し立てることになるが、イシュアによって対応が異なる点が苦情として挙げられている。イシュアは、法令および加盟店と消費者の紛争は両当事者間で解決すべきという会員規約上の考え方を原則としつつ、加盟店に問題があることが合理的に推認される場合には、柔軟に消費者救済のための対応を行っているといわれている（永井＝安井77頁）。しかし、特にアクワイアラが海外の業者である場合には苦情を適

宜にアクワイアラに連携することが難しい。

そこで、2016年に割賦販売法が改正された。具体的には、アクワイアラ等、加盟店に対してクレジットカードの取扱いを認める契約を締結する事業者（クレジットカード番号等取扱契約締結事業者）について登録制を導入し（同法35条の17の2）、また、アクワイアラは加盟店契約時や消費者トラブル発生時に加盟店の調査等を行う義務を負う（同法35条の17の8）。決済代行業者も加盟店との契約締結について実質的に最終権限を有している場合には登録制となり、アクワイアラと同じ義務が課される（ただし、後述するように、実質的な審査・締結権限の有無という取引実態の認定が不明確であるため、無登録決済代行業者に関する被害が横行している。池本・決済代行業者8頁）。海外アクワイアラが国内事業者との間で加盟店契約を締結する場合にも、登録が必要となる。一方で、イシュアには加盟店調査義務は課されないが（加盟店との直接の関係がないため）、2016年改正で包括信用購入あっせん業者の「苦情の適切かつ迅速な処理」義務（同法30条の5の2）に関する省令が見直された結果、購入者から寄せられた苦情が、不実告知等の取消事由や禁止行為に該当する重大な苦情の場合には1件でも、その他の苦情は多発時に、アクワイアラに苦情を伝達する義務を負うことになった（割販則60条2号。もっとも、マンスリークリア取引のイシュアに対する苦情の適切処理義務の適用は見送られ、自主規制による対応を促すこととされたが、現状ではその実施が不十分であると指摘されている。池本・キャッシュレス決済51頁）。

なお、以上の分化された場合の抗弁の対抗はどうなるか。加盟店規約の中では、抗弁の対抗に基づいて請求額の支払が拒否された場合には、イシュアからアクワイアラに、アクワイアラから加盟店に既払決済金額の払戻しを請求できることとしている。

しかし、個別クレジットをめぐる相談件数が減少気味である一方で、マンスリークリアおよび包括クレジットをめぐる相談数は増加傾向にあるにもかかわらず、2016年の割賦販売法改正では長年指摘されているマンスリークリアについての明文化はなされなかった。前述したように、マンスリークリアの場合、イシュアには苦情の適切処理義務が課されておらず、かつ、抗弁の対抗もできないので、紛争が解決できていない可能性がある。日本クレジッ

ト協会の「包括信用購入あっせんに係る自主規制規則」60条の2第2項で、自主規制とはいえ、マンスリークリアでも苦情伝達の努力義務が課されているが、それでも自主規制が適切に運用されているかが課題として残されている（イシュアが苦情をアクワイアラに伝達する役割を懈怠した場合の、イシュアの購入者に対する民事責任の可能性につき、池本・キャッシュレス決済62頁以下を参照）。マンスリークリアの場合にも抗弁の対抗を認める必要や（谷本115頁も参照）、加盟店調査義務・苦情の適切処理義務を課すことを検討し、2ヶ月超クレジット決済等との規定のアンバランスを是正する必要がある（池本・課題85頁）。

　また、前述したように、現行法では決済代行業者のうち、実質的に加盟店審査・締結権限を有する業者のみが登録制や加盟店調査義務の対象となっており、そのことが無登録決済代行業者に関する被害の横行に繋がっている。このように、三者間取引であった個別クレジット・包括クレジットにおける主体のさらなる分化が、法規制の「抜け穴」を作り出しているのが実態である。消費者からみると、これらの「分化」は決して明確ではなく、これらの主体の違いによって保護の度合いがあることは妥当なのか。それぞれの主体が取引にどのように関与しているかをふまえ、主体間によって法規制の有無や程度に差がある状態を是正する必要がある。さしあたりは、決済代行業者全体に加盟店調査措置義務や登録制を課すことが考えられる（池本・決済代行業者9頁、谷本110頁および115頁は、加盟店と直接提携関係を結び調査監督できる決済代行業者に加盟店調査義務を課すべきとする）。

　さらに、近時、消費者相談が増加しているものとして、後払い決済サービスがある。後払い決済サービスとは、①買主がオンライン等で売主から物品等の購入を行う際に、スマートフォン等の画面に表示される支払い方法の中から「後払い」を選択すると、その買主の情報が売主（加盟店）と後払い決済サービス業者とで共有され、これとともに、後払い決済サービス業者によって買主の与信審査が行われる。買主が与信審査に通ると、買主は物品を購入でき、②売主から目的物の引渡しがなされ、その後に（あるいは商品と同梱で）③後払い決済サービス業者から買主に対して請求書が送付される。④買主は、その請求書の記載にそって、郵便局等で支払いをすることにな

Unit 14

消費者取引とシステム設定者の責任論②

る。支払い期日は請求書発行から14日以内で、かつ、1回払いとしているものが多いとのことである（以上、定義等の詳細は、深川。また、国民生活センター「（特別調査）消費者トラブルからみる立替払い型の後払い決済サービスをめぐる課題」（2020年1月23日）2頁も参照）。1か月当たりの利用限度額はあるものの、商品が届いた後で代金を支払える点やカードを持たない消費者も利用できる点で利便性がある。しかし、後払い決済サービスには、ファクタリング方式、代理受領契約方式、さらには立替払い契約方式などさまざまな法的構成があり、そのどれにあたるかによって、買主が売主に対して主張することのできる抗弁を後払い決済サービス業者に対しても対抗できるか否かが変わることが指摘されている。立替払い契約方式であっても、1回払いである点で割賦販売法が適用されず、また、支払総額が少額にすぎないこともあるために、割賦販売法改正による後払い決済サービス業者への抗弁の対抗を認めるかどうかは異論の余地があろう。しかし、この点については、買主がどの法的構成によるかを選べないにもかかわらず、抗弁の対抗の可否が異なるのは不合理であり、消費者の損害を防止する仕組みが必要であると指摘されており（以上の議論も含め、深川96〜100頁を参照）、検討に値する。また、立替払い型の後払い決済サービス業者には割賦販売法や資金決済法が適用されない以上、過剰与信防止や苦情処理、加盟店調査義務も課されず、自主的な対応に委ねられているが、実際には過剰与信や不正利用のトラブルが国民生活センターに寄せられている。加盟店に関する消費者からの苦情への対応も十分になされていないことが指摘されている（以上、国民生活センター・前掲8頁）。

2　不正利用事例におけるシステム設定者の責任

　現代ではクレジット決済システムや、現金の引き落としに使われるATMなど、事業者が取引にかかるコストを抑えつつ、迅速な取引を可能にするためのさまざまなシステムが用いられている。しかし、これらのシステムは便利な反面、意図的な名義貸しが行われたり、また知らない第三者や家族による不正利用を招く側面を有している。この場合に、法的には当該取引の効力

はどうなるのかが問題となる。この問題を考える上では、信販会社や販売業者・役務提供業者の注意義務が重要な役割を果たしている。そこには、取引システムを構築・管理する者は、このようなシステムを開設・運用して利益を挙げる以上、このシステムの濫用から生じる損害を避けるために一定の義務を負うという「システム設定者の責任」という発想がある。

以下では、「システム設定者の責任」という考え方で説明できる場面として、クレジットカード等の名義貸しや不正利用の事例、および、預金取引における第三者の不正利用の事例を取り上げる。

(1)　具体例①——名義貸し、他人による不正利用

「名義貸し」や「不正利用」と呼ばれる場合には、裁判例にもあるように実にさまざまな場合があり、概説書等の分類も一貫したものではない。ここでは、「名義貸し」および「不正利用」をおおまかに次のように定義・分類する（大村223頁以下も参照）。

「名義貸し」の典型例は、知人などから「迷惑はかけない」などといわれて、知人を実質上の契約者（代金支払者）、自分を形式上の契約者とするものである。この場合、実際に契約を結ぶ行為が名義貸し人である場合と名義貸しを頼んできた知人などである場合とがある。

一方、「不正利用」とは、契約名義人が知らない間に他人によって勝手に名前が使われて売買等がなされた場合である。例えば、第三者が落ちていた保険証を利用して金銭を借りた場合や、子が勝手に親のクレジットカードを利用して買い物をしたという場合がある。

両者とも、名義貸し人・不正利用者と銀行・貸金業者等との間の二当事者間契約である場合と、クレジット契約のように販売業者と信販会社が関与する取引で名義貸し・不正利用が行われる三当事者間契約である場合がある。

両者の違いは、主として契約名義人が名義貸し・不正利用に加担しているか否か、ないしは少なくとも知っていたか否かによるものである（例えば、不正利用の場合は契約名義人が気づかない場合にカードが利用されるものである）。裁判例では、この点の違いや、相手方が名義貸し・不正利用を知っていたか否かなど、さまざまな事情が総合考慮されている。以下、いくつかの

場合に分けて裁判例を概観する。

(i) 名義貸しの事例

　裁判例では結論が分かれているが、ポイントとなっているのは、名義貸し人が名義貸しに積極的に関与していたか否かである。

　名義貸し人が名義貸しを承諾していた事案である名古屋高判昭和58年11月28日判時1105号138頁は、「Yは自己名義の甲第一号証の作成を承諾していたうえ、同号証の作成後、Xの方からYに対し、電話で本件各契約を確認するとともに、クレジット支払明細書を送付したのに対し、Yから何らの異議も出なかった経緯があり、しかも原審証人Dの証言によれば、YはDに対し、Aに名義を貸した旨述べていたこと等」の事実から、名義貸しを「許諾していた」とし、名義貸し人の名板貸責任（旧商23条：現14条）の法意による責任を認めた。一方で、勝手に名義が使われたという事実認定がなされている福岡地小倉支判昭和60年2月20日判タ554号282頁では名義貸人の責任が否定されている。

　では、両者の中間ケースといえる場合、つまり、積極的に名義を貸したわけではないが、まったく知らなかったわけではないという程度の関与がある場合はどうだろうか。この典型例が長崎地判平成元年6月30日判時1325号128頁である。Yが販売会社Aから下着一式を金13万円で購入した代金について信販会社Xが立替払したが、実はAとBとの売買であるのに、Bに信用がないことから、Xの社員Cが積極的に関与しBが必ず支払をするからといった詐欺的言動で、Yがこれを断ることができず、Yに名義使用を承諾させたという事案である。裁判所は、割賦販売法30条の4について、「購入者が販売業者に対して有する抗弁をもって、割賦購入あっせん業者に対抗することが、抗弁権の接続を認める趣旨に反し、信義則上許されない場合を除き、同条は抗弁事由について特にこれを限定していないから、原則として、購入者が販売業者に対抗できる事由は、同条の抗弁事由となるというべきである」とした上で、本件のような虚偽表示の場合について、「購入者の作出した一方的な又は積極的な関与に基づく事由は、抗弁事由に該当しないが、販売業者が、詐欺的言動によって購入者をして名義貸しをなさしめた場合などは、その名義貸しをなすに至った事情いかんによっては、虚偽表示を割賦

購入あっせん業者に対抗することが、抗弁権の接続を認めた立法の趣旨に反し信義則上許されないものではないというべく、虚偽表示であれば一律に抗弁事由足り得ないと解すべきではない」とした。本件では販売会社Aが虚偽の売買契約を積極的に作出したものであり、Yは信販会社Xの社員Cの詐欺的言動で断り切れず名義使用を承諾させたものにすぎず、消極的なものであるとして、Yが虚偽表示の主張をXに対して行うことが信義則に反するとはいえない、とした。

　このように、原則は名義貸人が「承諾」していたか否かによって名義貸人の責任が判断され、かつての裁判例では名義貸人の責任が肯定されることがほとんどであったが、近年では取引の相手方の名義貸しの知・不知が考慮に入れられている。そして、相手方が名義貸しであることを知っている場合には民法93条1項ただし書類推適用により、名義貸人に責任を負わせないとされている。

　例として東京地判平成21年5月14日判時2050号114頁がある。この事件では、インターネットによる株時期の信用取引を行うために弁護士Bに信用取引口座貸しを行ったYに対して、証券会社Xが信用取引の差損金の支払を求めたが、これに対してYが、本件信用取引委託契約はXとBとの間で成立したものであると主張したものである。判決は、Yが自己の意思で本件信用取引口座設定契約を締結し、その後もBがこの口座を使用することに包括的承諾を与えていたとして、Yの心裡留保（民93条）の主張を認めなかった。ただし、口座開設の相手方であるXにおいて、本件信用取引を実際に行っているのはYではなくBであると知っていたか、または知らなかったことに過失があったなどの特段の事情がある場合には、同条ただし書類推適用により、Yに本件信用取引の効果を帰属させないことがあるとしている。その上で、Xの本人確認義務違反等の義務違反はなかったとして、同条ただし書類推適用すべきとのYの主張を認めなかった。

　また、考慮に入れられるべきは名義貸しに至る過程、具体的には販売業者や信販会社の対応である。名義貸しの場合には、契約の内容や仕組みを知らない消費者に対して言葉巧みに署名捺印させているケースも多い。この場合には、名義貸人である消費者がやむなく名義貸しを「承諾」したり、電話で

の問い合わせに対して「はい」と言っていたとしても、名義貸人の責任を否定すべきであろう。

　個別信用購入あっせんにおいて、販売業者からの依頼に応じて購入者が名義上の購入者となることを承諾してあっせん業者との間で立替払契約を締結したという事案において、最判平成29年2月21日民集71巻2号99頁は、「立替払契約が購入者の承諾の下で名義貸しという不正な方法によって締結されたものであったとしても」、販売業者が名義貸しを依頼する際に、名義上の購入者となる物を必要とする高齢者等がいること、実際にもこの高齢者等との間の売買契約および商品の引渡しがあることならびに上記高齢者等による支払がされない事態が生じた場合であっても上記販売業者において確実に上記購入者の上記あっせん業者に対する支払金相当額を支払う意思および能力があることを上記購入者に対して告知したなど場合のように、「契約締結を必要とする事情、契約締結により購入者が実質的に負うこととなるリスクの有無、契約締結によりあっせん業者に実質的な損害が生ずる可能性の有無など、契約締結の動機に関する重要な事項について販売業者による不実告知があった場合には、これによって購入者に誤認が生じ、その結果、立替払契約が締結される可能性もあるといえる」とし、この場合には割賦販売法35条の3の13第1項6号にいう「購入者の判断に影響を及ぼすこととなる重要なもの」にあたり、取消しができるとした。

(ii)　不正利用の事例

　無断での名義利用の場合、名義人と相手方の間には原則として契約関係が成立しない。名義人に契約締結意思がないためである。もし相手方において名義人の信用力などに着目して契約締結に及んでいるとみられる場合には、人の同一性に関する錯誤の問題となりうることはある。しかし、不正利用の場合を想定した統一的なルールはなく、実際には各社が定める約款によっている（さらに、事業者団体のガイドラインが設けられている）。

(a)　第三者による不正利用

　第三者が、名義人が知らない間にカードを利用して買い物をするといったケースが典型例である。

　このような場合について、一般には約款（会員規約という名称が多い）の中

に「カードを会員以外の他人が使用した場合、会員が責任を負う」といった条項が入っていることが多い（これについては後に述べる）。その結果、この規約をもとに、他人による不正使用の場合であっても責任を名義人本人が負うとすることが一般的な考え方である。もっとも、紛失届、盗難届を警察に提出し、かつ、カード会社に紛失・盗難を通知した場合には、不正利用分の請求を免除するというのが実務としては一般的である（損失を填補するため、カード会社はカード保有者を被保険者とするクレジットカード盗難保険を付保している。小塚＝森田188頁）。

また、販売業者である加盟店や信販会社には、カード利用者と名義人本人との同一性確認義務があるとされていることから、これらの義務を怠った場合には、名義人が責任を負わない、あるいは一定限度でしか責任を負わないとすることは考えられる。このような考え方は、札幌地判平成7年8月30日判タ902号119頁でも述べられている。

(b) 家族による不正利用

不正利用が家族内でなされることがある。この場合には当事者が家族関係にあることから特殊な考慮が働くことが多い。

一般にクレジット契約においては、会員の家族・同居人による不正利用に関しては本人が責任を負うという条項が約款中に挿入されている。また、本人の故意または重過失に由来する不正利用に関しては本人が責任を負う旨を定める条項が挿入されている場合もある。ここで、家族等による不正利用の場合には本人の故意または重過失が事実上推定されるといってよい（もっとも、「家族等」の人的範囲は問題となる。川地25頁）。

この点が示された前掲札幌地判平成7年8月30日は、「家族・同居人という会員と社会生活上密接な関係にある者は、一方で、カードの使用が他の第三者と比してはるかに容易な者であり、他方で、会員としても、カードの保管上、盗難等はもとより、右のような者の不正利用についても、原告に対して保管義務を負うべき立場にあると解されるから、クレジットカードの性質及びその予定されている利用状況等に照らすと、右のような者による使用について、それ以外の第三者による使用と区別して会員により重い責任を課すことを内容とする右規約には一応の合理性があり、それが直ちに公序良俗に

違反するとはいえない」としている。ただし、この事案では加盟店の確認義務違反を認めて5割の過失相殺を行っている。

　実際には加盟店である販売業者において本人でないことが識別できることも少なくない。例えば、夫名義のカードを妻が使用する場合には、本人でないことがすぐわかるだろう。

　長崎地佐世保支判平成20年4月24日金判1300号71頁は、インターネット上で名義人の未成年の子供が無断で名義人のクレジットカードを利用したという事案である。この事案でも会員の家族が不正利用した場合には、不正使用に係る利用代金の填補がなされないという条項が設けられていた。これに対して、Y（名義人）が、会員に当該不正使用ないしカード管理に重過失がない場合には、本件条項は適用されず、Xが利用代金を填補すべきであると主張した。

　これについて、判決は、会員に対してその帰責性を問わずに支払責任を負担させる条項について、会員側が自己に帰責性がないことをさらに主張立証し、補償規約の適用を受けようとする余地を排斥する趣旨まではないとした。その上で、会員は自己に重過失がないことを主張立証すれば足り、この場合、補償規約の適用は除外されないとした。さらに、本件のようなインターネット上における非対面での情報入力によるカードの不正利用事案においては、カード会社が採用した利用方法との関連で会員の帰責性を考慮する余地があるとし、カードを利用したなりすまし等を防ぐために、カード識別情報に加えて暗証番号など、本人確認に適した何らかの追加情報の入力を要求するなど、可能な限り会員本人以外の不正使用を排除する利用方法を構築することが要求されていたとした。

　本件の特徴として、会員の帰責性を判断する上で、カード会社が採用していたシステムが不正利用を排除する利用方法となっていたか否かが考慮されている点を挙げることができる。これはまさしく「システム設定者の責任」の考え方である。もっとも、会員の帰責性の有無とカード会社の利用システムの妥当性との間には厳密に言えば関係があるとは言えず、その点で本判決の論理には疑問の余地がないわけではない。いかなる点に会員の帰責性を求めるかが問題となる。

(iii) 法的対応

(a) 約　款

前述したように、クレジット契約においては、利用規約と呼ばれることが多い約款の中で名義貸し・不正利用の場合に関連する条項が定められているのが通常である。具体的には、「名義人が他人に対してカードを使用させることを禁止し、違反した場合には名義人に責任を負わせる」条項や、「紛失・盗難等による他人の不正利用について、原則として名義人に責任を負わせつつ一定の要件のもとに免責を認める」条項である。ただし、後者の場合には、会員がカードの盗難等の事実をカード会社と警察に対して適切に届け出た場合には、会員の責任が免除されるとの「例外」が定められていることも少なくない（川地24頁）。

(b) 信販会社・販売業者等の注意義務

裁判例でみたように、不正利用については信販会社・販売業者の注意義務が重要な役割を果たしている。そこには、本Unitの冒頭で述べたように、取引システムを構築・管理する者は、このようなシステムを開設・運用して利益を挙げる以上、このシステムの濫用から生じる損害を避けるために一定の義務を負うという「システム設定者の責任」という発想がある。

(c) 電子取引と「なりすまし」

電子取引における本人同定の方法として、いわゆる電子署名が用いられるようになっている。電子署名とは、情報の暗号化を利用して署名者の同一性を確保するシステムである。2000年の「電子署名及び認証業務に関する法律」は、電子署名に手書きの署名や実印の押印が有する証拠価値と同等の価値を認めることとしている（同法3条）。これによって、電子取引においても、一般の取引と同程度の本人確認ができるようになったといえる。

(d) 不正利用がなされた場合の損失

不正利用によって損害が発生したが、カード利用者がその損害を負担しない場合には、アクワイアラに帰責事由がある場合を除き、カード発行会社が損害を負担すると定めた特約が有効とされた事例がある。もっとも、直接加盟店と契約関係に立つのはアクワイアラであることから、こちらに帰責事由があると解釈すべきとの見解もある（小塚＝森田190頁）。

なお、業界内の自主ルールではあるが（国際ブランドで用意されている制度
である）、債務不履行等の一定の事由があるときは、イシュアがアクワイアラに対して立替金返還請求通知、あるいは、当該取引の売上請求分の支払い拒否を行い、アクワイアラが一定の期間内に事情を調査して解約事由がないことを回答しないときは、立替払がキャンセル処理となるチャージバックルールが設けられている（日弁連214頁）。このルールは、イシュアとアクワイアラの間の調整を目的としており、直接的にカード会員のために用意された制度ではない。そのため、カード会員や加盟店に対して法的拘束力をもつものではなく、カード会員・加盟店の権利義務はイシュアやアクワイアラの定める会員規約・加盟店規約による（詳細は、尾島249頁以下、および、伊藤309頁および311頁）。

(e) 割賦販売法改正による対応

　前述したように、クレジットカードの不正利用被害の増加を受けて、2016年の割賦販売法改正では、販売業者（加盟店）に対して、クレジットカード番号等の適切な管理（同法35条の16）および不正使用の防止（同法35条の17の15）が義務づけられた。不正利用の防止としては、例えば決済端末のIC対応化が挙げられる。具体的に、事業者が実施すべきセキュリティ対策は、クレジット取引セキュリティ対策協議会「クレジットカード・セキュリティガイドライン【5.0版】」（2024年3月15日）で示されている。2024年に改訂されたこのガイドラインは、非対面決済でのクレジットカード番号盗用による不正利用被害が増加していることをふまえ、改訂前の内容で定められた不正利用対策に加え、2025年3月末までに原則すべてのEC加盟店においてEMV-3Dセキュアを導入すべく、アクワイアラにはEC加盟店へのEMV-3Dセキュアの導入を働きかける事等、および、イシュアに対しては、自社カード会員に対してEMV-3Dセキュアの登録を強く推進するための取組を行う事等を求めている。EMV-3Dセキュアとは、「オンラインショッピング時にクレジットカード番号等の情報の盗用による不正利用を防ぎ、安全にクレジットカード決済を行うために国際ブランドが推奨する本人認証サービス」である（詳しくは上記ガイドライン10頁を参照）。また、個人情報保護法でカバーされないカード情報の漏洩や不正入手をした者は刑事罰の対象となる（割販49条の2。

利用者の保護については、金子25頁以下がわかりやすい)。

さらに、2020年の割賦販売法改正で、決済代行業者やQRコードによる後払決済サービスを提供する事業者等、類型的にカード番号を大量に保有する事業者が適切管理義務の主体に追加された(同法35条の16第1項4号〜7号)。

(iv) 電子マネーをめぐる問題

最近では、電子マネーを支払手段として利用する利用者が増えている。この場合、具体的には利用者は電子マネー発行・利用サービス提供会社が発行する電子マネーをスマートフォン等にダウンロードしたり、当該電子マネー対応のカードで利用するなどしている。また、交通系電子マネーも存在する。利用者は、これらの電子マネーを信販会社発行のクレジットカードを利用して購入している(なお、前払式電子マネーによる決済には資金決済法が適用されることは、すでに **Unit 13** で述べた。また、小塚＝森田22頁以下も参照)。

それでは、電子マネーを紛失したり盗難に遭うなどして第三者に不正利用された場合にはどうなるか。クレジットカードの不正利用とは異なり、電子マネー発行・利用サービス提供会社と信販会社が別であることから問題が生じる。

電子マネーを携帯電話経由で利用していた利用者が、携帯電話を紛失し、何者かに電子マネーを不正利用されたという事案において、東京高判平成29年1月18日判時2356号121頁は、電子マネーサービスを提供する事業者においては、登録携帯電話の紛失等が生じた場合に本件サービスの不正利用を防止するため、登録会員がとるべき措置について適切に約款等で規定し、これを周知する注意義務があるとした上で、本件ではクレジットカード会社だけではなく電子マネーを発行・提供する事業者にも紛失について通知しなければならない旨が周知されていなかったとして、不法行為責任を認めた。

また、電子マネーでサクラサイトの代金の決済を行っていた消費者が電子マネー発行会社に対して、同社は契約上または不法行為上の注意義務として、加盟店契約を締結する際に加盟店が公序良俗違反業務を行っていないかどうかを調査・確認し、問題がある場合には契約を締結せず、契約後も加盟店の調査・確認を継続する加盟店管理義務があると主張した事例において、裁判所は同社が資金決済法によりサーバー型の第三者型前払式支払手段の発

行者として加盟店管理義務を負うからといってただちに契約上ないし信義則上、加盟店管理義務を負うことにはならないとして、消費者の主張を棄却している（東京地判平成27年6月25日判時2280号104頁（都筑76頁以下））。なお、控訴審（東京高判平成28年2月4日消費者法ニュース113号284頁）は加盟店管理義務を肯定しつつ、本件では義務を履行しているとして、消費者の主張を棄却している）。立替払契約に係る信販会社と加盟店の関係に類似していることから加盟店管理義務を負うようにもみえるが、前払式支払手段の発行会社は信用を供与しているわけではなく、決済システムを利用させて支払手段を提供しているにすぎず、決済システムの利用料も与信の対価に比べて低く、事務手数料程度であることを理由に両者を区別している。しかし、控訴審がいうように、少なくとも加盟店の公序良俗違反を認識しえたときにもかかわらず、加盟店契約を継続して決済代行を行った場合には、損害賠償責任を負う余地があろう。資金決済手段が多様化している現在、クレジットカードや個別信用あっせんを前提として展開されてきた解釈論や立法が多様な決済手段にどこまで妥当するのか、検討の余地があろう。その際には、多様な資金決済手段に関する規定が、割賦販売法、資金決済法といった複数の法律に分散しており、しかもその内容も不統一であること自体の是非を問い直す必要がある（千葉7頁以下。キャッシュレス決済について、中崎52頁以下）。

(2) 具体例②——預金取引

(i) 裁判例の概要

　ここでは預貯金過誤払と銀行の責任について説明する。1990年代終わり頃からピッキング盗の被害が急増し、盗まれた預貯金の通帳や印鑑、偽造印影を用いた預貯金の過誤払事件が多発した。しかし、判例は、最初の判例である最判昭和46年6月10日民集25巻4号492頁以降、2017年改正前民法478条の債権の準占有者に対する弁済規定による銀行の免責を広く認めており、被害者の救済にはほど遠いものであった。具体的には、銀行取引においては、払戻しについて約款で規定されているが、判例は約款の解釈として、銀行の無過失を免責のための要件とし、しかもこの過失がある場合をあまり認めていない。このような判例として、まずATMによる無権限者の払戻しがあった

場合の最判平成 5 年 7 月19日判時1489号111頁がある。この判例では、銀行が免責される場合がかなり限られることがわかる。一方、窓口における印鑑照合について最判平成10年 3 月27日金判1049号12頁がある（通帳の副印鑑（口座開設店以外の店舗で印鑑照合するために通帳の表紙裏に貼付された印影）と払戻請求書に押捺された印影を肉眼で平面照合すれば足りるとした）。これらの判例によると、銀行の過失が認められるためのハードルは高い。

しかし、その後判例の枠を踏襲しながらも銀行の払戻請求者の権限確認義務を厳格に解した最高裁判例である、最判平成15年 4 月 8 日民集57巻 4 号337頁が現れた。同判決によれば、銀行が無過失であるというためには、払戻しの際に機械が正しく作動したことだけではなく、銀行において機械払システム設置管理の全体について可能な限度で無権限者による払戻しを排除しうるよう注意義務を尽くさないといけない。この事案では、通帳機械払のシステムについて顧客への周知徹底義務を果たしていなかったとして過失を認めた。

同判決で問題になっているのは、システム全体の設置管理についての銀行の注意義務である。ここには、システムを構築した者はそのシステムから生じる一定の問題につき、責任を負うというシステム設定者の責任論の考え方が表れている。

印鑑照合についても、最近の裁判例では「金融機関は、基本的には、通常の所持及び払戻請求書等の印影と届出印との同一性を確認して払戻しをすれば足りるが、何らかの契機により、銀行の窓口で払戻請求をしている者が正当な受領権限を有しないのではないかとの疑いを抱くべき事情が存在した場合には、その状況に応じて社会通念上期待される確認措置を執り、正当な受領権限を有することを確認することが要求される」といった判断が示されている（東京地判令和元年 6 月 6 日金判1571号14頁）。

(ii) 預金者保護法

前掲最判平成15年 4 月 8 日の影響もあり、2003年 9 月からは全国の都市銀行において窓口払戻しにおける権限確認手続が強化され、盗難通帳での引出しが困難になったことから、盗んだキャッシュカードや偽造カードによる預貯金引出しが社会問題となった。この問題に対応するために2005年 8 月に成

立した法律が預金者保護法である（2006年2月10日施行。以下、小塚＝森田43頁以下も参照）。

預金者保護法は、機械（ATM）で預金を引き出された場合、使われたのが偽造カード等（預貯金通帳でATMを使って払戻しを受ける場合も含む）であれば無権限者による払戻しについて民法478条の適用を排除している（預金者保護3条）。したがって、金融機関は免責されない。その上で、偽造カード等を用いて行われた機械式預貯金払戻し等につき、預貯金者の故意による場合、または、金融機関が善意・無過失であり、かつ預貯金者に重過失がある場合に限って効力を有するとしている（同法4条）。

盗難カードの場合には金融機関への通知・状況説明を行うなど一定の要件の下で、預貯金者に補填請求権を認めている（預貯金者保護5条1項）。ただし、金融機関が預貯金者に軽過失があることを証明できれば補填額は4分の3に減額され（同条2項）、預貯金者に重過失があることを証明できれば全部免責される（同条3項1号イ）。同号には、ほかにも適用除外が定められている。この中には家族による払戻しも規定されている。また、補填請求権が認められるためには、キャッシュカード等が「盗取された」場合でないといけない（つまり、落としたり、紛失して無権限利用されても認められない）。なお、前掲最判平成15年4月8日のような場合には預貯金者に「過失」があるとされる可能性がある。盗難カードの場合、預貯金者は盗難には比較的容易に気づくことができることから、事故について届出を行い、カード利用を停止することで損害の拡大を防ぐことができることから、偽造カードの場合とは異なり、預金者にリスクを負わせているといえる（小塚＝森田44頁）。

この立法によって、金融機関のシステム管理の責任が明確になったといえる。適用事例として、大阪地判平成20年4月17日判時2006号87頁がある。この事件では銀行の補償義務が認められているが、カードが郵送の途中で第三者に詐取され、カードを用いた預金払戻しがなされたというものであった。判決は、「偽造カード」による払戻しがなされた場合にあたるとして（盗難カードではない）、預金者保護法4条を適用した。しかし、同法はキャッシュカードの偽造・盗難事例にのみ適用され、盗難通帳による無権限払戻しやインターネット・バンキングによる不正送金、デビットカードの不正引出しに

は適用されず、全国銀行協会の申立てを受けた各銀行の自主的な補償ルールによらざるをえない（髙橋257頁。全国銀行協会「預金等の不正な払戻しへの対応について」別紙3「インターネット・バンキングに係る補償の対象・要件・基準等について」（2008年2月19日）を参照）。

＊参考文献＊

本文中、伊藤栄寿「クレジットカード決済システムの構造」千葉恵美子編『キャッシュレス決済と法規整』（民事法研究会、2019年）294頁、千葉恵美子「プラットフォームビジネスという観点からみたキャッシュレス決済の取引構造──ネットワーク責任論からプラットフォーム契約構造論への転換」千葉恵美子編『キャッシュレス決済と法規整』（民事法研究会、2019年）360頁、渡辺達徳「取締法規と民事法」消費者法研究4号（2017年）13頁、永井隆光＝安井暢高「割賦販売小委員会報告書の解説」NBL1056号（2015年）75頁、池本誠司「決済代行業者に対し加盟店調査義務・登録制の導入を」消費者法ニュース140号（2024年）8頁、池本誠司「キャッシュレス決済の進展における割賦販売法の今後の課題」後藤古稀49頁、谷本圭子「消費者信用法の体系化・現代化」現代消費者法60号（2023年）108頁、池本誠司「実務からみた消費者法の体系化・現代化の課題」現代消費者法60号（2023年）77頁、深川裕佳「いわゆる『立替払い型の後払い決済サービス』における消費者の保護」穴沢大輔ほか編『長井長信先生古稀記念・消費社会のこれからと法』（信山社、2024年）87頁、小塚荘一郎＝森田果『支払決済法〔第3版〕』（商事法務、2018年）、川地宏行「判批」私法判例リマークス68号（2024年）22頁、尾島茂樹「クレジット・カードのチャージバックに関する覚書」加藤新太郎ほか編『加藤雅信先生古稀記念・21世紀民事法学の挑戦下巻』（信山社、2018年）249頁、金子宏直「キャッシュレス決済をめぐる法規制の現状と課題の整理」現代消費者法51号（2021年）21頁、都筑満雄「判批」現代消費者法35号（2017年）76頁、千葉恵美子「キャッシュレス決済の意義と検討の必要性」現代消費者法36号（2017年）4頁、中崎隆「キャッシュレス決済と法律」法学教室463号（2019年）52頁、髙橋美加「銀行取引・電子決済と消費者」百選257頁。
本文に掲げるもののほか、高見澤昭治ほか『預金者保護法ハンドブック』（日本評論社、2006年）、千葉恵美子編著『キャッシュレス決済と法規整：横断的・包括的な電子決済法制の制定に向けて』（民事法研究会、2019年）。

Unit 15

消費者取引と不法行為

　これまでで説明したように、消費者取引トラブルでは事業者の不法行為責任が認められた事例が少なくない。例として、事業者による不当な勧誘や説明によって消費者が意図しない契約を締結した場合の錯誤、詐欺、強迫に代わるものとしての不法行為責任や（*Unit 4* および *Unit 6*）、ネズミ講、マルチ商法などの悪質商法の場合の不法行為責任（*Unit 7*）がある。これらは、本来であれば民法の錯誤、詐欺や公序良俗規定で処理されるべき事案であることから、便宜上、「補充の場面」と名づける。その一方で、不法行為責任の特徴として、取引の相手方だけではなく例えば契約締結時に事業者が利用した第三者の責任等も追及することができるという点があるが、この取引の相手方以外の第三者の責任を追及する際の不法行為責任について説明する。これは、責任主体の範囲を広げることになるので、「拡張の場面」と名づける。最後に、消費者取引において不法行為責任がどのような意味を持つかを説明する。

1 「補充」の場面──消費者契約への不法行為法の進出

(1) 契約締結過程における不法行為責任

　すでにみたように（*Unit 4*）、事業者の不当勧誘について、錯誤、詐欺、強迫などの法律行為の規定ではなく、不法行為による解決がなされている事案が少なからず存在する（以下、新注民(15)790頁以下〔後藤巻則〕で判例が整理されている）。その際に、事業者の民法709条にいう過失の存在を導くものとして重要な役割を果たしているのが説明義務である。つまり、相手方がその契約に関する情報について誤認をし、それによって当該誤認がなければしなかったであろう契約を締結したために損害を被った場合には、事業者は損害賠償責任を負うというものである。説明をしなかったという不作為だけでは

246

なく、事実と異なる表示をした場合にも同様に不法行為責任が認められている。そこでは、事業者の不当勧誘によって、消費者の意思決定に対する不当な侵害があったことが問題とされている（山本104頁以下）。また、強迫を補完するために不法行為が用いられることもある。例えば、 **Unit 6** でみた秋田地本荘支判昭和60年 6 月27日判時1166号148頁は、老人を相手に11時間に及んでなされた勧誘を公序良俗に反し、不法行為にあたるとして損害賠償請求を認めた。

ほかにも、契約締結前ではあるが契約締結に向けた準備が行われていた段階における事業者の説明義務違反に基づく責任を追及することもみられる（ **Unit 3** ）。この場合には、一方の当事者が契約交渉段階において支出した費用、新たに引き受けた負担、契約が成立したならば得たであろうはずの利益を得られなかったことなどによる経済的損失の賠償が問題となる（新注民⒂788頁〔後藤〕）。ここでの責任は一般には不法行為責任であると考えられているが（ **Unit 3** ）、むしろ契約責任としてとらえるべきではないかという問題提起もなされている（潮見281頁）。しかし、不法行為責任として構成すること自体には特に支障がないとも言われている（学説について、新注民⒂791頁以下〔後藤〕）。

(2) 契約内容に関する不法行為責任

Unit 7 で説明したように、ネズミ講、マルチ商法などの契約内容の不当性は、基本的には公序良俗違反として無効とされるが、これらの内容の不当性が不法行為を構成するとする裁判例もある。例えば、いわゆるベルギーダイヤモンド事件をめぐる裁判例（ **Unit 7** 参照）では、「マルチ商法まがいの、著しく不健全な取引であって、公序良俗に反し、違法なものである」とされている（大阪地判平成 4 年 3 月27日判時1450号100頁）。

ここでは、有名な豊田商事事件を挙げる。豊田商事事件とは、豊田商事が「金の現物まがい商法」を展開したことによる消費者トラブルである。具体的には、値上がり確実、無税、換金自由を「金の三大利点」と称し、金の有利性を強調して金地金の購入契約を締結させると同時に「持っていると盗難に遭うなどして危険」、「金を預ければ当社で運用して 5 年で15％の賃借料を

支払う」と勧誘して、金の現物は渡さずに、「純金ファミリー証券」という紙切れと引替えに金の購入代金を騙し取ったという事件である。大阪地判昭和61年6月9日判タ608号82頁は、豊田商事の従業員であるYらが、「共同して、純金ファミリー契約がXに損害のみを与えることを知りながら、これを秘し、Xに対し右契約がいかにも確実な金儲けの手段であるかのように申し欺き、その旨Xを誤信させたうえ、XをしてAに金購入代金名下に876万5280円を交付させたことが認められる。してみると、XはYらの共同不法行為により右交付金額876万5280円および弁護士費用として相当と認める87万6000円の損害を被つたというべきである」とした。

　悪質商法の事案では、多くの場合、民法90条の公序良俗違反性が問題になる。しかし、実際には公序良俗違反のみならず、同法709条違反が問題になっていることも多い。その際、取引内容自体の不当性がそれほど高くなければ、勧誘行為の不当性がより重視されている（新注民⒂795頁以下〔後藤〕。例として、原野商法や商品先物取引などを挙げている）。

　同じく、民法90条で問題となっていた点が不法行為該当性でも問題になる場合として、 Unit 7 で説明した取締法規違反行為の私法的効力に関する事案がある。大阪地判平成元年6月29日判タ701号198頁では、まず「行政法令又はこれに基く定め」が「実質的違法性の現れとして、民法上の不法行為の違法性判断の有力な基準を提供する」とした上で、行政法令の違反自体がただちには不法行為にはならないと留保をつけつつ、「商品取引所受託業者が自己の専門的知識経験を利用して無知無経験の顧客に対し損失に目を覆わせて建玉を建てさせ不必要に手数料を払わせもって損害を与えるために右両建て玉を建てる行為をさせたときはそれ自体不法行為を構成するというべきであるが、本件においてはその事実を認めるに足りる証拠がない。しかし、本件において、前記認定のとおり、そこまでに至らなくても、無知無経験で相場の見通しをたてる能力も意欲も持ち合わせない顧客に対し右のような両建て玉を建てさせ、前記指摘した諸特徴を有する方法でこのような両建玉を建てることを余儀なくさせられる海外先物取引に勧誘し、かつこれを継続せしめた行為は違法であるといわざるをえない」とした。このように、取締法規違反はただちに不法行為となるわけではないが、不法行為該当性判断の1つ

の考慮要素となっている。

(3) 品質・安全に関する不法行為責任

　安全性に関する不法行為責任については、**Unit 17** 以下で説明する製造物責任という法理が存在する。製造物責任法制定前はもっぱら民法の不法行為による判断がなされていた。製造物責任法は不法行為の特則とされている。

　一方、サービス提供者の不法行為責任が問題となることがある。代表例として、医師の責任が挙げられる。医療契約は民法の準委任契約であることから、例えば医師が医療過誤によって患者に損害を与えた場合には、基本的には債務不履行責任が問題になる（準委任契約の一種である診療契約における善管注意義務違反）。しかし、実際の数多く出されている判例をみると、不法行為構成をとるものが少なくない。

2　「拡張」──取引への関与者の不法行為責任

　不法行為規定による解決が有効である場合として、消費者取引に関与した第三者の責任を追及する場合が挙げられる。ここで取引に関与した第三者としてよく問題になるのは、当該取引に関する広告の広告媒体や広告出演者などの広告関与者、当該取引に資金を提供した金融機関、不動産仲介業者、情報提供者などである。違法な取引をした者が倒産した場合や行方不明になった場合に、以上の取引関与者の不法行為責任を追及することがよくみられる（以下、大村237頁以下も参照）。

(1)　広告関与者

(i)　広告媒体（メディア）

　最判平成元年9月19日集民157号601頁は広告媒体である新聞社の責任が問題になっている。マンション会社が倒産した結果、内金の返還がなされなかったので、そのマンション会社の広告を掲載した新聞社に対して、当該マンションの購入者が損害賠償を請求したという事案である。最高裁は、読者らが広告を見たことと当該広告に係る取引をすることとの間には必然的な関

係があるということができないことから、「広告掲載に当たり広告内容の真実性を予め十分に調査確認した上でなければ新聞紙上にその掲載をしてはならないとする一般的な法的義務が新聞社等にあるということはできない」としつつも、他方で「新聞広告のもつ影響力の大きさに照らし、広告内容の真実性に疑念を抱くべき特別の事情があって読者らに不測の損害を及ぼすおそれがあることを予見し、又は予見しえた場合には、真実性の調査確認をして虚偽広告を読者らに提供してはならない義務があ」るとした。すなわち、ここで基準になっているのは、「読者らに不測の損害を及ぼすおそれがあることを予見し、又は予見しえた場合」には、調査確認をして虚偽広告を避ける義務があるということである。この基準は、その後同種の事案でも用いられているが、多くの事案で広告媒体の責任が否定されている。しかし、これに対しては、広告媒体は広告掲載による収益を事業の柱としていること、媒体事業者が広告主の事業内容や広告内容が倫理規範や法令等に適合することを確認することは、自らの事業活動に関するコーポレートガバナンス上の責任としてもはや当然のことであるとして、批判する見解もある（中田・判批247頁）。実際、下級審判決ではあるが、パチンコ攻略情報提供および打ち子募集に関する詐欺広告を掲載した雑誌出版社および広告を提供した広告代理店の法的責任を肯定した判決（大阪地判平成22年5月12日判時2084号37頁（インデックス124番））が現れている（雑誌の発行部数や、業界団体内で打ち子勧誘詐欺の警告文書が周知されていたこと等がその理由となっている）。広告媒体や次にみる広告出演者の責任が追及される事案では契約内容自体が詐欺的商法である場合が多いが、実際に広告媒体や出演者の責任が認められるか否かは、広告媒体の性質（発行部数など影響力の強さ）や、詐欺的商法であるとの認識が可能であったか否か（そもそも詐欺的商法とまでいえるか否か。マンションの売買など）によって個別の事案ごとに異なるだろう（高嶌75頁以下参照）。また、新聞広告をみて取引をした結果、損害を被ったという因果関係が認められるかどうかも問題となる。厳密にいえば、新聞広告を見た読者が必ず取引をするわけではないが、著名新聞の広告には大きな影響力があることから因果関係をまったく否定することはできず、因果関係を認めた上で違法性や過失の問題として検討すべきとの見解が注目される（滝沢36頁）。

(ii) 広告出演者

次に、悪質商法の広告に出演した有名人の責任が問題になった事案をみてみる。大阪地判昭和62年3月30日判時1240号35頁は、原野商法の広告に出た俳優Y_2に対して、被害者が不法行為責任に基づく損害賠償請求をしたという事案である。Y_2は、不動産会社の宣伝用ビデオに出演し、Yと個人的なつながりがあることや自分も買っていることなどを記載し、それらの土地に積極的な評価を加えて紹介・推薦してイベントにも出ていた。そこで、Y_2の民法719条2項に基づく責任が問題になった（不法行為の補助的行為を行うことである幇助責任が問題になった。幇助を行った者は自ら直接に不法行為に加わったとはいえないが、共同不法行為者と同じ責任を負う）。裁判所は、映画やディナーショーへの出演についてははっきりしないとしているものの、パンフレットへの記載や土地の評価については、「Y_1会社役員と個人的なつながりがある旨記載し、北海道の土地に対して積極的な評価を加えた上で、Y_2個人の立場でY_1会社を推薦しているのであり、これは、Y_1会社の単なる情報伝達手段にとどまらず、Y_2個人が自己のメッセージとしてY_1会社を紹介・推薦するものであることが明らかである。そして、Y_1会社の不法行為が詐欺を内容とするものであることに鑑みれば、Y_1会社及びその扱う商品を紹介・推薦し、これに対する信頼を高めることは、とりもなおさずY_1会社の不法行為を容易ならしめることに外ならないから、Y_2の右行為が客観的にY_1会社の不法行為に対するほう助になる」とした。そこで、次に故意・過失の有無を検討している。芸能人が広告に出演する場合にいかなる義務を負うか、具体的にはいかなる調査義務を負うかについて述べた上で、「Y_2は、自己の持つ影響力を認識するのはもちろんのこと、広告主の事業に不正があつた場合に生じる損害が多額に上る可能性をも認識し、自分が、1人のタレントとして被告会社の単なる情報伝達手段としての役割を演じるにとどまらず、Y_2個人の立場から、Y_1会社あるいはその取り扱う商品の推薦を行う場合には、その推薦内容を裏付けるに足りる調査を行うべき義務がある」とし、その違反を認めた（ただし、6割の限度で責任を認めた）。同じく、広告出演者の責任が問題になったものとして、東京地判平成6年7月25日判時1509号31頁（百選15番②）がある。一般論として、調査義務を認めたが、結論としては責任を否定

Unit 15

消費者取引と不法行為

した（およそ会社の事業・商品等の宣伝広告に出演する者は、当該会社の事業・商品等が真に信用しうるものであるか、自己の行う宣伝内容が虚偽であった場合に、当該広告を信頼して取引をしたものに損害を被らせることにならないかについて、調査・検討すべき注意義務を負う、とした）。また、詐欺的商法の広告に出演した芸能人の責任が問題になったものとして、東京地判平成22年11月25日判時2103号64頁（インデックス125番）は有名人が広告に出演する際に調査義務を負うか否か、および、その程度等については、個別具体的に「当該有名人の職業の種類、知名度、経歴、広告主の事業の種類、広告内容などを総合して判断すべきである」とした上で、売主の商法に「疑念を抱くべき特別の事情があり、出資者らに不測の損害を及ぼすおそれがあることを予見し、又は予見し得た場合には」調査義務があるとしている。これらの判決をみると、広告出演者がどの程度積極的に商品を推薦していたかによって結論が分かれている。

　そのほかに、広告で健康食品を推薦した医師の責任を認めたものとして、名古屋地判平成19年11月30日判時2001号69頁がある。

　デジタル広告が隆盛を極めている現在では、デジタル広告の広告主たる事業者以外に、動画投稿サイトなどで当該事業者の商品を宣伝するインフルエンサーや、ステルスマーケティングの手法によって事業者以外の第三者が「宣伝」を行うことも少なくない。この場合、インフルエンサーなどの第三者に不法行為責任を追及できるかどうかについて、以上に述べた判例法理が同様に適用されるのか、それとも、デジタル広告の特徴が考慮され、第三者の不法行為責任が認められやすいのか、検討の余地があろう。例えば、一方で、デジタル広告ではターゲティング広告などの手法を駆使するなどして、消費者の意思表示により影響を与えやすいといえるが、他方で、インフルエンサー等の第三者が、前述した判例法理で考慮されている知名度や消費者への影響力を芸能人・スポーツ選手等と同様に、あるいはそれ以上に持つといえるのかなども考慮されよう（インフルエンサーやステルスマーケティングにおける「第三者」については、 **Unit 27** も参照。また、情報商材を高額で販売した会社だけではなく、その勧誘動画に出演したインフルエンサーを相手に、特定適格消費者団体が不法行為に基づく損害賠償の共通義務の訴えを提起した、最判

令和 6 年 3 月12日民集78巻 1 号 1 頁も参照（*Unit 26*））。

(2) 情報提供者

大阪地判平成 2 年 7 月23日判時1362号97頁（百選103番）は、信販会社には顧客の信用を損なわないようにする信義則上の保護義務があるとした。

(3) 資金提供者、仲介業者

不動産や変額保険などの高額取引の販売業者と、消費者に対して資金を提供する金融機関との間に連携がみられることがあるが、この場合に、金融機関はいかなる責任を負うか。また、原野商法においては不動産取引を仲介した仲介業者の責任が問題になることがある。

(i) 資金提供者

大阪地堺支判平成 7 年 9 月 8 日判時1559号77頁は変額保険への投資をするために顧客が銀行に融資を申し込んだが、変額保険のリスクについての説明を受けていなかったために損失が生じたという事案である。裁判所は、保険契約と融資契約は法律上別個であり、銀行が直接保険の募集をすることができないことから、「銀行が顧客に保険の説明をする義務は原則としてな」いが、「保険勧誘への銀行のかかわり方等によっては、特段の事情のある場合、……銀行にも保険の説明ないしそれに類似した行為をとる義務が」信義則上生じるとした。本件では、「Aには、Y銀行の一員として、変額保険の内容について積極的な説明をする義務はないものの、少なくとも、Cの説明によって、Bが変額保険の内容について誤解している時は、誤解を解くための説明を自らするか、Cに再度の正確な説明を促すべきであるという消極的な説明義務が生じるというべきである」（5 割の過失相殺）。一般的な説明義務はないとした上で、特段の事情があるかどうかによるとされたのである。また、「変額保険への加入の可否に関する投資者らの適切な判断を誤らせた」保険会社の行為に「加担した」ことは明らかであるとして、変額保険の保険料支払のための融資をした銀行の責任を認めたはじめての高裁判決（過失相殺 6 割）として、東京高判平成14年 4 月23日判時1784号76頁（インデックス40番）がある。

次に、最高裁判例である最判平成18年6月12日判時1941号94頁について説明する。この事案では、Xが、所有する土地を有効利用するために建築会社Y₁の提示した計画により、Y₂銀行から融資を受けて同土地上に建物を建築した。予定では、建物建築後、Xが敷地の一部を売却して融資金の返済に充てることになっていたが、容積率の関係で建築基準法上問題があったために売却価格が低下してしまい、予定どおり土地を売却することができなかった。最高裁は、Y₁には建築基準法の問題および土地の価格低下をXに説明する義務があるが、Y₂にはこの義務が当然にあるわけではないとした上で、本件では銀行担当者が積極的に関与していたために、銀行担当者についても土地の売却可能性を調査し、これを説明すべき信義則上の義務があるとした。

　最判平成15年11月7日判時1845号58頁は、不動産売買の融資をする金融機関の従業員の説明義務違反が問題になったものである。信用金庫Yの従業員Aが顧客Xに対して、Yから融資を受けて宅地を購入するよう積極的に勧誘し、その結果Xはこの宅地を購入した。その際、この宅地が接道要件を満たしていないことについて、Aは説明を行わなかった。その結果、Xが本件土地上に建物を建築しようとしたところ、本件土地が接道要件を満たさないことから建築確認を受けられなかった。そこで、XはYに対して、Yの従業員Aに説明義務違反があるとして不法行為に基づく損害賠償を求めた。最高裁は結論としてAの責任を否定している。その理由として挙げられているのは、特に「Aが接道要件が具備していないことを認識していながら、これをXに殊更に知らせなかったり、又は知らせることを怠ったりしたこと、Yが本件土地の売主や販売業者と業務連携等をし、Yの従業員が本件土地の売主等の販売活動に深くかかわっており、AのXに対する本件土地の購入の勧誘も、その一環であることなど、信義則上、AのXに対する説明義務を肯認する根拠となり得るような特段の事情を原審は認定して」いないこと、および「接道要件を満たしているかどうかという点は、……売主側の仲介業者であるC株式会社がその説明義務を負っているのであって、Aに同様の義務があるわけではない」ということである。このほかに、悪質商法のクレジット契約を認めた信販会社の責任を認めたものとして、静岡地浜松支判平成17年7月11日判時1915号88頁がある（**Unit 13**）。

(ii) 仲介業者

　原野商法の対象となった土地の売買を仲介した不動産仲介業者の責任が問題になった事案が複数存在する。大阪高判平成7年5月30日判タ889号253頁は、不動産仲介業者は「これが問題となっている原野商法に当たらないか、詐欺行為にならないかについても注意すべきで、勧誘方法について予見可能であった」とし、不法行為を予見し、これを回避すべき注意義務に違反したことから、過失によって不法行為を幇助したとされた。また、実際には売買契約に立ち会わず、かつ説明もしていないにもかかわらず、土地売買契約上説明をした宅地建物取引士として表示されることを原野商法業者に対して承諾していた宅地建物取引士につき、詐欺行為の幇助にあたり、共同不法行為責任を負うとした秋田地大曲支判平成29年9月22日消費者法ニュース115号269頁や東京地判令和元年7月16日消費者法ニュース121号225頁もある。このように、原野商法であることを認識した上で原野商法主催者の専任宅地建物取引士に就任した宅地建物取引業者や、名義貸しを行った宅建業者が「違法行為を容易にした」として幇助に基づく共同不法行為責任を負うとされている。

　なお、契約締結にあたって事業者が第三者を利用した場合には、当該第三者が消費者契約締結の「媒介者」にあたるとされれば、消費者契約法5条による取消しができる。もっとも、ここでの「媒介者」にあたりうるのは、まさにこの仲介業者や資金提供者に限られよう（*Unit 5* 参照）。その意味で、不法行為規定によって第三者への責任追及が可能となる点には大きな意味がある。

(4) 「場の提供者」など

　また、詐欺商法に何らかの形で関与した者や、詐欺商法を手助けしたとされる第三者が民法719条2項の幇助を行い、共同不法行為責任を負うかどうかが問題となる。

　例えば、違法な投資勧誘行為を行っていた事業者に事務所を使用させた行為が幇助にあたるとして、民法179条2項に基づく共同不法行為責任を肯定した事例（東京高判平成29年12月20日判時2384号20頁）がある（他の被用者の不法行為責任を認めた事例につき、平野424頁以下、および、関連会社等の責任につ

き、同428頁以下も参照）。

　また、詐欺商法を行った者に携帯電話をレンタルした業者について、携帯音声通信事業者による契約者等の本人確認等及び携帯音声通信役務の不正な利用の防止に関する法律（携帯電話不正利用防止法）に基づく厳格な本人確認義務が課されていることを根拠として、本人確認手続における基本的な注意義務の懈怠により、およそ契約者の特定ができないような態様でレンタル携帯電話を提供し、当該レンタル携帯電話が振り込め詐欺に用いられたという場合には不法行為責任があるとした事案もある（高松地判平成29年4月6日消費者法ニュース112号304頁）。同種の判断が、仙台高判平成30年11月22日判時2412号29頁でもみられる。

　デジタル・プラットフォームビジネスの発展により、関与した第三者や場を提供した第三者の不法行為責任という観点から、デジタル・プラットフォーム運営業者が責任を問われることもある（**Unit 24**）。以上の「第三者」についても、**Unit 5** の消費者契約法5条と合わせて検討してほしい。

3　まとめ──消費者取引における不法行為法の意義

(1)　人的範囲の拡大

　以上のように、不法行為規定によって、直接には契約関係に立たない事業者の責任を認めることが可能になる。事業者自身が無資力である場合に関与者である第三者の責任を追及することには大きな意味がある。理論的には、第三者に対する損害賠償請求が認められることで、原状回復機能が契約当事者以外の者に拡張されていると指摘されている（新注民(15)811頁〔後藤〕）。

　消費者契約には直接の売主・役務提供者のみならず、それ以外の資金提供者や広告関与者、さらには仲介業者などさまざまな主体が関与して1つの取引が形成されている。そのことから、これらの第三者の責任を不法行為規定によって追及することには大きな意味がある。

　また、消費者の契約の相手方である法人だけではなく、取締役等の役員・従業員、その他の関係者を相手として損害賠償請求することも増えている。特に法人が無資力の場合や倒産した場合には、契約相手方である法人ではな

くその役員等を相手に民法709条や会社法429条1項等に基づいて損害賠償請求することに意味がある（平野411頁）。

(2) 契約におけるさまざまな段階への拡張

不法行為規定は契約締結過程では錯誤、詐欺、強迫などを補完するものとして大きな役割を果たしていた。一方で、契約内容の適正化についても不法行為法理が果たす役割は大きなものである。悪質商法の問題はもちろんそうであるし、製造物責任や役務提供者の責任がそうである。このように、契約締結時はもちろん、その履行時にも責任を追及することを可能にしているのが不法行為責任である。また、契約締結前の段階では当事者間に契約関係がないものの、事業者と消費者という一般的な関係をもとに事業者に説明義務などの一定の義務を課しており、社会的関係に基づく責任といえる（瀬川104頁）。

(3) 責任内容の拡大・客観化

不法行為責任の要件の1つである過失の判断基準となっている注意義務について、客観化および高度化がみられる（大村238頁以下）。契約責任であれば、あくまで当事者が定めた債務による責任が基準となるが、製品安全、医療責任などにおける注意義務はもっと高度かつ客観化している。すなわち、当該事業者について求められる義務の程度は、個別に設定された義務の程度を超えて、より客観化しているといえる。例えば、医師に課される注意義務の内容は、なにも契約時に当事者間で話し合って定めたものではない。

また、不当勧誘や説明義務違反を理由とした不法行為責任が肯定された事案においては、行為の「違法性」が重視されており、故意や過失の有無（さらにはその前提となる相手方に損害を与えることの予見可能性の有無）はあまり問題とされていない（新注民(15)815頁〔後藤〕）。マルチ商法などの悪質商法事案では当該商法の悪質性が問題とされており、また、投資取引では説明義務違反の有無が問題となっている。

(4)　過失相殺の意味

　不法行為規定によることによって過失相殺による調整が可能となる。ただし、過失相殺を安易に適用することには、疑問も残る。取引的不法行為の場合、消費者の過失が認定されるとその分賠償額が減額され、それがそのまま加害者の利得につながりうる。また、事業者の違法な行為によって被害者たる消費者の「過失」がもたらされている以上、それを理由に賠償額を減額することには違和感を禁じえない（新注民(15)831頁〔後藤〕も参照）。

(5)　理論的課題——権利侵害論、損害論、法律行為法との関係

　以上、消費者取引の場面で不法行為が問題となる場合をみてきた。その中には実際に契約を締結したことによって支出した金額に相当する額の賠償（原状回復的賠償）が認められた事案もある。これに対しては、不法行為法理によって賠償を認めることで、実質的に当該契約自体の無効を導くことになるのではないかという理論的な批判が加えられている。具体的には、損害賠償として当該取引がなければ発生しなかったであろう損害を金銭で回復することは、実質的に契約が無効となった場合に認められる原状回復（代金の返還）と同じであり、そうであれば正面から法律行為の規定で当該契約を無効とすればよいのではないかという批判である。

　法律行為と不法行為の違いとして挙げられる点の1つとして、法律行為規定によれば効果は無効か有効かという「ゼロか100か」という結果になるのに対して、不法行為規定によれば過失相殺による調整が可能となるという点が挙げられるが、一部無効が認められる場合があることを考えると絶対的な違いとはいえない（潮見283頁）。また、要件面でも不法行為における過失判断の方が柔軟であるという見方もありうるが、過失があったことを証明するのは被害者（ここでは契約を締結してしまった者）であり、そのためには事業者に注意義務違反があったことを示す必要があるため、法律行為規定の要件にあてはまることを立証することに比べて容易であるとは必ずしもいえない。それでも実際には、法律行為規定による取消しが認められることが多いとは言えないため、不法行為が認められることは救済の観点からは重要な役

割を果たしている（新注民⑮802頁〔後藤〕）。

　もっとも、以上の批判は、取引的不法行為においていかなる権利や利益の侵害が認められているのか、また、その侵害を回復するものとしていかなる損害賠償が認められるのかを改めて考えさせるものである。製造物責任のように、人身損害が発生している場合には、典型的な不法行為の場面と同列にとらえてよいだろうが、説明義務違反や不当勧誘類型では、不当勧誘を受けたために本来ならば意図しない金銭の出捐を強いられたことなどを理由とする経済的損失の賠償が問題になる（新注民⑮788頁〔後藤〕）。後者のように財産的損害のみが生じている場合に、いかなる権利侵害が生じているのだろうか。

　その１つの考え方として、従来から消費者の自己決定権、つまり、当該取引に入るか否かを決定する権利が侵害されているととらえる見解が存在する（裁判例につき、吉田179頁以下）。例えば、最判平成16年11月18日民集58巻8号2225頁（百選16番）のように、説明義務違反によって、契約を締結するか否かを決定する機会を奪ったとして慰謝料の支払を命じた判例がある。ただし、取引の場面における自己決定権侵害を理由とする不法行為については、以下の２点について留意する必要がある。

　第1に、前掲最判平成16年11月18日がいうように、従来は自己決定権侵害（もっとも、前掲最判平成16年11月18日は自己決定権という言葉を用いてはいない）の場合には損害賠償としては精神的損害が賠償の対象となるというのが一般的な考え方であった。しかし、精神的損害しか認められないという考え方が果たして妥当なのか、検討の余地がある。というのも、自己決定の機会が奪われた結果、不本意な契約を締結させられたというのであれば、その契約締結に伴う出費自体が損害ということもできる。そうすると、この余計な出費を回復することが損害賠償の目的であるということになり、原状回復的賠償に近づく。また、そもそも自己決定権の権利としての輪郭も曖昧なままである。自己決定は我々が生きているあらゆる場面で（医療行為、取引など。さらには就職も？）求められるものであることから、なぜ取引の場面において自己決定権が法的保護に値するといえるのかは検討の余地がある（窪田73頁）。

　また、取引的不法行為において財産的損害が発生しうることは異論の余地がないだろうが（支払ってしまった代金）、それに加えて、精神的苦痛に基づ

Unit 15

消費者取引と不法行為

く慰謝料が認められる余地があるのだろうか。仮に認められるとして、どのような場合に認められるのだろうか（新注民⒂818頁以下〔後藤〕、および、825頁以下における学説の議論を参照）。さらにいえば、経済的損害が生じていない場合に、慰謝料の損害賠償のみが認められることもありうるのだろうか（新注民⒂823頁〔後藤〕）。前掲最判平成16年11月18日は、分譲住宅の譲渡契約の譲受人に対して価格の適否を検討するための情報がまったく提供されなかった点で、譲渡人の著しい信義誠実の原則違反があったことから慰謝料請求が認められたものであり、そのことから、自己決定権侵害という以上に信義則に著しく反し、ほとんど詐欺ととらえられるような場合には、財産的利益についての意思決定が問題になっている場合であっても、慰謝料請求権が生ずるという考え方も示されている（新注民⒂825頁〔後藤〕）。

＊参考文献＊

本文中、**山本敬三**「不法行為法における『権利又は法律上保護される利益』の侵害要件の現況と立法的課題」現代不法行為法研究会編『不法行為法の立法的課題』別冊NBL155号（2015年）97頁、**潮見佳男**「取引的不法行為」争点281頁、**中田邦博**「**判批**」インデックス246頁、**高嶌英弘**「広告の民事責任に関する近時の裁判例の動向」現代消費者法6号（2010年）68頁、**滝沢昌彦**「判批」百選36頁、**平野裕之**「消費者被害における関係者の損害賠償責任──法人、取締役、従業員らの民事責任の法的分析」後藤古稀411頁、**瀬川信久**「不法行為法の将来」瀬川信久ほか編『民事責任法のフロンティア』（有斐閣、2019年）87頁、**吉田克己**「取引的不法行為と自己決定権」根本到ほか編『西谷敏先生古稀記念論集（上）労働法と現代法の理論』（日本評論社、2013年）179頁、**窪田充見**「取引関係における不法行為──取引関係における自己決定権をめぐる現況と課題」法律時報78巻8号（2006年）66頁。

本文に掲げたもののほか、奥田昌道編『取引関係における違法行為とその法的処理──制度間競合論の視点から』（有斐閣、1996年）、「特集・取引関係における不法行為法の役割」ジュリスト1154号（1999年）10頁、窪田充見「消費者契約法と不法行為」ジュリスト1200号（2001年）77頁、医療過誤訴訟について、大村敦志「過失──医療訴訟の動向から」同『もうひとつの基本民法Ⅱ』（有斐閣、2007年）3頁。

Unit 16

消費者契約の目的物の品質

〈事例〉

　Bは、Y市にあるマンションを購入することにした。同マンションの広告には、「日当たり・眺望良好！　部屋からランドマークタワーとY港が見えます」と書いてあった。Y港の風景が好きだったBはどうしても眺望のよいマンションに住みたかったので、マンション販売会社Xに「本当にランドマークタワーが見えるのですか？」と確認し、Xからは、たしかに見えると言われた。ところが、Bが入居してから3か月ほどたったころ、すぐ隣の空き地に高層マンションが建つこととなったため、部屋の日当たりが悪くなったばかりか、ランドマークタワーは先端部分しか見えなくなってしまった。

　契約において当事者が目的としたのはどのような品質の物なのかを確定することは極めて重要である。なぜなら、当事者は目的物の品質がいかなるものであるかを念頭に置いて契約するのが通常だからである。先の例でいえば、Bは「眺望良好」なマンションであるかどうかを念頭に置いて契約を締結しているといえる。

　それだけに、消費者が念頭に置いた契約の目的物の品質が、実際の品質と異なった場合には法的な問題に発展しうる。その中心は、本書でもすでに扱った錯誤、債務不履行、および契約不適合責任である。後に裁判例をみるとわかるように、品質が問題になる場合は、債務不履行とともに、錯誤や詐欺に基づく取消しが主張されることが多い。これらの法的問題を解決するにあたっては、当該契約で問題になった契約の目的物の品質がいかなるものであったかを決定する必要がある。

1 目的物の品質の決定

(1) 具体例

　以下、目的物の品質の決定が問題になったいくつかの裁判例を紹介する。

　福岡地小倉支判平成 3 年 7 月19日消費者法ニュース 8 号19頁では、クロレラという健康食品の品質が問題になっている。リューマチで悩んでいた Y は、「クロレラにがんこな慢性病に対する薬効がある」旨記載されたチラシを見て、クロレラ購入を申し込み、さらに、Y 宅を訪問した N の社員から薬効や飲み方についての説明を受けている。このような事案で、裁判所はクロレラの薬効という目的物の品質について、Y の側に錯誤があるとしている。具体的には、「動機が相手方に表示されていたこと」と「クロレラに薬効があるか否かは物の性状に関する要素にあたること」を理由に、Y の意思表示の錯誤無効（民旧95条）を肯定した。

　東京地判平成 5 年11月29日判時1498号98頁はリゾートマンションの売買において、眺望の良好性が品質として保証されていたか否かが争点となっている。まず、本件売買契約に眺望の良好性を保証する特約があったか否かについて、裁判所は「特約の記載がない」こと、および「Y も……眺望を特段売り物として宣伝していない」ことの 2 つを理由に特約の存在を否定した。その上で、裁判所は「リゾートマンションとしての価値」は、「単に、各室からの眺望のみならず、マンション周辺の自然環境及びレジャー施設、大都市からのアクセスの容易性、マンション自体の設備の内容、各室の間取り等種々の要素により決定され、かつ、右のような要素のいずれに重きを置くかは購入者の主観に大きく左右される」として、眺望だけで当該マンションの品質が決まるわけではないと判断し、しかも、眺望については、「その性質上、周囲の環境の変化に伴い不断に変化するものであつて、永久的かつ独占的にこれを享受し得るものとは言い難い」としている。結果として、Y の債務不履行責任を否定している。

　たしかに、眺望は「周囲の環境の変化に伴い不断に変化するもの」であることから、永久的かつ独占的にこれを享受できると一般的に述べることはで

きない。しかし、眺望を売りにするマンションのように、眺望の良好性が保証されていたかのような場合にはどうだろうか。消費者にとって、眺望の良好性が購入の決め手になることはよくあることであり（冒頭の〈事例〉）、この場合に、「眺望が周囲の環境の変化に伴い不断に変化する」からといって、眺望が害された場合に事業者に何ら責任が生じないとすることはできないだろう。実際、大阪地判昭和61年12月12日判タ668号178頁では日照が確保される旨の説明があった事案で、日照が害されたことが民法の瑕疵担保責任（現在でいえば、契約不適合責任）を生じさせるとしている。このように、品質保証があったか否かが、債務不履行責任や契約不適合責任の有無を判断する際の決め手となる。ただし、前掲東京地判平成５年11月29日がいうように環境の変化に伴って眺望等が変化するのは事実であることから、購入直後ならともかく購入から10年、20年先の眺望をも保証したとみることは現実的には難しい（本田32頁）。のちほど環境瑕疵のところで再度述べるが、仮に品質保証があったとはいえない場合でも、錯誤や説明義務違反の問題となりうる。

　最後に、**Unit 4**でみた大阪地判昭和56年９月21日判タ465号153頁は、高周波電流による永久脱毛機による効果が上がらなかったどころか、使用によってやけどを負った消費者が、業者に対して売買代金・受講料の返還および慰謝料を請求した事案である。この事案で裁判所は、「Ｙは本件機械を販売するにあたりＸらに対し本件機械を指示された使用方法に従つて相当期間使用すれば永久脱毛が可能であり本件機械はそのような性能を有するものであると表示しかつこれを保証して販売したものであり、Ｘらはいずれも本件機械が右表示とおりの性能を有しＸらもこれを相当期間使用することによつて右にいうところの永久脱毛の効果を得られるものと信じて買受けた」としている。この裁判例の特徴として、裁判所が「永久脱毛とは何を意味するか」を詳細に認定し、当該契約の目的物の品質としていかなるものが保証されていたかを判断している点が挙げられる。それによると、「永久脱毛を文字どおり『永久』を意味すると解すべきかどうかは問題であるが、少なくとも『永久』脱毛という効果をうたう以上、それは本件機械を所定の使用方法に従つて右相当期間使用し脱毛処理を終った後はかなり長期間脱毛処理を必要としない状態が継続することを意味すると解すべきである」とされてい

る。このように売主による性能保証があったとして、裁判所は消費者の要素の錯誤を認めている。

(2) 品質の決定方法・効果

　以上の事案から、契約の目的物の品質を決定するにあたって重要なことは、事業者がどのような目的物を引き渡す義務を負っていたかを決定することであることがわかる。もっと端的にいえば、「品質が保証されていたか否か」を判断することである。

　品質の保証があったか否かを判断するためには、当該契約の解釈を行うことが必要になる。その際、目的物の品質を客観的に判断するか、それとも当事者の合意を重視して主観的に判断するかによって、保証の有無が異なっている。例えば、マンションの売買で「マンション」の売買が契約の目的であると考えると、たとえ日当たりの悪いマンションや眺望の悪いマンションであっても「マンション」を引き渡している以上、債務不履行や錯誤の問題にはなりえない。しかし、もし当事者が「日当たりのよいマンション」や「眺望の良いマンション」を買ったという点を重視すると、日当たりや眺望が悪ければ、債務不履行や売買契約における契約不適合、さらには、錯誤の問題になりうる（以上、大村159頁以下も参照）。

　消費者契約では、事業者の説明や広告を受けた消費者がその目的物の品質についてどこまでの期待を抱いていたかという、主観的側面を重視して、契約の解釈を行うべきではないだろうか（大村160頁）。すなわち、消費者の期待を導いた事業者の説明や広告の内容、および、それを受けて消費者がいかなる品質を期待していたかを基準に、どこまでの品質が契約内容に取り込まれていたかを判断すべきではないだろうか。2017年の民法改正前の瑕疵担保責任における「瑕疵」概念については、契約当事者が契約において予定した性質の欠如を基準に「瑕疵」の有無を判断する主観説が有力であったが、2017年の民法改正によってこの責任が「契約不適合責任」と位置づけられたことにより、なお以上のようにいうことができる。

　例えば、冒頭の〈事例〉のように、「ランドマークタワーやY港が見えるマンション」であることが消費者にとって重要であり、それを事業者も売り

にしていたような場合には、「ランドマークタワーやＹ港が見えるマンショ
ン」が契約内容に取り込まれていたとみることができるのではないだろう
か。もし契約内容に取り込まれていた品質であるにもかかわらず、事業者が
それを履行していないといえるような場合には債務不履行責任や契約不適合
責任を生じさせることになるだろう。前掲大阪地判昭和61年12月12日では日
照が確保される旨の説明があった、つまり、日照という品質保証があったと
された事案で、日照が害されたことが民法改正前の瑕疵担保責任を生じさせ
るとしている。また、品質が保証されていた場合には債務不履行責任や契約
不適合責任だけではなく、錯誤に基づく意思表示の取消しを認めることも可
能である。前掲大阪地判昭和56年９月21日はその例である。もっとも、この
判決では錯誤が問題となっているが、裁判所がいうように、「長期間脱毛処
理を必要としない状態が継続することを保証していた」のであれば、債務不
履行や契約不適合責任を追及することも可能であろう。そのほかに、より端
的に新聞折り込み広告の内容を考慮に入れて、民法改正前の瑕疵担保責任を
肯定した判決もある（大阪高判平成25年３月27日判時2286号50頁）。

　一方、「事業者の説明・広告の内容」や「消費者の期待」を基準にして判
断した結果、契約で保証された品質として契約内容に取り込まれていたとま
ではいえない場合には、その品質を有する目的物を提供することが事業者の
債務とはいえない以上、債務不履行責任や契約不適合責任を生じさせること
とはならない。しかし、その「消費者の期待」が、消費者が契約を締結する
上で重要な要素となっていた、つまり、民法95条１項２号による「法律行為
の基礎とした事情」にあたり、その認識についての錯誤があったといえる場
合には、取消しを認める余地がある。また、事業者が故意に不実の記載をし
て消費者を誤認させたという場合には、同法96条の詐欺による取消しが一応
は考えられるが、いわゆる二重の故意に基づくことを立証できるかどうかが
問題となり、ハードルは決して低くない（鹿野・勧誘概念576頁以下。*Unit 4*
参照）。

　以上をまとめると、品質について保証があり、契約内容に取り込まれてい
た場合には、債務不履行・契約不適合責任はもちろん、錯誤や詐欺による取
消権行使も可能である。一方でこのような保証がなく、契約内容に取り込ま

Unit 16

消費者契約の目的物の品質

れていたとはいえない場合でも、それが「法律行為の基礎とした事情」についての錯誤といえる場合には取消しが可能である。さらにいえば、例えば事業者があたかもそのような品質を保証するような誇大広告・説明を行っていたときには、説明義務違反や契約交渉段階の責任（**Unit 3**・**Unit 4**）も問題になりうる。

　ほかにも、実際の品質とは異なる表示がなされていた場合には、消費者契約法4条の不実告知や断定的判断の提供、不利益事実の不告知が問題となるのはいうまでもない（**Unit 5**で述べたように、広告をもとに消費者の意思が形成された場合には、同条の「勧誘」があったといえる）。ただし、当該広告によって誤認が惹起され、その誤認に基づいて意思表示がなされたという因果関係が厳格に要求されるとすれば、取消しは容易ではない。そのことから、当該広告の態様や記載内容、取引状況等の諸事情を考慮して、少なくとも一般の消費者を基準にして当該広告の記載により誤認が惹起され、その誤認に基づいて意思表示がなされるのが通常だという関係が認められれば、当該具体的な契約においてもこの因果関係が事実上推認されるのではないかという見解もある（鹿野・勧誘概念582頁）。しかし、問題は、一般消費者を基準に誤認惹起性を判断して、個別の契約における因果関係を推認させるということの理論的妥当性であろう。立法論によるしかないのではないか。

　また、「消費者の期待」を最大限考慮すべきであるとしても、消費者が期待した品質であればすべて契約内容に取り込まれていたとまで判断することはできない。その品質が契約内容に取り込まれていたか否かを判断する際に消費者の主観的な期待という基準だけでは不十分であり、事案によって差が生じる危険性が高い。そこで、消費者の期待がどこまで保護に値するかを判断するために、事業者が行った広告や説明の内容も考慮する必要がある。私たち自身のことを考えてもわかるように、消費者が取引を行う際には事業者から提供されるパンフレットや広告、説明書などがとても重要な意味を持つ。また、事業者からの直接の説明は私たちの取引にあたって大きな判断材料となろう。そこで、これらの広告や説明に含まれていた内容であれば、「消費者が当然期待していた」ものとして契約内容に取り込む余地が出てくるのではないだろうか。前掲大阪高判平成25年3月27日のように、建売住宅

の品質を判断する上で、「高品質仕様」であり、「公庫『新基準』対応住宅」である旨の広告の内容が契約に取り込まれたとしたものもある。

　広告を法的にどのように評価するかはそれ自体綿密な議論を要する。かつての通説では、広告は申込の誘引にすぎないと解されていたが、現在では広告の意思決定に対する寄与の高さにかんがみて、広告の表示内容によって相手方の意思が決定づけられたといえる限りは、広告内容は原則として契約の内容に取り込まれるとする見解が有力である。とりわけ、事業者が発信する広告を主な情報源としてその内容を信頼して取引を行うことが一般的な消費者取引や、インターネット取引のように広告と消費者の契約締結行為を区別することが難しい取引においてはこのことが妥当する（山城34頁以下）。

　ただし、不当な表示があった場合に、その表示の内容がすべて契約内容に取り込まれていたとまで見ることはできない。また、契約締結過程における錯誤や消費者契約法4条に基づく取消しの可否、さらには契約内容への取込みは広告の内容のみで判断されるわけでなく、広告を契機としてなされた契約交渉におけるすべての事情、例えば、契約締結過程における事業者の説明の内容等もふまえて判断される（山城38頁）。例えば、誤認惹起広告で消費者が事実と異なる認識を抱き、それを動機として契約締結した場合において、広告の記載だけで錯誤を認めたわけではないが、広告の記載により誤認惹起された上に、その後の事業者の説明でもその認識の誤りが訂正されなかったことが「動機が表示されて契約の内容になっていた」という認定の重要な考慮事情となった東京高判平成6年7月18日判時1518号19頁がその例である（この判決について、鹿野・勧誘概念578頁）。広告については、事業者による適切な訂正が加えられない場合は、消費者が通常接する情報から容易に事実を把握できるような例外的な場合を除き、契約で表示された内容を前提に契約が締結されたとみられうるのが原則であるが（鹿野・契約法理18頁以下）、逆にいえば、その後の説明等で消費者の誤認を訂正したり、広告内容を補足していた場合には広告内容のみならずその後の説明をもふまえて契約内容が判断される（ただし、通信販売の場合には広告表示のみが契約締結過程における情報提供となるため、広告内容が契約内容に取り込まれやすいといえる）。

　要するに、広告の内容はあくまで参考になるという程度であり、あとは結

局事案ごとの判断にならざるをえない。この点は先に日照・眺望の阻害が問題となった事例について述べたが、類似する別の事例を素材に考えてみよう。

Column　契約不適合責任

　2017年の民法改正によって、民法の売買におけるかつての瑕疵担保責任は、「隠れた瑕疵」による担保責任ではなく、引き渡された目的物の種類、品質、数量に関する契約内容への不適合がある場合には、売主が責任を負うという内容へと変更された（同法562条）。このような売主の契約不適合による責任は債務不履行責任である。改正の背景には、瑕疵担保責任が契約上の債務不履行の一種にすぎないという認識が広まっていたこと、および、本Unitでも述べたように実際には目的物の品質・性能について事業者が契約において一定程度保証していることが多く、そうすると目的物に関して当事者間でいかなる合意がなされていたかが意味を持つことになり、債務不履行責任と別に瑕疵担保責任を規定化する必要性に疑問が持たれたことが挙げられる（中田312頁）。

　民法562条で契約内容に適合しているか否かが問われているのは、改正前の瑕疵担保責任の「瑕疵」判断に関するいわゆる主観説に通じるものである。また、「瑕疵」という文言では、物理的な欠陥のみが想起され、心理的・環境的瑕疵が含まれることがわかりにくいからである（法務省民事局参事官室「民法（債権関係）の改正に関する中間試案の補足説明」（2013年4月）399頁以下）。しかし、これらをふまえると「瑕疵」から「契約不適合」という概念になったからといって、主観説によるという従来の瑕疵判断と変わるものではなく、契約の内容に適合した権利を買主に移転する具体的な売主の担保責任の有無にあたっては、目的物の種類、品質等について契約内容を確定する必要があり、明示的な合意がない場合にも黙示的な合意の認定や契約解釈によって、種類、品質等が契約内容に適合していないと判断されれば、売主は担保責任を負う（松尾＝山野目145頁）。

　契約不適合がある場合には、追完請求権（民562条。典型的には修補請求。代替物の引渡請求）、代金減額請求権（同法563条）、解除権（同法564条→同法541条・542条）を行使することができる。代金減額請求権について、立案担当者は契約の改訂であると説明しているが、学説では契約の一部解除の性質を有するとの理解も示されている。実際、代金減額請求権の要件は、解除権の場合と類似している（つまり、同法563条1項にあるように、買主が相当の期間を定めて履行の追完を催告し、その期間内に履行の追完がないことが要件とされている。

その例外として、無催告での代金減額請求権が発生する場合が同条2項で定められている。ただし、契約不適合が買主の責めに帰すべき事由によるものでなければならない（これに対して、売主の帰責事由の有無は問わない）。また、買主は現行法の債務不履行責任の一般規定に基づく損害賠償（同法564条→同法415条）も請求することができる。種類または品質に関する契約不適合の場合には1年間の期間制限があり、買主は不適合を知った時から1年以内に、不適合があることを売主に通知すれば足りる（同法566条）。

契約不適合の規定は目的物が物か権利かによる区別を行っており、期間制限等、物の特則もあるものの、救済手段は物・権利で共通している（民法565条で同法562条〜564条が準用されている）。

以上の責任は、契約で定められた義務に照らし、その義務が履行されていない場合の責任である。契約責任としての性質を有する担保責任の規定は請負契約にも（一部の特則を除き）適用される（ **Unit 23** で説明する）。

もっとも、ソフトウェアなどのデジタルコンテンツが物品とともに、あるいはそれ以上に取引の対象となっている現在、デジタルコンテンツに対して契約不適合責任の現行規定で十分対応できるかどうかが問題となる（これについての本格的検討として、三枝・現代化142頁以下、三枝・現代的課題42頁以下）。

（3） 補足——いわゆる環境瑕疵の事例

目的物の品質を判断することの難しさを示す事例の1つに、東京地判平成18年12月8日判時1963号83頁がある。この事件は、マンションから隅田川花火大会を鑑賞できるというパンフレットの記載をみて取引先との接待用にマンションを購入したが（その意味では、購入者は「消費者」にあたるとはいえない事例である）、1年後にマンションの隣に別のマンションができたために購入した部屋からは花火を見られなくなったというものである。

裁判所は、「原告Xらがa号室からの隅田川花火大会の花火の観望という価値を重視し、これを取引先の接待にも使えると考えて同室を購入し、Yにおいてもこれを知っていたこと、……隅田川花火大会を巡る状況からみてこれを室内から鑑賞できるということは、取引先の接待という観点からみると少なからぬ価値を有していたと認められることを考慮すると、Yは、Xらに対し、信義則上、a号室からの花火の観望を妨げないよう配慮すべき義務を

負っていたと解すべき」としてこの義務違反を認め、慰謝料を認めた。ただし、この事件では財産的損害は認められず、慰謝料のみが認められている。原告はマンションの財産的価値が５％低下したと主張したものの、裁判所はこの主張を認めなかった。この背景には、裁判所がいうように、「本件マンションは、……都心に位置しているのであり、都心における高層ビルの建築が相次いでいるという状況を勘案すると、隅田川花火大会の花火を室内から鑑賞する利益といえども、本件のように売主自身がこれを妨げる行為をしたという特殊な事案を除き、いかなる場合にも法的に保護すべき利益とまではいえない」という点、つまり、景観・眺望の利益を法的にどこまで保護するかの難しさがある。

　この事件では、売主はマンション販売用のパンフレット等で花火の写真を掲載するなど、花火が見えることを１つの売りとしていた。その結果、原告らは「隅田川花火大会を観賞することができるマンション」という期待を抱いたということができる。このように、売主の表示・広告や買主の期待を考慮すると、「花火が見えるマンション」が契約内容に取り込まれていたといえることになりそうであるが、そうではないというのが裁判所の判断である。裁判所が言うように、景観・眺望の利益は永久に享受できるものではないことから、買った当初は花火を鑑賞することができたとしても、その後近くに高層建築物などが建てばその利益を享受することはできなくなる可能性がある。そうすると、「花火を鑑賞できる」という品質は契約に取り込まれていたとまでいうことは困難ということになりそうである。

　それにもかかわらず、本判決が慰謝料を認めているのは、事業者自身がその観望を妨げるようなマンションを１年も経たずに建築したという特殊事情があるからである。売主がある品質（ここでは花火の観望）を保証したにもかかわらず、それをすぐに妨げるという行為の違法性が考慮されたものと言える。本件では不法行為に基づく慰謝料が認められているが、そもそもある品質を保証しながらすぐにそれを妨げたというのは、最初からその品質を実現するつもりはなかったということであり、民法上の詐欺（同法96条）にもあたりうる。

　この点、同じく日照・眺望阻害などのいわゆる環境瑕疵と呼ばれるものを

理由とした民事上の責任が問われた前掲東京地判平成5年11月29日や、前掲大阪地判昭和61年12月12日と比較することが必要である。これらの判決は、売主以外の者によって後に隣地にマンション等が建設されたという事案である。実際のところ、このような事案においては、契約締結時に売主が買主に対して隣地の建築計画等について誤った説明がなされていたか否か（その前提として、隣地の建築計画等についての調査が十分であったかどうか、売主が環境変化について予測可能であったか否か）という観点から解決がなされることが多い（いわゆる契約交渉段階における事業者の責任の問題である。本田32頁）。その理由としては、先に述べたように日照・眺望を将来にわたって保証したということは難しいことから、これらの瑕疵（いわゆる環境瑕疵）を理由とする契約不適合責任を認めることが難しいことが挙げられる。また、日照被害という契約不適合が引渡時にすでに存在していなければ契約不適合責任を追及するのは難しいという理由もある（詳細は、本田32頁を参照）。

2　広告・表示規制

　以上の事案でもみられたように、消費者が広告の記載や製品への表示を重視していることからすると、虚偽の表示や虚偽・誇大広告で消費者に不当な期待を抱かせることは避けなければならない。消費者基本法15条では、「商品の購入若しくは使用又は役務の利用に際しその選択等を誤ることがないようにするため、商品及び役務について、品質等に関する広告その他の表示に関する制度を整備し、虚偽又は誇大な広告その他の表示を規制する等必要な施策」を、国の重要な施策の1つであるとしている。

　そこで、表示のあり方については具体的にいくつかの規制がなされている。それらは、大村161頁以下の分類に従うと次の3つに分けることができる（ **Unit 19** でも説明する）。

(1)　表示事項法定型

　これは積極的に一定の事項の表示を義務づけるタイプの規制であり安全性に関わるものが多い。例として食品表示法における食品表示基準に定めるア

レルゲン、原材料、栄養成分、原産地の表示義務（食品表示5条）がある（食品表示法については *Unit 19* 参照）。より一般的な規定として、成分、性能、用途、貯法その他品質に関して内閣総理大臣が定める表示すべき事項の表示を必要とする家庭用品品質表示法3条がある。

また、*Unit 11* ・ *Unit 12* で説明した特定商取引法でも、通信販売、連鎖販売取引、業務提供誘引販売取引について、一定の表示・広告が義務づけられている（同法11条・35条・53条）。割賦販売法の割賦販売条件の表示義務（同法3条・29条の2・30条）も同様である。

(2) 不当表示禁止型

消費者に誤認を生じさせるような表示を制限するタイプの規制である。一般的な規定として、景品表示法5条や不正競争防止法2条1項20号・3条・4条を挙げることができる。その他、健康増進法の虚偽・誇大広告禁止規定（同法65条）や薬機法の誇大広告禁止規定（同法66条1項）はもちろん、宅建業法32条、旅行業法12条の8、貸金業法16条、特定商取引法12条・36条・43条・54条による誇大広告の禁止規定もこれにあたる。

最近、特に重要な役割を果たしているのは景品表示法である。2014年の同法改正で課徴金制度が導入され、消費者庁も積極的に行政規制を行っている（どの事業者に行政規制がなされたかは、消費者庁HPで公表されている（https://www.caa.go.jp/policies/policy/representation/fair_labeling/release/2022/））。同法はあらゆる商品やサービスについて一般消費者の自主的かつ合理的な選択を阻害するような不当表示について業種を横断する形で規制をするものであり、この意味で消費者行政による表示規制の「一般法」の意味を持っている（中田・広告規制564頁。*Unit 27* で説明する）。

(3) 規格型

品質の規格化を行い一定の規格に合致した商品にはそのことを示す特別の表示を許すという規制である。工業製品に関するJISマークや、農林製品に関するJASマークがその例である（*Unit 19* で説明する）。ここで、表示がなされているにもかかわらず、その規格を満たしていない商品がある場合、そ

のような商品の提供は債務不履行になりうる。つまり、JISやJASの規格は契約内容に取り込まれているとみるべきであろう。ほかに、特定保健用食品、機能性表示食品、栄養機能食品といったものがある（*Unit 19*）。もっとも、特定保健用食品でも、特定の保健の目的が期待できる旨の表示はできるが、医薬品的な効能効果の表示は薬機法違反となる。

　以上の規定の違反のうち、ただちに刑事罰が科されるのは食品表示法の安全に関わる部分、および薬機法のみである（そのほかに、本書では省略するが不正競争防止法では直罰規定がある。そのことから、食品の安全問題以外のケースや薬効を謳わないケースでは、刑事事件として摘発するために不正競争防止法が活用されることが多い。松本161頁）。

　広告規制については、事業者団体による自主規制や第三者機関による自主規制も重要である。例として、景品表示法36条に定められている、事業者または事業者団体が定める自主ルールとしての「公正競争規約」や、日本広告審査機構（JARO）が行う自主規制がある。

　広告の法的規制は、以上のように複数の法律に分散しており、その相互の関係が体系的に整理されていないことで見通しが悪いとも指摘されている（中田・広告規制572頁）。

　他方で、これらの規定に違反して不当な表示がなされた場合、その表示がすべて契約内容として取り込まれていたとみることは妥当ではない場合がある。そこで、不当な表示のうち、通常の消費者であれば期待するような範囲までは契約内容に含まれるとし、それ以外に事業者が明示的に品質を保証していた場合にも契約内容に含まれると考えられる。ただし、契約内容として取り込まれていないことから債務不履行責任や契約不適合責任は追及できないという場合であっても、表示の内容が「法律行為の基礎とした事情」であった場合には錯誤（民95条1項2号・2項）に、また、表示が虚偽であることを事業者が認識し、それによって故意に消費者を欺罔したと立証できれば詐欺（同法96条1項）にあたる余地はある（ただし、その立証は容易ではない。松本〔初版〕185頁）。

(4) 不当表示からの被害救済のあり方

　これまで不当表示・誇大広告を受けて契約を締結した消費者の民事的救済や、不当表示を予防するための行政規制について述べた。しかし、民事的救済の場合、個々の消費者がわずかな被害額のために裁判を起こして契約取消しや債務不履行責任に基づく損害賠償を請求することは容易ではない（*Unit 26* も参照）。また、消費者に生じた「損害」をいかに算定するかが問題となる。広告によって消費者が期待していたものと実際の品質が違ったときに、単純にその「差額」を財産的損害としてカウントしてよいのか、それとも、自己決定権侵害による慰謝料のみが認められるのか、という問題である（中田・広告規制559頁）。

　そうすると、不当表示・誇大広告被害が多数発生しているような場合に、消費者をまとめて救済するシステムや、不当表示・誇大広告によって不当な利益を得ている事業者の利益を剥奪するというシステム（例えば景品表示法に設けられた課徴金制度や消費者裁判手続特例法など）も求められる。不当な表示や広告による消費者被害は少額多数被害の典型であることから、消費者裁判手続特例法の活用がまさに期待されよう（松本161頁）。また、不当な広告行為そのものへの差止請求権を消費者団体に付与することを提案する学説もある（中田・広告規制572頁）。このように、消費者個人による契約取消しに基づく代金返還や損害賠償請求だけでは被害救済として限界があるのが現実である。

3　保証書

　保証書とは、例えば電化製品を買った際に添付されている、「購入時から1年以内であれば無償で修理します」旨が記載された書面等である。一般的には、取扱説明書に従った通常の使用によって商品が故障した場合には、保証書に記載された期間内であれば無料で商品の修理や交換をしてもらえる。これを事業者の保証責任ということもある。電化製品だけではなく、コンタクトレンズや低反発枕にもついていることがある。

保証責任は、法的には消費者が商品を購入することを条件に、製造業者等（製造業者が保証書を発行していることが多いが、最近では家電量販店等が独自に発行していることもある）が一方的な修理の約束（品質保証あるいは修理の保証）の意思表示をしていると考えられている（修理の約束に対して、消費者が黙示で承諾していると解釈したり、保証書の受領によって承諾したものとみなされると解釈する考え方もある。日弁連273頁参照）。

保証書は法的に添付が義務づけられているわけではない。大部分は事業者の自主ルールである。しかし、この保証書によって、消費者は次のような大きなメリットを享受しうる（以下、大村163頁以下）。

第1に、保証書によって消費者の負担が軽減される。仮に商品に問題があった場合、消費者は売主の契約不適合責任や債務不履行責任、あるいは、製造業者の不法行為責任を追及することになる。しかし、その際には契約不適合や債務不履行、不法行為があったのか、を消費者側が証明しなくてはならない。これは大きな負担である。保証書があることによって、消費者は保証書が定める期間内であれば事業者の債務不履行責任などを追及することなく無償で修理を受けることができる。また、債務不履行責任や不法行為責任が肯定されると損害賠償を受けることはできるが、交換・修理を義務づけることはできないので（ただし、契約不適合責任であれば民法562条の追完請求ができる）、消費者にとっては債務不履行責任等を追及するよりも、より現実的な交換・修理を受ける方が便利なことが多い。

第2に、保証書は、その物を手にした者であればメーカーと契約関係に立つ者であるか否かを問わず、すべて無償で修理を受けることができる。メーカー保証の場合、メーカーと消費者が直接の契約関係に立つわけではない。しかし、保証書がある結果、このような契約関係に立たない末端の消費者に対してもメーカーは責任を負うこととなる。これは、商品がある消費者からさらに別の消費者に移転した場合でも同様である。当該保証書がついた商品を手にした者であればすべて保証を受けることができる。つまり、保証書によるメーカーの責任は「契約関係から生じる責任」ではなく、「その物から生じる責任」なのである。

もっとも、保証書もメリットばかりではない。まず、保証書があることに

よって、消費者はその保証期間内でないと無償修理を受けられないと考えがちであるが、実際にはそうでないこともある。その物に契約不適合がある場合には事業者は契約不適合責任を負わないといけない、つまり損害の賠償や無償で修理をしなくてはならないが、これは保証書の定める期間とは関係なく（契約不適合責任を追及することができる期間内であれば）負わなければならない責任である。しかし、保証書があることによって、消費者は保証期間を過ぎると、もはや事業者の責任を追及することができないと考えてしまいがちである。これは、保証書が消費者の権利行使を一種制約していると見ることができる。第2に、保証書によるサービスはたしかに無償であるが、実際にはその修理代は商品の価格にあらかじめ含まれている。そうすると、「保証書なんて必要ないから、もっと価格を下げて欲しい」という消費者の声も無視することはできない。そこで、最近では保証を受けることができるかどうかを消費者の判断に委ねる業者もいる。例えば、家電量販店では「最低1年はメーカー保証であり、5年の保証を受けたければ、プラス何千円支払ってください」としているところもあるが、これはその例である。

＊参考文献＊

本文中、**本田**純一「判批」百選32頁、**鹿野**菜穂子「広告と契約法理・**勧誘概念**」中田邦博ほか編『ヨーロッパ私法・消費者法の現代化と日本私法の展開』（日本評論社、2020年）576頁、山城一真「広告表示と契約」現代消費者法30号（2016年）35頁、**鹿野**菜穂子「広告と**契約法理**」現代消費者法32号（2016年）13頁、**松尾**博憲＝山野目章夫『新債権法が重要判例に与える影響』（金融財政事情研究会、2018年）、三枝健治「契約不適合責任の**現代化**」消費者法研究9号（2021年）141頁、三枝健治「民法・消費者法における契約責任の**現代的課題**」NBL1199号（2021年）42頁、**中田**邦博「日本における**広告規制の概要**」中田邦博ほか編『ヨーロッパ私法・消費者法の現代化と日本私法の展開』（日本評論社、2020年）564頁、**松本**恒雄「表示の適正化」百選161頁、**松本**恒雄「表示の適正化」百選〔**初版**〕185頁。
本文に掲げるもののほか、早川眞一郎「広告と錯誤──広告の視点からみた契約法・序説(1)～（3・完)」NBL491号24頁・492号42頁・493号（1992年）43頁、大村敦志「契約内容の司法的規制」同『契約法から消費者法へ』（東京大学出版会、1999年）53頁、潮見佳男「売買・請負の担保責任」NBL1045号（2015年）7頁、「特集・広告と消費者法」現代消費者法32号（2016年）4頁、山本敬三「消費者契

約における契約内容の確定」同『契約法の現代化 I』（商事法務、2016年）137頁、山城一真「広告をめぐる契約規制法理の課題」現代消費者法59号（2023年）29頁。

物の安全性①民法

〈事例〉

　Aは家電量販店XでY社製のテレビを購入して、自室で使っていた。購入後4か月経ったある日、家で本を読んでいると突然テレビから火が出て、後ろの壁が燃えてしまった。火を消そうとしたAも腕にやけどを負った。
　そこで、まずXに苦情を申立てに行ったが、「うちの店で作ったテレビじゃないから、我々には責任がない」といわれた。次に、Yに苦情を申し立てたところ、「テレビの後ろにホコリが積もっていたんじゃないですか？」と、暗にAのせいであるかのようにいわれた。

　これまでも、消費者に身近な物の安全性が脅かされる事件が多く報道されてきた（BSE問題、生肉の安全性に関する問題など）。これらの安全性をめぐる事件が消費者にとって大きな問題となるのはなぜか。それは、これらの事件が消費者の身体さらには生命に危険をもたらしうるからである。これらの事件の特徴として、その物自体の欠陥よりも、むしろその物の欠陥によって生じる人身損害その他の拡大損害が深刻な問題となるという点が挙げられる。
　そこで、本Unitおよび Unit 18 では、物が安全性を欠いていたことによって生じる人身損害やその他の拡大損害に対する法制度のあり方を考える。

1　安全性の意味とその確保のあり方

(1)　法規制の態様

　物が安全性を欠いていると生命・身体に対する損害を引き起こすということが問題であるならば、本来であれば、そのような損害が生じることを事前に防ぐことが望ましい。財産的損害の場合は、事後の賠償によって損害を回復することがある程度は可能であるが、人身損害については死亡者や負傷者

に対して賠償金を支払うというのではなく、むしろそのような死亡者や負傷者を出さないようにするのが何よりも重要である。

このことから、物の安全性を確保するために、まずは、事故が生じないようにする事前規制が重要である（事前規制については、**Unit 19** で説明する）。しかし、いくら事前規制をしていても、事故が起きることはある。また、事後規制が十分になされることによって、安全な物を作ろうという事業者のインセンティブを高めることもできる。

(2) 責任主体

物の安全性をめぐる問題のもう1つの特徴として、その物の安全性についての責任を負う主体と、私たちが実際にその物を手に入れる際の契約の相手方が異なるという点がある。例えば、〈事例〉のように欠陥のあるテレビが突然発火したことによって家の壁が燃えて、購入者もやけどを負った場合、そのテレビが燃えたことによって生じた拡大損害（テレビ自体の損害ではない）について責任を負うのは誰か。考えられるのは、テレビを買った家電量販店 X かテレビを作った Y 社である。

直接契約関係に立っている物の売主の責任を追及する際には、債務不履行責任や契約不適合責任が考えられる。しかし、物に欠陥がある場合に、売主自身がその物を製造したというのであればともかく、〈事例〉のように製造者と売主が別の場合に、売主に過失があったということは困難であることが多いだろう。また、契約不適合責任を追及すれば損害賠償請求権や追完請求権、代金減額請求権を行使することができるが、これらは欠陥がある物そのものの追完（修補、交換など）や代金減額であり、また、損害賠償請求にあたっては売主の帰責事由を立証しなければならない（民564条参照）。さらに、債務不履行責任、契約不適合責任ともにその物自体の損害は賠償されるが、物から生じる拡大損害までも賠償されるかどうかが問題となる。人身損害をもたらす欠陥のない目的物を引き渡す義務が売主にあったといえなければならないからである（新注民⑮613頁〔米村滋人〕）。実際、物の安全性が欠けていた事案で契約責任によって売主の責任が追及された事案はあまり存在しない。

そこで、中心となるのは物の製造業者の不法行為責任を追及するという法律構成である。不法行為規定によれば、直接の契約の相手方ではない製造者の責任を追及することも可能になる。ここでの製造業者の責任を製造物責任という（なお、以下での製造物責任は後述する民法709条によって追及されていた製造物責任と、*Unit 18*で説明する製造物責任法による責任とを包含する広義の製造物責任である。新注民(15)612頁〔米村〕を参照）。

(3)　製造業者の責任の根拠

　では、なぜ製造業者は物の欠陥についての責任を負うのか。これについては、次の2つの理由が挙げられる（鎌田161頁も参照）。

　第1に、製造業者は直接の契約の相手方ではないが、危険を内包する物を作り出した者であり、その危険が生じないようコントロールできる立場にある以上、そこから生じる損害についても責任を負担しなければならない。また、自己が作り出した物を大量作成・大量販売することによって相当程度の利益を上げることを目的としている以上、その利益を享受している製造業者が損害についての責任を負うのが衡平に適う。このうち、前者を危険責任、後者を報償責任ということがある。ほかに、他人に自己の製品の品質への信頼を与えたにもかかわらず、その信頼に反して安全性に欠く製品を市場に出したことで他人に損害を生じさせたのであれば、その責任は製造業者が負うべきであるといった信頼責任に基づく考え方も根拠として指摘される。もっとも、危険責任については輸入業者の場合には自ら製造して危険を作り出していないにもかかわらず、製造物責任を負うことがあるのはなぜかを十分に説明できないという批判があり、また、報償責任に対しても製造物責任が営利事業を通じて製品が流通した場合に限定されていない点と齟齬が生じるとの指摘がある（新注民(15)633頁〔米村〕）。

　第2に、ここでも製造者と消費者の間に存在する格差が問題となる。製造業者は製造物の危険性や効用について詳しいのに対して、消費者はこのような危険性や効用についての情報に乏しい。また、製造業者は製造物の大量製造・大量販売によって大きな利益を得るが、個々の消費者にとっては個々の製造物の購入によって得られる生活上の利益はそれほど大きくなく、それで

いてひとたび損害が生じた場合にはその損害が生命・身体に関わる深刻なものとなる（大村167頁以下は、これを「利益と損害のアンバランス」としている）。ただし、この理由づけは製造物の欠陥による被害者が事業者である場合には妥当せず、実際にも日本の製造物責任法は被害者を消費者に限定していないことに留意する必要がある（鎌田161頁。新注民(15)634頁〔米村〕）。

　以上の特徴を持つ製造物責任は、1994年に制定された製造物責任法という特別法によって認められている。この法律は民法の不法行為の特則であるといわれている。本Unitでは、なぜ同法ではなく製造物責任法という特別法によって製造業者の責任が認められるようになったのかをみるためにも、まず民法による製造物責任がどのようなものであったかを説明する。

2　民法に基づく製造業者の責任

　問題となるのは、製造業者の過失や、損害との間の因果関係である。以下、これらの問題について裁判所がどのような判断を下しているかについて見てみる。

(1)　過失の内容・程度

　民法709条による製造業者の責任が問題になるとき、大きな問題はその製造業者に過失があったかどうかである。これについて、裁判所は製造業者に注意義務を課しており、この注意義務に違反した場合には過失があるとしている。では、そこで製造業者に課される注意義務はいかなる内容・程度のものといえるか。

　横浜地判昭和50年2月4日判タ324号268頁は、自動車の助手席の背もたれ前倒防止装置がないことによって生じた人身損害について、自動車の製造業者の責任が問題になった事案である。判決文にあるように、「欠陥の有無および製造者として安全車製造義務を果たしたか否かの判断は、……予見可能な危険に対する防止策を講じたか否かによつて決する」とされている。その上で、本件では「車両製造当時助手席背もたれ前倒防止装置のないことによる危険は予見でき、しかも右装置を設けることも技術上可能であつたにもか

Unit 17

物の安全性①民法

281

かわらず、右装置が装備されていなかつたのであるから」本件車両に欠陥があり、そのような欠陥車両を製造した製造業者には安全車を製造すべき義務を怠った過失があるとした。

ここで問題になっているのは、危険を「予見する義務」および、「予見可能な危険を回避する義務」である。このような過失の考え方は、他の裁判例でもとられている（岐阜地大垣支判昭和48年12月27日判時725号19頁など）。これは、まさに、危険の予見、およびその回避義務を製造業者に課したものであるが、ここでの回避義務は高度な安全性確保の義務である（新注民⑮621頁〔米村〕）。

ここで、家庭用カビ取り剤の欠陥が問題になった東京地判平成3年3月28日判時1381号21頁を見てみよう。カビ取り剤を使用するたびに体調不良を訴えていたXが、カビ取り剤の製造業者Yを訴えたという事案で、判決は、Xが慢性気管支炎その他の慢性疾患や急性気管支炎に罹患していたとは断定できないとしつつ、Xの本件カビ取り剤の使用と健康被害との間の因果関係を認めた上で、Yにはカビ取り剤「の製造、販売に当たり、人の生命、身体、健康に被害を及ぼさないよう注意すべき義務」があるとして、日用雑貨品として大量に販売され、一般人が日常的に使用する本件カビ取り剤について、泡式の容器を用いることも可能であったとして、「注意義務を懈怠した過失があったものと認められる」とした（ただし、控訴審ではYの責任を否定した）。

このように製造業者には注意義務が課され、その注意義務に違反した際には過失があったとされ、その具体的な内容は、「危険が生じることを予見できたか」、および「その危険を回避することができたか」によって判断される。この注意義務は高度かつ広範にわたって要求される。例えば、福岡地判昭和52年10月5日判時866号21頁にあるように、食品製造業者には高度なかつ厳格な注意義務が課されており、東京地判昭和57年2月1日判時1044号19頁では医薬品の製造業者に対して高度な注意義務がかされている。このように特に薬害訴訟では高度な予見義務を課すことによって、製造業者側の予見可能性がなかったとの主張を排斥する判断がなされていた（新注民⑮619頁〔米村〕）。

(2) 欠陥の推認と過失の推定

　以上のように、製造業者には高度な注意義務が課され、その違反があれば過失があったとされる。しかし、過失があったことの立証が容易ではないことは、通常の不法行為と同様である。これにつき、裁判例では、「欠陥の推認」が認められた場合、事実上の推定を用いて製造者の過失の推定が認められていた。具体的には、「その物が人の生命、身体に被害を及ぼすというように安全性を欠いていれば欠陥が推認され、製造者は、その欠陥の発生を予見できなかったことや注意義務を尽くしたことを主張、立証しない限り、製造者の過失が推定される」というものである。

　前掲福岡地判昭和52年10月5日は、過失の推定が認められた有名な事案である。同判決によると、「食品の出荷以前に生じまたは存在した原因によって、食品に人の生命、健康を害する瑕疵（欠陥）が生じ、その瑕疵（欠陥）ある食品を摂取したことによって人の生命、身体に被害が及んだ場合には、それだけで瑕疵（欠陥）ある食品を製造、販売した者の過失が事実上強く推定され、そのような瑕疵（欠陥）の発生または存在が食品製造業者に要求される高度なかつ厳格な注意義務を尽くしても、全く予見し得なかったことが、主張、立証されない限り、右推定は覆えらないものというべきである」。結論としても、製造業者の過失は覆らないとした。

　過失が推定されたもう1つ有名な事案として、大阪地判平成6年3月29日判時1493号29頁がある。テレビが突然発火して事務所が燃えたという事案で、本件テレビの危険を生じさせた欠陥原因の存在が推認されるとした上で、その欠陥原因がYが本件テレビを流通に置いた時点ですでに存在していたことが推認されるとした。そして、「欠陥原因のある製品を流通に置いたことについてYに過失のあったことが推認されるが、製造者に課せられた安全性確保義務は高度なものというべきであるから、製造物責任を争うYとしては、単に注意深く製造したことを一般的に主張立証するだけでは不十分であって、不相当な危険を生じさせた欠陥原因を具体的に解明するなどして、右の推認を覆す必要がある」とした。

　このように、過失の立証の困難さについて、「製造物が通常有すべき安全

性を欠いていること」、すなわち、「欠陥の存在」が推認されれば、製造業者がそれを覆さない限り、過失が推定されるという手法によって、立証の緩和がなされている。ここで用いられる手法を一般に「事実上の推定」という。事実上の推定とは、経験則を利用して、ある事実があれば別の事実があると推定するが、反証が許されるものである。

(3) その他の問題

被告となった製造業者が主張するものとして、原告によるその物の使用態様が通常の態様とはいえないためにその事故が起きたという主張がある（いわゆる「誤使用」の主張）。冒頭の事案のYの発言のような主張は、訴訟でも実際にみられる。原告の誤使用や粗雑な使用があったかどうかが問題になったものとして大阪地判昭和61年2月14日判時1196号132頁がある。ただし、否定されている。

(4) 小　括

このように、不法行為責任の1つとして扱われていた製造物責任も、その注意義務の高度化や過失の事実上の推定などによって、過失の立証の困難さが緩和されている。また、実質的には「過失」の有無よりはむしろ「欠陥」の有無を問題にしている事案も多く、その結果、心理的な予見可能性を問題にする過失よりも、むしろ抽象化・客観化された過失を問題にしているとみることができる（逐条解説製造物責任法96頁も参照）。

このことから、製造物責任は製造業者が自分が製造し、流通に置いた製品について、安全性を保持すべき責任であるということができ、個別の事情を問うことなく、安全性を欠いたものであれば消費者に対してただちに責任を負う。安全性は当事者の合意や消費者の期待はもちろん、それよりもさらに社会において客観的に要求される安全性が基準になるといえる。その結果、製造業者が負う注意義務は、大量販売における消費者の保護という要請から、客観的・抽象的なものになっており、その義務の程度も一般の不法行為の場合よりも高度なものとなっている。これらのことから、まさにその物自体に関する客観的な責任ということができる。その責任の法的性質について

は、一般には不法行為責任の特則とされており、次の点で契約責任とは異なる。

　第1に、契約責任であれば、製造業者は直接契約関係に立たない消費者に対して責任を負うことはない。一方で製造物責任の場合、製造業者は直接契約関係に立たない末端の消費者に対しても責任を負う。この点で、製造物責任は、直接の売主に対してしか追及できなかった債務不履行責任や契約不適合責任といった契約責任を製造業者にも追及できるようにした点で、契約責任を拡大したものであるといえる。

　第2に、品質の場合は、当該契約でそのような品質が「保証されていたか」が問題となる。もし保証されていたにもかかわらず、そのような品質の物が提供されていない場合には、債務不履行責任や契約不適合責任の問題となる。一方で、安全性も製造業者が消費者に対して保証している点で品質の場合と同様に考えられる。この点で製造物責任にも契約責任的な性格があることは否定できない（瀬川197頁）。ただし、先にも述べたように、安全性の保証の有無を判断するにあたっては、消費者の期待のみならずより客観的に社会で要求される安全性が基準となるので、品質の保証の場合とは異なる。要するに購入者の安全性やそれに対する製造業者の保証がなくても、安全性を欠いたものとされれば製造物責任を負うことになる（瀬川197頁）。その結果、安全性の問題は、品質の場合のように単なる当事者の合意を問題にして債務不履行や契約不適合責任の有無を問題にするだけでは限界がある。そうすると、当事者の合意を問題にする契約責任をより客観化・高度化したもの、ないしは契約責任とは別の不法行為責任ととらえることができ、そのことから、「物に関する客観化された責任」であるとする考え方もある（大村169頁）。そうすると、民法でいえば不法行為責任の考え方の方がなじみやすいように思われる。

　しかし、だからといって、不法行為の規定だけでは、必ずしも常に製造業者が高度な客観的な責任を負うことが可能になるわけではない。その理由は次の2つであり、これらは民法の規定による製造物責任の限界を示している。

　第1に、裁判例の分析でみたように、「過失」があるとするためには、「そ

の被害が起こりうることを事業者が予見可能であったこと」および「その被害を回避することも可能であったこと」、この点で製造業者に注意義務違反があったことを証明しなければならず、製造過程も知らず、また資料も乏しい消費者にとっては極めて困難な立証となる。先に述べたように注意義務は高度化されているが、立証が困難であることには変わりがなく、すべての事案で注意義務が高度なものとされているわけではない。因果関係の立証も困難である。

　第2に、過失の事実上の推定が活用されていると述べたが、すべての事案で推定が認められているわけではない。過失の立証責任の転換を否定した事案もある（東京地判昭和59年3月26日判時1143号105頁）。

　こうして、過失責任を原則とした民法の不法行為の規定ではなく、過失の有無を問うことなく、「欠陥」さえ立証されれば責任を認めうる「欠陥責任」を立法で認めることが要請される。これについては、**Unit 18**で説明する。

＊参考文献＊

本文中、**鎌田薫**「製造物責任と消費者法」百選161頁、**瀬川信久**「消費社会の構造と製造物責任法」鎌田薫ほか『岩波講座現代の法⒀消費生活と法』（岩波書店、1997年）187頁。
本文に掲げるもののほか、片山登志子「製造物責任法の現状と課題⑴⑵」法学教室313号102頁・314号（2006年）74頁、瀬川信久「欠陥、開発危険の抗弁と製造物責任の特質」ジュリスト1051号（1994年）17頁、内田貴「管見『製造物責任』⑴～（4・完)」NBL494号6頁・495号38頁・496号14頁・497号（1992年）31頁。

Unit 18

物の安全性②製造物責任法

Unit 17 で説明したように、過失責任を原則とした民法の不法行為とは異なり、製造業者の過失の有無を問うことなく、「欠陥」さえ立証されれば責任を認めうる「欠陥責任」を立法で認めることが要請されることとなった。この要請に基づいて成立したのが、製造物責任法である。

1　製造物責任法の立法過程

「欠陥」さえ立証できれば製造業者に責任を課す欠陥責任については、すでに1960年代のアメリカで判例上認められていた。そこでは、厳格責任の理念のもとに、製造業者の無過失責任が認められ、高額の賠償が認められた事案もあった。

一方、日本では、特に1960年代の高度経済成長期以降、森永ヒ素ミルク事件などの欠陥食品トラブル、サリドマイド事件やスモン事件といった薬害など、欠陥商品によって多くの消費者が深刻な被害を受ける事件が多発した。これらの事件を受けて、学者、実務家の間では製造物責任を課す特別法を制定することが検討され始める。その結果、日本で最初の試案ともいえるものが1975年に公表される。それが、我妻栄博士を中心にした研究会で作成された「製造物責任法要綱試案」である。この試案は、1994年に成立した製造物責任法では結局盛り込まれなかった「欠陥や因果関係の推定規定」や、一定の製造業者に賠償責任保険を付けて損害賠償措置を強制するなど、被害者の保護を徹底させた内容であったが、この試案自体は研究者の一グループによるものにすぎず、公的な性格をもったものではなかった。その後、経済企画庁（現在の内閣府）内でも製造物責任法制定に向けた議論がなされるが、その一方で日本国内では不法行為訴訟全体における「被害者の保護から公正な賠償へ」という機運にみられるような訴訟熱の冷却、また、アメリカでの製

造物責任訴訟の「行き過ぎ」が報じられたこともあって、無過失責任である製造物責任法を定めることに対する国内の警戒心が高まり、立法への動きは下火となる。

そんな中、再び日本において製造物責任法制定の機運を高めるきっかけとなったのが、1985年の製造物責任に関するEC指令である。その後、国民生活審議会が新法制定を目指すこととなり、1994年に製造物責任法が成立した。

2　製造物責任法の内容

製造物責任法は、同法1条にあるように「製造物の欠陥により人の生命、身体又は財産に係る被害が生じた場合における製造業者等の損害賠償の責任について」定めたものであり、全6条からなる。1994年7月1日に公布され、1995年7月1日の施行後にその製造業者が引き渡した製造物について適用される。同法3条によると、「製造業者等は、その製造、加工、輸入又は前〔2〕条第3項第2号若しくは第3号の氏名等の表示をした製造物であって、その引き渡したものの欠陥により他人の生命、身体又は財産を侵害したときは、これによって生じた損害を賠償する責めに任ずる」。過失ではなく、欠陥の存在が要件となっている点に特徴がある。以下、条文ごとに内容を説明する。同法の保護の対象は消費者に限定されず、広く製造物の欠陥によって損害を被った者を指し、自然人にも限られない（もちろん、実際には事業者が製造した製品によって、人身損害を被るなどして回復困難な損害を被る被害者の多くは消費者であろう）。

(1)　「製造物」とは（製造物責任法2条1項）

製造物責任法2条1項によると、同法における「製造物」とは、「製造又は加工された動産」である。製造・加工過程において新たな危険が創出され、または危険が高められる点に着目した製造業者等の責任であることによる（潮見Ⅱ380頁）。

まず、「製造又は加工」の意味について説明する。「製造」とは、原材料や

部品に手を加え、新たな物品を作ることであり、「加工」とは、その物品の本質を維持しつつ、その品質・機能を維持、追加ないし強化するために手を加えることである。その結果、農水畜産物などの自然産物は、製造物責任法上の「製造物」にはあたらない。作物の栽培、家畜の飼育、種子の増殖、水耕栽培、養殖水産物等は、自然の力を利用した生産行為であり、「製造又は加工」にはあたらないということである（逐条解説製造物責任法55頁）。

　ただし、農水畜産物も加工されれば「製造物」となりうる。この点が問題になったのが東京地判平成14年12月13日判時1805号14頁である。この事件は、割烹料亭においてＹが調理したイシガキダイ料理を食べたＸが、これに含まれていたシガテラ毒素を原因とする食中毒に罹患したため、製造物責任法ないしは瑕疵担保責任に基づいて損害賠償を求めた有名な事案である。この事件では、イシガキダイをアライ、兜焼きにしたことが、「加工」にあたるかが争点とされた。裁判所は「原材料に加熱、味付けなどを行ってこれに新しい属性ないし価値を付加したといえるほどに人の手が加えられていれば」加工にあたるとして、本件イシガキダイ料理は「製造物」にあたると判断し、Ｙの製造物責任を認めた。加熱である兜焼きはもちろん、アライも加工とされている本件をふまえると、魚の切り身のように、単なる切断、冷凍、冷蔵、冷蔵、乾燥が施された程度では「加工」にあたらないが（逐条解説製造物責任法53頁）、それ以上に手を加える調理（加熱、味付け、粉ひき、搾汁など）であれば「加工」にあたるということになるのであろうか（土庫32頁）。この点について、学説では、農水畜産物については、物の自然の性質に対して人為的処理（肥料、保存料の投与などか）によって変更が加えられたかどうかを基準として判断するほかないとする見解もある（潮見Ⅱ382頁）。イシガキダイ事件によれば、加工によって危険性が付加されたか否かを問わず加工された農水畜産物は「製造物」にあたることになるが（土庫35頁、新注民⒂638頁〔米村滋人〕。本件ではもともとイシガキダイに存在していたシガテラ毒素が原因であり、加工によって危険性が高まったわけではないだろう）、農水畜産物の場合にはもともと毒素などの危険物が含まれていることも多いので、危険性の除去可能性も考慮に入れるべきであろう（この点について、少なくとも指示・警告上の欠陥を肯定すべきであり、飲食店として保険で対応すべ

き問題であるとする前田188頁が参考となる）。

　なお、農水畜産物であってもそれが食品である限りは、食品衛生法による禁止農薬規定のように、食品安全を確保する法律によるコントロールを受ける（土庫37頁）。

　次に「動産」に含まれるかどうかが争われるものがいくつかある。

　第1に、動産とは、「土地及びその定着物である不動産以外のもので、有体物」であるため（民85条・86条）、エネルギーやソフト・情報など、有体物ではないものがこれにあたるかが問題になる（潮見Ⅱ376頁は、製造物責任法が有体物としての動産の持つ権利・法益侵害の危険性に照準を合わせて無過失損害賠償責任が立てられているわけであるから、製造物の射程を考える際にも、有体物であることを外れた解釈をするべきではないとする）。エネルギーについては、立案担当者は供給者と消費者との間に直接的な契約関係が存在する場合がほとんどであることから、契約関係に基づく追及が可能であり、無形物である電気を特に製造物責任の対象とする実益に乏しいとしているが（逐条解説製造物責任法49頁）、これに対しては、エネルギーも安全性につき支配ないし管理が可能であれば製造物となりうるとする見解がある。また、特に問題となりやすいソフトや情報についても、情報それ自体は「動産」ではないが、情報がディスク等に組み込まれ1つの製品となっている場合や、コンピューターにインストールされた状態で販売されるソフトウェアの場合のように、何らかの媒体と一体的にソフトウェアが取引される場合は「製造物」になる（新注民⒂637頁〔米村〕）。ただし、この場合に製造物責任を負うのはプログラムの開発者ではなく当該製造物および該当する部品の製造業者であるという見解がある（潮見Ⅱ380頁）。AIの発達によるAI搭載の製造物が増えている現状で、この種の製造物の欠陥による責任が生じた場合には問題とならないだろうか。後述する。

　第2に、立法過程で問題になったものとして、輸血用の血液製剤が動産にあたるかという問題がある（あたるのであれば、例えば輸血によるエイズ感染やＣ型肝炎感染につき、製造業者（日本赤十字社）の責任を問える）。これについては、血液製剤が血液に凝固防止剤や保存料を加えてパックしている以上、加工されており製造物にあたるとされている（裁判例として、横浜地判平

成12年11月17日判時1749号70頁）。生ワクチンもウイルスを加工した製品であることから、製造物にあたる（逐条解説製造物責任法56頁）。

第3に、「不動産」は、契約責任による救済がなじむことや、土地工作物責任（民717条）が存在することから、製造物責任法の対象外である（逐条解説製造物責任法50頁）。しかし、建物を構成する部品や原材料は動産であり、それらに欠陥があれば製造物責任法の対象になる。これについて、防虫処理された竹材を土壁の下地として用いて自宅を建築したXが、害虫が大量発生して損害を被ったとして竹材の製造業者に対して製造物責任法に基づく損害賠償を請求した福岡高判平成17年1月14日判時1934号45頁では、防虫処理が施された竹材は「加工された動産」として「製造物」にあたるとして、竹材の製造業者の製造物責任を認めている。また、ビルの一部となったエスカレーター部品に当初から瑕疵があった場合にも製造物責任が課される余地がある（東京高判平成26年1月29日判時2230号30頁参照）。

以上のように、「製造物」にあたるか否かについては、（不動産の場合を除き）人の手が加えられたか否か、言い換えると人が安全性を支配・管理できるものであるか否かが問題とされているが、自律した学習能力を備えたAIの場合には安全性を支配・管理できるといえるのか、検討の余地があろう。後述する。

(2) 「欠陥」とは（製造物責任法2条2項）

欠陥とは、製造物責任法2条2項にあるように「当該製造物が通常有すべき安全性を欠いていること」をいう。具体的には、「当該製造物の特性、その通常予見される使用形態、その製造業者等が当該製造物を引き渡した時期その他の当該製造物に係る事情を考慮して」判断される。ただし、これらは例示列挙とされている。また、欠陥は製造業者等が当該製造物を「引き渡した時点」で存在するものであることが求められている。ただし、引渡し後に何らかの問題が発生した場合であっても、潜在的原因が引渡し時の製品に存在していたと認められる場合には、引渡し時に欠陥が存在したものとする判断が可能である（新注民⑮655頁〔米村〕）。その一方で、製品の指示・警告は、必ずしも引渡し時のみになされるとは限らないことから、指示・警告の実施

時点については「引渡し時」に限定すべきではない（新注民⒂656頁〔米村〕）。

　(i)　**欠陥の3類型**

　立案担当者もいうように、欠陥には一般的に次の3種類のものがあるとされている（逐条解説製造物責任法58頁以下）。ただし、製造物責任法が以下の3分類を採用して責任発生要件としているわけではなく、あくまで欠陥の有無を判断する際の手がかりにすぎない（潮見Ⅱ385頁）。個々の欠陥類型を法定するとかえって被害者の立証負担が重くなることや、主張された欠陥類型に裁判所の審理を拘束することになることを考えると、あくまで目安として3分類をとらえるのは実務的な見地からも妥当であろう（土庫49頁以下）。

　①　製造上の欠陥

　　製品が、設計や予定された仕様と異なって製造された場合に問題になる。

　②　指示・警告上の欠陥

　　有用性ないし効用との関係で除去しえない危険性が存在する製造物（例えば、医薬品の副作用が典型例である）について、その危険性の発現による事故を消費者側で防止・回避するに適切な指示・警告を製造者が与えなかった場合に問題となる。例として東京地判平成12年5月22日判時1718号3頁では、化粧品の外箱および容器において、当該化粧品につき予想される危険の存在とその場合の対処方法について、消費者の目につきやすい態様で、端的に記載することにより注意を喚起していたとして、指示・警告上の欠陥が否定された。その一方で、小学生が誤って落とした給食用食器の破片によって目を怪我した事故で、強化耐熱ガラスで製造された本件給食用食器が割れた場合の危険性について十分な表示がないとして製造会社の責任が認められたものとして奈良地判平成15年10月8日判時1840号49頁がある。

　　製造物責任法が適用されたはじめての最高裁判決である最判平成25年4月12日民集67巻4号899頁（イレッサ訴訟）では、イレッサという抗がん剤の副作用として発生した間質性肺炎がイレッサの添付文書の「使用上の注意」欄の「重大な副作用」欄の4番目に記載されていたことから、添付文書の記載が不適切であり、指示・警告上の欠陥があったかど

うかが問題となった。最高裁は、「添付文書の記載が適切かどうかは、上記副作用の内容ないし程度（その発現頻度を含む。）、当該医療用医薬品の効能又は効果から通常想定される処方者ないし使用者の知識及び能力、当該添付文書における副作用に係る記載の形式ないし体裁等の諸般の事情を総合考慮して、上記予見し得る副作用の危険性が上記処方者に十分明らかにされているといえるか否かという観点から判断すべきもの」としている。この判決では、通常想定される処方者ないし使用者が肺がんの治療を行う医師であり、このような医師が本件添付文書の記載を閲読した場合には、間質性肺炎の副作用がありうることや間質性肺炎のリスクを認識することに困難はなかったとして、指示・警告上の欠陥が否定された（もっとも、この判断枠組みによれば、予見しえない副作用を欠陥評価においてどのように扱うかが問題となる。大澤196頁）。

③　設計上の欠陥

　製品の設計自体が安全性を欠いている場合がこれにあたる。例えば、仙台地判平成13年4月26日判時1754号138頁は、自転車のフロントガラス等を覆い、凍結防止カバー、日除けの用途に使用されるフロント・サイドマスクについて、その設計にあたり、フックが使用者の身体にあたって傷害を生じさせる事態を防止するために、フックの材質、形状を工夫したり、ゴムひもの張力が過大にならないようにするなどの配慮がほとんどされていない点に、設計上の欠陥があったとしている。

　同じく、幼児の玩具における設計上の欠陥が問題になったものとして、鹿児島地判平成20年5月20日判時2015号116頁がある。玩具メーカーY製造のカプセル入り玩具のカプセルを、幼児X₁（当時2歳10か月）が誤飲し、口腔内の喉に詰まらせ窒息状態となり、低酸素脳症による後遺障害が残った事案で、「本件カプセルのように幼児が手にする物は、口腔から取り出しやすくするために、角形ないし多角形とし、表面が滑らかでなく、緊急の場合に指や医療器具に掛かりやすい粗い表面とする、また気道確保のために十分な径を有する通気口を複数開けておく等の設計が必要であったというべきである」として、本件カプセルは設計上通常有すべき安全性を欠いていたというべきであるとした。

設計上の欠陥は原則として、製造された製品すべてについて肯定される（新注民(15)642頁〔米村〕）。

実際には、以上３つの区別が困難な場合も多い。イレッサ訴訟の最高裁判決も欠陥概念を類型化するのではなく、総合的な判断を志向しているといわれており、（大澤196頁）、学説では、個別の事例ではいずれの類型にあたるかの判断が難しいことや、欠陥の判断基準が製品の種類によっても異なることから、これら３類型の法的意義を否定する見解も有力である（新注民(15)644頁〔米村〕）。しかし、それでもこの３つの区別は欠陥の有無を判断する際の手がかりとしてはなお有用であるとされている（潮見Ⅱ385頁）。なぜなら、欠陥の類型ごとに欠陥の有無の判断方法が異なりうるからである。

具体的には、指示・警告上の欠陥については、これが「通常行われるべき指示・警告がどのようなものであり、それを怠ったか否か」という観点から判断されるものであることから、不法行為における過失判断と類似するという指摘がなされている（潮見Ⅱ385頁）。その前提として、指示・警告の対象事項である当該危険性についての認識があり、かつ、指示・警告によって消費者の製品使用行動を適切な使用に導き、用法上の危険を回避できたと認められることが必要とされている（土庫64頁）ことをふまえると、例えば医療事故における説明義務違反と同様の判断がなされると見ることもできる（新美299頁）。もっとも、過失判断と類似するという点については、同じくいかなる設計がとられるべきであったか否かが問題となる点で設計上の欠陥についても指摘されることがある。設計上の欠陥では、危険性の低減される代替設計が存在することが必要とされるため、この意味で危険性の回避可能性が要求される（新注民(15)661頁〔米村〕）からである。このことは欠陥の類型によっては、不法行為の過失判断と類似するものがあることを示しており、そうするとやはり欠陥の区別が１つの目安となる。

(ii) 欠陥の考慮要素・判定基準・主張立証責任

欠陥の有無は、①当該製造物の特性、②その通常予見される使用形態、③その製造業者等が当該製造物を引き渡した時期、④その他の当該製造物に係る事情を考慮して判断される。これらの考慮要素はあくまで例示であり、これらすべてが考慮されるとは限らず、また、製品の類型や事故の態様によっ

ては、これら以外の要素が考慮されることもありうる（逐条解説製造物責任法61頁）。①については、「製造物の表示」、「製造物の効用・有用性（医薬品のように有用性が高い場合には相当に高度の危険性があっても製造や販売が許容される）」（新注民⑮646頁〔米村〕）、「価格対効果（ただし、いくら低価格の製品でも最低限の安全性は確保されていなければならない）」（新注民⑮649頁〔米村〕）、「被害発生の蓋然性とその程度」、「製造物の通常使用期間・耐用期間」などが考慮に入れられる（逐条解説製造物責任法62頁）。また、使用するのが一般消費者である家電や家庭用品、特に子供や高齢者向けの製品には、高度の安全性の確保が求められやすい（新注民⑮652頁〔米村〕）。②については、後述する誤使用の主張について留意する必要がある。③については、前述したように欠陥は引渡し時に存在する必要がある（逐条解説製造物責任法59頁）。

　その上で、欠陥を判定する際の基準として、学説ではアメリカ法やEU法を参考に次のような３つの基準が示されることがある（潮見Ⅱ387頁以下）。第１に、安全性に関する規格から外れているか否かという観点である標準逸脱基準、第２に、消費者の期待する安全性を基準とする消費者期待基準、第３に、製造物が有する危険性が製造物が有する効用を上回れば欠陥があるという危険効用基準である（医薬品や化粧品の欠陥判断で有用である。土庫92頁）。もっとも、標準逸脱基準については、そこでいう基準は何なのかという疑問があるほか、危険効用基準については効用性だけが強調されすぎてしまうことへの懸念、さらに、消費者期待基準に対しては、被害者の主観で安全性基準が決まることへの疑問がなされているなど、万能な基準は存在しないといってもよいだろう（潮見Ⅱ388頁以下）。結局、日本ではいずれかの基準のみを適切であるとする学説はほとんどみられない（新注民⑮644頁〔米村〕）。

　欠陥についての主張・立証責任は被害者側にある。しかし、判例上、欠陥の具体的な部位や、原因物質の存在がなくても、「通常有すべき安全性を欠いていれば」欠陥があったと判断されている。例えば、Ｘの店舗が自動販売機内部からの出火によって焼失したとして、Ｘが自動販売機製造業者に対して製造物責任法３条に基づいて損害賠償を請求した事案において、自動販売機が多数の部品から構成される高度で複雑な構造を有することをふまえ、「『欠陥』の存在についての主張立証は、本件自販機内部から出火したことの

主張立証で足り、それ以上に本件自販機の中の欠陥の部位やその態様等を特定した上で、事故が発生するに至った科学的機序まで主張立証すべきものではない」とした事例がある（東京地判平成28年8月5日判タ1446号237頁。ただし、本件では放火等による火災である疑いを排除できないとしてXの請求を棄却した）。さらに、欠陥の原因となった物質が存在しない場合であっても、「通常有すべき安全性を欠いている」と認められれば、欠陥があったとされている。名古屋地判平成11年6月30日判時1682号106頁は、ジュースに混入されていたとされる異物によって原告が咽頭部を負傷したという事例で、異物が発見されず、何が異物であったかも不明であるが、それがいかなるものであろうと、ジュースの中に、飲んだ人に傷害を負わせるような異物が混入していれば、ジュースが通常有すべき安全性を欠いていることは明らかであるところ、異物の正体が不明であることは製造物責任法上の「欠陥」があるとの認定に影響を及ぼさないと判断した。異物が特定不可能であることのリスクを被害者に負わせるのは妥当ではない一方で、製造業者の方が製造過程に関する情報を豊富に有していることを考えるとやむをえない判断といえる（菱田186頁）。

　これに対して、製造業者等が被害者の誤使用等を主張することがある。「欠陥」の有無を判断する際の考慮要素の1つに「通常予見される使用形態」が挙がっているのは、当該製品の本来の使用形態およびその特性に応じて合理的に予見可能な範囲の誤使用は、製造物の設計・製造の際に考慮して対応すべきと考えられることにかんがみたものである（逐条解説製造物責任法74頁）。そのことから、被害者が合理的に予見可能な範囲を超えた誤使用である場合には、欠陥が否定される（「通常予見される使用形態」であるとは認められないとして、製品の欠陥の存在を否定した、東京高判平成26年1月29日判時2230号30頁、東京地判平成30年2月27日判タ1466号204頁等がある。なお、前者は消費者安全調査委員会の調査対象になっており、エスカレーターからの転落の再発防止のあり方が議論された。水野220頁参照）。ただし、「通常予見される使用形態」を判断する際には、当該製造物を使用する者の属性や技能等も考慮され、その際には十分な判断能力を有しない者の使用が想定される場合と、十分な判断能力を有する者の使用が想定される場合、に分けることが適切であ

るとの見解がある（新注民⒂653頁〔米村〕）。この見解によると、例えば子供のおもちゃのように、当該製造物に想定される使用者の属性や技能等をふまえるとそのような誤使用および事故を回避することが合理的に期待できないと判断され、欠陥の存在が肯定されるだろう（新注民⒂653頁〔米村〕、土庫186頁および199頁以下）。一定範囲の誤使用は想定した上で製品の安全性を確保することが製造業者には求められている（新注民⒂653頁〔米村〕）。他方で、十分な判断能力を有する者の使用が想定される場合には、当該製品の危険性が一般に知られている製品か否かによって異なる（新注民⒂654頁〔米村〕）。例えば、使用者が新規性を持つ製品の危険性を認識しえなかったという場合には、使用者の誤使用があったとの主張は否定されやすい（土庫193頁以下も参照）。

(3) 責任主体（「製造業者等」：製造物責任法 2 条 3 項）

製造物責任法に基づいて責任を負うのは、同法 2 条 3 項 1 号にあるように、製造業者、加工業者、輸入業者である。製造、加工、輸入を「業として」行うこと、すなわち、「反復継続して」行うことが必要である。この場合、有償・無償、営利目的の有無を問わない。

ここでは、輸入業者が責任を負う点が重要である。製造業者でもなければ加工業者でもない輸入業者がなぜ責任を負うのか。それは、輸入業者も自己の意思により製品を国内市場に置いた（流通させた）者として製造業者と同じ立場に立つし、被害者が外国の製造業者に損害賠償請求するのは困難であるが、輸入業者が被害者に損害賠償を支払った後に外国の製造業者に対して求償権を行使することはできるからである。実際、裁判例でも輸入業者の製造物責任を認めた事案が少なからず存在する。

製造物責任法に基づいて責任を負う者として、製造業者、加工業者、輸入業者のほかに「表示製造業者」（同法 2 条 3 項 2 号）、「実質的製造業者」（同項 3 号）がある。

「表示製造業者」とは、「自ら当該製造物の製造業者として当該製造物にその氏名、商号、商標その他の表示……をした者又は当該製造物にその製造業者と誤認させるような氏名等の表示をした者」である（製造物 2 条 3 項 2 号）。

例としては、「製造元○○」、「輸入者○○」の表示をしたり、ブランド名を記載する場合がこれにあたる。これらの者も消費者に対して製造物の安全性に対する信頼を与えている点で製造業者と同様であるからというのが、これらの者に責任を負わせる理由であるとされているが（逐条解説製造物責任法87頁）、これに対しては表示による危険の引き受けの観点からとらえるべきであるという見解もある（潮見Ⅱ401頁）。

　一方、「実質的製造業者」とは、製造物責任法2条3項1号にも2号にもあたらないが、「当該製造物の製造、加工、輸入又は販売に係る形態その他の事情からみて、当該製造物にその実質的な製造業者と認めることができる氏名等の表示をした者」である。例えば、製造もしていないのに「発売元」、「連絡先」などの名称を用いて自社名を表示している場合であって、当該表示者が当該製造物の製造業者として社会的に認知されていたり、当該製造物を一手に販売している者がこれにあたる（逐条解説製造物責任法90頁）。ただし、当該製品の製造業者が別に存在し、社会通念上、当該表示者が製造、加工または輸入にまったく関与していないと明らかに認められるような場合には該当しない（逐条解説製造物責任法90頁）。裁判例上、認められることは少なかったが（否定例として、札幌地判平成14年11月22日判時1824号90頁）、最近になって、薬用洗顔石鹸を製造販売していた事業者が、石鹸の購入者に対して、同人が本件石鹸の企画・製造に相当程度関与するものとして、製造業者であるのと同様の信頼性を与えるとともに、大々的な宣伝活動と高いシェアを通じて販売業者のブランドに対する認知度を高めているとして、実質的製造業者にあたるとした判決が出された（東京地判平成30年6月22日平成24年(ワ)11529号ほか裁判所HP）。

　これらの者が製造業者と同内容の責任を負うのは、損害を受けた消費者にとって責任追及が容易になるからである。これらの者が責任を負っても、その後、事業者間で求償によって損害分担を図ることになる。

3　製造物責任の効果

　製造物責任法3条にあるように、製造業者は自己が引き渡した製造物の欠

陥により他人の生命、身体または財産を侵害したときは、これによって生じた損害を賠償する責任を負う。製造業者等が責任を負うこととされる具体的な要件としては、当該製造業者等が製造物を自ら引き渡したこと、欠陥の存在、他人の生命、身体または財産の侵害、損害の発生、および欠陥と損害との間の因果関係がある（逐条解説製造物責任法95頁）。製造物責任法に特段の規定がない事項（過失相殺など）については、民法の規定が適用される（製造物6条）。

　製造業者等は、製造物の欠陥によって生じた拡大損害について損害賠償責任を負う。拡大損害がある場合には、製造物自体の損害も含めてあらゆる性質の損害が賠償の対象となる。これに対して、「その損害が当該製造物についてのみ生じたとき」、つまり拡大損害が生じなかった場合には、製造物責任法が適用されない（その製造物自体の減価分などは、契約責任の問題となる。**Unit 15**も参照）。したがって、製造物自体にのみ損害がある場合には、売主に対して契約責任を追及するか、製造業者に対する不法行為責任を追及することになる。なお、精神的損害のみが発生した場合には製造物責任法に基づく賠償請求権が生じないというのが立案担当者の見解である（逐条解説製造物責任法99頁）。

4　免責事由、期間制限など

　製造物責任法4条は次の2つの免責事由を認めている。

　まず、製品を市場に置いた時点の世界最高水準の科学技術の水準では、そこに内在する欠陥を発見することが不可能であった場合には、たとえそれで被害が生じても製造業者は免責される（「開発危険の抗弁」。製造物4条1号）。特に、製薬会社など、常に製品開発を行っている企業では、ときとして新製品による事故が生じるが、このような場合にも企業が責任を負うということになると、新製品開発意欲を失わせるからである。製造業者が免責されるためには、当該欠陥の有無の判断に必要となる入手可能な最高水準の知識に照らし欠陥であることを認識することができなかったことを製造業者が証明する必要がある（逐条解説製造物責任法115頁）。ただし、免責が認められた裁判

例はいまのところ存在していない。開発危険の抗弁について詳細に述べた上でこれを否定した判決として、京都地判平成30年2月20日平成24年(ワ)1230号ほか裁判所HPおよび前掲東京地判平成30年6月22日がある（いずれも、いわゆる「茶のしずく石けん」判決）。これらの判決では開発危険の抗弁の内実について、より具体的な判断を示しており、それによれば、開発危険の抗弁における知見は、「欠陥を構成する事象そのものに対する知見であることを必要とせず、各種知見を総合し、欠陥が認識し得るものであれば、認識可能性がなかったとはいえ」（前掲京都地判平成30年2月20日）ず、また、「科学又は技術に関する知見」とは、「その詳細が科学的に異論なく証明される程度に確立したものであることや、特定の科学・技術の分野で通説となっていることまで」は必要ないが、「知識等によって裏付けられ、特定の科学・技術の分野において認知される程度に確立したものであることは必要」（前掲東京地判平成30年6月22日）であるとされている。

次に、部品・原材料製造業者の免責が認められる場合がある。基本的に完成品の製造業者とその部品製造業者は連帯責任を負うが、完成品の製造業者からの設計に関する指示に従ったことによって製造した部品に欠陥が生じ、かつ、その欠陥が生じたことについて部品製造業者に過失がなくそれを証明した場合には、部品製造業者は免責される。部品等の製造業者等に対して製造物責任法3条の責任の成立要件が満たされていることが前提となっており、この責任が免責されるのである。欠陥が「設計に関する指示」のみにより生じたものであることが免責の要件である。

製造物責任を追及できる期間については製造物責任法5条に定められているとおりである。それによると、「被害者又はその法定代理人が損害及び賠償義務者を知った時から3年間行使しないとき」（同条1項1号）、および、「その製造業者等が当該製造物を引き渡した時から10年を経過したとき」（同項2号）は、消滅時効にかかる。生命・身体の侵害による損害賠償請求権の消滅時効については、同項1号の「3年間」が「5年間」に伸長され（同条2項）、また、身体に蓄積することで人の健康を害する物質による損害（化学物質など）や一定の潜伏期間が経過した後に症状が現れる損害（ワクチンによる肝炎など）については、これらの損害が生じた時から同条1項2号の

「10年」が起算される（同条 3 項）。

5　製造物責任の現状

（1）　製造物責任法の限界——立法的・司法的課題

　製造物責任法では、立法段階で多くの団体によって提案されていた欠陥や因果関係の推定規定が設けられなかった。その結果、欠陥や因果関係の立証責任は被害者にある。たしかに、裁判例でも認められているように欠陥部位の特定までも主張立証する必要がないとされていることから、被害者の立証の程度はこの限りで軽減される。また、不法行為責任のように製造者の過失を立証する必要もない。さらに、因果関係についても、裁判例では、製品の利用者の側の立証によって認定される諸事実に照らして欠陥および火災との因果関係の存在が推認される場合には、製造業者の側でその推認（事実上の推定）を覆すに足りる立証をしない限り、製造業者等は損害賠償責任を免れず、この事実上の推定は、社会通念に照らして当該製造物が通常有すべき安全性を欠いていることを推認するに足りる諸事実が立証されていれば足りると判示されている（東京高判令和 2 年 2 月27日消費者法ニュース124号334頁）。しかし、他方で、被害者の使用形態が「通常予見される使用形態」の範囲内であることの立証や、本当に当該製品によって事故が生じたのかどうかが訴訟で争われた場合には欠陥原因などの立証が必要とされるために、実際には立証の困難さはそれほど解消されているとはいえず、その意味では訴訟による解決が十分になされているといえるかは留保を要する。消費者庁が収集している製造物責任法に基づく判決件数は、1995年の施行後、2022年 3 月までの27年間で472件であるが（https://www.caa.go.jp/policies/policy/consumer_safety/other/product_liability_act/assets/consumer_safety_cms206_220310_01.pdf）、この数字を多いとみるか少ないとみるかは考え方が分かれるであろう。この点、EUでの製造物責任に関する改正指令（2022年に案が公表され、2024年10月に採択された）では、欠陥および因果関係の存在については原則として被害者が立証責任を負うとしつつ、欠陥の推定規定や因果関係の推定規定が設けられており、参考になる（永下32頁以下）。

Unit 18
物の安全性②製造物責任法

また、理論的な課題も残されている。大きな課題として、製造物責任は果たして無過失責任なのかそうでないのかという、法的性質をめぐる根本的な問題が学説上提起されている。一般に、製造物責任は製造物の「欠陥」という客観的な要件に基づく「欠陥責任」であるといわれるが、学説では一部の類型、特に前述したように指示・警告上の欠陥類型では過失責任ではないかとの指摘もみられる。また、欠陥判断の類型的区別を否定した上で、全体が包括的に過失とは異なる固有の責任原理によるものであるとしつつ、製造物責任の法的性質については種々の事案に関する法の実務的な運用状況を見極めた上で、将来にわたり検討を継続する必要があるとの見解もみられる（新注民⒂632頁〔米村〕。学説の議論状況についても、同631頁以下）。このように「欠陥」を物の客観的性状であるとの見方は貫徹できないという見解が有力であるが（新注民⒂641頁〔米村〕）、そうであるとすればどのようにして「欠陥」の有無を判断するかはますます混迷を極める。

　さらに、デジタル技術の進展によって、AIが搭載された製造物や、デジタルコンテンツに欠陥がある場合の「欠陥」の有無の認定や誰が責任主体になるのか等の実務的・理論的問題が提起されている。前者について、AIが搭載された製造物は、自動運転車や日用品等、今後もさらなる発展が見込まれるが、AIの判断に誤りがあって事故が発生した際に、そのAIの「欠陥」の有無をどのように判断するのか（どのレベルのAIが搭載されていれば「安全」であったと言えるのか）という点や、特に完全にAIが自律的な判断をしているわけではなく人の所為が加わっている場合に、「誤使用」といえるのか、それともやはりAIの「所為」による事故なのか、立証は容易ではないだろう。後者については、例えばユーザーが自分でスマートフォンにインストールしたアプリケーションに「欠陥」があってスマートフォンが故障した場合に、前述した現行法の「製造物」をめぐる解釈によればアプリの提供者に製造物責任を問えないことになる（初めからスマートフォンにインストールされていたアプリであれば、スマホの製造者の製造物責任が問題となりうる）。この場合、ユーザーが個人情報を「対価」としてアプリ提供者に提供し、アプリ提供者との間で「有償契約」が成立していると言えることを前提に、契約不適合責任のみ主張可能性があるが（詳細は、三枝141頁以下）、そのことに妥当

302

性はあるのかという点や、ユーザーがアプリのアップデートを怠っていたことで事故が発生した場合には「誤使用」になるのか等、理論的には課題が残されている（橋本37頁以下、EUでの議論につき、中田監修／監訳380頁以下、および、同論文の脚注に掲載された論文が参考になる）。

(2) 裁判外制度の活用

製造物責任法制定の意義の1つとして、同法制定を受けて、事業者団体が製品分野別のPLセンターといった裁判外紛争解決機関を設置し、紛争解決に要する期間が短縮されている点を挙げることができる（鎌田161頁）。製品分野別のPLセンターの例として、家電製品の事故に関する相談や紛争解決のためのあっせん・裁定を行っている家電製品PLセンター（一般財団法人家電製品協会）がある。他にも製品の種類ごとに相談やあっせん等を行っているPLセンターとして、公益財産法人自動車製造物責任相談センター、医薬品PLセンターなどがある。詳しくは消費者庁HPに掲載されている（https://www.caa.go.jp/policies/policy/consumer_safety/other/plcenter/）。

また、製造業者がPL保険に加入するようになったことから、示談も増えている。PL保険とは、製造業者等が製造物責任を問われた場合の法律上の損害賠償金や争訟費用等を補償する損害賠償責任保険のことであり、生産物賠償責任保険という名称で商品化されているものが多い（日弁連・PL法162頁）。

その他に、医薬品副作用被害救済制度のように、製造物責任で救済されない場合にも被害者の救済を行う行政上の制度がある。

(3) 安全に関する行政規制との関係

Unit 19 で説明するように、消費者の安全確保のための行政規制が多数存在する。では、これらの行政規制違反は製造物責任法の「欠陥」の有無の判断に影響を与えるのか。これについては、行政規制と民事的救済という違いはあるものの、安全規制違反が欠陥判断における考慮要素の1つとなっていることを指摘しておく（新注民⒂657頁以下〔米村〕も参照）。行政規制が事故の防止という事前規制である一方で、製造物責任は事後的に安全性を欠く

「欠陥」があったかどうかを問題にして被害救済を行うものであるが、両者は消費者の安全を保護するという点で目的を一にするからである。ただし、安全規制への適合・不適合をもってただちに民事責任の有無の判定基準にはなるわけではない（逐条解説製造物責任法109頁）。

＊参考文献＊

本文中、**潮見佳男**『不法行為法Ⅱ〔第2版〕』（信山社、2012年）、**前田**陽一「判批」百選188頁、**大澤**逸平「判批」百選196頁、**新美**育文「製造物責任」争点298頁、**菱田**雄郷「判批」百選186頁、**水野謙**「判批」百選220頁、**永下**泰之「製造物責任における無過失責任——製造物責任法の課題と展望」法学セミナー822号（2023年）28頁、**三枝**健治「契約不適合責任の現代化——取引の情報化を受けて」消費者法研究9号（2021年）141頁、**橋本**佳幸「AIのリスクと無過失責任」NBL1272号（2024年）33頁、**中田**邦博**監修／監訳**・永下泰之紹介／訳・カライスコス・アントニオス訳／川村尚子訳「ELIの製造物責任法提案の紹介と翻訳」中田邦博＝鹿野菜穂子編『デジタル時代における消費者法の現代化』（日本評論社、2024年）380頁、**鎌田**薫「製造物責任と消費者法」百選〔初版〕161頁。
本文に掲げるもののほか、「特集・製造物責任法」ジュリスト1051号（1994年）10頁、山田卓生編集代表＝加藤雅信編『新・現代損害賠償法講座〔第3巻〕製造物責任・専門家責任』（日本評論社、1997年）、加藤雅信編『製造物責任の現在』別冊NBL53号（1999年）、片山登志子「製造物責任法の現状と課題(1)〜(2)」法学教室313号102頁・314号（2006年）74頁、米村滋人「製造物責任における欠陥評価の法的構造(1)〜（3・完）」法学72巻1号（2008年）1頁・73巻2号36頁・73巻3号（2009年）42頁、平野裕之『製造物責任法の論点と解釈——詳解・分析「欠陥」「証明」の裁判例』（慶應義塾大学出版会、2021年）。

Unit 19
品質・安全性に関する行政規制

Unit 18 では、製品事故による被害者の損害を賠償によってカバーするという観点から、製造物責任法の内容について説明した。しかし、特に安全規制は何よりも事故が起きないことが重要である。そのためには以下の2点が重要である。

第1に、不幸にして起きてしまった事故について消費者にいち早く情報提供し、再発を防ぐことである。そこで、以下では事故情報の提供をめぐる法制度について説明する。

第2に、事故を未然に防ぐために、例えば食品であれば人体に害のある食品を禁止するなど、事前の規制が考えられる。このために、以下、説明するように、製品ごとに存在する行政規制が重要な役割を果たしている。

1 事故情報の提供

(1) 各省庁・各機関による事故情報の公開

事故情報の公開は、前述したように、消費者への注意喚起の意味を持つが、それだけではない。不幸にして事故が起こり、それを訴訟の場で争うこととなると、製品製造メカニズムの専門性、情報偏在などもあり、被害者は立証の困難さに悩まされる。そこで、事故情報をできるだけ公開することで、被害者の立証負担の緩和が図られる。なぜなら、同種事故情報が発生している事実があれば、事故が当該製品に起因する事故であることや、「通常予見される使用形態」において発生した事故であることの立証を補強する重要な証拠となるからである。

事故情報は複数の官公庁のサイトで行われている。これらの事故情報の公表制度の問題点として、かつては製造業者に法律上報告義務が課されていなかった点が指摘されていたが、この点については2006年の消費生活用製品安

305

全法（後述する(2)）改正により、製造者、輸入業者に対して重大製品事故情報（死亡、火災、一酸化炭素中毒、治療に30日以上要するけがや失明、身体の一部の切断などの後遺障害が含まれる）の報告義務が課され、国がその情報を国民に公表するように義務づけられるなど（同法34条・36条）、改善もみられる。パロマの湯沸かし器による一酸化炭素中毒事故のように、事故情報が適切に公表されなかったために第2、第3の事故を防げなかったという悲劇を繰り返さないための改正であった。重大製品事故情報の報告先および情報公表主体は消費者庁である（この制度については、谷(1)206頁も参照）。消費者庁は当該事故情報を迅速に公表するなどの措置をとる（ウェブサイトでの公表）。

2012年には消費者庁サイト内に「リコール情報サイト」が開設され、販売事業者によるリコール情報が掲載されている（https://www.recall.caa.go.jp/）。この中には子供向け製品のリコール情報や、高齢者向け、子供向けのメール配信サービスもある。ほかに、(2)に掲げるサイトでも注意喚起やリコール情報が掲載されている。これらのサイトと「リコール情報サイト」の連携が求められるとともに、製品を購入した消費者の情報を持っていることが多い販売事業者や、注意喚起を促す媒体の1つであるマスメディア等の協力も必要となる（河上・挑戦185頁）。

リコールとは、同一型式の一定の範囲の自動車等について、その構造・装置または性能が安全確保および環境保全上の基準である道路運送車両の保安基準の規定に適合しなくなるおそれがあると認める場合であって、その原因が設計または製作過程にあると認められるときに、販売後の自動車等について保安基準に適合させるために必要な改善措置をいう。自動車については、道路運送車両法63条の3でリコール届出が義務づけられている（詳細は後述する（2(1)(iii)））。

また、食品のリコール制度も改善された。2018年6月に成立した改正食品衛生法において、同法に違反する食品に関するリコール情報の届出が制度化された。また、2018年12月には食品表示法改正によって、食品表示基準に従った表示がされていない食品についてのリコール届出制度が設けられた。具体的には、食品表示基準に従った表示がされていない食品を回収する事業者に対し、回収に着手したことなどを内閣総理大臣に届け出ることを義務づ

けている。違反した場合には50万円以下の罰金が科される（食品表示21条）。

国民生活センター（消費者相談、商品テスト）
経済産業省：「独立行政法人製品評価技術基盤機構」のサイトでの事故情報
厚生労働省：「医薬品等安全性関連情報」
　　　　　　「食品安全性情報」
国土交通省：リコール情報（製造業者からのリコール届出により収集される情報）
　　　　　　「自動車不具合情報ホットライン」

---

(2) 事故情報の一元化へ

　かつては、事故情報が省庁間で共有されず、消費者に対しての情報提供が遅れることにもなった（パロマの湯沸かし器による一酸化炭素中毒事故は、そのことが招いた悲劇である）。そこで、消費者庁設置法と同時に成立した消費者安全法により、消費者庁が関係機関から事故情報を一元的に集約し、その分析・原因解明等を行い、また、「すき間事案」へ対応することになった（詳しくは *Unit 25* で説明する）。消費者庁と国民生活センターが共同して管理・運営しており、消費者庁、関係行政機関、関係地方公共団体、国民生活センター、消費者その他の関係者がオンライン処理の方法で消費生活において生じた事故（消費者の生命または身体に被害を生じさせる事故または当該当該事故が発生するおそれのある事態に限る）に関する情報を蓄積・活用するシステムである「事故情報データバンク」（http://www.jikojoho.caa.go.jp/ai_national/）で事故情報を閲覧できる（詳細は、大島ほか編著10頁）。そのほかに、消費者庁と国民生活センターの共同で、消費生活において生命・身体に被害を生ずる事故に遭い医療機関を利用した被害者からの事故情報を収集する「医療機関ネットワーク事業」（https://www.caa.go.jp/policies/policy/consumer_safety/centralization_of_accident_information/pdf/consumer_safety_cms205_20200415_01.pdf）がある。消費者の不注意や誤った使い方も含めて幅広く情報収集している。

　消費者の生命・身体に対する被害の発生・拡大の防止を図るために消費者事故情報（消安2条5項）および重大製品事故情報（消費用品安全2条6項）が積極的に公表される必要があるが、公表によって特定の事業者に対する不

利益が生じることも想定される。これについては、「生命身体事故等に係る消費者事故情報等の公表に関する基本要領」（2013年10月31日改訂）で示された具体的な公表方法に基づいて公表されており、その中では「消費者の安全を確保するため、公表により得られる消費者の利益が事業者等の不利益を上回ると考えられる場合には、公表を行う」とされている。なお、行政による食中毒の原因食材の公表が違法な公権力の行使にあたるとした、東京高判平成15年5月21日高民集56巻2号4頁も参照してほしい。

(3) 事故原因の調査

2012年10月1日に消費者安全法の改正法が施行され、生命身体事故等とその被害の原因究明調査を行うとともに、他の行政機関等による調査・検査の結果を評価し、被害拡大、同種事故の発生防止のために講ずべき施策または措置について内閣総理大臣に勧告し、また、内閣総理大臣または関係行政機関の長に意見を述べる機関として消費者安全調査委員会が設置された（詳しくは *Unit 25* で説明する）。

また、消費生活用製品の事故については、独立行政法人製品評価技術基盤機構（NITE）による調査や独立行政法人国民生活センターによる商品テストによって原因が究明されることがある（NITEの調査結果を、設計上の欠陥を認める一要素として考慮した裁判例として、東京地判平成27年3月30日判時2269号54頁）。

2 品質・安全性に関する事前規制

(1) 個別法による規制の内容

以下で説明するように、製品の種類ごとに個別法による事前規制がされている（詳細は、大村268頁以下、日弁連345頁以下も参照。なお、製品安全に関する法律と最新の動向・課題について、伊藤17頁以下が参考になる）。

(i) 食 品

直接人体に摂取される食品の場合、安全性は非常に重要な問題である。そこで、食品は、個別法による厳格な行政規制の対象となっている。食品安全

図表1　安全に関する法律

食品	食品表示法、食品衛生法（1947）、食品安全基本法（2003）、健康増進法（2002）
医薬品	医薬品、医療機器等の品質、有効性及び安全性の確保等に関する法律（2013年改正前の薬事法）（1960）
電気・ガス用品	電気用品安全法（1999年に現在の名称。旧・電気用品取締法）（1961） ガス事業法（1954）
自動車	道路運送車両法（1951）
その他の消費生活用品	消費生活用製品安全法（1973） 家庭用品規制法（1973）

（大村266頁を参照して作成）

図表2　品質に関する法律

	工業製品	農林物資	食品
規格設定	工業標準化法（1949）	JAS法（1950）	JAS法（1950）
品質表示	家庭用品品質表示法（1962）	食品表示法（2015）	

（大村266頁を参照して作成）

については、消費者庁が以下に述べる食品表示法や食品衛生法、健康増進法などを所管した上で、厚生労働省（食品衛生に関するリスク管理を行う）と農林水産物等のリスク管理を行う農林水産省と連携しつつ、食品安全行政の司令塔の役割を果たしている（詳しくは、消費者庁のサイトを参照（「食品の安全を守る仕組み」(https://www.caa.go.jp/policies/policy/consumer_safety/food_safety/food_safety_portal/safety_system)))。

　食品衛生法（厚労省・消費者庁共管）は、食品自体と食品添加物だけではなく、食品に直接触れる可能性のある器具と容器包装、さらには乳幼児が口にしやすい点で乳幼児用のおもちゃや洗剤なども規制対象としている。具体的には、腐敗変質したもの、有毒・有毒物質が含まれているものなどの販売禁止（同法6条）、指定されていない添加物の禁止（同法12条）、食品・添加

物の製造・加工・使用・調理・保存の方法につき国が定めた基準・規格に合致しない食品・添加物の販売等の禁止（同法13条）、残留農薬等の安全性についての規制（同法13条）、一定の事項を表示する義務（同法19条。ただし、「販売の用に供する食品及び添加物に関する表示の基準」については、後に述べる食品表示法で定められている）、虚偽または誇大な表示をしない義務（食品衛生20条）、公衆衛生に与える影響が著しい営業（飲食店、喫茶店等）の許可制（同法55条）などがある。また、同法によって販売が禁止されている食品等を販売した営業者に対しては、厚生労働大臣または都道府県知事が廃棄命令や即時強制等ができる（同法59条1項）。食品衛生法のうち、食品等の衛生に関する規格や基準の策定等の食品衛生基準行政については、令和6年に消費者庁に移管された（参考：厚生労働省HPの食品コーナー（https://www.mhlw.go.jp/stf/seisakunitsuite/bunya/kenkou_iryou/shokuhin/index.html））。これに伴い、これまで厚生労働省に設置されていた食品衛生基準審議会が令和6年に消費者庁に設置された。

　また、BSE（牛海綿状脳症）感染牛問題、外国産野菜の残留農薬問題などを景気に、消費者の食品安全保護を包括的に行うことを目的とした法律である食品安全基本法（消費者庁所管）が2003年に成立した。この法律は、新たに食品の人の健康に悪影響を及ぼすリスクの評価を行う「食品安全委員会」を設置し（同法22条）、同委員会が食品健康影響評価を行った結果をふまえて、内閣総理大臣を通じて関係各大臣に具体的な施策を勧告することとした点などに特徴がある（同法23条1項）。この法律の特徴の1つとして、リスク評価のあり方を明文化した点が挙げられる。すなわち、①食品かまたは食品に含まれるものが人の健康に及ぼす影響についての評価（リスク評価）は「食品の安全性の確保に関する施策」ごとに行われなければならず（同法11条）、②この評価に基づいて、食品の安全性に関する施策が行われる（同法12条）、さらに、③「食品の安全性の確保に関する施策」の策定にあたっては、当該施策に関する情報の提供、当該施策について意見を述べる機会の付与その他の関係者相互間の情報および意見の交換の促進を図るために必要な措置が講じられなければならない（同法13条）。これはいわゆるリスクコミュニケーションである。ほかに、食品の表示制度の適切な運用の確保や正確な

情報伝達のための必要な措置を講じることが責務とされている（同法6条・18条）。また、食品関連事業者に対して、その事業活動に係る食品その他の物に関する正確かつ適切な情報の提供をすべき努力義務を課している（同法8条2項）。

さらに、健康増進食品につき、健康増進法（2002年。厚生労働省・消費者庁共管）があり、病者用、妊産婦用、授乳婦用、乳児用、嚥下困難者用、特定の保険の用途などの特別の用途に適する旨の表示をする特別用途食品（国の許可を受ける必要がある）についての規定を設けている。かつては、健康の保持増進の効果等についての著しく事実に相違しまたは著しく人を誤認させるような表示の禁止規定が設けられていたが、現在では後述する食品表示法で規制されている。

(ii) 医薬品

薬機法（2013年改正前の薬事法。厚生労働省所管）は、医薬品、医薬部外品（殺虫剤など）、化粧品、医療用具（衛生用具など）を規制対象としている。医薬品についてはその種類に応じて製造許可が必要とされており（薬機法12条）、また、製造、販売ともに許可制がとられている（同法13条・14条）。また、容器や添付文書への一定事項の表示義務（同法44条・50条〜53条）、虚偽または誤解を招く表示をしない義務（同法54条）、効果・性能に関する誇大広告の禁止（同法66条）、承認前の医薬品等の広告禁止（同法68条）などが定められている。

(iii) 電気・ガス用品、自動車

電気用品は電気用品安全法（経済産業省所管）、ガス器具はガス事業法、および、液化石油ガスの保安の確保及び取引の適正化に関する法律（LPG法。経済産業省所管）によって、自動車は道路運送車両法（国土交通省所管）によって規制されている。

電気用品・ガス器具については安全基準が定められており、第三者機関による検査を受ける。基準不合格品の製造販売は禁止されている。基準合格品には一定のマークが付される。具体的には、電気用品についてはPSEマーク、ガス器具（ガスストーブ、ふろがまなど4品目）についてはPSTGマーク（都市ガス用品）、または、PSLPGマーク（LPガス器具）が付される。対象となる

図表3　品質・安全性に関するマークの例

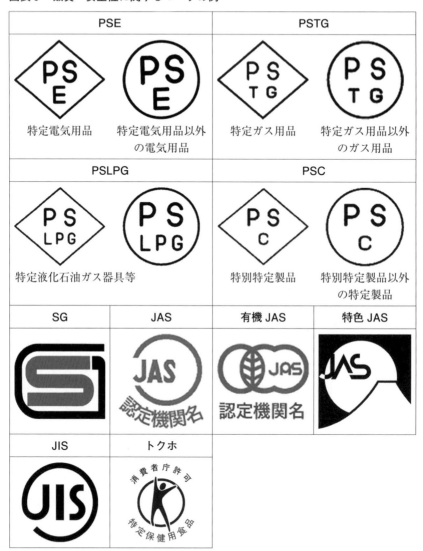

特定電気用品の例として、家庭用のものとしては各種ソケット、コンセント類、電気便座、リチウムイオン蓄電池などがある。また、登録事業者制度がある。

一方、自動車については保安基準が定められており、この基準を満たさないものを運行の用に供することはできない（道路運送車両法4条）。また、前述したように、2002年の同法改正によって、国土交通大臣にリコール命令の権限が認められ、罰則が強化された（同法63条の2）。

(iv) 原　料

原料については飼料の安全性の確保及び品質の改善に関する法律と農薬取締法が重要であり、残留農薬については食品衛生法の規制対象となっている（同法13条3項）。

(v) 一般的規制

より包括的に消費生活用品について定める法律として、消費生活用製品安全法（経済産業省・消費者庁共管）と有害物質を含有する家庭用品の規制に関する法律（家庭用品規制法。厚生労働省・消費者庁共管）がある。これら2つの法律は「化学物質規制法」とともに1973年に制定された（これら3つをまとめて「安全三法」という）。

「消費生活用製品」も「家庭用品」も「主として一般消費者の生活の用に供される製品」であるが、消費生活用製品安全法は商品の欠陥（物理的安全性）に関する規制を、家庭用品規制法は保健衛生（化学的安全性）に関する規制を行う点で異なっている。適用対象は包括的であるが、個別の単独法がある場合（例えば、食品、医薬品など）には適用除外となる。

これらのうち、特に消費生活用製品安全法について説明する。規制の基本枠組みとしては、特定製品について安全基準を定め、これに適合した製品のみが、一定のマーク（PSCマーク）を付されて市場に出されるというものである。「特定製品」とは、消費生活用製品のうち、「一般消費者の生命又は身体に対して特に危害を及ぼすおそれが多い」製品である。「特定製品」のうち、当該製品の製造業者・輸入業者のうちに「一般消費者の生命又は身体に対する危害の発生を防止するため必要な品質の確保が十分でない者がいる」ものを「特別特定製品」と呼ぶ。なお、特定製品は現在のところ、登山用ロープ、家庭用圧力鍋・圧力がま、オートバイ乗車用ヘルメット、石油給湯機、石油ふろがま、石油ストーブ、乳幼児用ベッド、携帯用レーザーポインター、浴槽用温水循環器、ライターであり、このうち後4者が特別特定製品

である。2023年には、子供の誤飲による事故が発生していた磁石製娯楽用品（マグネットセット）および吸水性合成樹脂製玩具（水で膨らむボール）が特定製品に追加された。安全基準を満たしているかは事業者自身による自主検査が原則であり、特別特定製品についてのみ第三者機関による適合性検査が行われる。この基準を満たすとPSCマークが付される。PSCマークがない商品を販売することはできない（同法4条1項）。

　また、長期間使用すると劣化して重大事故が起きるおそれが多い製品（かつては、屋内式ガス瞬間湯沸器など9品目が指定されていたが、見直しがなされ、令和3年8月1日以降は「石油給湯器と石油ふろがま」のみが指定されている）を購入する場合、メーカーに所有者登録をすることで、設計標準使用期間の終わる頃に点検通知を受ける制度である長期使用製品安全点検制度、および、劣化による重大事故の件数が多い製品（扇風機、エアコン、換気扇、洗濯機など）に設計上の標準使用期間と経年劣化についての注意喚起等の表示を義務づける制度である長期使用製品表示制度が、2009年4月1日から実施されている（谷(1)206頁を参照）。

　さらに、同法38条1項では、製造業者・輸入業者に対して、消費生活用製品について製品事故が生じた場合には当該事故原因調査を行い、危害の発生及び拡大を防止するため必要があると認めるときは、当該製品の回収その他危害の発生及び拡大を防止するための措置をとるよう努めなければならないとされている。いわゆるリコール制度である。

　そのほかに、冒頭で述べた重大事故製品事故の報告義務が、製造・輸入業者に課されている（販売業者等には、重大事故情報を知ったときは、製造、輸入業者に通知する努力義務が課されている）。

　インターネット取引の拡大に伴い、国内消費者が国内外の事業者からオンラインモール等を通じて製品を購入する機会が増大しているが、特に海外事業者から製品を購入した場合に製品の安全性に責任を有するべき国内の製造・輸入業者が存在しないという問題や、子供用の製品（玩具など）について、安全性が確認できない製品に対する販売規制がないという課題が指摘されている。そこで、2024年には同法が改正された。それによると、海外事業者が国内消費者に直接製品を販売する場合、当該海外事業者を同法において

届出を行える対象として明確化するとともに、当該事業者に対して国内の責任者の選任を求めることや、取引デジタルプラットフォーム提供者に対して、国内消費者に危険が及ぶおそれがある等認められる場合には、当該製品の出品削除を要請できるなどの措置を講ずること、さらには、子供用特定製品について、その製造・輸入事業者に対して、国が定める技術基準への適合、対象年齢・使用上の注意等の警告表示等を求め、この義務を履行している旨の表示のない製品は販売できない等の規定が追加された（詳細は、https://www.meti.go.jp/policy/consumer/seian/shouan/shouan_ichibu_kaisei.html）。

　以上のPSCマーク制度と併存するものとして、製品安全協会という民間ベースで行われている規制が重要である。特定製品以外の製品について被害者救済のための仕組みを設けており、これに基づいてSGマークが付与される。このマークのついた製品には責任保険が付されており、その欠陥が原因で人身事故が発生した場合には最高1億円が支給される。

　なお、民間ベースによる認証制度は、電化製品等に限らず、さまざまな分野でみられる（一般社団法人自転車協会のマーク、電気製品認証協議会によるSマーク、JET（電気安全環境研究所）によるJETマークなど）。事業者による自主規制によって、品質・安全性、さらには環境保護に適合した製品を作り上げようという努力でもある（*Unit 28* も参照）。

(vi)　品質規制

　品質表示のところで説明したように、個別法によって一定の規格を与えることで品質を確保するという仕組みがとられている。

　まず、工業製品については、鉱工業品を広く対象とした産業標準化法（JIS法。経済産業省所管）がある。同法に基づき、鉱工業品の形状、品質、性能、生産方法、試験方法などの規格や基準について「日本工業規格（JIS）」として規格が制定されている（同法11条〜20条）。同法では、国に登録された民間の第三者機関（登録認証機関）の認証を受けることによって、事業者がJISマークを表示することができるとしている（同法30条1項以下）。2019年のJIS法改正によって、標準化の対象にデータやサービスが追加された。

　一方、家庭用品の品質表示については、家庭用品品質表示法（経済産業

省・消費者庁共管）による規制がある。同法は、日常生活に使用されている繊維製品、合成樹脂加工品、電気機械器具および雑貨工業品のうち、その購入に際し消費者が品質の識別が困難で、かつ、特に品質の識別の必要性の高いものを政令により「品質表示の必要な家庭用品」と指定した上で（同法2条1項）、指定されたものについては、成分、性能、用途、取扱上の注意など品質に関して表示すべき事項とその表示事項を表示する上で表示を行う者が守らなければならない事項を品目ごとに定めている（同法3条）。製造業者、販売業者、または、これらの者から表示の委託を受けて行う表示業者が、これらの表示を行わない場合には、内閣総理大臣または経済産業大臣が表示をするよう指示をすることができる（同法4条）。

　最後に、農林、畜産および水産物について、JAS法（農林水産省・消費者庁共管。正式には「日本農林規格等に関する法律」）がある。JAS法にはかつて一般消費者向けのすべての飲食料品に関し、製造業者等または販売業者に「名称、原料等の表示すべき事項に関する基準」および「表示方法等の基準」を内容とする表示基準を遵守することを義務づける「品質表示基準制度」が設けられていたが、現在では、この部分は後に述べる食品表示法に一元化された（農林物資についての品質表示制度のみ残されている）。JAS法では、JAS規格の適合検査に合格した農林物資にのみ日本農林規格（JAS）マークをつけることができる（同法10条）。一般のJASマークのほかに、有機JASマーク、相当程度明確な特色のあるJAS規格を満たす製品などに付される特色JAS、試験方法JASマークがある。そのほかにも、特定JASマーク、生産情報公表JASマーク、定温管理流通JASマークがあるが、これらは特色JASマークに統合された（詳細は、日弁連265頁以下を参照。また、https://www.maff.go.jp/j/jas/index.html）。

　注意すべきは、これらのJISマークやJASマークがない製品は販売できないわけではないということである。あくまで任意の制度である。しかし、このような任意規格があることで、製造事業者や輸入事業者にとっては、規格にあった製品のみを売る小売店に選んでもらえる可能性を高めることができ、ひいては、行政執行や裁判等、法を強制するために必要な費用をかけることなく、製品安全を向上させることができると指摘されている（谷・ソフ

トロー473頁以下）。

　ほかにも、健康増進に資する食品についてはその旨を表示することができるが、これについては次に述べる。

(vii)　食品表示法

　従来、食品表示の規制が食品衛生法、JAS法、および健康増進法に分散しており制度的に複雑であることや、法律によって用語が異なる点などが、消費者・事業者の双方にとっての問題として指摘されていた。そこで、食品安全および消費者の自主的かつ合理的な食品選択の機会を確保するために、食品衛生法、JAS法、および、健康増進法の食品の表示に関する規定を統合して食品の表示に関する包括的かつ一元的な制度を創設するべく、食品表示法が2013年6月に成立し、2015年4月より施行された（以下、同法制定後4年が経過した段階での論文である滑川64頁以下、消費者庁「知っておきたい食品の表示（令和4年1月版・消費者向け）」(2021年)、および、石川94頁以下が参考となる）。

　食品表示法は、食品の表示が食品を安全に取り扱い、使用するために必要な情報および一般消費者の選択のために必要な情報を提供するという重要な機能を果たしていることをふまえ、食品を摂取する際の安全性、および、一般消費者の自主的かつ合理的な食品選択の機会を確保することを目的としている（同法1条）。また、食品表示の適性確保のための消費者基本法に基づく消費者政策の一環として消費者の権利の尊重と消費者の自立の支援を基本とする一方で、食品の生産等の現況をふまえ、小規模の食品関連事業者の事業活動に及ぼす影響等に配慮する旨が基本理念として規定されている（食品表示3条）。

　食品表示法では、内閣総理大臣が酒類や食品衛生法上の添加物も含む「すべての飲食物」につき食品表示基準を策定し（同法4条）、食品関連事業者等はこの基準に従った表示がされていない食品の販売をしてはいけない（同法5条）とされた。同法は基本理念や罰則を定めており、具体的な食品表示のルールは食品表示基準で規定される。食品表示基準とは、名称、アレルゲン、保存の方法、消費期限、原材料、添加物、栄養成分の量および熱量、原産地その他食品関連事業者等が表示すべき事項であり、それらの表示のため

Unit 19

品質・安全性に関する行政規制

に食品関連事業者等が遵守すべき事項である（同法4条）。食品基準の策定にあたっては、厚生労働大臣、農林水産大臣、財務大臣（酒類を所管）と事前協議をすることとなっているほか、消費者委員会の意見を聴くこととなっている。

内閣総理大臣は、違反者に対しては表示是正をすべき旨の指示をし、指示に従わなかったときには命令を行う（食品表示法6条5項）。また、緊急の必要があるときには、食品の回収・業務停止等の命令を行うことができる（同法6条8項）ほか、違反調査のための立入検査を行うこともできる（同法8条以下）。罰則も設けられている（同法17条以下）。安全性に関する表示や原産地・原料原産地表示の違反については直罰もある（同法19条以下）。ほかに、適格消費者団体の差止請求訴権や内閣総理大臣への申出制度も定められている（同法11条・12条）。

食品表示法に基づく新しい食品表示基準によって、すべての一般用加工食品および消費者に販売される形態となっている容器包装入り添加物への栄養成分表示が義務づけられたほか（エネルギー、タンパク質、脂質、炭水化物、食塩相当量。小規模事業者の場合等の例外あり）、アレルギー表示が改善された（アレルギー表示方法について、原材料ごとにアレルゲンを表記する個別表記が原則）。また、食品表示制度一元化時に積み残しの課題とされた以下の点についても、随時改正等による対応がなされている。第1に、2017年9月から新たな加工食品の原料原産地表示制度が施行され、輸入品を除くすべての加工食品について、重量割合上位1位の原材料の原産地が義務表示の対象とされた（経過措置期間は2022年3月31日に終了した）。第2に、遺伝子組換え表示については、遺伝子組換え表示制度に関する検討会「遺伝子組換え表示に関する検討会報告書」が2018年3月28日にとりまとめられた。

さらに、かつては健康増進法で定められていたトクホ等の表示は、現在では「食品表示基準」において定められている（同基準2条1項9号～11号）。まず、特定保健用食品（トクホ。許可制）と栄養機能食品（基準に適合すれば許可届出は不要）が認められている。特定保健用食品とは、健康の維持増進に役立つことが科学的根拠に基づいて認められ、その旨の効果を表示することが許可されているものである。消費者庁長官の許可が必要である。これに

対して、栄養機能食品とは、ビタミン、ミネラルなどの栄養成分を一定の基準量含む食品であることを表示することができるとされた食品であり、一定の基準を満たしていれば許可・届出は不要である。

　健康に資する食品に関連して、2015年4月から新しく「機能性表示食品」制度が開始された。これは、事業者の責任において科学的根拠に基づいた機能性を表示した食品である。科学的根拠に基づいていることについての資料等について、消費者庁長官への届出は必要であるが、個別の許可は不要である。栄養機能食品では表示できる機能性が栄養成分機能に限られていること、および、特定保健用食品では許可に時間と手間、費用がかかること（ヒトを対象とした試験が必要であるため）から、企業等の責任において科学的根拠をもとに特定の保健の目的が期待できる旨を表示できる機能性表示食品制度に至った。疾病に罹患していない者を対象とした食品（生鮮食品を含め、原則すべての食品）につき、安全性および機能性の科学的根拠に関する情報、生産・製造および品質の管理体制、健康被害の情報収集体制などを事前に消費者庁長官に届け出ることで認められる。

　2024年3月に、ある事業者が製造した紅麹を使用したサプリメントに由来する健康被害が生じていることが発覚したのをうけて、この事案を受けた機能性表示食品制度の今後のあり方を検討するために、消費者庁に同年4月に「機能性表示食品を巡る検討会」が設置された。同年5月に同検討会の報告書（https://www.caa.go.jp/notice/other/caution_001/review_meeting_001/assets/consumer_safety_cms206_240527_01.pdf）が公表され、その後、関係閣僚会合が開催されて、食品表示法に基づく食品表示基準の改正を行うこととされた。その中では、機能性表示食品について、事業者（届出者）は、健康被害と疑われる情報を収集し、健康被害と疑われる情報（医師が診断したものに限る）を把握した場合は、当該食品との因果関係が不明であっても速やかに消費者庁長官および都道府県知事等に情報提供することを、届出者の遵守事項とすることや（遵守しない場合には、行政措置が可能）、機能性表示食品制度の信頼性を高めるための措置として、例えばGMP（適正製造規範）に基づく製造管理を食品表示基準における届出者の遵守事項とすることや、届出後に新たな科学的知見が得られた際の消費者庁長官への報告を遵守事項と

することとなった。

　食品表示法はネットでの食品販売に適用されない。

(2)　品質・安全の行政規制の特徴と課題

(i)　規制の手法と規制の意味

　消費者の安全確保に関する行政規制には、大きく分けると以下の３つの意味・役割がある（黒木307頁も参照）。

　第１に、そもそも危険な物を市場に出回らせないようにするというものである。安全基準が定められており、それを満たさない物を市場に置くことを禁止するというものである。

　第２に、市場に出てしまった危険な物を回収・改善することで、危険を２度と発生させないというものである。リコールが典型例である。

　第３に、事故情報などの情報提供によって、消費者に危険の存在を知らしめるとともに、それらの危険を回避することを可能にするものである。

　もっとも、個別法による規制は、前述したように官庁の「縦割り」と結びついたものであり、どの個別法の対象にもならない「すき間事故」を生じさせる。消費者庁が設置されたのは、事故情報の収集やその公表の場面において、この「すき間」を埋めるためであった。つまり、個別法による規制は残しつつ、消費者庁が「すき間事故」への対処や安全問題の司令塔となる（ Unit 25 ）（黒木311頁）。

(ii)　規制の効果

　規制の実効性はいかにして確保されているのか。例えば、監視のための行政的措置がとられている場合がある。食品衛生法における販売前の検査（同法25条）や、違反発見後の検査命令（同法26条）、および、食品衛生監視員制度（同法30条）、さらに薬機法における新薬の再審査制度（同法14条の４）、などがある。

　消費生活用製品の安全基準遵守は、事業者による自主検査と第三者機関による適合性検査のシステムによって担保されている。基準違反の製品に対しては危害防止命令を発することができる。また、基準が定められていない製品について事故が発生した場合にも危害防止命令を発することができる。一

方、家庭用品規制法については、基準適合をチェックするシステムは用意されておらず、回収命令の制度のみ存在する（同法6条1項）。

さらに、以上の行政規制違反については刑事罰が課されることもある。

消費者参加型の規制システムも興味深い。例えば、JASマークについては基準不適合の申立権がすべての人に認められており、また、消費生活用製品安全法にも同種の規定がある（同法52条）。

他方で、前述したようにソフトローによって製造業者等の安全な製品を作るというインセンティブを高めるという手法も有効である。その例として、製品安全に取り組んでいる製造事業者等を公募して、企業の製品安全活動について審査して表彰する製品安全対策優良企業表彰が注目される（経済産業省が実施している。谷・ソフトロー474頁も参照）。

(iii) 民事法との関係

大阪地判平成17年1月12日判時1913号97頁は、食品衛生法違反の成分が入っていた点と、パンフレットの記載とを合わせて債務の本旨に従った履行がないと判断しており、この点は行政規制に合致しているか否かが、物の品質を図る上で1つのポイントとなっていることを示しているのではないだろうか。要するに、行政規制違反は欠陥や債務不履行を判断する際の1要素となりうる（製造物責任法の「欠陥」の判断基準となりうることについて、詳細は土庫219頁以下を参照）。ただし、製品が国の安全基準に合致していたとしても、そのことをもってその製品の欠陥が否定されるものではない（日弁連・PL法42頁）。

＊参考文献＊

本文中、**谷**みどり「製品安全と消費者(1)」百選〔初版〕206頁、**大島**義則**ほか編著**『消費者行政法』（勁草書房、2016年）、**伊藤**崇「製品安全に関する法律の整理と課題」国民生活研究63巻2号（2023年）17頁、**谷**みどり「製品安全の**ソフトロー**」廣瀬古稀469頁、**滑川**翔太「食品表示制度の現在とその動向」現代消費者法42号（2019年）64頁、**石川**直基「食品表示の現状と課題——食品表示基準完全施行を機に」現代消費者法47号（2020年）94頁、**黒木**理恵「消費者安全と行政の動き」中田＝鹿野編〔第4版〕305頁。

本文で示したもののほか、経済産業省「製品安全ガイド」（http://www.meti.
go.jp/product_safety/）、消費者庁「家庭用品品質表示法」（http://www.caa.
go.jp/hinpyo/index.html）、消費者庁「食品表示について」（http://www.caa.
go.jp/foods/index.html）、消費者庁「ハンドブック消費者2014」（http://www.caa.
go.jp/policies/consumer-research/research-report/handbook/pdf/2014handbook.
pdf）、山本雄大「製品別にみる製品安全の制度と被害救済」現代消費者法24号
（2014年）32頁、「特集・食品表示と消費者法」現代消費者法21号（2013年） 4 頁。

Unit 20

サービス契約

〈事例〉

　CはDエステティックサロンの「脱毛コース」を申し込み、半年分20万円を前払いした。月に１度Dの脱毛施術を受けるという契約であったが、脱毛施術を受けてから３か月ほどたったある日、自分の体を鏡で見て、あまり脱毛効果がないことに気づき、また、皮膚が赤くなっていることに気づいた。Cは契約を解除して、前払いした料金の残額の返還を請求しようとしている。

1　サービス契約とは

(1)　現　状

　Unit 19 までは主として目的物が物である場合を念頭に置いて、その品質や安全性について説明した。これに対して、近年の取引で重要な目的物となっているものとして、サービス（役務）がある。消費者は、日々多くのサービス契約（役務提供契約）を締結している。外国語教室やエステティックサロンはもちろん、家庭教師、学習塾などがその例である。しかし、その反面、サービス契約をめぐるトラブルも増えている。具体的には、サービス契約の内容が当初期待していたものと違っていたとか、途中だが解約したいがそうすると前払いした代金を返還してもらえないとか、パンフレットに書いてあった内容と実際のサービスの質が異なる、といったものである。

　それでは、サービス契約をめぐるトラブルについて、法律上どのように考えていくべきか。その前提として、サービス契約の特徴を押さえておきたい。それによって、サービス契約がなぜ法的にトラブルとなることが多いかがわかるからである。

323

(2)　サービス契約の特徴・問題点

　サービス契約には主に次のような特徴がある（松本・サービス契約210頁以下、松本・法理と課題65頁、中田・研究166頁）。

①　視認困難性

　　物のように目に見えるものではないことから、内容の特定困難、品質表示の困難、事前の評価が困難で実際に受けてみないとわからない。

②　品質の客観的評価の困難性

　　サービスの標準化・規格化がなされていない場合、品質の客観的評価が困難なため、料金の決定基準が不明確で、サービスの契約不適合の判断が困難である。

③　復元返還の困難性

　　契約が無効、取消し、解除された場合に、すでに受けてしまっているサービスを返還することが困難である。

④　信用供与的性格

　　サービスの提供と代金の支払を同時履行の関係にすることが困難であり、どちらかが先履行せざるをえず、その分相手方に信用を供与していることになる。

⑤　提供者の専門性

　　医療サービスのように、専門家によるサービスも多く、これらのサービスでは提供者の裁量の範囲が大きく、また顧客との情報格差が著しい。

⑥　契約期間の長期化

　　一般にサービス契約は１回で履行が終わることはそれほど多くなく、継続的契約になることが多い。

　以上のサービス契約の特徴ゆえ、主として次のような法的問題が生じやすい。

　第１に、①および②ゆえに、当該サービス契約でいかなる品質が契約内容となっていたかを判断することが難しく、また、実際にサービスの不履行の有無の判断も難しい。類似品が存在し、相場や他の物の品質を客観視しやすい物の売買の場合と比較してほしい。特に⑤の場合には、提供者の裁量の範

囲が大きく、顧客の側には専門的知識がないことから、よりいっそう判断が困難である。サービスの品質が判断困難なものであるから、提供者が誇大広告を行ったり、不十分な説明を行うと、顧客がその広告・説明内容に依存する割合は物の場合よりも高まる（物の場合には類似品があることが多いので、自分である程度は比較することもできる）。また、教育サービスやエステのように、顧客の努力不足や体調等の個人差が成果達成に大きく影響する契約も多く、成果の達成までも求められるといいにくい契約もあろう。そうすると、サービスに不満をもつ消費者が債務不履行の存在を立証するのも困難である。

　さらに、そのサービス契約でメインであるサービスの履行開始前にも、すでに当該サービス提供のための準備がなされていることがある。物の売買の場合、当該売買契約の目的物を調達しているか否か（それによって、費用が発生しているか否か）を判断することはそれほど難しくないが、サービス契約の場合には、例えば結婚式場利用契約のように、結婚式当日より前にどの程度、サービス提供のための準備がなされているかを容易に判断できるわけではない。新型コロナウイルス感染拡大に伴う結婚式場や旅行のキャンセルをめぐって、代金を返してもらえなかったといった苦情相談が増えた。当事者双方の責めに帰することができない事由による履行不能にあたると言えれば、民法の危険負担（同法536条1項）の問題となり、これに対して、結婚式当日より前にも一定のサービスが提供されているとすれば、中途解除に伴う損害賠償額の予定条項の問題となるが、いずれにしても、サービス契約では段階を踏んでサービスが提供されることも少なくなく、どこまでが履行済みなのか等、慎重な検討が必要となる。

　第2に、③の点からは、顧客が1度受けたサービスによって何らかの損害を被った場合に取返しがつきにくいという点を指摘できる。物に欠陥がある場合、その物を新たな物と交換したり、損害賠償を受けることで回復することができるが、サービスの場合には、そのサービスによって失った時間を取り戻すことはできない。また、サービスによって人身損害を被った場合には、物の欠陥がある場合と同様の問題が生じる。

　第3に、④と⑥から、サービスは長期化することが多く、また一般に顧客

が費用を前払することが多い。このことから、消費者が自己都合（転勤など）によって契約を中途解除したいという場合や、契約締結時に思っていた内容の契約と異なるので、まだ契約期間の途中ではあるが解除したいという場合が出てくる。しかし、この場合に、事業者が中途解除を認めないとする条項や、中途解除の場合に多額の違約金を請求する条項を設けていることもある。特に、サービスが①や②の特徴ゆえ、事前に品質の判断が困難であることから、顧客が契約からの離脱を求めるケースが多く、しかも、この場合に中途解除が認められない、あるいは著しく困難であることが多いことが問題となっている。そもそも一定の成果が出るまでは、高いお金を払っているし、解除を躊躇する、という消費者もいるだろう。

(3) 検討の視点

サービス契約は、民法の典型契約類型であれば（準）委任契約ないしは請負契約にあたるとされている。もっとも、請負契約では仕事の完成が求められるが、すべてのサービス契約で「成果」を上げることまでも契約内容になっているとはいえないことから（冒頭の〈事例〉のように、成果実現に個人差があるサービスは少なくない）、多くの場合、準委任契約とされる。そして、準委任契約とされると、サービス提供者は「善良なる管理者の注意をもって」履行すればよいので（同法644条）、これが品質の判断基準の１つとされることになる。また、中途解除についても、委任では当事者の双方に無理由の解除権が認められていることから（同法651条）、この規定による中途解除が認められることになる。

しかし、そもそも民法の（準）委任契約は当事者間の信頼関係に基づいて無償でなされるのが原則である。同法651条が中途解除権を認めているのは、当事者間の信頼関係が破壊されたにもかかわらず、契約の継続を強制することは妥当ではないことによる。それでは、現代において実際に行われているサービスのすべてが当事者間の信頼関係を基礎にしたものということができるだろうか。サービス契約の中には、弁護契約のように当事者間の信頼関係が基礎となっているものもあれば、定型的なサービス提供がなされるにすぎないものまでさまざまなものがある。そうすると、サービス契約をおよそ一

般的に準委任契約であると考えて同法の委任の規定を適用することは、必ずしもサービスの実態に即したものとはいえない。実際にサービスが問題となった裁判例では、準委任契約「類似」のものとして委任の規定を適用するものや、同法には規定が設けられていない無名契約であると性質決定しているものがある点は、以上の問題意識によるものであろう。また、準委任契約であるとか、あるいは、準委任契約「類似」の契約とした上で委任の規定を適用したからといって、問題が解決するわけではない。同法644条の善管注意義務だけでは、サービスの品質を判断するのは困難であり、また仮に同法651条で中途解除が認められたとしても、すでに支払った代金をどのようにして精算するかについては明確ではない。このように、民法の（準）委任契約は他人の事務処理を行うという役務型契約の最も基礎的な契約類型であるとみられる一方で、当事者間の信頼関係を基礎とする点では独自の類型ともいえる（中田528頁）。

　以上のことから、学説ではサービス契約を法的にどのように扱うべきかについて議論がなされてきた。その中では、サービスの特性やサービス契約が長期間にわたることに由来する不確実性の不均衡が存在することに着目し、これを是正するために契約法において、例えば契約の解釈、錯誤・詐欺・強迫の成否の判断、公序良俗違反の有無、さらには約款の内容の不当性判断において一般的なレベルで「不確実性の不均衡」を考慮するという見解が主張された（中田・研究208頁）。しかし、具体的な問題解決にあたっての実効性という観点からは、なかなか突破口が見出せないでいる（丸山278頁）。

　そうすると、今後サービス契約をめぐる法的問題に対して、民法および特別法はどのように対処することが考えられるだろうか。このような将来の方向性を考える上では、まず従来のサービスをめぐる裁判例でいかなる点が問題点として指摘されていたか、そのためにどのような解釈論が展開されていたかを確認する必要がある。その上で、次に、特別法でサービス契約についてどのような規定が設けられているかを確認し、今後のサービス契約をめぐる法的対応のあり方について検討する。

2 サービス契約の品質・安全性

(1) サービス契約の品質

　裁判例によると、サービス契約の品質の問題は、大きく２つに分けて論じることができる。

　第１に、当初予定していた契約内容が変更された場合のサービス提供者の責任が問題となる。典型例は旅行契約における旅程、宿泊施設、目的地等の内容変更である。その中には、必ずしも役務提供者の責任によるとはいえないような内容変更もあるが、これについて裁判例はどのように考えているか。

　東京地判平成９年４月８日判タ967号173頁は、クルージングが小型飛行機に変更された事案において、その内容の変更の原因が旅行主催者たる旅行業者の現地への連絡不行届きにあるとして、債務不履行責任を認めている。一方で、内容変更について、その理由が旅行主催者の管理できない事由によるものであるから帰責事由なしとしつつ、変更についての説明が不十分であったことを理由に債務不履行責任が認められた神戸地判平成５年１月22日判時1473号125頁もある。

　裁判例では、提供者の怠慢・連絡不徹底による内容変更については帰責事由が認められているが、それ以外の事由（例えば現地の事情変更）については帰責事由が認められていない。ただし、その場合でもできるだけ損害を回避するような義務や、変更についての説明義務が課されている。実際、変更や旅程実現不能について旅行業者が適切に情報を収集し、これを旅行参加者に提供する法的な付随義務があるとした裁判例が少なくないが、その理由はこれらの情報が提供されていれば、旅行参加者は旅行出発前に旅行契約を解除することができたといえるからである。旅行業者が旅行に関する専門業者であり、旅行の実現に関する情報収集能力を有していることから、旅行サービスの手配および旅程管理という旅行契約上の主たる債務に付随する義務として、旅行の実施の可否や変更に関する情報を、適時適切に収集・提供する義務があるとされている（大阪地判平成31年３月26日判時2429号39頁はこの義

務違反を認め、解除権不行使との間の因果関係を認めている）。

　また、旅行契約では、契約当事者である旅行業者自身が旅行サービスを履行するのではなく、旅行業者がさらに委託した運送機関や宿泊施設等の第三者が実際の旅行サービスを提供することも少なくない。この場合、当該第三者の過失や当該第三者側の事情によって当初の計画どおりの旅行サービスを提供できない場合には、旅行業者がいわゆる履行補助者による債務不履行に基づく損害賠償責任を負うこともありうる。契約で定められていた旅行サービスを提供していないという点で、旅行業者には帰責事由があるからである（民415条1項ただし書）。ただし、当該第三者（履行補助者）に対する旅行業者の管理可能性の有無が問題となる。例えば、運送機関、宿泊施設によるサービスの不提供の場合には、旅行業者の現地への連絡不徹底等や債務の履行に適切な第三者を選択しなかったという点がない限り、通常旅行業者にとっては管理支配できない事由による債務不履行となり、旅行業者は免責されるだろう。しかし、変更を余儀なくされる場合にもなるべく変更に伴う損害を最小限にとどめ、また、変更について旅行者に対して適切な説明がなされ、旅行者が（旅行出発前であれば）旅行契約の解除等を検討する機会を与えることは求められるだろう（鈴木29頁以下）。

　第2に、契約内容が履行されたか否かが問題になることが多い。そのような事案の中には、そもそもそのサービスが契約内容に取り込まれていたかが問題になるものが多い。この問題は、すでに物の品質について説明したが（*Unit 16*）、サービスの場合、裁判所はどのように判断しているだろうか。

　京都地判平成11年6月10日判時1703号154頁は旅行契約の事案である。この事案では、ワールドカップのチケットを手配できなかったことが債務不履行にあたるかが問題となっているが、旅行契約の内容としては、観戦が実現するよう観戦チケットの手配が旅行業者の主たる債務となるとしているものの、観戦チケット販売方法が特殊であったことから、「観戦チケット購入契約を締結し、代金を支払うことで足りる」としている。この事案では、旅行業者の専門性も強調されている。

　神戸地判平成5年3月29日判時1498号106頁、および、大阪地判平成5年2月4日判時1481号149頁は、学校サービスの事案である。旅行契約とは異

なり、学校サービスでは、サービスを受ける側の能力や努力も必要になるため、事業者が「成果」を上げる債務までも負っているということは難しい。その「成果」に近づくために、事業者が適切な教育をなすことが債務内容とされ、債務内容を判断するにあたって、裁判所が重視しているのが事前の説明や広告・パンフレットである。前掲神戸地判平成5年3月29日、および、前掲大阪地判平成5年2月4日はいずれも事前の説明内容と、実際の指導内容とを比較した上で、債務の本旨に従った履行の有無を判断している。

このように、サービスの品質決定についても、事前の説明内容やパンフレット・広告の記載が重視されていることがわかる。サービスの場合、その品質について誇大広告がなされることも多く（「絶対に合格します」など）、この誇大広告を見て消費者が抱く期待と現実のサービスのギャップが激しいことが多くみられる。そうすると、事前の説明についての規制や広告規制によって、誇大広告を規制し、消費者に過大な期待を抱かせないようにすることが求められる。これについては後に述べる。もっとも、広告規制などの事前規制は可能であるが、実際に提供されたサービスが十分なものといえるかについては、有力な手がかりがないのが実情であり、結局、個別の事案ごとに判断するしかない。

(2) サービス契約の安全性

サービスの安全性が問題になる場合として、旅行中の事故やスポーツ中の事故、さらには冒頭の事例のようなエステや美容医療の事案がある。ここで問題となるのは、サービス提供者が受給者の安全を確保する義務である。サービス提供者は事故を避けるため、収集可能な情報を収集したり（例えば旅行契約であれば天候等の情報）、場合によってはサービス提供自体を中止することが義務づけられ、これを怠った場合には安全配慮義務違反に基づく債務不履行責任や不法行為責任を負う（例として、熊本地判平成24年7月20日判時2162号111頁（インデックス101番））。また、旅行契約やスポーツレッスンの提供においては、技術・能力を十分に有し、サービス受給者の安全確保の観点からふさわしいガイドやインストラクターを配置する義務があり、これら

のガイド等第三者は参加者の安全確保の観点から高度な注意義務を負う。その背景にあるのは、旅行業者には旅行契約上の付随義務として、旅行者の生命、身体、財産等の安全を確保するため、旅行目的地、旅行日程、旅行サービス機関の選択等に関し、あらかじめ十分に調査・検討し、専門業者としての合理的な判断をし、また、その契約内容の実施に関し、遭遇する危険を排除すべく合理的な措置をとるべき安全確保義務があるという考え方である（東京地判平成元年6月20日判時1341号20頁（インデックス102番））。

　しかし、海外旅行中の事故のように、海外における運転手に依頼せざるをえない場合では、旅行会社の義務にも限界がある。旅行契約のように、サービス提供者自身が役務を提供するのではなく、運送会社等、第三者に履行を委託することがある場合、サービス提供者が受給者の安全確保の観点から適切な第三者（一定水準以上の技術を持つ運送会社等）を選択したか否かがまず問題となり、適切ではない第三者を選択してそれによって事故が生じた場合に、旅行業者は安全配慮義務違反による債務不履行責任を免れない。前掲東京地判平成元年6月20日（インデックス102番）がいうように、当該主催旅行の目的地が外国である場合には、日本国内において可能な調査等を行い、その上でその外国における平均水準以上の旅行サービスを旅行者が享受できるような旅行サービス提供機関を選択し、これと旅行サービス提供契約が締結されるよう図ることが求められる。

3　サービス契約の中途解除──特定商取引法の規定

(1)　1999年特定商取引法改正の経緯

　以上みてきたように、サービス契約においてはその視認困難性ゆえに、サービスの内容が事前にはわかりにくい。その結果、一定の効果があることをもって誘引されても、消費者は、その説明内容や誇大広告の内容を信じるしかなく、実際に受けてみてはじめて契約内容に不満を持つことが多い。また、サービス契約では長期間の役務提供とこれに見合う対価の支払をあらかじめ約定するような場合も多く、高額かつ長期間の継続的な契約が締結されることも多い。長期間にわたるために、契約期間中に消費者の転居等の事情

変更が生じた場合にも中途解除が認められないこともあり、また中途解除が認められたとしても前払対価の精算ルールが不明確、または、事業者に不当に有利に定められており、前払金の没収や高額な違約金の請求がなされることから生ずるトラブルが増加している。

　このような継続的な役務提供契約の問題点は、とりわけ1990年代に入ると学説・行政機関で強く意識されるようになる。通商産業省（現在の経済産業省）は、1992年10月に「継続的役務取引適正化研究会」を設置し、当時、特に消費者からの苦情相談件数が多かったエステ、外国語会話教室、学習塾、家庭教師派遣の４つを中心に検討して、1993年６月には「継続的役務取引適正化研究会報告書」を公表した。この報告書では、行政において、業界におけるガイドライン、モデル約款の策定・整備等業界の自主的努力を促すよう指導を行うとともに、消費者に対する啓発活動を強化することが提言されている。この報告書を受けて、先に述べた４業種では、それぞれの業界団体の主導による自主規制が策定された。しかし、これらの業界では中小企業が多く、また新規参入も激しいことから、自主規制の普及が必ずしも十分に進んだわけではなかった。

　そこで、1999年に訪問販売法（現在の特定商取引法）の改正がなされ、「特定継続的役務」についてのルールが立法化された。

(2)　特定商取引法による規制

　特定商取引法41条以下の規制を受ける「特定継続的役務」は、「役務の提供を受ける者の身体の美化又は知識若しくは技能の向上その他のその者の心身又は身上に関する目的を実現させることをもって誘引が行われるもの」で、かつ、「役務の性質上、前号に規定する目的が実現するかどうかが確実でないもの」である（同条２項）。この特定継続的役務の提供と、特定継続的役務の提供を受ける権利の販売が「特定継続的役務提供」と定められている。ただし、この定義にあてはまるすべてのサービスが対象となるわけではなく、政令で指定されたものに限られている（期間、金額の要件を満たしているか否かは、特商法解説309頁以下にあるように、回数券の有効期限や入学金等、狭義の役務の対価以外も考慮に入れるなどした上で判断される）。

図表1 「特定継続的役務」とは

特定継続的役務	期間	金額
いわゆるエステティックサロン	1か月を超えるもの	いずれも5万円を超えるもの
いわゆる美容医療	1か月を超えるもの	
いわゆる語学教室	2か月を超えるもの	
いわゆる家庭教師（通信指導等を含む）	2か月を超えるもの	
いわゆる学習塾	2か月を超えるもの	
いわゆるパソコン教室（2004年改正で追加）	2か月を超えるもの	
いわゆる結婚相手紹介サービス（2004年改正で追加）	2か月を超えるもの	

　この要件を満たす特定継続的役務提供契約について、具体的には、次のような規定がある。

　①　契約締結前および契約締結時における書面交付義務（特商42条）

　②　誇大広告の禁止（同法43条）

　③　不実告知、故意による事実の不告知、威迫・困惑行為の禁止（同法44条）

　④　一定金額以上の前払取引を行う事業者に課される財務等書類の作成・開示義務（同法45条）

以上に違反する行為は、指示（特商46条）、業務停止命令（同法47条。業務禁止命令も同時に命ずることができる。同法47条の2）といった行政処分、および刑事罰の対象となる（同法72条）。

　さらに、

　⑤　指示の対象になるとして禁止の対象とされている行為（特商46条）

　　ⓐ　債務の履行拒否および不当な遅延（同条1項1号）

　　ⓑ　重要事項についての故意の事実の不告知（同項2号・3号）

　　ⓒ　取引の公正や役務受領者等の利益を害するとして省令で指定されている行為（同項4号）

ほかに、⑥訪問販売同様、8日間のクーリング・オフの規定（特商48条）や、⑦意思表示の取消権の規定（同法49条の2）もある。

　特徴的な規定としては、特定商取引法49条の中途解除権を認めた規定があ

る。具体的には、クーリング・オフ期間が経過した後も消費者に契約の中途解除権を認めるとともに、その際の精算ルールが明確にされている。この中途解除権に関する規定は片面的強行規定であり、これに反して消費者に不利な特約は無効となる（同条7項）。

　クーリング・オフ、取消権、および、中途解除権に関する規定では、特定継続的役務提供契約だけではなく、いわゆる関連商品の売買契約も対象となる。関連商品とは、特定継続的役務の提供に際して、役務受領者が購入する必要がある商品として、役務提供事業者または販売業者によって販売されるものであって、当該商品を購入しないと役務の提供を受けられないものである。例えば、エステのサービスを受ける契約をした際に、施術の際に使う化粧品を家庭でも継続的に使う必要があるとして購入させられる場合がこれにあたるが、役務の提供を受けるにあたって必ずしも購入する必要がない（「推奨品」）場合にはこれにあたらない（以上、特商法解説348頁も参照）。関連商品についても具体的に政令で指定されている。

　特定商取引法49条の中途解除時の損害賠償の予定額の制限については、図表2をみてほしい。あくまで上限額を示すものであり、この上限金額まで請求できる権利を役務提供事業者に与えたものと解してはならないとされている（特商法解説355頁）。

　この規定違反の有無が問題になった判例として、最判平成19年4月3日民集61巻3号967頁がある。この事案では、英会話学校の受講契約時のレッスンポイント単価と、解約時に精算のために基準として用いる使用済ポイント対価額とが異なっており、後者が常に高額となっていた。そのことから、最高裁は、実質的には本件精算規定が損害賠償額の予定または違約金条項として機能するもので、特定商取引法49条の趣旨に反して受講者による自由な解除権の行使を制約するものであるとして、本件解除の際の提供済役務対価相当額は、契約時の単価によって算定された本件使用済ポイントの対価額と認めるのが相当であると判断した。消費者が、多くの回数のレッスンポイントをあらかじめ「まとめ買い」すれば、割引価格でレッスンを受けられる一方、中途解除した際に消費者が未消化分のレッスンポイントに相当する金額よりも少ない金額の返金しか受けられない点に問題がある。しかし、あくま

図表2　中途解除時の損害賠償の予定額の制限

	損害賠償額の予定額の上限	
役務の提供開始後（特商49条2項1号）	①提供された役務の対価に相当する額、と、②通常生ずる損害額として役務ごとに政令で定めてある金額（下記のいずれか低い額）を合計した金額	
	エステ	2万円または契約残額の10％
	美容医療	5万円または契約残額の20％
	外国語	5万円または契約残額の20％
	家庭教師	5万円または1か月分の役務の対価
	学習塾	2万円または1か月分の役務の対価
	PC教室	5万円または契約残額の20％
	結婚紹介	2万円または契約残額の20％
役務の提供開始前（同項2号）	契約締結および履行のために通常要する費用の額として政令で定める額	
	エステ	2万円
	美容医療	2万円
	外国語	1万5000円
	家庭教師	2万円
	学習塾	1万1000円
	PC教室	1万5000円
	結婚紹介	3万円

で同法の対象となっている英会話学校で同条の趣旨を潜脱する点が問題とされたのであり、いわゆる「まとめ買い」（数量割引制度）が一般的に法的な問題をはらんでいると述べているわけではない。ただし、事業者には倒産リスクがありうることから、消費者がそのリスクを負ってまで多額の代金を前払してまとめ買いすることのリスクも示唆された判決といえる。また、この事件では消費者にとって、本件精算規定の仕組みを理解することが困難である点にも問題があったといえる（以上、石田135頁に学説等の紹介・分析がある）。

　本判決を受けて、経済産業省は、2007年4月12日付けの通達で、特定商取

引法49条2項1号イに規定する「提供された特定継続的役務の対価」を算定する際に、単価については「契約締結時の単価」を上限とすると定めた。

特定商取引法48条および49条によって特定継続的役務提供契約が解除された場合には、関連商品の販売契約についても解除できる（同法48条2項・49条5項）。

4　サービス契約をめぐる法的課題

以上の特定商取引法の「特定継続的役務」類型の創設によって、中途解除ができるようになり、また精算ルールも明確になった。広告規制など、事前規制によってできる限りサービス内容を可視化できるような工夫もなされた。しかし、次のような問題も残されている。

第1に、特定商取引法の対象となる役務はあくまで7業種に限られている。例えば、スポーツクラブやお料理教室は対象外であることから、サービスの中に法規制の対象となるものとならないものとが混在することを法的にどのように考えるかのかが問題となる。しかし、サービスの多種多様性、また、その内容の視認可能性ゆえにすべてのサービスに妥当するようなルールを作るのは難しい。

この点に関連して、日本でも民法改正論議において役務提供契約という新しい典型契約を設けるか否かが検討された。具体的には、民法の委任・請負等を包括する上位概念としての受け皿規定としての役務提供契約という典型契約類型を設けることや（中間論点整理）、準委任契約の見直し（委任の終了に関する特則などを設ける）によってサービス契約への適用を柔軟にするという方策が提案された。しかし、サービス契約には多種多様なものがあることや、消費者契約以外にも適用される民法において役務受領者の保護という観点からのみの規定を設けることには懸念が示され（業務委託契約のように役務受領者の側が強い立場にある契約があることによる）、民法改正には至らなかった（吉永1頁以下。民法改正における論点として、板垣ほか70頁以下も参照）。もっとも、改正では役務の多様性への配慮がまったくないわけではない。委任の報酬に関する規定では、委任を成果型のものと役務型のものとに分けて

規定しており（民648条・648条の2）、また、請負には、同法633条を参照すると「物の引渡し」を要するものとそうではないものがあることがわかる。具体的には、物の完成（建築、洋服の仕立てなど）および引渡しが想定されているものと、修理などの製造以外の成果を提供するもの、さらには物以外の仕事の成果の引渡しが想定されているもの（講演、理髪等）がある（中田503頁）。さらに、同法以外に眼を向けると、商法の請負や建設工事請負のように特別法による規定が設けられている。

　それでは、民法ではなく消費者契約法など消費者関連特別法でサービス契約に関する規定を設けることは考えられるだろうか。例えば特定商取引法で設けられている中途解除権をすべてのサービス契約で認めるべきといえるかは、慎重な検討を要する。サービスは多種多様化していることや、長期のサービス期間が設けられる上で価格が割引となっている場合のように一定期間の拘束が必ずしも不合理とはいえない場合もあることを考えると、すべてのサービス契約に適用される解約ルールを設けることは困難である（このことから、強行規定ではなく任意規定としての中途解除権を継続的消費者契約に導入することに好意的な見解もある。丸山282頁以下）。

　そうすると、例えば旅行契約、教育契約といったように、個別の契約類型ごとの規定を民法に設けるという方策も考えられる（ドイツでとられている）。日本では例えば旅行業法や探偵業法など、個別のサービスに適用される業法は存在しているが、これらの個別のサービスごとの民事ルールを民法に設けることが考えられるのか、という問題である。しかし、問題となりうるサービスをもれなく列挙することは困難であり、現実には難しいだろう。

　現状をふまえると、消費者契約法や民法において本Unitで述べたサービスの特性をふまえた解釈論が展開されることを期待するしかない。

　第2に、特定商取引法の規定によって、中途解除のルールが設けられたことは画期的であるが、一方でサービス契約の不履行を判断する基準がいまだ明確ではない。民法の善管注意義務違反の有無で判断することは困難であり、裁判例の判断も分かれている。解決のポイントの1つは、いくつかの裁判例で指摘されていた「サービス提供者の専門性」であろう。物の販売とは異なり、サービス提供にあたっては提供者の側が何らかの専門的技術・知識

を持たなくてはならない場合が多い。このことから、専門家としての高度な責任を負わせることによって、サービス提供者の債務不履行責任を肯定するという手はある。

　第3に、より現実的な問題ではあるが、実際に問題になることが多い場合として、サービス提供者の倒産がある。サービス契約では対価を前払していることが多いため、サービス提供者が倒産するとこれらの金額が返ってこないというトラブルが生じる（はれの日事件、てるみくらぶ事件など）。

＊参考文献＊

本文中、**松本**恒雄「サービス契約」山本敬三ほか『債権法改正の課題と方向（別冊NBL51号)』（商事法務、1998年）202頁、**松本**恒雄「サービス契約の**法理と課題**」法学教室181号（1995年）65頁（池田真朗ほか『マルチラテラル民法』（有斐閣、2002年）所収)、**中田**裕康『継続的取引の**研究**』（有斐閣、2000年)、**丸山**絵美子『中途解除と契約の内容規制』（有斐閣、2015年)、**鈴木**尉久「旅行業者の債務不履行責任」現代消費者法38号（2018年）29頁、**石田剛**「判批」百選134頁、**吉永**一行「役務提供型契約法改正の挫折——法制審議会民法（債権関係）部会の議論の分析」産大法学48巻3・4号（2015年）1頁、**板垣修司ほか**「債権法改正の争点（13・完）役務提供契約」ジュリスト1441号（2012年）70頁。
本文に掲げるもののほか、大村敦志「サービス契約——旅行契約を素材に」同『もうひとつの基本民法Ⅱ』（有斐閣、2007年）。

Unit 21

消費者法・各論①悪質商法

　いわゆる悪質商法といわれるものには、さまざまな手口が存在し、しかもそれらが巧妙化・複雑化している。そこで、まず実際にどのような手口のものがあり、それらに対して既存の法律によってどのような対応がなされうるのかについて説明する。それらの手口やその際に適用されうる法律をみると、複雑・多様な手口も、実はこれまでに学んだ民法や消費者契約法、および特定商取引法の基本類型に帰着することがわかるだろう。

1　悪質商法の各類型

(1)　キャッチセールス

〈事例①〉

> 　Aが新宿を歩いていたところ、Bから「お肌のアンケートに答えてくれませんか？」と呼び止められた。アンケートに答えたところ、化粧品の購入とエステティック美容の勧誘を受けた。Aが興味を示したところ、BはAを近くの業者の事務所に連れて行った。その事務所で、さらに勧誘を受けたため、Aは断り切れずに化粧品の購入とエステティック美容の契約を締結してしまった。このような場合に、契約を解除することはできるか。

　路上を歩いている人を呼び止め、その場や営業所等に案内して勧誘を行い、契約の締結をさせる商法を「キャッチセールス」という。キャッチセールスでは、その場の雰囲気によって販売業者のセールストークに左右され、必要がない契約をしてしまうことが多い。路上アンケートで就職セミナーに勧誘され、そこで就活塾の契約を迫られたという手口もみられる（http://www.kokusen.go.jp/news/data/n-20200716_2.html）。

　このような問題については、まず契約の勧誘態様によっては、民法の詐

欺・強迫はもちろん、消費者契約法による取消しを行うことが考えられる。例えば、就活塾の事例では、消費者の不安を煽る手口が問題となり、同法4条3項5号による意思表示の取消しが考えられる。

　また、キャッチセールスのように、営業所等以外の場所で呼び止め、営業所等に同行させた者等と契約を締結する場合にも、特定商取引法の「訪問販売」の規定が適用される（同法2条1項2号。*Unit 11*）。その結果、同法9条によるクーリング・オフを主張することが可能である。さらに、この事案のように、エステティック美容の契約が結ばれた場合には、同法の「特定継続的役務提供」の規定が適用され、クーリング・オフ（同法48条）や中途解除（同法49条）が可能である。

(2)　アポイントメントセールス

〈事例②〉

> 　ある日突然電話がかかってきて「海外旅行の抽選に当たりました。旅行券を受け取りに来てください」といわれたので、待ち合わせの場所へ行ったところ、そこから営業所に連れて行かれ、そこで英会話教材の購入についてしつこく勧誘を受け、仕方なく契約した。

　消費者に対して電話等で「抽選に当選しました」といったように得をしたような気分をさせることによって関心を抱かせ、販売目的を隠して消費者を店舗に呼び出し、契約を締結させる商法をアポイントメントセールスという。

　この商法についても、営業所等に呼び出して契約した場合には、特定商取引法2条1項2号の「特定顧客」のうち、「その他政令で定める方法により誘引した者」に該当する（政令とは、特商令1条1号・2号）。その結果、クーリング・オフができる。また、特定商取引法6条（特に4項など）および9条の3による取消しもできるほか、本来の目的を隠して消費者を呼び出し、商品販売等の勧誘を行う点が問題であることから、2004年の同法改正によって盛り込まれた規定である「勧誘に先立って販売目的を告げること」の義務づけが問題となる（同法3条）。ただし、近時、雑誌や新聞広告やインター

ネットサイトを用いて営業所等への来訪を要請するといった脱法的手口もみられる。

ほかに、消費者契約法による取消しや錯誤取消しなども主張できる。また、この商法には、消費者が契約締結の意思すらなかったというような事案もあるので、そもそも契約が成立しているといえるか否かが問題となる（**Unit 3**）。

(3) デート商法（恋人商法）

〈事例③〉

　　Aは街で知り合ったBと親しくなり、何度かデートするうちに、BからBの会社で販売しているダイヤモンドの指輪を買うよう勧誘され、クレジット契約を結んで指輪を買うことにした。ところが、Aが契約を締結してからBとはまったく連絡がとれなくなってしまった。

　販売員が消費者と親密な関係を築き、消費者が販売員に対して抱く恋愛感情を利用して商品等を購入させる商法を「デート商法（恋人商法）」という。商品販売目的を隠して会う約束を取り付け、最終的には営業所等で勧誘を行う点で、(1)や(2)と類似する。そこで、解決方法についても(1)、(2)同様、特定商取引法によるクーリング・オフや、民法の錯誤や、詐欺・強迫、また、消費者契約法による取消し、特定商取引法による取消し（同法6条・9条の3）が考えられる。

　もっとも、この商法では商品を購入させるために恋愛感情を最大限利用する点に特徴がある。また、消費者にクーリング・オフをさせないようにするため、クーリング・オフ期間が経過するまでは親密な関係を続けることも多い。この点の悪質さをとらえて、デート商法によって締結した契約（ここでは指輪の売買契約）が公序良俗に違反して無効であるという考え方もありうる。また、デートが複数回にわたるときには、「アポイントメントセールス」や「キャッチセールス」とはかけ離れてくるので、よりいっそう民法や消費者契約法による解決が求められる。

　裁判例でも、名古屋高判平成21年2月19日判時2047号122頁は、「デート商法」により締結された契約は公序良俗に違反して無効であるとしている（こ

の上告審については、**Unit 13** で説明した）。

婚活サイトを悪用して、投資用マンションを異性に購入させるという手口もみられる。年収の多い人がターゲットになりやすく、恋愛感情を抱かせて投資の勧誘をするというものである（投資用マンションの販売契約を締結させた事案である東京地判平成26年10月30日金判1459号52頁（中田・百選94頁））。

デート商法の被害者が自殺した場合にデート商法を展開した業者の不法行為責任を認めたものとして、仙台地判平成16年10月14日判時1873号143頁がある。

デート商法による契約締結は一定の要件の下で取消しの対象となる（消契4条3項6号）。

出会い系サイトやマッチングアプリ等で知り合った相手方から、実態のわからない投資等の海外サイトを紹介されて投資したが出金できなくなった、といった、いわゆる「ロマンス詐欺」が増加しているが、相手方が海外在住者であることも少なくない（https://www.kokusen.go.jp/news/data/n-20220303_2.html）。警察による取り締まり強化や消費者への注意喚起のほか、越境消費者問題解決や被害回復のための法制度の改正等、実効性強化が求められる（**Unit 25**）。

(4) 展示販売商法

〈事例④〉

街を歩いていたところ、「すぐそばの会場で絵画の展示会をやっている」と勧誘されて、絵画の展示会場に向かった。展示会場では販売員から絵画を買うようしつこく進められ、帰りたい旨告げたにもかかわらず帰してもらえなかったので、根負けして契約した。

ホテルや公民館などの会場を借りて商品を販売する商法を「展示販売商法」という。展示販売としては、例えば高齢者をターゲットとした呉服販売や、若者をターゲットとした絵画販売がみられる。展示会という場所であるため、通常の店舗のように開放的に自由に不特定多数の消費者が出入りする空間でないことから、しつこく勧誘されても帰してもらえないという不安が

増大し、契約するケースが多い。

展示販売商法でもっとも問題になるのは、展示販売会場が特定商取引法にいう「訪問販売」、すなわち、「営業所等」以外の場所での取引といえるか否かである（同法2条1項1号）。仮に、「営業所等」での取引ということになると同法の訪問販売の規定が適用されず、クーリング・オフができないからである。これについては、 *Unit 11* で説明した。

もっとも、仮に訪問販売に関する規定が適用されないとしても、「帰してもらえなかった」などの勧誘態様について、消費者契約法4条3項2号による取消しができるのはいうまでもない。

(5) 催眠商法（SF商法）

〈事例⑤〉

> 街で日用品のサンプルが配られており、そのサンプルを受け取ったところ、そのまま近くの特設会場に案内された。販売会では、多くの人が集まって、手を挙げた人には無料で日用品が配られていて、自分も参加した。参加者たちがだんだん興奮してきたところ、最後に業者が「本日の目玉商品です。今日は特別価格20万円です。選ばれた人だけが購入できます」といって私を指名した。その勢いで購入したが、よく考えてみたらこんなものは必要ないと思うに至った。

締め切った会場に人を集め、無料で日用品を配ったり、格安で日用品を販売して消費者の関心を引きつけ、また、巧みな話術で参加者を興奮状態に陥れ、冷静な判断能力を失ったところで高額の商品を売りつける商法を催眠商法（SF商法）という。

催眠商法は、キャッチセールスやアポイントメントセールス同様、「営業所等」以外の販売である訪問販売にあたりうることから、書面交付日から8日間のクーリング・オフが可能である。また、目的を偽って呼び出していれば特定商取引法3条の問題にもなる。

ほかに、商品の性質について不実告知等があれば消費者契約法4条の適用もありうる。また、販売会から退去しようとしたのに帰してもらえなかった

という事実があれば同条3項の適用が考えられる。しかし、その場の雰囲気で不当に高い物を買わされたというだけでは同法による取消しや錯誤・詐欺による取消しは難しい。そこで、他の悪質商法同様、独特な雰囲気で消費者を不当に誘引して、不必要なものを買わせたということが公序良俗違反にあたるかなどを検討することが考えられる。路上で複数名が集まり、そのうちの1人が商品を宣伝し、周りの者も次々に買い始めたといった、いわゆる劇場型商法についても同様に考えられる。

(6)　点検商法

〈事例⑥〉

作業着を着た人が、「水道局の方から来ました。水道水の点検をします」といって家に上がり込み、水道水を検査した後、「この水道水は汚染されています。汚染を浄化する浄水器をおすすめします。このまま飲んでいると体に悪いです」と言われたので、30万円もする浄水器を買う契約をした。ところが、実際には水道水の汚染はなかった。

　水道、換気扇、および、ガス警報器などについて危険もないのに、放置すると危険であるかのように虚偽の事実を告げ、不安に陥れて商品を買わせる商法を点検商法という。

　このような場合には、虚偽の事実を告げて勧誘していることから、消費者契約法による取消しや、訪問販売であることから特定商取引法9条の3に基づいて、同法6条1項の不実告知による取消しができる。また、クーリング・オフも可能である。ほかに、民法の錯誤や詐欺による取消しも考えられる。

(7)　リフォーム詐欺商法

〈事例⑦〉

自宅で一人暮らしの高齢者Xに対して、業者が訪問販売で「耐震性の調査をさせてほしい」といって家に上がり込んだ。「耐震性に問題がある」と言われたXは、よくわからないまま契約書に署名してしまった。

(6)の点検商法の一種である。自宅の屋根や耐震性に問題があるとして、修繕を勧め、請負契約を締結させるものである。その際に、火災保険や政府補助金などで修理代を取り戻せるといって、高額な代金の支払を躊躇している消費者に契約を締結させることもある。リフォーム詐欺については、2005年5月に、埼玉県で認知症にかかっている80歳と78歳の姉妹が不要なリフォーム工事を繰り返され、19者もの業者との間で、合計約5000万円ものリフォーム契約を締結させられていたということが報道され、高齢者を中心に大きな社会問題となった。また、役所名をかたってはがき等を送付して、リフォームを勧誘する手口もみられる。

解決方法については(6)を参照してほしいが、この商法については、次々と短期間にリフォーム契約を締結させられるという事態が相次いでおり、問題となっている。これについては、後に「過量販売（次々販売）」のところで述べる。

(8)　かたり商法・公的機関をかたった架空請求

〈事例⑧〉

> 消防署の制服のような服を着た人が自宅を訪れ、身分証明書をみせながら「法律上、家庭用消火器を設置する義務があります」といわれたので消火器を購入した。しかし、消防署に問い合わせた結果、消防署員ではなかったことが判明した。

消防署や水道局のような信頼できる役所名をかたって消費者を信用させ、商品を売りつける商法を「かたり商法」という。これらの役所の制服のような服装であったり、身分証明書らしきものを携帯するなどして信頼感を高めて売りつける点に特徴がある。

かたり商法についても、(6)、(7)同様、特定商取引法による取消しやクーリング・オフ、消費者契約法４条１項１号に基づく取消しが考えられる。

最近では、省庁や消費生活センターなどの役所名をかたってSMSやはがきで「料金滞納」等の通知を送り、お金を支払わせるという架空請求の相談や、役所名をかたって個人情報を聞き出されたといった相談が増加してい

る。また、災害時に公的機関をかたって寄付金を募るといった悪質商法もある。

(9) マルチ商法

〈事例⑨〉

> 友人から「商品を買って会員になり、さらに会員を紹介して商品を売ると手数料がもらえる」と勧誘されて健康食品の販売組織に加入し、多額の商品を購入したが、実際には商品が売れず、大量の在庫を抱えることになった。

　個人を商品や役務の販売員として勧誘し、商品等を販売させるとともに、次の販売員を勧誘すれば収入が上がるとして新たな会員を勧誘させ、その会員がさらに新たな会員を入会させることを繰り返して販売網を拡大していく商法を「マルチ商法」という。詳細は **Unit 7** で説明したように、物品販売組織であるために全面禁止はされていないものの、特定商取引法の「連鎖販売取引」部分で厳格な規制がなされている。また、マルチ商法については、公序良俗違反とされた裁判例が多数存在する。同法では33条1項以下で「連鎖販売取引」についての規制がなされている（詳細は **Unit 11** で説明した）。

　最近では、仮想通貨や海外事業への投資話といった儲け話を行って投資をさせ、さらに「人に紹介すれば報酬料を支払う」といって勧誘されるものの、儲けの実体がわかりにくく、投資の仕組みがわかりにくいことから、解約したいといってもやめられないといった「モノなし」マルチ商法がみられる（http://www.kokusen.go.jp/news/data/n-20190725_1.html）（**Unit 7** でも説明した）。

(10) 資格商法

〈事例⑩〉

> 自宅に「国家資格が簡単にとれる講座がある」という電話がかかってきた。言葉巧みに勧誘され、興味を持ったので、「一度、講座を受けてみる」と答えたところ、受講契約書と高額な教材一式が送られてきた。また、後で調べてみたところ、勧誘された資格は国家資格ではなかったことが判明した。

「○○の資格が簡単に取れる」といったセールストークで講座の受講や教材の購入をさせる商法を「資格商法」という。事業者が勧める資格には国家資格もあれば、民間の資格にすぎないものを公的資格と名乗ったり、また、まったくの架空の資格であることもある。また、電話勧誘によるしつこい勧誘が問題となることがある。

事例のような電話による勧誘について、特定商取引法は「電話勧誘販売」という類型を設けて規制を行っている（詳細は *Unit 11*）。また、資格内容などについての虚偽の説明がある場合には詐欺取消しや錯誤取消し、および消費者契約法4条による取消しも考えられる。

教材販売業者の多数回にわたる教材の勧誘行為につき、特定商取引法21条3項に違反すること、過量販売であること、などを理由に全体として公序良俗違反であり、かつ不法行為であるとし、不法行為に基づく損害賠償請求を認容した東京地判平成20年2月26日判時2012号87頁がある。

⑾　内職商法・モニター商法・サイドビジネス商法

〈事例⑪〉

> ①　業者から「当社の講座でパソコンの勉強をすれば、入力アルバイトを紹介する」といわれてパソコンを購入した。しかし、実際には教材が送られてきたのみで指導もなく、仕事も紹介されなかった。
> ②　「浄水器のモニターになれば、アンケートに答えるだけでモニター料をもらえる」といわれ、浄水器を購入した。ところが、2か月ほどでモニター料が払われなくなった。

①のように、内職等の仕事をあっせんすることを謳い文句に教材等を販売する手法を内職商法といい、②のように商品を購入してモニターとなり、モニター料を得られるなどのセールストークで商品を購入させる商法をモニター商法という。また、副職を行いたいという社会人につけ込んだサイドビジネス商法もみられる。例えば、副職を提供するという事業者の代理店になる加盟店契約を締結させて入会金を支払わせるというものである。

有名な事例として、「ダンシングモニター事件」がある。「ダンシングモニ

ター事件」とは、ダンシングという会社が、「布団を購入してモニターになれば、毎月のクレジット支払額を上回るモニター料を支払う」と勧誘して、クレジットを利用して布団を購入させるモニター商法を展開した末、1999年に倒産した事件である。全国で約14000名のモニター会員を集め、被害総額は42億円に上った（代表的な判決として、大阪高判平成16年4月16日消費者法ニュース60号137頁（百選49番）がある。詳しくは **Unit 13**）。最近では、商品を購入してSNSで宣伝すれば報酬がもらえるという勧誘を受けて大量に商品を購入したが、報酬が支払われないというトラブルもある。

　特に内職商法やサイドビジネス商法では、消費者が「事業として」または「事業のために」これらの物品を購入したとみられることから、消費者契約法では「事業者」（同法2条2項）に該当すると判断される可能性があり、当該内職やサイドビジネスに実体がないという場合を除いては消費者契約法による救済が難しい（**Unit 2**）。これに対して、特定商取引法は、内職や商品モニター等の業務を提供することにより業務提供利益が得られると勧誘して、消費者に加入料や商品代金を支払わせるものを「業務提供誘引販売取引」とし、行為規制や広告規制などを行っている（同法51条以下）。また、同法58条にあるように20日以内であればクーリング・オフができ、同法58条の2により契約の取消しもできる。

⑿　ネガティブ・オプション

〈事例⑫〉

> 　ある日、自宅に注文した覚えのない健康食品が送られてきた。「購入しない場合には、商品を返送してください。返送しない場合は購入するものとみなします」と書いてあり、代金の請求書まで同封してあった。

　購入の申込みをしていない者に対して一方的に商品を送りつけ、相手方から商品の返送または購入しない旨の通知がない限り購入の意思があるとみなして商品代金の請求をする行為を「ネガティブ・オプション」という。代金引換郵便を使って送付してくることもある（拒否すればよい）。

　この場合、そもそも契約が成立していない以上、代金を払う必要はない

が、商品の所有権があくまでも送ってきた事業者にある以上、勝手に処分することもできない。これでは消費者に不合理な負担を強いることになるので、特定商取引法59条1項では、一方的に送りつけた商品について、販売業者はただちにその商品の返還請求をすることができなくなると定めている。つまり、消費者は、一方的に送りつけられた商品をただちに処分等できる（ Unit 11 ）。

⒀　過量販売（次々販売）

〈事例⒀〉

> 認知症の高齢者が、業者にいわれるままに自宅のシロアリ駆除、キッチン改装、耐震工事などを含めて次々に10もの工事契約を締結し、多額の金銭を支払わされた。

同じ事業者が、同じ消費者に対して、必要以上に大量の商品・役務を次々に販売する商法を「過量販売（次々販売）」という。リフォーム詐欺のところで述べたように、判断能力が不十分な高齢者が狙われることが多い（⑺）。2008年の特定商取引法改正によって過量販売解除権などが設けられた（ Unit 12 参照）ほか、消費者契約法の2016年改正によって、同法4条4項が設けられ、過量販売によって締結した契約を取り消すことができるようになった。

もちろん、民法上の詐欺・強迫、契約の不成立、信義則違反、不法行為なども問題になる。また、過量販売契約を公序良俗違反によって無効とした判決がある（ Unit 7 参照）。

⒁　預託取引（現物まがい商法）

預託商法とは、消費者に対して金や植物などの商品を購入してもらうという名目で勧誘するが、同時に事業者が消費者から当該商品を預かるという預託契約を結び、賃借料等の名目で一定割合の金銭を支払うという仕組みである。しかし、実際には商品が事業者の手元にないことも多く、また賃借料がほとんど支払われないうちに事業者が破綻してしまうということが多い。

この代表例が、豊田商事事件である。豊田商事事件とは、豊田商事が「金

349

の現物まがい商法」を展開したものである。具体的には、値上がり確実、無税、換金自由を「金の三大利点」と称し、金の有利性を強調して金地金の購入契約を締結させると同時に「持っていると盗難に遭うなどして危険」、「金を預ければ当社で運用して5年で15％の賃借料を支払う」と勧誘して、金の現物は渡さずに、「純金ファミリー証券」という紙切れと引き替えに金の購入代金を騙し取ったというものである。

　出資法は、不特定多数の者に対して、後日出資の払戻しとして出資金金額以上の金銭を払うという約束をして出資させてはいけないとしており（同法1条）、また、銀行業法等の法律の許可を得ないで預かり金業を行ってはならないとしている（出資法2条）。このことから、ほとんどの預託商法は出資法違反で刑事処罰の対象となることが多い。

　また、豊田商事事件後、資金を集めて目的物を買い、その預託を受けてその代わりに利益を供与するという取引を取り締まる法律として、特定商品等の預託等取引契約に関する法律（預託法）が制定された。預託等取引業者は、書面交付義務や不当勧誘行為の禁止などの行為規制を受けるとともに、また、預託者は書面受領日から14日間のクーリング・オフ権を有する（同法7条）。

　もっとも、磁気健康器具の預託商法が展開されたジャパンライフ事件のように、販売を伴う預託等取引では大規模な消費者被害が発生したことも少なくない。そこで、2021年の預託法改正によって、販売を伴う預託は原則として禁止されることになった。具体的には、販売預託の勧誘および契約の締結は、それぞれの段階で内閣総理大臣（消費者庁）の厳格な確認を受けない限り、禁止される（同法9条・14条）。確認を受けないで締結等した契約は無効となる（同法14条3項）。また、これまでは「特定商品」にのみ適用されていたが、これをすべての「商品」に適用されるよう改正されるとともに、施設の利用に関する権利だけではなく、物品の利用に関する権利、引渡請求権その他これに類する権利も適用対象となった。さらに、改正に伴い、法律名が「預託等取引に関する法律」に改められた。

　もちろん、特定商取引法に基づく不実告知等による取消しや、事業者が消費者から預かっているはずの商品を現実に有していないような場合には、民

法上の詐欺や不法行為にも該当しうる（特定商取引法及び預託法の制度の在り方に関する検討委員会「報告書」（2020年8月19日）。https://www.caa.go.jp/policies/policy/consumer_transaction/meeting_materials/assets/consumer_transaction_cms202_200819_03.pdf）。

⒂　原野商法

　原野商法とは、北海道などにおける無価値に近い山林原野を、巧みな手口でその数倍〜数百倍の高値で売りつけるものである（原野商法について、鳥谷部6頁以下）。

　かつて原野商法の被害に遭った消費者に対して、土地を高価格で売却できるといった虚偽の説明によって、土地の測量や広告をするサービスの契約や、新たな土地の購入契約をさせるという手口もみられる（原野商法の2次被害）。この場合にも従来の原野商法への対処と同様の法的対応がありうる。原野商法の2次被害事案における事業者の不法行為責任を認めた裁判例として、京都地判令和2年2月20日判時2468・2469号135頁がある（詳細は Unit 7 や Unit 15 を参照）。

⒃　振り込め詐欺

　1990年代の終わり頃から増えたオレオレ詐欺や、架空請求詐欺、還付金詐欺などを総称して「振り込め詐欺」と呼ぶことがある（詳細は、新井412頁以下）。これについては、2008年に、詐欺その他の人の財産を侵害する罪の犯罪行為であって、財産を得る方法として振り込みが利用されたものによる被害者に対し、被害回復分配金の支払手続等を定める振り込め詐欺救済法が施行された。

　具体的には、金融機関が犯罪行為に用いられた預貯金口座を凍結し、その後、預貯金債権の消滅手続が開始され、預金保険機構のウェブサイトでその旨が一定期間公告される。この間に口座名義人からの権利行使届出などがなければ預貯金債権は消滅する。その後、預金保険機構がウェブサイトにおいて支払手続開始の公告をし、被害者から支払申請を受け付ける。最終的には支払該当者を決定して、分配金の支払を行う（上田27頁。http://www.fsa.

go.jp/policy/kyuusai/index.html)。

その他に、SMSやメールなどで勧誘して、その中に記載されたリンクを踏ませることで金銭を請求するワンクリック詐欺もある（**Unit 24** を参照）。

⒄　霊感商法（開運商法）

運が開ける、購入しないと不幸になるといった言葉で勧誘し、ブレスレットなどの商品や占いなどを契約させる商法がその例であり、開運商法と呼ばれることもある。

霊感等によって不安を煽って契約をさせた場合には、一定の要件を満たせば消費者契約法4条3項8号による取消しの対象となりうる。

もっとも、霊感商法と呼ばれる事例には、以上のいわゆる開運商法の場合にとどまらず、対策の必要が指摘されているものとして、宗教団体による高額な献金・寄附の不当勧誘がある（沖野172頁以下。棚村409頁は、霊感商法等の高額な物品等の販売を行う場合と、宗教団体等が献金等を求める場合とを分類している）。これらについては、2022年8月に消費者庁に「霊感商法等の悪質商法への対策検討会」が設置され、同年10月には「報告書」が公表された。この報告書を受けてなされたのが、消費者契約法の改正（**Unit 5**）と、「法人等による寄附の不当な勧誘の防止等に関する法律」（寄附不当勧誘防止法）の成立である（**Unit 5**）（詳細は、宮下38頁のほか、特別号を参照）。

霊感商法や宗教団体による高額な献金・寄附の不当勧誘については、前述した寄附不当勧誘防止法による対処が期待されるが、暴利行為法理を柔軟に解釈することで（例えば、フランスの「従属状態の濫用」（民法典1143条）のように、一方当事者が相手方に従属・依存している状態に付け込んでの勧誘と言えないだろうか）、霊感商法・寄附の不当勧誘に基づく契約や単独行為を無効とすることも考えられよう（河上6頁以下、沖野184頁以下および194頁以下）。また、裁判例では、霊感商法や不安を煽っての過大な献金について、不法行為に基づく損害賠償を認める裁判例が一定数存在する。法律行為の無効や意思表示の取消しの規律ではカバーしきれない法律行為の相手方以外の主体に対する損害賠償請求や、子など他の被害者による損害賠償請求など、損害賠償規定を設けることに意味があろう（沖野197頁）。また、不法行為規定では、

宗教団体による組織的・計画的勧誘や、金銭の提供行為の目的・方法・結果の違法性を総合的に評価することが可能であり（棚村409頁）、実際にも社会的に相当とされる範囲を逸脱した違法な行為であると解して、実態に即した法的評価をする裁判例がある（棚村398頁以下を参照）。

　宗教法人の信者らによる元信者に対する献金の勧誘が不法行為にあたるかどうかが争われた事例で、原審（東京高判令和4年7月7日令和3年(ネ)2792号）が、「本件勧誘行為において献金をしないことによる具体的な害悪を告知したとは認められず、仮に本件勧誘行為の一部において害悪を告知したことがあったとしても、元信者が自由な意思決定を阻害されたとまでは認められない。また、本件献金が多額かつ頻回であることのみから、直ちに元信者がその資産や生活の状況に照らして過大な献金を行ったとも認められないとして、本件勧誘行為が社会通念上相当な範囲を逸脱するものとして違法であるとはいえない」旨判断したのに対して、最高裁は、寄附不当勧誘防止法3条1号、2号（配慮義務を定めた規定）を参照した上で、「献金勧誘行為については、これにより寄附者が献金をするか否かについて適切な判断をすることに支障が生ずるなどした事情の有無やその程度、献金により寄附者又はその配偶者等の生活の維持に支障が生ずるなどした事情の有無やその程度、その他献金の勧誘に関連する諸事情を総合的に考慮した結果、勧誘の在り方として社会通念上相当な範囲を逸脱すると認められる場合には、不法行為法上違法と評価されると解するのが相当である。そして、上記の判断に当たっては、勧誘に用いられた言辞や勧誘の態様のみならず、寄附者の属性、家庭環境、入信の経緯及びその後の宗教団体との関わり方、献金の経緯、目的、額及び原資、寄附者又はその配偶者等の資産や生活の状況等について、多角的な観点から検討することが求められるというべきである」との判断を示し、原審の判断に違法があるとした（最判令和6年7月11日令和4年(受)2281号裁判所HP）（以上のほか、寄附者の救済については *Unit 6* 参照）。

⒅ 定期購入トラブル

〈事例⑭〉

> Xは、Yが発売した新しい化粧品の広告をインターネットでみつけた。その広告には「サンプルは１袋100円の大特価」と書かれていたため、早速広告サイト経由でサンプルを申し込んだ。ところが、届いたサンプルに同封されていた書面には、「この化粧品を毎月１袋・半年間の定期購入する契約にお申し込みいただき、ありがとうございました。来月以降は１月あたり3000円となります」と書かれていた。定期購入をするつもりはなかったXはYに電話したところ、「１袋100円のサンプルは定期購入をすることを条件とした値段です。もし定期購入しないのであれば、今すぐ、15000円を支払ってください」といわれた。最初にみつけた広告をみると、たしかに定期購入をすることが条件であるということが、ものすごく小さな字で書かれていた。

　定期購入については、**Unit 12** で説明したように、特定商取引法の2016年および2021年改正によって、一定の対処が図られている。

⒆ レスキュー商法

　自宅のトイレが水詰まりを起こした、自宅にネズミなどの害獣が出たといった緊急時に、消費者がインターネットで修理業者や害獣・害虫駆除業者を探し出してその業者に来てもらって修理・駆除をした後で、インターネット広告に出ていた金額よりも高額な代金を請求されたというトラブルや、修理・駆除の内容が不十分だったといったトラブルが増加している。国民生活センターや消費生活相談センターが、この種のトラブルを「レスキュー商法」と呼んで、消費者に注意を促している（https://www.kokusen.go.jp/news/data/n-20240424_1.html、https://www.caa.go.jp/notice/assets/consumer_transaction_cms203_210831_02.pdf）。

　以上のようなトラブルは、消費者にとって緊急事態であるため、急いでインターネットで広告を探して見つかった業者に連絡をとることが多く、複数の業者のサービス内容や価格を比較する余裕がない。また、来訪した業者から広告に記載されていた価格よりも高額な価格を提示されても、トラブルを

解決したい一心で断れずにサービスを依頼してしまう。

　消費者の自宅という密室空間での契約締結・履行がなされているが、消費者から電話等で来訪を要請しているため、特定商取引法の「訪問販売」に該当しないこともありうる（特商法26条6項1号では、消費者の「請求」に応じて行うその住居における販売等が適用除外とされている）。しかし、特定商取引法の立案担当者によると、「消費者が台所の水漏れの修理を要請し、その修理のために販売業者等が来訪した際に、台所のリフォームを勧誘された場合」や、見積もりのみを目的として来訪要請したのにその場で修理等の契約を締結した場合には、消費者が来訪を要請した際の契約締結の意図の有無や内容と実際の内容とがかけ離れており、適用除外にあたらないとされている。さらに、「販売業者等が広告等で安価な価格のみを表示しており、これに基づいて消費者が訪問を依頼したところ、広告等での表示額と実際の請求額に相当の開きがあった場合」にも、消費者は広告等で表示されていた安価な価格で契約を締結する程度の意思しかなく、高額な価格での契約を締結する意思がなかったということから、適用除外にあたらないとされている（逐条解説特商法238頁）。

　この解釈に従えば、トラブルが多く報告されている価格の落差が大きい場面などでは、特定商取引法に基づくクーリング・オフが可能となる（もっとも、この種のトラブルでは、クーリング・オフ妨害がされるとの苦情も見られる）。

　この種のトラブルの問題点は、消費者が緊急事態で契約の内容や価格について他の業者と比較するなどして熟考できない点にある。その点で、いわゆる「合理的な判断ができない」状態につけ込まれて、消費者に不利な契約を締結させられる場面と共通する。海外では、相手方の「窮迫」状態につけ込む勧誘によって締結した契約の効果を否定する条文や判例法理も見られ（例えば、フランス民法典1143条の「従属状態の濫用」規定の基礎の1つとされている「窮迫状態の濫用」法理）、特定商取引法の訪問販売に該当するかどうかとは別に、また、該当しない場合をカバーするためにも、消費者が冷静な判断ができない状態や不安を感じている状況につけ込む場面をカバーする一般規定を消費者契約法等に設けることが必要である。

　自宅で発生した水回りのトラブルについて、被告が運営するウェブサイト

355

（水のトラブルに悩む消費者が同サイトに表示された価格を見て記載された電話番号に電話をかければ修理を依頼できるサイト）で修理業者を依頼した消費者が、被告らに対して、被告は、過大な工事代金の支払を受けることを目的として、明確な合意をしないままに修理工事を実施し、その後に消費者に工事請負契約を締結させて高額な代金を支払わせたと主張して、不法行為に基づく損害賠償を請求した事案（京都地判令和6年1月19日消費者法ニュース140号240頁）で、裁判所は、被告が、原告の自宅で発生している現象の原因やその原因を除去するために必要な作業内容や費用について十分な説明をせず、原告等と明確な合意をしないまま、契約締結前に工事の一部を実施することで、契約を締結しなければ実施した作業に対する費用を請求すると申し向けて原告等を勧誘し、原告等に、もはや契約を締結するしかないと思わせて、契約を締結するか否かを検討できないようにした勧誘行為は、不法行為上違法であるとの原告の主張を認めた。この場合には、消契法4条3項9号にも該当しうる。

2　悪質商法に対するルールのあり方

　消費者委員会（第7次）消費者法分野におけるルール形成の在り方等検討ワーキング・グループは、2023年8月に報告書「『破綻必至商法』を市場から排除して消費者被害を救済するために」（以下、本Unitにおいて「報告書」という）をとりまとめた（以下、報告書の内容や破綻必至商法の内容等につき、黒木4頁以下。また、「特集・破綻必至商法」に掲載された論文を参照）。同報告書によると、破綻必至商法とは、「高配当、高利益が得られるとうたって多数の消費者を誘引し、多額の出資をさせて、多数の消費者の被害回復が困難になっている事案」であり、具体的な要件としては、①事業（事業の実施のために必要な行為を含む）の実体がないにもかかわらず、②金銭の出資もしくは拠出または物品もしくは権利の提供をすれば事業の収益により一定期間経過後に金銭その他の経済的利益の配当等を行う旨を示して消費者を勧誘し、③多数の消費者に金銭出資をさせ、④そのため、新たな消費者を勧誘して金銭出資等をさせ、当該金銭出資等を原資として先行の出資者への配当等

を継続的に行わざるをえないスキームが挙げられている（報告書10頁以下）。具体例として、預託商法や、USBメモリを商材としてマルチ商法で行った預託商法が挙げられている。このうち一部は、前述した令和3年の預託法改正によって、原則禁止とされ、行政処分の権限が想定された。しかし、「行政が主導して」不当な収益を剥奪して被害者を救済する制度が実現されていないことや、破綻必至商法による新たな被害者を出さないための業務自体の停止を可能にする制度が求められている（報告書12頁以下）。さらに、行政庁による破産申立権を創設して被害回復を図ること（報告書14頁以下）や会社法の解散命令を活用することも提案されている（報告書20頁）。これらの方策の前提として、「破綻必至商法」を定義づけた上で、破綻必至商法を禁止することを明文化することも必要である。

　以上の報告書の背景には、消費者法分野におけるルール形成のあり方として、自主規制、民事ルール、行政規制の「ベストミックス」が重要であることを前提にしつつ、事業者の自主ルールを含む自主的取組や民事ルールでは対応できない悪質商法や不当な取引行為に対しては、行政による厳格な対応が必要であるという考え方がある（報告書1頁）。特に、一部の学説で「極悪層」と呼ばれる（中川178頁）、利益を得るために法令違反を全く意に介さない事業者に対しては、自主規制での対処はおよそ不可能に近いのはもちろん、行政規制、さらには違法収益の剥奪や罰金の強化による厳格な対処が求められる（ただし「極悪層」以外の事業者についても法的対応は必要であることは **Unit 1** で述べた）。

3　まとめ

　以上のようにさまざまな手口があるが、その多くが特定商取引法の訪問販売をはじめとする特定商取引類型にあたりうる。新たな手口（例えば定期購入契約）についても、同法で対応しているものが多い。同法が現下の問題となっている取引に対応する法律であるという性質によるものである。さらに、2016年、2018年の消費者契約法改正でも以上の類型のいくつかについては取消しが可能となった。

問題となっているものの多くは勧誘時の説明内容や強引な勧誘である。そうすると、特定商取引法はもちろん、消費者契約法や民法による契約の取消しが可能となる。一方で、契約締結過程よりはむしろ契約内容そのものに悪質さがある場合には公序良俗違反が問題となっている。ただし、ここでは契約内容だけでなく、その契約締結に至るプロセスの悪質さも合わせて考慮されている点に留意が必要である。例えば、デート商法に基づく売買契約が公序良俗違反とされるのは、もちろん高額な商品を買わせるという面もあるが、もっぱら恋愛感情を利用する点で社会的妥当性を欠くと評価されるからである。しかし、契約内容と契約締結過程を合わせて考慮しないと契約全体を違法なものと判断できないことになりかねず、このような場合に常に公序良俗違反が認められるかは疑問が残る。同法の公序良俗（暴利行為）よりもより緩やかに契約の無効を認める消費者公序規定の創設が提案されていたが、この規定の創設にあたっては同法の公序良俗論をふまえた綿密な要件設定が必要である（以上、**Unit 7**）。

　さらに、代金を支払わせるために消費者金融からお金を借りさせる手口も増えている。例えば、学生が年収等を偽らされて借金をすることがある。このような行為は特定商取引法で指示の対象となっている（同法7条1項5号および特商則18条）。

　最後になるが、悪質商法においては勧誘組織の構成員はもちろん、悪質商法に用いられた携帯電話の名義人など、多くの関与者がいる。これらの者に責任追及できるか否かは不法行為法の問題でもある（**Unit 15**）。特に直接の契約の相手方が行方不明になってしまう場合には、関与者への責任追及を行うしかない。ただし、関与者への責任追及も困難である場合が多く、悪質商法に対しては刑事罰や行政規制による対処も検討の余地があろう。

＊参考文献＊

本文中、**中田邦博**「判批」**百選**94頁、**鳥谷部**茂「不動産問題と消費者法——特に原野商法をめぐる問題点」現代消費者法44号（2019年）6頁、**新井剛**「振り込め詐欺救済法の意義と課題」廣瀬古稀411頁、**上田孝治**「振り込め詐欺救済法の活用

と実務上の留意点」現代消費者法22号（2014年）26頁、**沖野眞已**「立法対応—民事的救済—の方向について」消費者法研究13号（2022年）171頁、**棚村政行**「宗教に関連した悪質な勧誘行為と民事責任」後藤古稀409頁、**宮下修一**「霊感商法・寄附の不当勧誘と新たな法規制——消費者契約法の改正と寄附不当勧誘防止法の制定」法学セミナー820号（2023年）38頁、「**特別号　霊感商法・高額献金の被害救済**」消費者法研究13号（2022年）、**河上正二**「霊感商法・霊視商法の被害への対応について」消費者法研究13号（2023年）1頁、**黒木和彰**「破綻必至商法の実態と今後の課題」現代消費者法62号（2024年）4頁、「**特集・破綻必至商法の根絶をめざして**」現代消費者法62号（2024年）、**中川丈久**「日本における公的規制・民事裁判・自主規制」論究ジュリスト25号（2018年）176頁。

Unit 22

消費者法・各論②金融商品取引

　金融商品取引をめぐるトラブルの典型例は、確実に利益となる金融商品であると勧誘されて購入したら、実は大きなリスクが潜んだものであったために予期せぬ損害を被ったという事例である。

　金融商品取引では情報を開示さえすればどのような商品であっても販売してよく、投資家は自己の判断で金融商品を販売し、その結果を自分で負担するという自己責任の原則が採用されている（黒沼・投資家119頁）。しかし、消費者が投資をする際にはこの自己責任を求めるほどに自己の判断で金融商品を購入したといえるのかが問題となる。そうすると、その金融商品取引判断に必要な事実・リスクの有無がきちんと説明されたのか、そもそもその金融商品が消費者に適したものであったのかが問題となる。特に後者の点から、消費者の財産に危害を及ぼすような金融商品を販売すること自体、禁止されるべきではないかが問題となるのが、この分野の特徴である。

1　金融商品取引トラブルの概要

　1990年代初頭頃から、金融商品に関する訴訟が大量に提起された。その原因は、ワラント取引、変額保険取引、商品先物取引による大量被害事件の発生である。バブルが崩壊し、金利が低下したために、預金ではなく金融商品取引へと向かう投資家が増えたこともその背景にある。その一例が、変額保険トラブルである。変額保険とは、契約者から集めた保険料を株式等の有価証券に投資し、その運用実績に応じて受け取れる保険金や解約返戻金の金額が変動する生命保険である。これらの商品が株式運用も含み、証券市場の状況に左右されるので、当初の目論見どおりの運用実績が上がることは断定できず、かつ、比較的リスクが高い運用であることから、実際には、多くの保険会社で特別勘定の運用実績が悪化して、死亡保険金は最低保証の基本保険

360

額から増加せず、解約返戻金は払込保険料を下回るような状況となった。また、ワラント取引をめぐるトラブルも多発した。ワラント（新株引受権証券）とは、特定銘柄の株式の新株を一定価格で引き受ける権利を表章した証券であり、価格変動が激しい上にあらかじめ定められた権利行使期間（4年が多い）が経過すると価値がなくなる。証券会社はワラントのリスクを知らない顧客に対して、利益が出ることを強調して販売した場合もあった。しかし、その後、これらが無価値となったことで、証券会社を被告として訴訟が提起され、説明義務違反を理由に損害賠償を命じる判決が下された。ワラントでは商品自体の不当性を問題にすることが難しいことから、説明義務違反が中心的論点となっている（新注民(15)799頁以下〔後藤巻則〕）。

ほかに、問題となることが多いものとして、株式や投資信託もある。これら2つは、リスクが大きいことが比較的周知の事実であるため、リスクを説明すべき義務の違反のみならず、リスクの程度の説明義務や適合性原則違反などが問題となっている。

1998年の金融システム改革法による規制緩和以降、新たな種類の金融商品による被害が続出した。デリバティブ（派生商品。先物、先渡し、オプション、スワップなどの総称）を組み込んだ債券の登場が例として挙げられる。また、インターネットの普及によって株式のネット取引が普及したことも、被害拡大の原因となっている。そのほかに、ファンド型商品、未公開株、怪しい社債をめぐるトラブルもある（https://www.kokusen.go.jp/soudan_topics/data/fist.html）。

2　法的対応①民事ルール

以上の金融商品の問題に対して、まず、民法を中心とした民事ルールがどのように対応しうるかを説明する。

(1)　民　法

民法では不法行為（同法709条）が多用される。なぜなら、不法行為であれば違法性の認定を柔軟に行うことができたり、過失相殺の法理を用いた柔軟

な解決を図ることができ、会社が倒産した場合でも、実際に勧誘を担当した
セールスマン個人や取締役などの個人責任を追及できるからである（**Unit 15**
参照）。その際、多くの消費者取引で活用されている同法上の説明義務違反
と、金融商品トラブルでよく活用される法理である取引の適合性の原則や断
定的判断の提供がある（松岡152頁）。

（i）　説明義務違反

　一般の投資家（消費者）は取引対象の商品自体の性質、取引の仕組み、そ
して取引によるリスクについて十分な知識や経験を持っておらず、自分で適
正なリスク判断を行うことは困難な場合が多い。しかし、金融商品市場への
消費者の参加が自由に認められている以上、消費者である一般投資家に対し
て情報の開示を徹底することで、情報格差を是正し、市場参加者の自己決定
基盤を確保する必要がある（潮見・損害賠償7頁）。これらの情報格差に加え、
金融商品取引では、一般投資家が証券会社の提供する情報や助言に依存して
いる一方で、証券会社は一般投資家を取引に誘致することで利益を得ている
（黒沼561頁）。

　そこで、リスクある金融商品への投資を勧誘する場合、売主はその証券の
内容とリスクを説明する義務がある。この義務の程度は、その証券が新しい
ものであったりして一般に知られていないほど、またその金融商品のリスク
が大きいほど、強くなる。具体的に説明すべき内容としては、例えば変額保
険の場合、裁判例は数多く存在し、説明義務違反を肯定した裁判例では、変
額保険の特性、特に解約返戻金が元本割れしうるというリスクについて説明
すべきとされている（東京高判平成8年1月30日判時1580号111頁。上告審であ
る最判平成8年10月28日金法1469号51頁（インデックス39番）も高裁判決を是認。
これに対して、説明義務違反を否定したものとして、最判平成8年9月26日金法
1469号49頁）。また、ワラントの場合であれば、大阪地判平成6年9月14日
判タ875号171頁がいうように、値動きの激しいこと、権利行使期間が過ぎる
と無価値になることの2点を説明すべきとする裁判例が多い。その際、いず
れの裁判例においても、当該取引のリスクの程度に応じて取引の内容を説明
すること、および、顧客の属性、具体的には顧客の職業、年齢、投資に関す
る知識、経験、資力、投資目的などに応じた説明が要求されているというこ

とができる（このように判示した東京高判平成8年11月27日判時1587号72頁の判断枠組みが、その後の多くの下級審裁判例で定着したと言われている。桜井67頁以下）。さらに、金利スワップ取引に関する説明義務について、取引の基本的構造ないし原理が単純であることから、取引の基本的な仕組みや金利変動リスクの説明をすれば説明義務を尽くしたものということができるとした最判平成25年3月7日判時2185号64頁（インデックス44番）がある。

インターネット上での投資取引も盛んになっており、その際の説明の方法については、顧客が自由に閲覧することができるリスク説明の書面を交付した上で、これについて理解したかどうかを書面ないしウェブ上の入力で確認するという方法が考えられるが、顧客のリスク理解について疑わしい場合には電話や面談等で確認することが求められるだろう（大阪高判平成23年9月8日金法1937号124頁（インデックス43番）参照）。

金融商品取引における説明義務の根拠は、信義則が一般的である。また、後に述べるように、数多く存在する裁判例による説明義務論を立法化したのが金融商品販売法（現在の金融サービスの提供及び利用環境の整備等に関する法律）である。

なお、説明義務と類似するものとして、金融商品取引では「助言義務」が問題になることがある。助言義務（指導助言義務と呼ぶ見解もある）とは、相手方が求めている目的からみて、相手方の行動が有利であるかどうかにつき専門家としての評価をなし、相手方を適切な一定の行動に向かわせる義務である。生の情報を提供する説明義務より一段階進んだ義務であり、当事者間の信認関係ゆえに当事者間で協力することが求められることや、一方当事者の専門性を根拠にするものである（潮見・損害賠償7頁）。

(ii) **断定的判断の提供**

将来の運用実績について、合理的な根拠がないにもかかわらず、運用実績が期待できるような説明をすることは、不法行為にもあたりうる。

(iii) **適合性の原則**

金融サービスでは、取引が複雑、高度であり、かつリスクが高いことから、投資勧誘においては顧客の属性、知識、経験、財産および投資目的に照らし、適合する商品を勧誘すべきであり、これらに反する投資勧誘を行って

はならないという考え方がある。これが「適合性の原則」と呼ばれる考え方であり、現在では後に述べる金融商品取引法で法定されている、業法上のルールである。裁判例では、後述するように適合性の原則に違反する勧誘行為が一定の場合には不法行為法上の違法性を帯びることが認められている。

　適合性の原則の内容を詳しくみると、①その顧客にはいかに説明を尽くしても一定の金融商品の販売・勧誘は行ってはならないという原則（狭義の適合性原則）と、②投資勧誘を行う事業者は顧客の知識、経験、財産および投資目的（顧客の意向）に適合した投資勧誘や販売を行わなければならないという原則（広義の適合性原則）とがある。また、現在では民事ルールや、自主規制の発展を受けて適合性原則に広がりがみられ、①合理的根拠適合性＝商品適合性（商品自体に着目するもので、適合する顧客が想定でいない商品は販売してはならない。日本証券業協会投資勧誘規則で定められている）、②顧客適合性（上記の意味での適合性）、および、③量的適合性（リスクの過大性を問題とする）の３つに分けられると分析する見解（桜井105頁以下）もある。

　適合性の原則違反が不法行為になりうることが判示されたはじめての最高裁判例が、最判平成17年7月14日民集59巻6号1323頁（インデックス41番）である。この事案では、具体的な結論としては証券会社の不法行為責任を認めなかったが、「証券会社の担当者が、顧客の意向と実情に反して、明らかに過大な危険を伴う取引を積極的に勧誘するなど、適合性の原則から著しく逸脱した証券取引の勧誘をしてこれを行わせたときは、当該行為は不法行為法上も違法となる」として、一般論としては適合性の原則に著しく違反する場合には不法行為となることが示された。もっとも、本判決は適合性の原則が証券取引法（現在の金融商品取引法）上の業法ルールであることを前提とした上で、そのルールから「著しく逸脱した」場合には不法行為にあたるとしており、適合性の原則をただちに私法上のルールと判断しているわけではない（潮見・百選〔初版〕133頁）。その上で、適合性の原則から著しく逸脱した勧誘として、「顧客の意向と実情に反して、明らかに過大な危険を伴う取引を積極的に勧誘する」場面を挙げ、具体的な判断方法として、単にオプションの売り取引という取引類型における一般的抽象的なリスクのみを考慮するのではなく、「当該オプションの基礎商品が何か、当該オプションは上

場商品とされているかどうかなどの具体的な商品特性を踏まえて、これとの相関関係において、顧客の投資経験、証券取引の知識、投資意向、財産状態等の諸要素を総合的に考慮する必要がある」ことを示している。その後の判決は、基本的にこの考え方を踏襲して適合性の原則から著しく逸脱した勧誘行為であることを理由とする不法行為責任の有無を判断している（大阪高判令和2年1月31日消費者法ニュース123号278頁）。

　適合性の原則においては、当該投資者が、およそその取引を行う適性を欠き、取引市場から排除されるべき者であったかどうかという観点が重視されることもあるものの（東京高判平成19年5月30日金判1287号37頁の原判決（インデックス42番））、それだけではなく顧客の投資目的や財産目的といった事情が総合考慮される点に注意が必要である（石戸谷82頁・84頁参照。そのことから、適合性の原則を金融取引以外の場面に拡大できるかについては、慎重に判断せざるをえない。*Unit 6*）。学説では、適合性の原則を自己責任が妥当する自由競争市場での取引耐性のない顧客を市場から排除するルールであるととらえる説がある一方で（潮見・現代化119頁以下、潮見・損害賠償7頁）、この側面を重視することは顧客の投資目的と不適合な商品の勧誘の禁止を軽視することになり妥当でないとする見解がある（黒沼555頁）。適合性の原則を、投資不適格者の「排除」ではなく、「支援」として個々の顧客の財産状態や投資経験、知識および投資目的に応じて適合性の有する投資取引の勧誘を要求することですべての投資者を保護範囲に入れられるとする見解もある（王369頁）。このように、学説の見解が多様であることにも、適合性の原則が単なる取引耐性に着目した投資家保護の側面だけではなく、投資目的、財産状態とも総合的に判断されるべきであることが現れている。また、実際の裁判例では適合性の原則違反を直接の理由として損害賠償を認めたものは少なく、断定的判断の提供などと組み合わせて不法行為責任が肯定されることも少なくない（新注民(15)805頁〔後藤〕。大阪高判平成20年6月3日金判1300号45頁（鳥谷部136頁））。適合性の原則と説明義務の関係については、説明義務違反を判断する要素として適合性の原則違反が考慮されるのか、両者を一体とみるのか、それともまったく別個の原理とみるのかといった、さまざまなとらえ方がありうる（鳥谷部137頁）。

(2) 金融サービスの提供及び利用環境の整備等に関する法律

　金融サービスの提供及び利用環境の整備等に関する法律は、金融商品販売等の際の説明義務等と金融商品販売業者等の勧誘方針策定公表義務の2つを規定し、説明義務違反につき、金融商品販売業者等の損害賠償責任を定めることで、金融商品販売等の顧客を保護することを目的とし、2001年4月に施行された。もともとは金融商品販売法という名称の法律である（その後2度の名称変更を経て、2024年4月から現在の法律名になった）。

　金融サービスの提供及び利用環境の整備等に関する法律は、「金融商品の販売」を対象としており（同法3条）、さまざまな金融商品を広く網羅している。具体的には、預貯金、信託、保険、および、有価証券等を限定列挙して適用対象とし、今後登場する新しい商品を適用対象にするかどうかは政令で定めることにしている（ただし、国内商品先物取引等は対象から外れている）。その上で、金融商品の販売等に際し、「重要事項」の説明を義務づけ（同法4条1項）、その違反を損害賠償責任と結びつけている（同法6条）。

　ここでの「重要事項」とは以下のようなものである。

① 　元本欠損のおそれがあるときは、その旨とその要因（市場リスク、信用リスクの具体的内容）、元本欠損が生ずるおそれを生じさせる当該金融商品の販売に係る取引の仕組みのうちの重要な部分（構造リスク）

② 　当初元本（＝保証金または証拠金）を上回る損失発生のおそれがあるときは、その旨とその要因（市場リスク、信用リスクの具体的内容）、元本欠損が生ずるおそれを生じさせる当該金融商品の販売に係る取引の仕組みのうちの重要な部分（構造リスク）

③ 　期間（権利行使期間、解除期間）制限があるときは、その旨（時間リスク）

　「元本欠損が生じるおそれ」とは、顧客が支払う金額の合計額が顧客の取得する金額の合計額を上回ることになるおそれがあるということである（金融サービス4条3項）。また、「当初元本を上回る損失が生ずるおそれ」とは、当該金融商品の販売について金利等の指標の変動等で損失が生ずるおそれがある場合における当該損失の額が当該金融商品の販売が行われることにより顧客が支払うべき委託証拠金その他の保証金の額を上回ることとなるおそれ

のことである（同条4項）。「金融商品の販売に係る取引の仕組み」は、同条5項に具体的に定義されている。

これらの説明は、「顧客の知識、経験、財産の状況及び当該金融商品の販売に係る契約を締結する目的に照らして、当該顧客に理解されるために必要な方法及び程度によるものでなければならない」（金融サービス4条2項）。説明義務を尽くしたかどうかを判断するにあたっての解釈基準として、適合性の原則の考え方を採り入れたものであると理解されており（黒沼566頁）、また、一般不法行為法に基づく裁判実務を金融サービスの提供及び利用環境の整備等に関する法律にフィードバックしたものであると指摘されている（角田152頁）。また、説明義務を負う者は、金融商品の取次ぎ・媒介・代理を行う者も含むとされ（同法3条2項・3項）、1つの金融商品を複数の販売業者等が販売する場合には1つの業者が説明すれば足りるとされている（同法4条6項）。ただし、①顧客がいわゆる特定顧客として政令で定める者である場合、または、②顧客が説明を要しない旨の意思の表明をした場合には説明義務はない（同条7項）。

金融サービスの提供及び利用環境の整備等に関する法律に基づく説明義務と、従来の民法に基づく説明義務とは併存する。

また、金融サービスの提供及び利用環境の整備等に関する法律は同法5条で不確実な事項について断定的判断の提供等を禁止し、その違反を損害賠償責任と結びつけている（同法6条）。同法4条違反（説明義務違反）、同法5条違反（断定的判断の提供違反）による損害賠償義務が発生する場合においては、損害額（支出額−受取額＝損害額）が推定される。具体的には、「元本欠損額」をもって顧客に生じた損害額と推定する（同法7条1項）。「元本欠損額」とは、販売時に顧客が支払ったおよび支払うべき金額から、購入した金融商品の販売により取得しおよび取得すべき額を差し引いた残額とされており（同条2項）、裁判実務で認められてきた原状回復的賠償を明文化したものである（角田152頁）。ただし、この点以外については民法の規定が適用されるので（金融サービス8条）、例えば過失相殺や時効については民法709条による場合と同様である。

そのほかに、適合性に関する事項、勧誘方法その他勧誘の適正の確保に関

する事項に関し、勧誘方針を定めて公表することを個々の金融商品販売業者等に義務づけている（金融サービス9条以下）。

2023年11月の法改正により、金融サービスの提供を行う者は、同法新2条2項各号に掲げる業務またはこれに付随もしくは関連する業務であって、顧客等の保護を確保することが必要と認められるものとして政令で定めるものを行うときは、顧客等の最善の利益を勘案しつつ、顧客等に対して誠実かつ公正にその業務を遂行しなければならない旨（誠実公正義務）を定める規定が追加された（同条1項。2024年改正の詳細は、「投資取引と消費者」のうち、黒沼・評価と今川を特に参照）。また、金融リテラシーの向上のための金融経済教育の機会提供に向けて、同法第5章で、金融経済教育推進機構の目的、組織、設立手続、業務、および監督に関する規定が導入された。もっとも、金融経済教育推進機構については、消費者教育としてというよりは、資産形成のための金融リテラシーの向上が中心になってはいないか、疑問が残る（黒沼・評価10頁、日本弁護士連合会「金融経済教育の理念に沿った金融経済教育推進機構の組織及び運営体制の構築を求める意見書」（2023年12月15日）も参照）。

この法律の特徴として、以下の点を挙げることができる。

第1に、ほとんどの金融商品に適用がある。

第2に、故意・過失の有無を問わない無過失責任である。また、勧誘にあたった金融商品販売業者の社員や外務員など、実際の行為者の不法行為を媒介としないで、金融商品販売業者に直接損害賠償責任が認められる点で、販売業者の直接責任であるとされている。

金融サービスの提供及び利用環境の整備等に関する法律に関する裁判例として、東京地判平成15年4月9日判時1846号76頁や、大阪地判平成22年10月28日判タ1349号157頁がある。

(3) 消費者契約法

すでに *Unit 5* で説明した消費者契約法も金融商品取引において適用されうる。特に、不実告知、不利益事実不告知、断定的判断提供を定めた同法4条が問題となりうる。

3 法的対応②業法

(1) 金融商品取引法

　金融商品取引の多くに適用される法律として重要なものとして、2006年6月に証券取引法を改正して作られた法律である金融商品取引法がある。同法は有価証券とデリバティブを適用対象としており、具体的には、銀行、保険および商品先物取引を除いた主な金融サービス関連の法律が統合された業法である。情報開示制度、不公正取引といった金融市場の規律のほか、金融取引業者の行為規制も設けられている。しかし、行政規制だけではなく、明文化されているか否かにかかわらない私法効果（損害賠償や、業法違反を理由とする損害賠償や無効の余地）、さらには刑事罰の組み合わせによる規制手法がとられている（黒沼4頁以下）。同法の目的規定には「投資者の保護」という言葉も存在しているが、同法は証券市場の健全化およびその発展の見地から、自己の投資判断を誤ったことによる損失は自己責任である、という自己責任原則を貫くとともに、この原則を成立させる前提として投資勧誘にあたって商品の内容やリスクに関する情報提供を義務づけ、この義務が果たされなかったことによって投資者に損失が生じた場合には填補されなければならないというバランスの上に成り立っている。すなわち、市場の健全化と投資者保護は相関関係にある（黒沼18頁以下、松尾4頁以下にあるように目的規定の読み方については諸説あるが、ここでは省略する）。投資者保護に関連して、重要な行為規制を金融取引業者に課している。その中には、投資勧誘に関する行為規制もあり、具体的には広告規制（同法37条）、適合性の原則（同法40条）、不招請勧誘の禁止（同法38条4号）等の禁止行為規定、クーリング・オフ規定がある。ここでは、このうち前述した民事ルールと関連の深い部分のみ説明する。

(i) 適合性の原則

　金商法40条では、適合性の原則が規定されている。具体的には、「金融商品取引行為について、顧客の知識、経験、財産の状況及び金融商品取引契約を締結する目的に照らして不適当と認められる勧誘を行って投資者の保護に

欠けることとなつており、又は欠けることとなるおそれがあること」のない
ように、業務を行わなければならない（同条1号）。適合性の原則違反の有
無は、業者が知ることができたであろう顧客の属性に照らして判断すべきで
あるとされている（黒沼556頁）。適合性の原則に違反すると行政処分が課さ
れる（同法52条1項7号）。

(ii) **書面交付義務**

金商法37条の3第1項では、金融商品取引業者等の、金融商品取引契約締
結前の顧客に対する書面交付義務を定めている。金融サービスの提供及び利
用環境の整備等に関する法律の説明義務が民事ルールである一方、金商法
は、業法ルールとして違反の有無を容易にするために、書面交付義務という
形で説明義務を課したものとみられている（黒沼568頁）。また、金融サービ
スの提供及び利用環境の整備等に関する法律の説明義務と同等のものとする
ために、金融商品取引業者等が金商法37条の3第1項3号から7号までに掲
げる事項について、顧客の知識、経験、財産の状況および金融商品取引契約
を締結する目的に照らして当該顧客に理解されるために必要な方法および程
度による説明をすることなく、金融商品取引契約を締結する行為が禁止され
ている（同法38条9号、金融商品取引業等に関する内閣府令117条）。

2023年の金融商品取引法改正により、以上の書面交付義務等は、電磁的方
法を含む情報提供義務へと改められた（同法37条の3・37条の4）。

(iii) **禁止行為**

金商法38条各号では、不実告知（同条1号）、断定的判断の提供（同条2
号）、不招請勧誘の禁止（同条4号）、再勧誘の禁止（同条6号）、迷惑勧誘の
禁止（同条9号、金融商品取引業に関する内閣府令117条）などが禁止されてい
る。また、2023年の同法改正で、契約締結前の情報提供において、顧客の知
識、経験、財産の状況および当該金融商品取引契約を締結しようとする目的
に照らして、当該顧客に理解されるために必要な方法および程度による説明
をすることなく金融商品取引契約を締結する行為が禁止行為とされた。これ
らの違反は行政処分の対象となるのみであるが、民法の不法行為となりうる
ことは前述したとおりである。

この中でも、ここでは金商法38条4号の「不招請勧誘の禁止」規定を取り

上げる。不招請勧誘の禁止ルールとは、契約締結勧誘の要請をしていない顧客に対して勧誘をしてはならないというルールである。このルールについては、特定商取引法の「訪問購入」部分にも明文化されており、そもそも契約締結勧誘の要請をしていない顧客に対して勧誘すること自体を禁止するものである（**Unit 12**）。金商法では、投資者保護のため特に必要なものとして政令で定めるものに限って、不招請勧誘が禁止されている（同法38条4号。金利・通貨等の店頭デリバティブ取引が指定されている）。

(iv) 民事効の付与

2011年の金商法改正により、金融庁への無登録業者が未公開株等の売りつけを行った場合には、その売買契約は無効となるという規定が設けられた。ただし、無登録業者が、売りつけ等が当該顧客の知識、経験、財産の状況および契約を締結する目的に照らして顧客の保護に欠けるものでないことまたは売りつけ等が不当な利得行為に該当しないことを証明したときは、この限りではない（同法171条の2第1項）。このような契約は公序良俗違反である蓋然性が高いことから、原則として無効であることを明文化したのである（桜井ほか253頁）。

(2) 商品先物取引法

金商法が適用されない商品先物取引については、商品先物取引法（2011年までは商品取引所法）が適用される。金商法同様、断定的判断の提供、不招請勧誘の禁止、説明義務違反などに関する行為規制が設けられている。ここでは、不招請勧誘禁止が定められている点が特徴的であり（商取214条9号）、適合性原則の遵守だけでは対応できない事態をふまえて導入された規定である（河上・挑戦223頁も参照）。

(3) その他の業法

金融商品取引に関連する業法として、銀行法、保険業法、信託業法などがあるが、それらの業法においても説明義務や禁止行為が定められていることが多い。

4 まとめ

　金融商品取引トラブルとそれをめぐる裁判例をみると、これまでにみてきた消費者取引一般同様、契約締結時に十分な情報が与えられたか否かが問題とされている。特に金融商品取引では、得られる利益が強調される一方、元本割れなどのリスクについては十分に説明されないことが問題とされる。具体的にどのようなリスクを説明すべきだったかについては金融商品の種類によって異なっている。

　しかし、金融商品取引トラブルの特徴として、事業者に単に説明義務が課されるにとどまらず、当該顧客の当該金融商品取引への適性自体が問題とされることが多い点を挙げることができる。それを問う法理が適合性の原則である。とりわけ、最近では金融商品の取引が限られた富裕層や投資家だけのものではなく、一般消費者へと広がっていることから、適合性の原則の民事上の役割についても期待の声が大きい。特に高齢者が老後の蓄えとして退職金を元手に投資を行うが、実際には大幅な損失が出て財産を失う、また、1度被害者となった高齢者が再び勧誘されるということも多いことから、そもそも高齢者の投資目的や属性に合わない商品を勧誘してはならないのではないかという考え方が、適合性の原則から導かれることもある。適合性の原則の考え方は、投資商品自体を禁止することは、説明すれば商品を売ってよいという投資家保護よりもさらに消費者保護ルールに一歩進んだものといえる（黒沼・投資家119頁）。これによって、説明義務にとどまらない方法で、投資家となる消費者の自己責任原則を妥当させるための環境整備に資することにつながっている（角田147頁も参照）。

　もっとも、適合性の原則がそうであるように、金融商品に関するルールの中には業法で定められているものもある。そうすると、その違反は行政処分や刑事罰が科されるのみであり、民事上の効果が直接定められているわけではない。この問題は以前に取り上げた「取締法規違反行為の私法上の効力」論と関連する問題であるが（ **Unit 7** ）、金融商品取引関連の裁判例で業法ルールを民事上も要求されるルールとしてとらえる際に用いられるのが不法行為

法である。金商法等の業法や自主ルールの違反が不法行為の違法性を基礎づけることを肯定した判決は少なくなく、その際には投資者たる消費者の知識・経験不足やそれらを利用した勧誘の存在などが考慮されている（例えば、大阪高判平成 3 年 9 月24日判時1411号79頁（インデックス38番））。さらに、適合性の原則など、金融商品取引特有のルールを消費者取引一般へ妥当させる可能性についても議論がなされている（*Unit 6* も参照。また、大澤）。

　また、金融商品取引における説明義務違反や適合性の原則違反を理由に不法行為を認める判決では、投資者たる消費者の過失を理由に過失相殺がなされることが多い。しかし、これらの判決で顧客の当該金融商品への適合性が認められないのであれば、過失相殺によって損失を当該顧客に負担させることが矛盾とならないのか、疑問が残る（松岡153頁）。適合性の原則違反による不法行為が成立する場合には、そもそも当該顧客に当該金融商品を勧誘してはならなかった場面であり、勧誘が行われなければ顧客が説明をたやすく信じることもなかったといえる以上、これを理由に過失相殺を行うのは適切ではない。そのことから顧客が勧誘を受けた金融商品が自己に適合しないことに気づきながら取引を継続したという場合でない限り、過失相殺の対象とはならない（黒沼557頁）。また、民事責任を判断する上では、顧客と証券会社の信頼関係を判断要素として取り上げるべきとする見解によれば、顧客が業者との正当な信頼関係に基づき投資取引の適合性に関する判断を任せたことには過失があるとはいえない（王382頁）。

　他方で、金融サービスの提供及び利用環境の整備等に関する法律や金商法で保護を受ける者は必ずしも「消費者」には限られず、金融商品販売業者の相手方であれば法人等の一般事業者も含まれる。関連して、「消費者」と「投資家」の関係が問題となる。投資で生計を立てている者は「消費者」にあたるといえないが、最近では、投資経験が乏しい消費者が投資をしていることも少なくない。この場合に、消費者としての保護を受ける必要がない「プロの投資家」と判断することには慎重になるべきであろう。

373

＊参考文献＊

本文中、黒沼悦郎「投資家保護と消費者保護」百選119頁、松岡久和「判批」百選152頁、潮見佳男「適合性の原則に対する違反を理由とする損害賠償」現代民事判例研究会編『民事判例Ⅴ2012年前期』（日本評論社、2012年）7頁、黒沼悦郎『金融商品取引法〔第2版〕』（有斐閣、2020年）、桜井健夫「説明義務と適合性原則の系譜」現代法学45号（2023年）61頁、潮見佳男「判批」百選〔初版〕132頁、石戸谷豊「判批」インデックス82頁・84頁、潮見佳男「投資取引と民法理論」同『契約法理の現代化』（有斐閣、2004年）40頁、王冷然『適合性原則と私法秩序』（信山社、2010年）、鳥谷部茂「判批」百選136頁、角田美穂子「取引における自己決定権の法的保護」現代不法行為法研究会編『不法行為法の立法的課題』別冊NBL155号（2015年）145頁、「特集　投資取引と消費者」現代消費者法63号（2024年）、黒沼悦郎「近年の金融商品取引法・金融サービス提供法改正とその評価」現代消費者法63号（2024年）4頁、今川嘉文「顧客等の最善利益義務を内包する誠実公正義務として求められるもの」現代消費者法63号（2024年）12頁、松尾直彦『金融商品取引法〔第7版〕』（商事法務、2023年）、桜井健夫ほか『新・金融商品取引法ハンドブック〔第4版〕』（日本評論社、2018年）、大澤彩「消費者の『脆弱性』をめぐる立法論的課題・序論――『適合性原則』から『濫用』へ」柳明昌編『金融商品取引法の新潮流』（法政大学出版局、2016年）89頁。

本文に掲げたもののほか、潮見佳男「取引的不法行為」争点281頁、清水俊彦『投資勧誘と不法行為』（判例タイムズ社、1999年）。

Unit 23

消費者法・各論③建築・住宅

　本Unitでは、建築・住宅に関して消費者が直面しうる問題のうち、欠陥住宅問題を取り上げる（本書では紙幅の都合で取り上げられないが、賃貸借やマンション、有料老人ホームをめぐるトラブルもある。特集・不動産取引がこれらの問題を本格的に扱っている）。

　建築・住宅をめぐる問題は昔から存在したが、住宅の安全性や品質に対する関心が急速に高まったのは1995年の阪神淡路大震災である。住宅の倒壊が相次いだことから、住宅・マンションの耐久性・安全性に関心が寄せられるようになった。一方で、環境問題とも関連して、化学建材による健康障害（いわゆる「シックハウス症候群」）も問題とされるようになった。さらに、2005年から2006年にかけて、住宅リフォーム詐欺問題、耐震偽装問題が相次いで社会問題となる。

　これらの建築・住宅問題は、次のような点で特殊かつ重要な問題である（日弁連379頁以下も参照）。

　第1に、住宅は私たちの生存に欠かすことができないものであり（「衣食住」）、またその取引金額も高額である（「高い買い物」）。そのため、いったん欠陥住宅被害が生じると、消費者が受ける金銭的・物理的、さらには精神的ダメージが大きい。

　第2に、建築・住宅にはさまざまな主体が関与している。まず、建築の場合であれば、建築業者、その下にいる請負人のみならず、設計・工事監理を行う建築士が挙げられる。また、建売住宅であれば、売主、宅建業者の役割も重要である。法的問題を検討するにあたっては、これら多様な主体の関係を整理して考える必要がある。

　第3に、専門性が強く、裁判においても立証等が難しい。

1 欠陥住宅をめぐる法的問題──民法による解決

(1) 前提──法的関係の整理

住宅建築にはさまざまな法的主体が存在し、それゆえに、さまざまな法的関係が存在する点を挙げることができる。具体的には、次のとおりである。

まず、建築業者について。ここでは、もっぱら直接建物を建てた者である「建築業者」を念頭に置く。

次に、例えばマンション販売や建売住宅のように売主が「注文者」である場合と、個人が持ち家を建ててもらう場合の「注文者」がある。

以上の者の間で、いかなる関係が生じるかをまとめると次のようになる。

① 建築業者が注文者に対して負う責任

② 建物の売主が買主に対して負う責任

建売住宅やマンションの場合に問題となる。建物の売主と、建築業者が別であることによる。

③ 建築業者が建物の買主に対して負う責任

建築では、建築業者のほかに④設計・工事監理者の責任も問題になる。注文者や買主が建築業者のみならず設計・工事監理を行う建築士の責任をも追及するという場面である。ただ、これらの者については注文者や買主とは直接契約関係にあるわけではないので不法行為責任が問題となる。

(2) 契約不適合責任

買った家に欠陥があった（②）、建築してもらった家に欠陥があった（①）という場合に、民法の規定でまず問題となるのは、契約不適合責任である（2020年の同法改正法施行前は、売買・請負契約の瑕疵担保責任と呼ばれていた。*Unit 16* の*Column*を参照）。なお、例えば耐震性や住宅の性能について売主の不実告知等があった場合に、当該不動産売買契約が「消費者契約」（消契2条3項）にあたれば、売主による性能等について不実告知（消契4条1項1号）や不利益事実の不告知（同条2項）を主張できるほか、錯誤等による売買契約の意思表示の取消しもありうるだろう（松本・消費者被害376頁が、こ

の点を検討している）。

　売買目的物の種類や品質が「契約の内容に適合しないものであるとき」
は、買主は売主に対して、目的物の修補、代替物の引渡しまたは不足分の引
渡しによる履行の追完を請求できるほか（民562条）、代金減額請求（同法563
条）、さらには、同法の債務不履行の規定に基づく損害賠償請求および解除
権の行使ができる（同法564条。*Unit 16*）。

　その一方で、請負契約の仕事の目的物に契約不適合がある場合には、売買
契約上の契約不適合責任に関する規定が準用される（民559条。ただし、請負
に特有の規定である同法636条・637条に注意）。その結果、仕事の目的物が契約
の内容に適合しない場合には、注文者は請負人に対して目的物の修補等によ
る履行の追完を請求でき、この場合において注文者が請負人に対して相当の
期間を定めて履行の追完の催告をし、その期間内に履行の追完がないときに
は、注文者は代金減額を請求することができる。また、債務不履行による損
害賠償（修補に代えて、または、修補とともに請求できる。同法564条が同法559
条により請負に準用されるため）や契約の解除の一般的な規定も適用される。
その結果、無催告で解除をする場合には契約目的を達成することができない
ことが要件となり（同法542条1項3号～5号）、催告解除をする場合には履行
の追完の催告から相当期間が経過した時において、契約の内容と適合せず、
かつ、その程度が軽微でないことが要件となる（同法541条。以上、筒井＝村
松編著342頁以下）。注文者がその不適合を知った時から1年以内にその旨を
請負人に通知しないときは、契約不適合責任に基づく救済を得られない（同
法637条1項）。請負契約に準用された場合の規律の具体的な内容は請負の性
質をふまえた個別の解釈論に委ねられている（この点につき、詳解改正民法
497頁以下〔笠井修〕も参照）。

　以下では契約不適合責任を追及する際に問題になる点を2点指摘する。こ
れらは過去に（民法改正前の）瑕疵担保責任をめぐる最高裁判例で問題とさ
れたものである。

　　（i）「欠陥」

　欠陥とは、取得した住宅が、契約内容に適合していないことや、契約内容
どおりの性能ないし品質を欠いていることとされている。

最判平成15年10月10日判時1840号18頁は、阪神淡路大震災直後に本件建物の安全性を心配した注文者が、本件請負契約を締結するに際し、耐震性を高めるため、当初の設計内容を変更し、その断面の寸法300×300㎜のより太い鉄骨を使用することを特に求めた以上、この約定に違反して構造計算上安全であることを理由にこれよりも細い鉄骨を使用した業者の工事には（2020年の民法改正法施行前にいう）瑕疵があると主張した。業者は、「設計図とは違うが、構造計算では安全なので問題ない」と主張したが、判決は契約で定められた鉄骨の太さとは異なることを理由に、瑕疵を認めた。

　つまり、建築基準法などの建築基準に違反していないなど客観的に安全性に問題がなくても、特約で特別の品質の材料による建築を約束しておりその違反が認められる場合には、「瑕疵」があり、瑕疵担保責任を負うとした。瑕疵に関する主観説に沿った判決である。仮に特約がなくても、当該建物が建築基準法等の基準を満たし、基本的安全性瑕疵のないものであることを契約内容とすることが要請されてよく（石橋38頁）、そのように見れば、客観的瑕疵概念でも主観的瑕疵概念でも同様に考えることができよう。

　ほかに、シックハウスが「瑕疵」にあたるとされた事案として、マンションの売主の瑕疵担保責任を肯定した裁判例（東京地判平成17年12月5日判時1914号107頁）や、売主の不法行為責任を肯定した裁判例がある（東京地判平成21年10月1日消費者法ニュース82号267頁。裁判例について、松本・判批77頁以下）。シックハウスについては、2003年に施行された改正建築基準法28条の2により、居室を有する建築物は、その居室内において、化学物資の発散による衛生上の支障がないように、建築材料および換気設備について技術的基準に適合するものとしなければならないこととした。そのことから、住宅がこの基準を満たさないと、瑕疵があるということになる（ほかにシックハウスに関する事例として、東京地判平成22年5月27日判タ1340号177頁がある）。

　改正民法では「瑕疵」という文言が削除され、「契約不適合」という概念が導入された。この概念は、前述した契約違反を「瑕疵」ととらえる主観説と親和的であるが、シックハウスの裁判例からもわかるように、建築基準法等の法規や基準への不適合も「契約不適合」と判断されうる。実際、法令違反など客観的な判断要素によって瑕疵を肯定したものが多い（永岩・消費者

保護34頁以下）。要するに、客観的瑕疵概念までは排除されていないのではないか（松本・建築瑕疵責任153頁以下）。

(ii) 修補・建替費用の賠償

改正前の民法では、請負契約の目的物が建物である場合、目的物の瑕疵を理由とする注文者の解除権は認められていなかった（旧同法635条）。そのことから、契約が解除されたのと実質的に同じ意味を持つ建替費用相当額の支払を命じることができるかが問題になった。

最判平成14年9月24日判時1801号77頁は、建物の建築請負契約の目的物である建物に重大な瑕疵があるために建物を建て替えざるをえない場合には、注文者は請負人に対し建物の建替えに要する費用相当額の損害賠償請求をすることができ、このことは民法旧635条ただし書の趣旨に反しないとした。なお、この判決が存在することもあり、同法改正によって同条ただし書は削除された。

もっとも、建替費用の請求の際に、居住利益の損益相殺が認められるがどうかが問題となる。これについて、最判平成22年6月17日民集64巻4号1197頁は、「当該瑕疵が構造耐力上の安全性にかかわるものであるため建物が倒壊する具体的なおそれがあるなど、社会通念上、建物自体が社会経済的な価値を有しないと評価すべきものであるときには」居住利益、および「……本件建物を建て替えることによって、当初から瑕疵のない建物の引渡しを受けていた場合に比べて結果的に耐用年数の伸張した新築建物を取得する」ことになる利益の相殺はできないとしている。この判示によれば、「社会経済的な価値」を完全に失うとはいえない程度の「瑕疵」に伴う建替費用の請求の際には、居住利益等が損益相殺されることになりそうにも読めるが、これらの損益相殺を認めると、買主は一部分は自らの負担をもって建替えをしなければならず、危険な建物の建替えが事実上抑制されることになりかねないとして、損益相殺を否定すべきとの見解があるが、妥当であろう（松本・民事責任209頁。同判決の分析及び学説について、根本109頁も参照）。

改正民法では同法412条の2に基づいて修補請求権の限界が画されることになろう（詳解改正民法497頁〔笠井〕）。その結果、修補に可分の費用を要するときには、修補は取引上の社会通念に照らして不能であると扱われ、請負

人に修補を請求することや、過大な費用相当額を損害として賠償請求することはできない（筒井＝村松編著341頁）。他方で、建替費用賠償が認められるのは、建替えによらなければ瑕疵除去が物理的に不可能という場合に限られるかについても議論はあるが、部分的な補修よりも建替えの方が経済的合理性を有する場合には、請負人に過度な負担を課すものでない限り、建替費用相当額の賠償額が認められてよいのではないか（永岩・百選169頁）。

(3) 不法行為責任

特に、建築士など、建物の買主や注文者とは直接契約関係に立たない者の責任を追及する際には不法行為責任が問題となることが多い。

(i) 建築関連法令と不法行為責任

注文者は建築業者の不法行為責任を追及することができるが、その際、建築業者には後に述べるように建築基準法や建設業法等に従って、法令が定める基準を満たす建物を建築する義務があると考えられるから、これらの法令に違反した住宅を建築した場合には、私法上も不法行為を構成すると判断される可能性がある。

これらの法令としては、以下のものがある。

(a) 建築基準法

建築基準法1条にあるように、「建築物の敷地、構造、設備及び用途に関する最低の基準を定めて、国民の生命、健康及び財産の保護を図り、もつて公共の福祉の増進に資することを目的とする」法律である。具体的には、建築物の敷地、構造および建築設備に関する具体的な基準が定められている（同法19条以下）。これらの規定のうち、建物そのものの安全性に関する規定が、欠陥の認定において参考にされることがある（建築基準法令等に違反する場合や、そのような違反がなくても当該建物が客観的にみて通常有すべき最低限度の性能を備えていない場合には、目的物について、契約で定められた内容をみたさず、使用価値もしくは交換価値を減少させるような欠点があるものとして瑕疵があるとした、仙台地判平成23年1月13日判時2112号75頁など）。

ほかにも、後に述べるように一定の規模以上の建築物については、建築士による設計監理によらなければならないことや（建基5条の6）、建築確認を

受けなければならないこと（同法 6 条）が定められている。

建築基準法違反の建物を建築する請負契約が民法の公序良俗に違反して無効となると判断した判決として、最判平成23年12月16日判時2139号 3 頁（百選70番）がある（*Unit 7* 参照）。

(b) 建設業法

建設業法 1 条にあるように、「建設業を営む者の資質の向上、建設工事の請負契約の適正化等をはかることによつて、建設工事の適正な施工を確保し、発注者を保護するとともに、建設業の健全な発達を促進し、もつて公共の福祉の増進に寄与することを目的とする」法律である。具体的には建設業を営む上での許可制や建設工事の請負契約に関する規定（同法18条以下）が設けられている。また、同法25条の27で建設業者に対して、施工技術の確保等を要求しているが、これが建設業者の不法行為責任の根拠規定となることがある（日弁連389頁）。

ただし、500万円未満のリフォーム工事は建設業法の規制から除外されている（同法 3 条）。そのことから、悪質なリフォーム詐欺が横行していると指摘されている（松本・不動産取引230頁）。

(ii) 設計・工事監理者の責任

最高裁では設計や工事監理を行った建築士の責任が問題になる事件が相次いで出されている。住宅は、①その内容を決定する設計、②設計内容を実現する施工、③施工中に施工内容が設計内容に適合しているかをチェックする工事監理を経て完成引渡しに至る（以下の詳細は、日弁連382頁以下、および、363頁以下を参照）。

設計については、建築士法 2 条 6 項に定められている。建築士には業務を誠実に行うべき義務（同法 2 条の 2）、設計内容を建築基準法令に適合させる義務（同法18条 1 項）などが課されている。設計については、一定規模以上の建築物については資格がある建築士でなければ設計ができず（同法 3 条以下）、また、「工事監理」とは、同法 2 条 8 項にあるように一定規模以上の建築物については、建築士による設計であり、かつ、建築士である工事監理者を定めなければ工事ができない（建基 5 条の 6）。建築士は、工事が設計図書のとおりに実施されていないときには、ただちに工事施工者に注意を与える

などしなければならない（建築士法18条3項）。

　最判平成15年11月14日民集57巻10号1561頁は、建築確認申請の代理と確認申請図面の作成だけを引き受け、工事監理をする意思がないにもかかわらず、同申請に際して、建築士が工事監理者として名義貸しをした事例において、建築士の不法行為責任を認めた。この事案では、建築士法などの建築関連法令の趣旨が多数参照されている点に特徴がある。

　一方で、最判平成19年7月6日民集61巻5号1769頁は、設計・工事監理人の不法行為責任を認めた最高裁判決である。本判決は、建物は、建物利用者や隣人、通行人等（以下、併せて「居住者等」という）の生命、身体または財産を危険にさらすことがないような安全性、つまり「基本的な安全性」を備えていなければならないから、建物の建築に携わる設計・施工者等は、建物の建築にあたり、契約関係にない居住者等に対する関係でも、当該建物に建物としての「基本的な安全性」が欠けることがないように配慮すべき注意義務を負うとした。建物の居住者等には、建物の「基本的な安全性」の確保によって守られるべき一般的な保護法益が存在することを承認し、そこから建物の設計者、施工者等が居住者等の第三者に対して負うべき注意義務を導き出した判決である。不法行為における違法性の根拠を上記の「基本的な安全性」の確保に配慮すべき注意義務に違反することに求めたものであり、建築士法または建設業法の規定違反あるいは建築基準法の規定違反そのものに違法性の根拠を求めるわけではない。建物の設計・施工者等の第三者に対する不法行為の成否を判断する上で理論的にも、実務的にも重要な判例である。

　また、本判決中では、建物の基礎や構造く体に瑕疵がある場合に限って不法行為責任が認められると解すべき理由もないとして、バルコニーの手すりの瑕疵であっても、建物の基本的安全性を損なうものにあたりうるとの判断が例示的に示されている。このように設計・施工者等の注意義務違反により「基本的な安全性」を損なう瑕疵が生じた場合には、そのことにより、少なくとも建物の補修費用相当額の損害が生じているとみられるのであって、必ずしも、その瑕疵によって現に誰かが傷害を負ったということが損害賠償請求の要件として求められているものではないと考えられる（秋山173頁）。

　本判決により示された「基本的な安全性」という概念が一定の幅を持ちう

るものであるだけに、具体的な瑕疵が「基本的な安全性」を損なうものであるのかどうかについては、今後の裁判例に委ねられる。この点、本判決の差戻審の上告審である最判平成23年7月21日判時2129号36頁によれば、現実的な危険をもたらしている場合に限らず、将来の危険性についても「基本的な安全性」を損なう瑕疵にあたるとしている。ここにいう「基本的な安全性」は、不法行為責任の場合のみならず、建物の売買契約や建築請負契約においても、「基本的な安全性を損なうものではない」ことが契約の内容として取り込まれていると考えることができ、これを損なう場合には民法562条以下の契約不適合責任を負うことになろう（松本・消費者59頁）。

(4)　補論——宅建業者の責任

　住宅取引において宅地建物取引業者（以下、本Unitにおいて「宅建業者」という）が果たす役割は大きい。そこで、宅建業者については、宅建業法で宅建業務の遂行にあたっての遵守事項が規定されている。その中で、消費者法に最も関連するのが「重要事項説明義務」である。宅建業法35条によると、宅地もしくは建物の売買・交換・賃貸の契約が成立するまでの間に、取引主任者をして、取引しようとする物件の内容や取引の内容に関する一定の重要事項を表示した書面を交付して説明しなければならない。「重要事項」については、同条1項1号から14号までに列挙されている。

　ただし、宅建業法35条に違反しても行政処分ないし刑事罰の対象になるだけであり、民事上の効果があるわけではない（もっとも、説明義務違反が肯定されうる）。

　宅建業者が原野商法を行っている不動産業者に対して専任の宅地建物取引士として名義貸しを行った宅地建物取引士に共同不法行為責任を認めた東京地判令和元年7月16日消費者法ニュース121号225頁がある。この判決では宅建業法15条や68条、68条の2の趣旨に基づき、宅地建物取引士がその資格を名義貸しして、購入者等の利益に反する行為をすることは許されず、消費者に対する詐欺行為を幇助したとして、民法719条2項の共同不法行為責任が認められた。

2 住宅問題の特別法

(1) 住宅の品質確保の促進等に関する法律

　1999年に制定された住宅の品質確保の促進等に関する法律（品確法。国土交通省と消費者庁の共管）による瑕疵担保責任は、「新築住宅」についての請負契約または売買契約に適用されるものであり（同法1条）、民法の契約不適合責任（改正前の瑕疵担保責任）の特則を定めたものである（概要および民法規定との比較として、田中38頁以下）。具体的には、住宅を新築する建設工事の請負契約における住宅の構造耐力上主要な部分等の瑕疵（品確94条）、および、新築住宅の売買契約における「住宅の構造耐力上主要な部分等」の隠れた瑕疵に関する特則（同法95条）を定めたものである。同法における「瑕疵」とは、「種類又は品質に関して契約の内容に適合しない状態」である（同法2条5項）。どのような点で「特則」といえるかは次のとおりである。

　第1に、請負契約のみならず売買契約の場合にも修補請求を認めている（品確95条1項。改正前民法の売買の瑕疵担保責任では規定上、契約解除、損害賠償が認められていなかった）。

　第2に、瑕疵担保期間を10年間としている（品確94条1項・95条1項）。

　第3に、瑕疵担保責任に関する本法の規定（品確94条1項・95条1項）に反する特約で住宅取得者に不利な特約は無効である（同法94条2項・95条2項）。

　また、住宅に関する性能表示制度が設けられている（品確3条～6条）。性能表示制度を利用した住宅（評価住宅）に関わる紛争については、この法律によって設立された指定住宅性能評価機関がその紛争処理を担当する（同法7条～21条）。性能表示制度は、新築住宅については2000年10月、中古住宅については2002年12月から利用可能となった。

　品確法に基づく請負業者の瑕疵担保責任が認められたものとして、東京高判平成25年5月8日判時2196号12頁や、東京地判平成29年3月24日判タ1459号231頁がある。

　前述したように民法では「瑕疵」概念が削除されたが、品確法では瑕疵担保責任の概念および規定が維持されている（「隠れた」という文言は削除され

ている）。この理由として、同法で扱う契約不適合がもっぱら住宅の基本構造部分に関するものであるがゆえに、物質面での欠点に重きを置いた「瑕疵」という表現を維持することに問題はないと考えられたのではないかと指摘されている（潮見・概要260頁）。もっとも、同法2条5項で定められているように、同法における「瑕疵」とは、種類または品質に関して契約の内容に適用しない状態のことであり、そのことから、同法の瑕疵に基づく責任は、民法の契約不適合責任と同じであることがわかる。

(2) 耐震偽装問題と法改正

2005年に、千葉県の一級建築士が地震などに対する安全性の計算を記した構造計算書を偽造して、必要な耐震強度を大きく下回る強度しかなく、震度5強程度の地震で倒壊のおそれがあるマンション等が建築されていた事件が発覚し、大きな社会問題となった。指定確認検査機関（国土交通大臣または都道府県知事の指定を受けて、建築確認申請・検査業務を行う民間機関）も当該建築士による構造計算書の偽装を見逃していた。その後、別の建築士による耐震偽装も発覚した（以下、日弁連383頁以下）。

以上の問題をふまえて、法改正および新法制定が相次いだ。

まず、2006年6月には、建築基準法等の改正がなされた。具体的には、①建築確認検査制度の厳格化（同法6条5項以下・7条の3第1項）、②指定確認検査機関に対する指揮監督の強化（同法77条の31・77条の32・77条の35）、③建築士等に対する罰則の強化（同法98条1項2号）、④請負人・宅建業者の契約不適合責任に関する説明義務（建設業法19条1項13号、宅建業法37条1項11号）が追加された。

次に2007年には「特定住宅瑕疵担保責任の履行の確保等に関する法律」（特定住宅瑕疵担保責任履行確保法）が制定された。背景には、耐震偽装問題により、マンションの建替えや大規模改修が相次ぎ、さらに、売主等が倒産したマンションの住民が自らの負担等により改修を行うことを余儀なくされたという事情がある。同法は、新築住宅の請負契約の請負人である建設業者または売買契約の売主である宅建業者に、供託または保険による瑕疵担保責任の履行のための資力確保措置の義務づけを行うものである。また、住宅瑕

疵担保責任保険契約の引受けを行う住宅瑕疵担保責任保険法人の指定や同保険契約に関わる新築住宅に関する紛争処理体制の整備等について規定している。

　最後に、2006年に制定された「住生活基本法」も挙げられる。同法は、「居住のために住宅を購入する者及び住宅の供給等に係るサービスの提供を受ける者の利益の擁護及び増進」を基本理念に掲げるとともに（同法5条）、住宅関連事業者が「住宅の設計、建設、販売及び管理の各段階において住宅の安全性その他の品質又は性能を確保するために必要な措置を適切に講ずる責務」を負うことを確認している（同法8条）。

　建築士における構造計算書偽装事案において、構造計算書の偽装を見逃したとして建築主事（政令で指定される人口25万人以上の市には置かねばならないとされており、建築確認を行う行政官である（建基4条））の国家賠償法上の責任が問われた判決である、最判平成25年3月26日集民243号101頁がある。この判決では、建築物の安全性は第1次的には建築士が建築士法に基づいて建築基準に適合するように設計等を行う義務に従って業務を遂行することによって確保されるべきものであるとした上で、建築主事が職務上通常払うべき注意をもって申請書類の記載を確認していれば、その記載から当該計画の建築基準関係規定への不適合を発見することができたにもかかわらず、その注意を怠って漫然とその不適合を看過した結果、当該計画につき建築確認を行ったと認められる場合に、国家賠償法1条1項の適用上違法となるとした上で、本件ではこのように認められる事情がないとして、建築主事の責任が否定された。

＊参考文献＊

本文中、「**特集・不動産取引**と消費者保護」現代消費者法44号（2019年）6頁、**松本**克美「建築瑕疵をめぐる**消費者被害**と責任論・時効論」後藤古稀375頁、**石橋**秀起「欠陥住宅に関する被害者救済法理の今日の展開と残された課題」現代消費者法57号（2022年）32頁、**松本**克美「**判批**」現代消費者法8号（2010年）77頁、**永岩**慧子「建築物の瑕疵をめぐる責任と**消費者保護**」現代消費者法44号（2019年）32頁、松本克美「民法改正と**建築瑕疵責任**」消費者法ニュース115号（2018年）

153頁、**松本**克美「建物の安全と**民事責任**——判例動向と立法課題」立命館法学350号（2013年）189頁、**根本**尚徳「判批」平成22年度重要判例解説（ジュリスト臨時増刊1420号）（2011年）108頁、**永岩**慧子「判批」**百選**168頁、**松本**克美「**不動産取引**と消費者」中田＝鹿野編227頁、**秋山**靖浩「判批」百選172頁、**松本**克美「契約内容不適合責任と**消費者**——建築瑕疵責任事例を中心に」現代消費者法39号（2018年）54頁、**田中**洋「551条・570条・634条、品確法94条・95条（瑕疵担保責任と契約類型）」法学教室406号（2014年）38頁。

消費者法・各論④電子商取引

1 前提知識

このUnitでは、電子商取引と消費者の問題を取り上げる。主として次のような問題である。

〈事例①〉

> Xは、化粧品会社Yの公式オンラインショッピングサイトで化粧品を購入したが、注文した化粧品とは異なる化粧品が届いた。
>
> 化粧品会社Y ─────────────── X
> 　　　　　　　　　　売買契約

〈事例②〉

> Xは、Yが運営するオンラインショッピングモールに出店していた化粧品小売業者Aに化粧品を注文したが、注文した化粧品とは異なる化粧品が届いた。
>
> 　　ショッピングモール　　Y　　ショッピングモール
> 　　　　利用契約　　　　　　　　　利用契約
> 　　A ─────────────── X
> 　　　　　　　　売買契約

〈事例③〉

> Xは、Yが運営するネットオークションサイトでAが出品していた中古DVDを落札した。後日、Xの自宅に落札したDVDが届いたが、実際に見てみると、音飛び・映像の乱れなど、とても見られる状態ではなかった。Xは、Aと連絡をとることもできなくなった。

オークションサイト　　　　Y　　　　オークションサイト
　　利用契約　　　　　　　　　　　　　　　利用契約

A　　　　　　　　　　　　売買契約　　　　　　　　　　　　X

電子商取引には、〈事例①〉のように、事業者が公式サイトで商品情報を掲載して消費者がそれをみて申し込む場合や、〈事例②〉のように、ある事業者がインターネットのサイトに開設した仮想商店街に出店者が商品情報を掲載し、消費者がそれをみて申し込むという形態（オンラインショッピングモール）、および〈事例③〉のように、消費者あるいは事業者が運営業者の用意したオークションサイトに商品情報を掲載して出品し、それをみた消費者が入札することによって購入者を決定して取引を行う形態（ネットオークション）がある。〈事例③〉に関連して、特に最近問題となっているものとして、フリマアプリ（メルカリなど）や民泊サイト（Airbnb）といったシェアリングエコノミー（個人等が保有する活用可能な有形・無形の資産をプラットフォームを介して個人間で貸借や売買、交換する経済活動）を促進するサイトやアプリのように、取引の「場」を提供する運営業者（デジタル・プラットフォーム事業者と呼ばれることが多い）が管理・運営するサイト上での個人間取引もみられる。そこでは、やはり購入した商品の契約不適合や代金の不払いといったトラブルが起きている。デジタル・プラットフォームでは利用者が個人情報を入力しなければオンラインショッピングモールやオークションを利用することができないこと、入力された個人情報がデジタル・プラットフォーム事業者によるターゲティング広告に活用されることにみられるように、個人情報やプライバシー保護の問題も発生する（大澤・AI 23頁以下）。

　また、ほかにもインターネットを用いた詐欺的な商法や悪質商法が問題となっている。

***Column*　デジタル・プラットフォームとは何か**
　デジタル・プラットフォームとは、電子計算機を用いた情報処理によって構築された「プラットフォーム事業者・利用者（提供者）」、「プラットフォーム事業者・利用者（購入・利用者）」の多面市場であり、デジタル・プラットフォーム事業者が異なる市場の利用者に同時にサービスを提供することにより、いわ

ゆる間接ネットワーク効果が働き、各市場相互の利用者が増加するという特徴がある。典型例が、本Unitで扱うオンラインショッピングモールやフリマアプリであり、利用者間の「マッチング」を行う（なお、SNSやYouTubeなど、情報の投稿と閲覧が行われる「非マッチング型」のデジタルプラットフォームもある。これについては、「特定電気通信による情報の流通によって発生する権利侵害等への対処に関する法律」（2024年にプロバイダ責任法を改正して成立。以下、「情報流通プラットフォーム対処法」）が、大規模プラットフォーム事業者に対して、権利を侵害する投稿等の削除申出に対する窓口・手続・対応体制の整備・公表と、削除申出に対する一定期間内の判断通知、PFのポリシー違反に対する運用状況の策定・公表や、削除した場合の発信者への通知等を義務づけており、興味深いが、本Unitでは立ち入らない。森18頁）。デジタル・プラットフォーム事業者は、このシステムから手数料や広告費等を収受している。プラットフォームがデジタル化されていることによって、プラットフォーム事業者は全利用者の使用履歴をくまなく入手することができ、このデータを分析することで、各サイトの利用者に付加価値をもたらす機能を開発して提供する（例えば、関連商品を推奨する機能や、ターゲティング広告など。デジタル・プラットフォームの特性について、中川40頁以下が概要としてわかりやすい）。

　デジタル・プラットフォームの法的問題を検討する研究は近年急増している。特に消費者法の観点をふまえた特集として、特集・デジタルプラットフォーム4頁以下、特集・現在地13頁以下、特集・消費者保護(1)1頁、特集・消費者保護(2)1頁、特集・消費者の保護4頁、大澤・デジタルプラットフォーム、特集・DPFにおける広告と消費者保護、特集・デジタル世代の消費者法。また、三枝42頁以下も参照。消費者庁による「デジタルプラットフォーム企業が介在する消費者取引における環境整備等に関する検討会」報告書（2021年1月25日）、および、消費者委員会「オンラインプラットフォームにおける取引の在り方に関する専門調査会報告書」（2019年4月）も参照。

　以上のインターネットトラブルを考える際には、次の2点を押さえておいてほしい。

　第1に、特に〈事例①〉、〈事例②〉のような電子商取引においては、取引当事者が誰であるかにより、事業者－消費者間取引（BtoC、B2C）、事業者間取引（BtoB）、および消費者間取引（CtoC）の3タイプがある。これらのうちどのタイプにあたるかによって適用される法律が変わってくるので注意

してほしい。〈事例①〉のネットショッピングの場合、公式サイトでの販売やアマゾンの直販のように、売主が事業者であり、購入者が消費者であれば、消費者契約法や特定商取引法の「通信販売」の規定が適用される。これに対して、〈事例②〉でも、ショッピングモールを運営する業者（取引の場を提供しており、デジタル・プラットフォーム運営業者と呼ばれることが多い）のサイトに出店する者が事業者であれば同じく「通信販売」にあたるが、個人が出品している場合には消費者間取引になる可能性がある。〈事例③〉では、ネットオークションサイト運営業者（デジタル・プラットフォーム運営業者）が運営するサイトで、出品者と落札者の間で契約が締結されている。ここで出品者と落札者がそれぞれ消費者契約法にいう「事業者」にあたるのか、それとも「消費者」にあたるのかを判断する必要がある。フリマアプリやオークションでは出品者が「事業者」や特定商取引法上の「販売業者」にあたるといえるかどうかが問題となる。その判断方法については後述する。ただし、フリマアプリなどの発展に伴い、個人が店舗取引よりも簡単に売主やサービス提供者になることができるため、店舗取引と同様に、出品の「反復継続性」の存在だけで「事業者」であるとしてよいのかは検討の余地がある（寺川16頁、大澤・概念13頁以下）。

〈事例②、事例③の場合〉

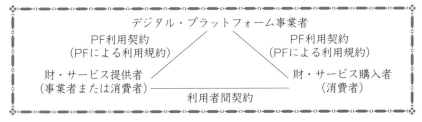

　第2に、これらの情報通信サービスの中核となるのは「電気通信役務」である。電気通信役務について定めているのは「電気通信事業法」という法律である。電気通信役務の典型例は、電話やインターネットであるが、いずれにせよ私たちが電気通信役務の提供を受けるためには利用者は電気通信事業者との間で電気通信役務提供契約を締結しなくてはならない。

　電気通信事業法では、利用者利益の保護のために電気通信事業者に対し

て、不当な差別取扱いの禁止（同法6条）、正当な理由なく役務提供を拒む
ことの禁止（同法25条）、契約約款の公表・掲示義務（同法23条）を課してい
る。違反があった場合には業務改善命令等が下される。

Column **電気通信事業法による消費者保護**

　消費者保護の観点からは、電気通信サービス提供契約そのものについてもさ
まざまな問題が提起されている。例えば、インターネットプロバイダ契約や携
帯電話利用契約締結におけるサービス内容の説明がわかりにくい・不十分であ
るとった苦情や契約期間の問題（いわゆる「2年縛り」契約）の問題もある。
これらのついては、総務省が消費者保護の観点から報告書をまとめている（「ICT
サービス安心・安全研究会報告書〜消費者保護ルールの見直し・充実〜〜通信
サービスの料金その他の提供条件の在り方等〜」(http://www.soumu.go.jp/
menu_news/s-news/01kiban08_02000152.html)）。

　この報告書を受けた2016年施行の改正電気通信事業法により、高齢者や障害
者等、配慮が必要となる利用者に対して、その知識、経験、契約目的に配慮し
た説明を契約前に行うことの義務づけや、いわゆる「2年縛り」契約が自動更
新される際に利用者に事前通知することが義務づけられた。また、契約成立後
に遅滞なく書面を交付する義務や、初期契約解除制度（契約書面の受領日を初
日とする8日間が経過するまでは、電気通信事業者の合意なく利用者の都合の
みにより契約を解除できる制度）が導入された。さらに、2020年には、「電気通
信事業法の消費者保護ルールに関するガイドライン」が公表されている（2024
年10月公表版が現時点での最新版。総務省・消費者保護ルールの在り方に関す
る検討会（https://www.soumu.go.jp/main_sosiki/kenkyu/shouhisha_hogo/index.
html)）。2022年2月には電気通信事業法施行規則が改正され、電話勧誘におけ
る説明書面を用いた提供条件説明や、利用者が遅滞なく解約できるようにする
ための措置を講じることが義務化され、また解約時に請求できる金額の制限ルー
ルが設けられるなど、消費者保護ルールが強化された。

2　電子商取引と消費者

　先に事例として掲げたように、インターネットショッピングではパソコン
画面の表示と実際に届いた商品の食い違いや、消費者の操作ミスによる錯誤
や事業者の虚偽広告、なりすましや雲隠れによる詐欺、さらには、取引した

商品の欠陥といったトラブルが発生する。

　これらの問題も商品の売買契約やサービス提供契約であり、結局は民事法の知識を駆使して検討することになる。ただし、インターネット上の取引であることから特殊性も多いため、実際には特別法による対処がなされている。

(1)　電子消費者契約特例法

　電子商取引のように、機械による取引が行われる場合には、機械の誤操作が多いことや、機械によって自動処理がなされている非対面取引であることから、契約成立に関するトラブルも起こりやすい。そこで、2001年に電子消費者契約特例法が制定された。

　電子消費者契約特例法は、①消費者と事業者との間で、②電磁的方法により電子計算機の映像面を介して締結される契約であって、③事業者またはその委託を受けた者が当該映像面に表示する手続に従って消費者がその使用する電子計算機を用いて送信することによってその申込みまたはその承諾の意思表示を行うものを「電子消費者契約」とし（同法2条1項）、表示上の錯誤による意思表示について民法95条3項の適用がされず、表意者に重過失がある場合にも取消権を行使することができる（電子契約特3条）。ただし、事業者が「消費者の……意思表示を行う意思の有無について確認を求める措置を講じた場合」や、「その消費者から当該事業者に対して当該措置を講ずる必要がない旨の意思の表明があった場合」には、この特則は適用されない（同法3条ただし書）。前者は、例えば最終的な意思表示となる送信ボタンを押す前に申込みの内容を確認できる画面を表示して、訂正する機会を与えていた場合、後者は、会員用の設定画面において確認画面をスキップする機能を選択することを可能にしていた場合や、「ワンクリック注文を有効にする」をあらかじめクリックしていた場合がこれにあたる。

　また、かつては、電子承諾通知について民法旧526条1項の規定が適用されない（旧電子契約特4条）といった、承諾の到達主義に関する規定が設けられていたが、2017年の民法改正によって契約の成立時期についての到達主義が採用されたことにより、削除された。

(2) 特定商取引法

　売主が事業者であり買主が消費者である売買契約やサービス提供契約、および、デジタル・プラットフォーム事業者が消費者に対して提供するデジタル・プラットフォーム利用サービス契約は、特定商取引法の「通信販売」に該当する（同法2条2項、特商則2条）。具体的には、BtoCの電子商取引は、「通信機器又は情報処理の用に供する機器を利用する方法」により申込みを受けて行う政令指定商品、権利の売買または役務の提供である「通信販売」にあたる。その結果、以下のような規制がある（**Unit 12** も参照）。

　特定商取引法では、広告における一定事項の表示の義務づけ（同法11条、特商則24条）と誇大広告等の禁止（特商12条、特商則26条）が規定されている。

　また、顧客の意思に反する契約申込みをさせる行為の規制がなされている（特商14条、特商則42条）。具体的には、「電子契約」の申込みを受ける場合には、①消費者が契約の申込みとなることをパソコンの操作を行う際に容易に認識できるように表示していないこと、②申込みの内容を消費者が容易に確認および訂正できるようにしていないことが行政処分の対象となる。

　特定商取引法上、通信販売についてはクーリング・オフが認められていない。そこで、当事者の合意によって認められている「返品制度」を利用することになる。しかし、これもあくまで当事者の合意であるためトラブルが絶えなかった。

　そこで、**Unit 12** で説明したように、2008年の特定商取引法の改正によって、通信販売における返品に関する特約の表示がなかった場合、商品を受け取った日から8日間は消費者による契約の解除を可能とする旨が定められた。このことは逆にいえば、事業者が返品を受け付けない旨を広告等に明記すれば、返品を受け付けなくてもよいということになる。また、返品を認める場合にも、訪問販売等のクーリング・オフとは異なり、返品の送料等は購入者負担となるほか、返品期間の起算点も商品の引渡時である（同法15条の3第1項）。

　特約は消費者にとってわかりやすい方法で表示されなければならない。

(3) 消費者契約法

　オンライン上で締結されたのが事業者と消費者の間の契約（BtoC取引）であれば、消費者契約法が適用される。したがって、例えばインターネットショッピングサイトの表示に不実告知、断定的判断の提供、または不利益事実の不告知があり、それが重要事項に関わるというのであれば取消しが可能な場合がある。すでに説明した同法4条にいう「勧誘」については（**Unit 5**）、インターネット広告を見て消費者が意思表示をした場合についても、その広告が消費者の意思形成に対して実際に働きかけがあったと評価される場合には同条の「勧誘」による場合にあたるとすべきであり、特に不特定多数向けの広告というよりは特定の対象に狙いを定める「ターゲティング広告」では消費者の意思形成に対する影響力が大きい点に留意する必要があるが（大澤・AI 26頁）、どのような広告であれば「勧誘」と同様に扱うことができるかについては一考を要する（山田・インターネット取引24頁以下）。

(4) インターネット・オークションやフリマアプリをめぐる法的問題

　インターネット・オークションにおけるトラブルについては、これまでも複数の裁判例が出されている。〈事例③〉のように、落札した商品に改正前民法にいう瑕疵があったという事案として、ネットオークションにおける中古車の取引における瑕疵担保責任（改正前民法）が問題になった東京地判平成16年4月15日判時1909号55頁がある。また、神戸地姫路支判平成17年8月9日判時1929号81頁や、名古屋地判平成20年3月28日判時2029号89頁は、落札者が出品者に代金を支払ったにもかかわらず、商品がこないという事案である。

　これらの裁判例をもとに、インターネットオークショントラブルにおいての法的問題を検討する上では、「誰の責任が問題になるか」を確認する必要がある。なお、以下の考え方は、例えばメルカリのようなフリマアプリでも妥当する。

(i) 出品者

インターネットオークションでは中古品が出品されることも多い。そこで、出品者が「ノークレーム・ノーリターン」の取引であることを明示していることがある。そうすると、オークションサイトの出品者欄の説明や表示、写真からは判断できない商品の契約不適合があった場合に、「ノークレーム・ノーリターン」の明示を理由に出品者が契約不適合責任の免責を主張することがある。

しかし、「ノークレーム・ノーリターン」とはいえ、どのような契約不適合があっても甘受しなければならないということにはならない。たしかに、中古品の場合、常識的に考えられる範囲の傷等は覚悟の上といえるが、それを超えた場合には契約不適合責任の追及や、錯誤、詐欺、または（相手が事業者の場合には）消費者契約法による取消しを主張することができる（インターネット上の契約条項の不当性判断については、3 を参照）。前述した中古自動車のオークションに関する前掲東京地判平成16年4月15日は、中古品の契約不適合の有無の判断方法を示した一事例であり、買主が抱いた期待が契約内容に取り込まれ、瑕疵の判断基準になっていたとみることができ、合理的な契約解釈による契約不適合の有無判断を示したものとして参考になる（森田60頁）。

インターネット・オークションの場合、当事者（ここではオークションサイト運営者ではなく、出品者・落札者）の属性に留意する必要がある。具体的には、当事者が1か月に何百点以上も出品しているような場合など、営利の意思をもって反復継続して取引を行っているような場合は「事業者」にあたり、これに対して個人が落札した場合には「事業者・消費者」間契約となる（消契2条。*Unit 2* 参照）。

また特定商取引法の「販売業者」にあたり、通信販売規制を受けるかについて、2013年2月20日付け経済産業省の通達「特定商取引に関する法律等の施行について」の別添「インターネット・オークションにおける『販売業者』に係るガイドライン」では、「営利の意思」をもって「反復継続」して取引を行っているか否かのメルクマールが示されており、参考になる（https://www.no-trouble.caa.go.jp/pdf/20200331ra01.pdf）。

(ii) オークションサイト・フリマアプリ運営者

　落札したはずの商品が送られてこないという場合には、もちろん、まずオークションサイト運営者に出品者について問い合わせたり、メールでのやりとりの記録があればそれをもとに出品者の情報を探すことが考えられる。また、オークションサイトにある補償制度で被害の回復を図るなどの手もある。

　しかし、以上の方法ではどうにもならない場合にはどうするのか。そこで、オークションサイト運営者の責任を追及するという方法が1つ考えられる。具体的には、「広告媒体としての不法行為責任」（**Unit 15**）や名板貸責任（商法14条の類推適用）が考えられる。ただし、前述した前掲神戸地姫路支判平成17年8月9日や前掲名古屋地判平成20年3月28日のように、オークションサイト運営者が「場の提供者」にすぎない、という裁判例の考え方によると、詐欺行為を働く出品者が出品をしていることをオークションサイト運営者が認識あるいは容易に認識できたにもかかわらず、それを放置して、その出品者と取引したオークションサイト運営者に損害を与えた場合などにはオークションサイト運営者に不法行為責任が認められるかもしれないが、そこまでの事案でなければ難しいことになる。

　もっとも、最近の学説では、電子的にユーザー間取引の場を提供しているデジタル・プラットフォーム事業者の法的責任について、デジタル・プラットフォーム事業者は利用者から個人情報を収集してマッチングサービスを行っている場合もあることから、単に「場の提供者」としての責任として考えるのでは不十分ではないかとの見解もある。例えば、民泊サイトでマッチングサービスを提供している事業者などである。そうすると、デジタル・プラットフォーム事業者に詐欺取引防止の義務や口コミ管理義務などがあるのではないか（消費者委員会「オンラインプラットフォームにおける取引の在り方に関する専門調査会報告書」（2019年4月11日）（https://www.cao.go.jp/consumer/iinkaikouhyou/2019/houkoku/201904_online_pf_houkoku.html）。このほか、冒頭に掲げたデジタル・プラットフォームに関する研究ではこのような見解が有力である）。

　以上のような危険商品等の流通や販売業者が特定できず紛争解決が困難となるといった問題から消費者の利益を保護するため、2021年に、「取引デジ

タルプラットフォームを利用する消費者の利益の保護に関する法律」が成立した（石井30頁以下。千葉）。同法によれば、オンラインショッピングモールやオークションサイトを運営する取引デジタル・プラットフォーム事業者には、「販売業者と消費者との間の円滑な連絡を可能とする措置」、「販売条件等の表示に関し苦情の申し出を受けた場合における必要な調査等の実施」、および、「販売業者に対し必要に応じ身元確認のための情報提供を求める」措置の実施、および、その概要等の開示についての努力義務が課されているほか（同法3条）、内閣総理大臣が取引デジタル・プラットフォーム事業者に対して危険商品等の出品の削除等要請を行うことが可能となり（同法4条）、また、消費者が損害賠償請求等を行う場合に必要な範囲で販売業者の情報の開示を請求できる権利が創設された（同法5条）。さらに、国の関係行政機関、取引デジタル・プラットフォーム事業者を構成員とする団体、独立行政法人国民生活センター、地方公共団体および消費者団体により構成される取引デジタルプラットフォーム官民協議会が組織され、消費者の利益の保護のための取組みを効果的かつ円滑に行うために定期的な協議が行われる（同法6条）。通信販売に係る取引の「場」としての取引デジタルプラットフォームに適用され、オンラインショッピングモール、シェアリングエコノミー、アプリストアなどが該当するが、その「場」を利用して行われる取引が消費者契約であり（例えば、売主が事業者、買主が消費者）、かつ、有償で行われる場合にのみ適用される（槇本ほか71頁）。なお、取引デジタルプラットフォーム事業者が自ら商品を消費者に販売する場合には、同法が適用されない（槇本ほか73頁。この場合は、直販サイトの運営事業者と同じように、特定商取引法の適用を受ける）。この法律の特徴として、消費者団体も参加する官民協議会において、事業者団体側の取り組み状況が把握され、事業者の取り組みについての検討が行われる点を挙げることができる。この手法によって、事業者団体を単位とする自主規制を促すことが目指されている。しかし、ここでの自主規制は行政規制に代替する手段でしかなく、自主的な対応をうながす方策や、団体に所属していない事業者にも自主規制を及ぼす方策など、自主規制を実効的なものにすることが求められよう（原田123頁）。そもそも悪質なデジタルプラットフォーム事業者が、「努力義務」に基づく利

用者の情報開示請求権に応じるのかどうかという点でも実効性に課題が残されている（池本86頁）。

　また、この取引デジタルプラットフォームを利用する消費者の利益の保護に関する法律ができる1年前には、「特定デジタルプラットフォームの透明性及び公正性の向上に関する法律」が制定された。この法律は主として、取引条件等の情報の開示、運営における公正性確保等のルールを設けており、主としてデジタル・プラットフォーム事業者とその相手方である事業者の関係（特に商品等提供者である事業者の保護）が念頭に置かれている。また、2022年には、デジタル広告分野の「特定デジタルプラットフォーム提供者」として複数の事業者が指定され、取引条件等の情報の開示および自主的な手続・体制の整備を行うこと等が義務づけられている。同法は公正かつ自由な競争の促進が主たる目的である競争法的な観点からの法律ではある。しかし、消費者のような「一般利用者」に対する関係でも、商品情報の順位付けのための主要事項、デジタル・プラットフォーム事業者が取得する閲覧・購入データの内容や使用条件、その他省令で定める事項等を提供条件として開示する義務を定めている（同法5条1項・2項1号）。デジタル広告については、パーソナル・データの取扱いについて消費者への透明性確保が求められよう。自由競争に基づく適正なデジタル・プラットフォームにすることは消費者にとっても取引の透明性が保たれ、利益になることに留意する必要がある（以上、鹿野9頁）また、一般利用者への取引条件等の開示が求められている点は、明らかに消費者保護機能を有していると言え、利用事業者目線だけではなく消費者目線での対応も求められているととらえるべきである（板倉69頁も同旨）。

　なお、最後にオークションのトラブルの多発を受けてなされた「2002年の古物営業法改正」について触れる。同法は、政令で定める電子情報処理組織を使用する競りの方法その他政令で定める方法により、古物売買をしようとする者のあっせんを競りの方法により行うことを「古物競りあっせん業」として、届出制とした（同法10条の2）。その結果、ネットオークションは同法の規制対象となる（古物営業法施行令3条）。

　古物競りあっせん業者には相手方確認の努力義務（古物営業法21条の2）、

盗品等の疑いのある場合の申告義務（同法21条の３）、取引結果の記録作成・保存の努力義務（同法21条の４）が課されている。

3　インターネット上の詐欺的商法・悪質商法

　インターネット上で詐欺的商法や悪質商法が行われることがある。その手口はさまざまであるが、例えば、インターネット上で画像やボタンをクリックしただけで登録料や利用料と称して料金を請求されるといったワンクリック詐欺がある。東京地判平成18年１月30日判時1939号52頁はその一例であるが、不当請求が不法行為にあたるとされている。また、サクラサイト運営者の共同不法行為責任を肯定した裁判例もある（大阪地判平成29年10月５日消費者法ニュース114号235頁）。しかし、そもそもその画像やボタンを押すことが契約締結の意思表示にあたることを消費者がまったく認識できないような場合（「申込み」といった字が書かれていないような場合）、消費者には契約を締結する意思がなく、契約は不成立となりうる。また、仮に契約を締結する意思があると思われる場合でも、例えば「無料」であると思ってボタンを押したら「有料」だったという場合には、価格についての錯誤があったということになり、民法95条はもちろん、消費者の意思表示を確認する画面すらなかった場合には、電子消費者契約特例法の問題ともなる。

　ほかにも、インターネット上で内職を持ちかけられる内職商法もある。例えば、「提携先の商品広告を自分のウェブサイト上に掲載し、その広告をクリックした人が提携先から商品を購入するなどした場合、一定額の報酬を得られる」という仕組みのアフィリエイトや、「自分のウェブサイト上に商品を掲載し、商品の申込みがあった場合、メーカーや卸売業者から申込者へ商品を直送する」という仕組みのドロップシッピングがその例である。これらは、「短期間で簡単に収入が得られる」という勧誘文句で運営業者である事業者から勧誘され、ウェブサイト開設費用などの名目で高額の対価を支出させられるが、ほとんど収益が得られないということがあり、トラブルとなっている。この点で、いわゆる内職商法の一種であり、特定商取引法上の業務提供誘引販売取引にあたるとされることもあるほか、不法行為に基づいて賠

償請求することも考えられる。ただし、ここでウェブサイトに商品を掲載した者が「消費者」にあたるかどうかが問題となることから、消費者契約法上、以上の勧誘を受けて締結した契約を取り消すことができるかが問題となりうる（実態や実務の実情について、山田・ドロップシッピング等26頁以下）。

また、ネット上の偽広告やなりすまし詐欺への対応として、情報流通プラットフォーム対処法等も活用した、情報空間の健全性という観点からの検討も求められる（板倉70頁以下で、最近の動向がまとめられている）。

4 　検　討

⑴　契約の成立について

以上の電子商取引トラブルについても、それがインターネット上で行われた取引であるという点に特殊性があるのみであり、基本的には民法や消費者契約法上の契約の効力の問題である。

もっとも、対面取引でも対話取引でもないことから、消費者が当該契約を締結する意思を有していたか否かや、契約締結の意思に瑕疵がなかったかどうかを判断する上で特殊な考慮を要する。この観点から設けられた特別法が先に述べた電子消費者契約特例法である。しかし、この法律によらなくても、例えば消費者からみれば「申込み」ボタンであるという認識を持つことができなかったような画面の構成であったにもかかわらず、消費者に対して契約が成立したとして請求することがあれば、これはそもそも契約の成立・不成立の問題である。また、契約内容についても十分な表示がなされておらず、その点についての意思表示の瑕疵があれば錯誤や消費者契約法4条の問題となる。

⑵　利用規約について

先に述べた「ノークレーム・ノーリターン」条項のように、電子商取引においても多くの契約条項が用いられている。多くは、「利用規約」といった表題が付されてこれらの条項が列挙されているが、これらはいわゆる約款である（*Unit 8* も参照）。

もっとも、インターネット上の取引においては、対面取引とは異なり、利用者は事業者からこれらの利用規約・約款の内容について直接説明を受けることはなく、ネット上に表示された利用規約のみが契約締結にあたって重要な役割を果たす。しかし、パソコンの画面上の表示の仕方によっては、十分にこれらの情報を消費者に認識してもらうことができない。そうすると、そもそも利用者がこれらの利用規約・約款に同意していたといえるかどうか、言い換えればこれらの利用規約・約款が当該利用者と事業者との間の契約に組み込まれていたといえるかどうかを慎重に判断する必要がある。

　ここで、利用者にとって利用規約・約款がきちんとインターネット上で開示され、利用者はこれらを読んだ上で同意をするかしないかを決められるという状態にあれば、これらの利用規約・約款への利用者の同意があったということになり、利用者はこれらの利用規約・約款の内容に拘束される。これに対して、利用者にとってわかりにくい場所に利用規約が掲載されている場合（リンクを何度もたどらないといけないような場合や、リンクがあまりにも小さかった場合など）には、約款の組み入れ要件である「開示」があったとはいえず、利用規約・約款が契約に組み入れられていたとはいえない。では、どのような表示がなされていれば開示があったといえるかについては、先に述べた特定商取引法の通信販売部分における「返品特約の表示についてのガイドライン」などが挙げられる（以上の問題については、大澤・同意 4 頁以下で論じた）。

(3)　電子商取引に関するガイドライン

　電子商取引については、コンピューター技術の進歩などのために法律による規制では追いつかないことから、業界や業者、さらには省庁によるガイドラインが多数定められている。例として、経済産業省の「電子商取引及び情報財取引等に関する準則」（最終改訂2022年 4 月 1 日）を挙げる。

(4)　「金銭」の支払いに限られない「取引」の増大

　オンラインでの情報収集や取引が増大する現代では、消費者が個人情報や（インターネットの利用履歴等を通じて）「関心」、「アテンション」などを事業

者に提供していることが少なくない（有識者懇談会報告書5頁）。その状況での消費者の「脆弱性」（**Unit 1**・**Unit 2**）に法制度がどのように対応するかについて、消費者保護法だけではなく、個人情報保護などの情報法と呼ばれる分野とも学術的・実務的に連携しながら検討する必要がある。また、現在の消費者法制度は消費者が「金銭」を提供することを前提とした場面がほとんどであろうが、その前提自体を見直す必要がある。

＊参考文献＊

本文中、**大澤彩**「AIと消費者」法律時報94巻9号（2022年）23頁、**森亮二**「プラットフォーム規制の全体像」ジュリスト1603号（2024年）14頁、**中川丈久**「デジタルプラットフォームと消費者取引」ジュリスト1558号（2021年）40頁、「**特集・デジタルプラットフォームをどのように受け入れるべきか**」現代消費者法46号（2020年）4頁、「**特集・プラットフォーム規制の現在地**」ジュリスト1545号（2020年）13頁、「**特集・デジタルプラットフォームと消費者保護(1)(2)**」消費者法研究8号（2020年）1頁・10号（2021年）1頁、「**特集・デジタルプラットフォームと消費者の保護**」現代消費者法48号（2020年）4頁、**大澤彩**「**デジタルプラットフォームと民法・消費者法**」白石忠志＝宍戸常寿編『プラットフォームと法』（有斐閣、近刊予定）、「**特集・DPFにおける広告と消費者保護**」消費者法研究14号（2023年）1頁、「**特集・デジタル世代の消費者法**」法学セミナー827号（2023年）、**三枝健治**「民法・消費者法における契約責任の現代的課題」NBL1199号（2021年）42頁、**寺川永**「消費者契約法と事業者的消費者」ジュリスト1558号（2021年）16頁、**大澤彩**「消費者・事業者**概念**を問い直す」現代消費者法53号（2021年）13頁、**山田茂樹**「**インターネット取引**における現状と課題（広告について）」河上編著・論点整理24頁、**森田宏樹**「判批」百選60頁、**石井夏生利**「取引デジタルプラットフォーム上の消費者取引における売主の本人確認のあり方」現代消費者法51号（2021年）28頁、**千葉恵美子**「『取引デジタルプラットフォームを利用する消費者の利益の保護に関する法律』の意義と課題」千葉恵美子編著『デジタル化社会の進展と法のデザイン』（商事法務、2023年）336頁、**槇本英之ほか**「『取引デジタルプラットフォームを利用する消費者の利益の保護に関する法律』の概要」現代消費者法52号（2021年）70頁、**原田大樹**「消費者行政法の現代化」現代消費者法60号（2023年）117頁、**池本誠司**「実務からみた消費者法の体系化・現代化の課題」現代消費者法60号（2023年）77頁、**鹿野菜穂子**「デジタル・プラットフォームに関する消費者保護ルール（下）」消費者法研究10号（2021年）1頁、**板倉陽一郎**「デジタル化と消費者」法の支配214号（2024年）58頁、**山田茂樹**「**ドロップシッピング等**インターネット内職商法の問題点と対処方法」現代消費者法18号（2013年）26頁、

大澤彩「民法・消費者法からみた『同意』——事業者・消費者間取引における消費者の個人データ取得の場面等を素材に」NBL1167号（2020年）4頁。

本文ですでに引用したもののほか、松本恒雄編『平成23年版電子商取引及び情報財取引等に関する準則と解説』別冊NBL137号（2011年）（ただし、改訂前の準則である）、第二東京弁護士会消費者問題対策委員会編『インターネット消費者相談Q&A〔第4版〕』（民事法研究会、2014年）、東京弁護士会消費者問題特別委員会編『ネット取引被害の消費者相談〔第2版〕』（商事法務、2016年）、「特集・電気通信サービスをめぐる諸問題」現代消費者法18号（2013年）4頁、松本恒雄ほか編『電子商取引法』（勁草書房、2013年）、山田茂樹編著『インターネット消費者取引被害救済の実務』（民事法研究会、2014年）、齋藤雅弘『電気通信・放送サービスと法』（弘文堂、2017年）、中田邦博＝鹿野菜穂子編『デジタル時代における消費者法の現代化』（日本評論社、2024年）。

Unit 25

消費者保護制度論
──行政機関の役割

1　消費者行政の概要

　消費者法の「担い手」の１つに、行政機関がある。実際には、消費者行政を担う機関によって消費者保護の指針が決定され、また、行政規制によって事業者の規制がなされるなど、消費者法を知る上で行政機関の役割、行政規制について知ることは重要である。さらに、行政機関の役割は事業者の規制（「規制行政」）にとどまらず、消費者向けに事故情報を提供することや啓発活動を行うといった「支援行政」と呼ばれる役割も担っている（日弁連501頁以下）。

　日本の消費者行政は大きく次の２つに分けることができる。第１に、国の消費者行政である消費者庁、および、消費者委員会の役割を説明する。また、独立行政法人国民生活センターも大事な役割を果たしている。第２に、地方自治体による消費者行政である。

2　国の消費者行政

(1)　歴史──消費者庁ができるまで

　2009年の消費者庁設立前によく聞かれた見解として、「日本の消費者行政は縦割り行政である」というものがあった。その言葉に現れているように、日本の消費者行政は内閣府をはじめとする多くの行政機関によって担われていた。内閣府には国民生活局消費者企画課・消費者調整課があり、消費者契約法、製造物責任法等を管轄していた。他の省庁も、その専門分野を中心に消費者行政を担っていた。

405

⑵　消費者庁設立へ

　福田康夫元総理大臣は、2008年 1 月18日の施政方針演説において、「食品表示の偽装問題への対応など、各省庁縦割りになっている消費者行政を統一的・一元的に推進するための、強い権限を発足させる。同時に、消費者行政担当大臣を常設する。新組織は国民の意見や苦情の窓口とする」旨述べた。これを受けて、2008年 2 月に「各省庁縦割りになっている消費者行政を統一的・一元的に推進するための、強い権限を持つ新組織のあり方を検討し、その組織を消費者を主役とする政府の舵取り役とするため、『消費者行政推進会議』を開催する」ことが閣議決定された。消費者行政推進会議は11名の有識者から構成され、内閣総理大臣が開催するとされていた。

　これが、いわゆる「消費者庁」構想である。この背景には、縦割りとなっていることで事故や被害情報が分散していることや、監督官庁が不明確であるために対応に遅れが生じること、および、産業育成官庁が消費者行政も担当している現状では消費者保護行政が劣後しがちであることに対する批判が挙げられる。

　その後、消費者庁設置法案などの消費者庁関連三法案が2009年 5 月に成立し、「消費者庁」設立に至った。

⑶　消費者行政の一元化

　消費者庁の創設によって、一元的な消費者窓口を設置して、情報の一元的集約・分析体制を整備し、消費者に身近な法律は消費者庁が自ら所管するとともに、いわゆる「すき間事案」にも対応できる措置を定め、また消費者庁が消費者行政の司令塔として各省庁に措置要求できるようにする等の仕組みが整備された（逐条解説消安法 3 頁）。

　消費者庁設置の根拠法である消費者庁関連三法とは、消費者庁及び消費者委員会設置法、消費者庁及び消費者委員会設置法の施行に伴う関係法律の整備に関する法律（以下、「整備法」という）、および消費者安全法である。このうち、後述する消費者安全法は、消費者庁設立に際して新たに制定された実体法であり、消費者庁設立の趣旨を法律の形で示したものである（逐条解

説消安法2頁。なお、以下、消費者行政の体制について、樋口＝井内編著21頁以下も参照）。

（i）消費者庁

消費者庁は、内閣府の外局であり、その長は消費者庁長官である。所轄事務は以下のとおりである。

① 消費者の利益の擁護および増進に関する基本的な政策の企画および立案ならびに推進に関すること

② 消費者の利益の擁護および増進に関する関係行政機関の事務の調整に関する事務

③ 消費者の利益の擁護および増進を図る上で必要な環境の整備に関する基本的な政策の企画および立案ならびに推進に関する事務

④ 「消費者安全法」の規定による消費者安全の確保に関する事務（事故情報の一元的集約および事故情報を迅速に発信）。いわゆる「すき間事案」について消費者被害の発生・拡大の防止のための措置をとること

⑤ 各府省庁から移管された表示、取引、安全関係の法律に関する事務

⑥ 物価、公益通報者の保護および個人情報の保護に関する基本的な政策の企画および立案ならびに推進に関すること

整備法によってこれまで他の省庁が所轄していた29の法律を移管し、あるいは、消費者庁との共管とすることになった（消費者庁及び消費者委員会設置法4条）。所管の対象となった法律は「消費者利益の擁護及び増進に関わる主要な法律（消費者に身近な法律）」である。例として、表示関係（景品表示法、JAS法など）、取引関係（特定商取引法、貸金業法、旅行業法、割賦販売法など）、安全関係（消費生活用製品安全法など）、その他（公益通報者保護法など）があり、さらに製造物責任法、消費者契約法といった民事ルールも消費者庁所管となった。それぞれの法律について、消費者庁が企画・立案を行うなどし、実際の立入検査等は消費者庁の主導の下、国の地方出先機関、都道府県などを活用して行う。

消費者庁（長官）は、消費者庁が所管する各法律に基づき、かつ、権限委任政令により内閣総理大臣に留保される権限を除き、当該法律による権限を行使するほか、固有の権限としてその所轄事務を遂行するため必要があると

認めるときは、関係行政機関の長に対し、資料の提出、説明その他の必要な協力を求めることができる（消費者庁及び消費者委員会設置法5条）。

消費者庁は、消費者契約法等、消費者取引にとって重要な法律はもちろん適格消費者団体による団体訴訟制度・消費者裁判手続特例法を職掌しているだけではなく、消費者安全、特定商取引法・預託法に基づく法執行、景品表示法に基づく表示対策、さらには公益通報も担当しているなど、消費にかかわるさまざまな業務を担っている。人員は当初より2倍に増員されているが（2024年4月1日現在で定員465名）、人的リソース面の不足が指摘されている（池田114頁）。

(ii)　消費者委員会

消費者委員会は、消費者庁から独立して権限行使を行う機関で、内閣府本府に置かれる。消費者委員会は10人以内の委員で構成され、委員は消費者が安心して安全で豊かな消費生活を営むことができる社会の実現に関して優れた識見を有する者のうちから、内閣総理大臣によって任命される（消費者庁及び消費者委員会設置法9条・10条）。ほかに臨時委員や専門委員が選任されることもある。

所轄事務は、以下の重要事項に関して、自ら調査審議し、必要と認められる事項を内閣総理大臣、関係各大臣または長官に建議すること、および、これらの大臣等の諮問に応じて調査審議することである（消費者庁及び消費者委員会設置法6条）。

①　消費者の利益の擁護および増進に関する基本的な政策に関する重要事項
②　消費者の利益の擁護および増進を図る上で必要な環境の整備に関する基本的な政策に関する重要事項
③　景品類等の適正化による商品および役務の消費者による自主的かつ合理的な選択の確保に関する重要事項
④　物価に関する基本的な政策に関する重要事項
⑤　公益通報者の保護に関する基本的な政策に関する重要事項
⑥　個人情報の適正な取扱いの確保に関する重要事項
⑦　消費生活の動向に関する総合的な調査に関する重要事項

また、消費者被害の発生または拡大の防止に関し、消費者安全法43条の規

定により内閣総理大臣に対し必要な勧告をし、これに基づき講じた措置について報告を求めることや、法律の規定によりその権限に属せられた事項を処理する。

以上の審議および勧告等に基づき、消費者庁を含めた消費者行政の監視機能を担う第三者機関が消費者委員会である（齋藤編著45頁）。実際には、消費者基本計画（*Unit 1*）の検証・評価・監視や、法改正等に向けた答申や専門調査会等を設置した上での建議発令など、独立した立場から消費者制度を改善するための積極的な活動がなされている。

(iii) その他の省庁の役割

現在でも食品や医薬品については、それぞれ農林水産省と厚生労働省、金融サービスについては金融庁、振り込め詐欺などの消費者をターゲットとした犯罪について警察庁、自動車のリコールについては国土交通省の「リコール対策室」、電気通信サービスにおける消費者問題については総務省の役割も見逃せない。

最後に、国の消費者行政に関するものとして公正取引委員会がある。独占禁止法に基づく価格に関する規制など、競争行政を担っている。

(4) 消費者安全法

消費者の消費生活における被害を防止し、その安全を確保するため、内閣総理大臣による基本方針の策定、都道府県および市町村による消費生活相談等の事務の実施および消費生活センターの設置、消費者事故等に関する情報の集約、消費者安全調査委員会による消費者事故等の調査等の実施（後述する2012年消費者安全法改正で追加）等、消費者被害の発生または拡大の防止のための措置等所要の措置を講ずることを定めた法律である（同法1条）。消費者庁の司令塔としての役割を果たすために具体的な措置を定めている。

消費者安全法では、「消費者事故等」（同法2条5項）、「生命身体事故等」（同条6項）、および、その中に包含される「重大事故等」（同条7項）さらには、「多数消費者財産被害事態」（同条8項。後述する2012年同法改正で追加）を定義した上で、国および地方公共団体の責務、事業者や事業者団体の消費者安全の確保の努力義務や国や地方公共団体への協力義務を定めている（同

法3条〜5条）。また、内閣総理大臣に対し、消費者安全の確保に関する基本的な方針を定める責務を課し（同法6条）、都道府県知事は内閣総理大臣の定めた基本方針の変更についての提案権を認めている（同法7条）。

　(i)　**法の内容**

具体的な内容は以下のとおりである。

① 　地方公共団体による消費生活相談、苦情処理のあっせん等の事務を実施し（消安8条）、この事務を行うために消費生活センターを設置する（都道府県は必置、市町村は努力義務。同法10条）。消費者に身近な消費者行政窓口を整備することが目的である。また、国および国民生活センターは、都道府県および市町村に対し、苦情相談やあっせんの実施に関して、必要な援助を行う（同法9条）。

② 　行政機関、地方公共団体、国民生活センターは被害の拡大のおそれのある消費者事故等に関する情報を内閣総理大臣に通知（重大事故についてはただちに通知）し（消安12条1項・2項）、内閣総理大臣は、消費者事故等に関する情報等を集約・分析し、その結果を公表する（同法13条）。消費者庁（内閣総理大臣）は、この情報の集約・分析およびその結果の取りまとめを行うため必要があると認めるときは、関係行政機関の長、関係地方公共団体の長、国民生活センターの長その他の関係者に対し、資料の提供、意見の表明等必要な協力を求めること（同法14条1項）や、消費者事故等の発生・拡大の防止を図るため必要があると認めるときは、関係都道府県知事または関係市町村長に対し、消費者事故等に関して必要な報告を求めることができる（同条2項）。

　行政機関等の通知は書面、ファックス、電子メールで行われる。重大事故以外の場合には、国民生活センターのPIO-NET（パイオネット）や「事故情報データバンク」への入力でも通知したとみなされる（消安12条4項）。

　2023年度に通知された「消費者事故等」は1万6298件であり、その内訳は、生命身体事故等が5635件、財産事案が1万663件である。重大事故の多くは「火災」である（令和6年度消費者白書6頁）。

③ 　消費者庁は、消費者の注意を喚起する必要があると認めるときは、消

費者被害の発生・拡大の防止に資する情報を都道府県および市町村に提供するとともに、これを公表する（消安38条1項）。これはあくまでも消費者被害の発生・拡大防止のためであり、事業者に対する制裁として行われるものではない（逐条解説消安法11頁）。また、同じく関係行政機関の長等にも情報提供することができる（消安38条2項）。ここでの関係行政機関の長等には、行政機関以外の公益法人や民間事業者も含まれると解されていることから、金融機関に対する情報提供によって預金口座の凍結、クレジットカードの決済機能の停止などの対応に結びついているとのことである（山田19頁）。

④　被害の防止を図るために実施しうる他の法律の規定に基づく措置がある場合には、内閣総理大臣は、法律に基づく措置を実施するよう関係各大臣に要求する（消安39条1項）。措置がない場合（「すき間事案」）で、かつ、生命・身体分野における重大事故の場合には、内閣総理大臣は、事業者に対し、必要な措置をとるよう勧告し、これに事業者が正当な理由なく従わなかった場合には、当該措置をとることを命令する（同法40条）。一方、急迫した危険がある場合は、前述した手続をとらず、必要な限度において商品の譲渡等を禁止・制限し、禁止・制限措置に違反したときは、商品の回収等を命令する（同法41条・42条）。

命令、禁止等に従わない場合には罰則がある（消安51条・56条1号）。

また、2012年消費者安全法改正によって、多数の消費者への重大な財産被害の発生・拡大の防止のために、他省庁の所管する法律に基づいて実施しうる措置がない場合にも、消費者庁に独自の勧告や命令の権限（消安40条4項・5項）が与えられた。これによって、消費者の生命・身体の安全に関わらない財産被害の事案についても消費者庁が勧告や命令を行うことができる。また、特定の商品や取引行為を対象として規制するものではなく、財産分野の消費者事故等（同法2条5項3号）のうち、「消費者の財産上の利益を侵害することとなる不当な取引であって、事業者が消費者に対して示す商品、役務、権利その他の取引の対象となるものの内容又は取引条件が実際のものと著しく異なるもの」が、事業者によって行われることにより、多数の消費者の財産に被害を生じ、また、そのおそれがあるもの（同条8項1号）

に該当するのであれば広く対象となり、景品表示法の不当表示規制や消費者契約の取消事由よりも対象範囲が広いので（山田14頁）、各種の業法上の規制の受け皿的機能が期待される（河上・挑戦172頁）。

さらに、2014年の消費者安全法改正においては、高齢者を中心とした消費者被害を防止するため、地方公共団体における消費生活相談体制の充実強化の観点から、消費生活相談員の資格整備等を定めることや、消費者被害の防止に向けた地域社会全体での取組みを進めるために国および地方公共団体の機関が消費者安全確保地域協議会を設けることができること等が定められている（消費者庁消費者教育・地方協力課16頁以下）。

Unit 19 で説明したように、安全制度は事業分野ごとの法律によって定められているため、どの法律の適用も受けない「すき間事案」が生じていた。消費者安全法は、このすき間事案に対して、必要な措置をとったり、事故情報の収集という形で再発防止を可能にしている点に大きな意義がある。

(ii) 消費者安全調査委員会

しかし、消費者事故情報を一元化するだけではなく、情報を元に事故の原因究明を行うことで、再発防止を図るための知見を得ることが必要である。この必要性は、消費者安全法制定時から認識されており、消費者庁発足後の検討課題とされていた。そこで、2012年の消費者安全法改正によって、2012年10月1日に同法の改正法が施行され、「生命身体事故等」とその被害の原因究明調査を行うとともに（「調査」）、他の行政機関等による調査・検査の結果を評価し（「評価」）、被害拡大、同種事故の発生防止のために講ずべき施策または措置について内閣総理大臣に勧告し、また、内閣総理大臣または関係行政機関の長に意見を述べる、「独立性」（同法17条）、「公正性・中立性」（同法22条の職務従事制限を参照）、「網羅性」、および、「専門性」を備えた機関として消費者庁に消費者安全調査委員会が設置された（同法15条以下。以下、河上・挑戦166頁以下、宇賀1頁以下、朝見181頁も参照）。

消費者安全調査委員会は有識者7名の委員で構成され（消安18条1項。任期は原則として2年（同法20条1項））、「生命身体事故等」につき、調査対象となる案件を選び出した上で自ら報告徴収・立入検査等の調査権限を行使するなどして事故等原因調査を行う（同法23条）。調査対象は運輸安全委員会

の調査対象たる事故等を除いたあらゆる生命・身体分野の事故等に及び、その中から、事故等の発生・拡大の防止および被害の軽減を図るために原因究明する必要性が高いものが選定される。これによって、事故調査体制がない分野の事故や、調査する体制があるものでも消費者保護の観点から十分な調査を進めることが困難な分野の「すき間事故」にも対応できる（黒木311頁）。調査の端緒情報は、消費者庁に集約されている消費者事故情報と、被害者等から調査申出のあった事故情報である。調査開始が決定された場合には、必要に応じて報告徴収、立入検査、写真撮影等の措置を行って証拠を集めたり、メーカー等からの事情徴収を行うこともできる。また、他の行政機関等によって調査等が行われている場合には、これらの調査等の結果の評価を行う（同法24条）。事故等原因調査等を行うために必要があると認めるときは、当該事故等原因調査等に係る調査または研究の実施に関する事務の一部を、独立行政法人や学識経験者等、外部の施設や有識者に委託することができる（同法25条）。事故等原因調査を完了する前には、原因関係者に対して、意見を述べる機会を与えなければならない（同法30条）。調査終了後、報告書を作成し、これを内閣総理大臣に提出する。その上で、生命身体被害の発生または拡大の防止のために講ずべき施策および措置について消費者庁（内閣総理大臣）に対して勧告を行い（同法32条）、あるいは適時に、消費者庁（内閣総理大臣）および関係行政機関の長に対して意見具申を行う（同法33条）ことができる（他方で、事業者に対して直接勧告や命令を行う権限はない）。報告書公表および意見陳述後のフォローアップもなされている（宇賀6頁以下）。フォローアップは、消費者安全法には規定がなく、実務的に行われており、意見先の行政機関で再発防止措置が適切に行われているかを確認するためのものである。

　この機関に対しては、何人も生命身体被害の発生または拡大を防止するため、事故等原因調査等を行うことを求めることができる点に大きな特徴がある（同法28条）。課題として指摘されているのは、警察等による捜査機関との間での調整（証拠品の取扱いや刑事手続との関係）である（河上・挑戦169頁）。

　消費者安全調査委員会の活動実績は、消費者安全調査委員会「消費者安全調査委員会設立10年の活動報告書」（2022年9月）に掲載されている（林75頁

以下も参照）。それによると、設立後約10年間で事故等原因調査を行った案件は23件であり、調査期間の平均は約20か月である。調査期間が長くなるのは、原因究明のための実験や再発防止策等の検討にも時間がかかることによると指摘されている（林75頁）。現地調査のルールの具体化や事務局体制の強化、法制度を含む諸種のルール形成に果たす役割や事業者と消費者をつなぎ安全安心な社会を共創していく役割の強化、さらには、対外的な発信力強化や情報収集力および調査分析力の強化、さらには、関係機関等への働きかけや連携（調査のための国民生活センター等との連携など）の強化が課題としてあげられている（同報告書23頁以下）。

3　国民生活センター

(1)　概　要

消費者庁が所管する独立行政法人である国民生活センターは、消費者への情報提供、苦情相談等消費者行政にとって重要な役割を果たしている。同センターは、国民生活センター法（1970年）によって設立された特殊法人であったが、2003年以降は独立行政法人国民生活センター法による独立行政法人となった。その目的は同法3条にあるように、「国民生活に関する情報の提供及び調査研究」にある。その役割については、消費者保護基本法が改正され、消費者基本法となった際に、同法25条ではじめて明記された（国民生活センターの歴史および今後について、松本・行政の役割67頁以下）。

(2)　国民生活センターの活動内容

国民生活センターの活動内容としては、大きく次の6つが挙げられる（国民生活センター法10条）。

(i)　情報提供・啓発、行政機関等への要望

後に述べる「PIO-NET（パイオネット）」情報をもとにした消費者啓発資料の作成、行政機関および業界団体への要望、さらには報道機関向けの発表を行っている。媒体としてはインターネット上のウェブサイトやメールマガジン、ハンドブック『くらしの豆知識』等がある。

(ii) **相談支援**

　かつては消費生活相談員による相談、あっせんを日常的に行っており、2002年からはインターネットを利用した情報収集システム「消費者トラブルメール箱」も利用されていた。しかし、現在では後述する「あり方の見直し」の問題が提起されたことを受けて、消費者からの直接相談には基本的に応じておらず、全国の消費生活センターの相談員からの「経由相談」に応じている。もっとも、「消費者ホットライン（188）」につながらなかった場合には、消費者からの直接相談に応じることもある（平日バックアップ相談、休日相談など）。

　2013年の夏からはお昼の消費生活相談を始めている（自治体の消費生活センターが昼休みの時間帯となりうる11時から13時までの間に消費者から電話で直接相談を受ける）。

(iii) **調査研究**

　消費者問題に関する調査研究を行い、その成果を調査研究誌『国民生活研究』などで公表している。

(iv) **全国の自治体の消費生活センターのネットワークの中心としての役割**

　オンラインシステム「PIO-NET（パイオネット）」等による各種情報の集約や教育研修（「消費生活専門相談員認定試験」の実施、自治体の消費者センターの相談員の育成）を行っている。「PIO-NET（パイオネット）」とは、国民生活センターと全国の消費生活センターをオンラインネットワークで結び、消費生活に関する情報を蓄積・活用するシステムである。PIO-NET情報を元に商品別・商法別で相談件数等を抽出・検索できる「消費生活相談データベース」が国民生活センターHPで公開されている。PIO-NETで収集した相談情報を分析した上で情報提供を行っている。また、PIO-NETは消費者庁による法執行の前提となる調査の端緒となる情報（事故情報、財産被害情報など）を提供している。

(v) **商品テスト**

　製品関連事故の原因究明を通じた被害の未然防止・再発防止のための商品テストを行い、注意喚起情報を提供している。具体的には、各消費生活センターからの苦情相談処理を支援するために依頼に応じて商品テストを行うと

ともに、苦情品のみならず商品群として問題が考えられる商品等についての被害情報を分析し、事故の未然防止・拡大防止のためのテストを行っている。また、消費者に注意喚起を行うだけではなく、行政機関や事業者等に商品改善や規格等の改正を要望することもある。

(vi) 教育研修・資格制度

消費者行政担当職員、消費生活相談員などを対象にして、教育研修事業を行っている（相模原事務所研修施設を活用）。また、消費生活専門相談員の資格認定試験を実施している。

実際の苦情相談、情報収集に対して、国民生活センターの果たす役割は大きい。全国の苦情情報を集約していることなどからも、この点は明らかである。しかし、他方で国民生活センターが実際の紛争解決に果たす役割については、その制約が問題になっていた。そこで、2008年に独立行政法人国民生活センター法が改正され、紛争解決について一定の権限が与えられることになった。具体的には、国民生活センターに紛争解決委員会を設置し、同委員会において、重要消費者紛争について、和解の仲介手続および仲裁の手続という2種類の裁判外紛争解決手続を実施することとした（詳しくは *Unit 26* で説明する）。

(3) 国民生活センターのあり方の見直しについて

2010年末に、独立行政法人の事業仕分けで国民生活センターが対象となり、国民生活センターの各事業や機能を自治体や民間で実施できないか、さらには、消費者庁に一元化ができないかが問題提起された。その上で、国民生活センターの廃止を含めて法人のあり方が検討されることとなった。その後、消費者庁と国民生活センターとで「国民生活センターの在り方の見直しに係るタスクフォース」が立ち上げられて見直しに向けた検討が積み重ねられ、第三者による検証も行われた。最終的には、2012年年明けに発表された「独立行政法人の制度及び組織の見直しの基本方針」において、「消費者行政全体の機能を効率化・強化し、国民の安全・安心を確実に担保するため、必要な定員・予算を確保した上で、平成25年度を目途に本法人の機能を国に移管する」という方針が示された。その中で、具体的にどのような組織として

国に移行するかはいまだ検討中であるとされているが、「国民生活センター」
という名称を維持した特別な組織として、現在国民生活センターが有してい
る役割を一体として担う機関とすることが提案されている。その際、独立性
を法的にも担保された形で消費者庁を移行先とすることが提案されている
（内閣府＝国民生活センターの国への移行を踏まえた消費者行政の体制の在り方に
関する検討会「国民生活センターの国への移行を踏まえた消費者行政の体制の在
り方に関する検討会」報告書～消費者行政の機能強化を目指して～（2012年8月
22日）（https://www.cao.go.jp/consumer/iinkai/2012/099/doc/099_120904_shiryou
3-2.pdf））。

　しかし、2012年末の消費者担当大臣の会見において、2013年度中の国への
移管は行われないことが発表された。その後、2013年3月に設置された「消
費者行政の体制整備のための意見交換会」が、同年7月23日に中間整理を発
表し、「国民生活センターの在り方については、あらゆる選択肢を排除せず、
①消費者庁、消費者委員会、国民生活センターとの連携に関する検証結果、
②今後の独立行政法人制度改革の動向、を踏まえつつ引き続き検討」との取
りまとめが公表された。さらに、その後、2013年12月24日に閣議決定された
「独立行政法人改革等に関する基本的な方針」において、「中期目標管理型の
法人とする」こととされた。

⑷　越境消費者センター（CCJ）

　2011年に、消費者庁が民間に委託して消費者庁越境消費者センター（CCJ）
を開設した。その後、2015年に国民生活センター内にCCJが開設され、2015
年6月から相談受付を開始した。事務局運営は国民生活センターから委託を
受けた民間機関が行っている。CCJは、海外の窓口となる機関と連携し、相
手国事業者に相談内容を伝達するなどして海外事業者に対応を促し、消費者
と海外事業者の間のトラブル解決の援助を行っている（https://www.ccj.
kokusen.go.jp/）。トラブルになった事業者の所在地を管轄する海外連携機関
がない場合には、消費者へ助言などの支援を行う（髙橋84頁）。

　2020年度末時点で、消費者から4万5000件を超える相談を受け付けた（そ
の後、2023年度に寄せられた相談件数は6371件で、2022年度と比べて約27％増加

し、CCJ開設以降、最多となった（「2023年度越境消費者相談の状況─越境消費者センター（CCJ）より─」（報道発表、2024年8月7日)))。その多くはオンラインショッピングによるものであり、解約に関するトラブルや詐欺的な事業者とのトラブルが多い（林ほか53頁以下）。

4 地方自治体の行政

（1） 概 要

消費者行政の中でも実際の規制行政などのほとんどは国が権限を有している。しかし、その中には法定受託事務として地方自治体によってその実施が担われているものもある。例えば、食品衛生行政における保健所の活動が挙げられる（以下、大村260頁以下も参照）。

これに対して、地方自治体固有の事務として消費生活センターの活動は重要である。情報提供、消費者教育あるいは苦情相談などにつき、各都道府県および市町村の消費生活センターが果たす役割は大きい。最初に消費生活センターが設置されたのは、1965年の兵庫県である。前述したように、消費者安全法で設置の努力義務が課されている（地方消費者行政につき、消費者庁「地方消費者行政の現況」『令和6年度地方消費者行政の現況調査』（令和6年10月))。

（2） 消費生活センターの役割

消費生活センターもやはり、消費生活相談、消費生活情報の提供、消費者教育の推進、消費者団体等の活動の支援・協働、商品テストなどの事業を実施している。また、区市町村の消費者行政を支援し、連携を深める役割を果たしている。

その中でも重要な役割を果たしているのが消費生活相談である（**Unit 26**で説明する「消費者ホットライン（188)」経由）。相談員は、消費生活相談員、消費生活アドバイザー、消費生活コンサルタントの3つの資格のいずれかまたは複数の資格を持っている者が基本である（角田324頁）。もっとも、常勤の相談員が少ないことや、法的な専門知識を有している相談員が少ないことが問題として挙げられている。消費生活相談では「相談」、「あっせん」が行

われる。また、地方自治体の消費者行政課では消費者苦情処理委員会などの名称を付した専門家の合議機関を設けているところも多く、これらの委員会があっせんや調停を行うことも多い（東京都被害救済委員会など）。これらの紛争解決のための消費生活センターの役割については、**Unit 26**で説明する。

(3) 条例の役割

現在、すべての都道府県とそれと同数程度の市町村が消費者保護に関する条例を有している（以下、大村260頁以下も参照）。全国で最初にできた本格的な消費者条例が、1974年の「神戸市民のくらしをまもる条例」である。一方、東京都では1974年にオイルショックを受けて制定された「東京都緊急生活防衛条例」に変わり、1975年に「東京都生活物資の危害の防止、表示等の事業行為の適正化及び消費者被害救済に関する条例」（略称「東京都消費生活条例」）が制定された。その後、「東京都消費生活条例」を正式名称とする新条例が1994年に制定され、複数回の改正を経て現在に至っている。

以下では、この東京都消費生活条例を素材に、条例の特徴を述べていく。

まず、「消費者の権利」が宣言されている点を挙げることができる。現在では消費者基本法で「消費者の権利」が定められていることもあり、それほど珍しくはないが、東京都では1975年の条例制定時点ですでに「消費者の権利」を定めていた。現在では多くの自治体で「消費者の権利」が定められている。なお、現在の東京都消費生活条例が定める「消費者の権利」は、①生命・健康を侵されない権利、②適正な表示を行わせる権利、③不当な取引条件を強制されない権利、④公正かつ速やかに救済される権利、⑤速やかに情報を提供される権利、⑥消費者教育を受ける権利の6つである。

次に、「不適正な取引行為」がリストアップされている（東京都消費生活条例25条1項）。具体的には、①不当勧誘行為、②不当強制行為、③不当な契約内容を定める行為、④不当な履行強制行為、⑤不当な履行延引行為、⑥不当な終了拒絶行為、⑦不当な三当事者間取引、⑧消費者の自主性を害する不当勧誘行為、⑨情報提供義務に違反する勧誘行為である。詳細は東京都消費生活条例施行規則で定められており、同規則では55の事項を不適正な取引行為としている。最近では、迷惑メール対策や個人情報保護に関する規定が定

められている。これに違反する行為に対しては都知事の調査が可能であり（東京都消費生活条例26条）、都知事が必要と認めるときは調査結果を公表するものとされている（同条例27条）。この「不適正な取引行為」のリストは、国レベルでの規制を補完する役割を果たしている。また、2015年には同条例が一部改正され、悪質化、巧妙化する手口による消費者被害の現状を背景に、消費者被害の未然・拡大の防止を図るため、不適正な取引行為を行う事業者に対する取り締まりに係る規定が整備された。

　最後に、条例によっては訴訟費用の援助に関する規定が置かれていることもある（東京都消費生活条例31条など）。

5　消費者行政の将来

　以上のように、消費者法の「担い手」の１つである国・地方公共団体の行政機関は、消費者への情報提供、消費者問題の分析や事故原因の調査といった役割のみならず、消費者相談の受付やADRによる紛争解決などさまざまな役割を果たしている（**Unit 26**も参照）。

　これに加え、近年、被害救済や被害抑止という観点からの行政の役割に着目する研究が行われている（松本・多様化４頁以下。また、鹿野）。考えられる方法として、行政規制の執行体制の強化や行政規制自体の強化、さらには、行政による金銭的賦課によって利益を吐き出させる制度が考えられる。後者については、消費者被害の回復という観点から行政制裁が果たす役割が注目されている。この点では景品表示法の課徴金制度が消費者の被害回復としての役割をも果たすものであり、注目されている（**Unit 27**で説明する）。このように、行政処分は事前規制・被害抑止のためであるのに対し、民事効は事後規制・被害回復のため、という図式自体、再検討の余地がある。もっとも、これまで論じてきた安全規制については抑止の観点からの規制がすでになされているが、契約法分野における行政処分のあり方については、難題が残されている（大澤も参照）。

420

＊参考文献＊

本文中、**樋口一清＝井内**正敏編著『日本の消費者政策』（創成社、2020年）、**池田清治**「消費者庁・消費者委員会の設置、歩み、そして、課題」現代消費者法59号（2023年）109頁、**齋藤憲道**編著『消費者庁──消費者目線で新時代の経営を創る』（商事法務、2009年）、**山田**茂樹「消費者安全法の現状と立法的アプローチ──多数消費者財産被害事態の要件の再検討を含めて」現代消費者法62号（2024年）13頁、**消費者庁消費者教育・地方協力課**「消費者安全法改正の概要」法律のひろば68巻6号（2015年）16頁、**宇賀**克也「消費者安全調査委員会の特色と課題」行政法研究27号（2018年）1頁、**朝見**行弘「製品安全と消費者(2)」百選181頁、**黒木理恵**「消費者安全と行政の動き」中田＝鹿野編305頁、**林秀弥**「消費者安全法に基づく消費者行政とその課題──消費者事故調の役割を中心に」現代消費者法58号（2023年）73頁、**松本**恒雄「消費者被害の救済と抑止における**行政の役割**」現代消費者法49号（2020年）67頁、**髙橋**義明「越境消費者センター（CCJ）の実情と今後の展望」現代消費者法58号（2023年）82頁、**林大介**ほか「越境消費者相談の状況と相談実務上の論点──国民生活センター越境消費者センター（CCJ）の取組みを通じて」現代消費者法30号（2016年）53頁、**角田**真理子「消費生活相談制度の経緯と課題──支援体制の整備と刑事法アプローチの必要性の提案」穴沢大輔ほか編『長井長信先生古稀記念・消費社会のこれからと法』（信山社、2024年）313頁、**松本**恒雄「消費者被害の救済と抑止の手法の**多様化**」現代消費者法40号（2018年）4頁、**鹿野**菜穂子「消費者法（取引分野）におけるルール形成の在り方──公正な市場を実現するためのルールと担い手のベストミックス」現代消費者法45号（2019年）11頁、**大澤彩**「不当条項規制における行政機関の役割」消費者法研究8号（2020年）133頁。

本文に掲げるもののほか、中川丈久「消費者事故原因の究明と課題──"消費者事故調"の始動後1年を振り返って」ジュリスト1461号（2013年）34頁、「特集・消費者庁設置と地方消費者行政の充実」現代消費者法5号（2009年）4頁、「特集・検証　消費者庁・消費者委員会」現代消費者法13号（2011年）4頁、「特集・新時代のあり方を、消費者視点で考える」現代消費者法45号（2019年）4頁における「3　消費者行政のあり方」（18頁以下）の諸論稿。

Unit 26

消費者保護制度論
——消費者紛争解決制度

これまで消費者法の民事ルールや行政ルールによる紛争予防や紛争解決基準のあり方について見てきた。本Unitでは、実際に生じた消費者紛争を解決する制度を概観する。その前に、消費者紛争の特徴を知る必要がある。

第1に、被害金額が少額であることが多い。たしかに消費者の収入からすると決して少額とはいえないが、紛争解決手続上は簡易裁判所レベルの少額被害とされる。その結果、実際の裁判手続となると弁護士費用などの訴訟コストが負担となるために躊躇しがちである。

第2に、不特定多数の消費者が対象となっており、多数の消費者が同種被害に遭っていることが多い。このことは、被害者が少ないうちに紛争を解決することによって被害の拡大を防ぐ必要性はもちろん、不特定多数の消費者の紛争をまとめて解決する必要性を生じさせる。

第3に、消費者は情報を有していない。その結果、被害情報が消費者のもとまで届かず、新たな紛争を防ぐことができないという事態に陥る。この観点からは、消費生活センターの果たす役割は大きい。

第4に、訴訟コストの問題がある。裁判手続費用は大きな負担である。事業者は紛争解決のためにかかったコストを商品の価格に転嫁することで回収可能であるが、消費者はそれができない。また、時間がかかる裁判手続が敬遠されることも多い。

以上の特徴をふまえつつ、消費者紛争解決制度にはどのようなものがあるかを説明する。

1 民事裁判

(1) 民事調停

民事調停は、相手方の住所地を管轄する簡易裁判所に調停の申立てを行い、調停委員会の調整のもとで行う話合いである。示談とは異なり、調停が成立した場合には確定判決と同様の執行力を持つ調停調書が作成される。その結果、例えば金銭の支払を任意に履行しない当事者に対しては、調停調書に基づく強制執行をすることが可能である。調停に代わる決定（17条決定）も可能である。これによれば、両当事者から異議が出ない場合には調停の成立が擬制される（山本和・民事手続法345頁も参照）。

民事調停は、一般に当事者の住所・氏名、申立ての趣旨、紛争の要点、申立年月日、申立裁判所を記載した申立書を作成して提出することで申し立てる（民事調停規則３条）。調停は、相手方の住所、居所、営業所もしくは事務所の所在地を管轄する簡易裁判所に申し立てなければならない（民事調停法３条。紛争の金額が140万円以上で訴訟の場合には地方裁判所の管轄である場合にも簡易裁判所）。

ただし、調停でも解決しないような場合には訴訟手続を利用することになる。

(2) 民事裁判

民事裁判では、原告が管轄裁判所に訴状を提出して申立てをし、これを受理した裁判所が口頭弁論期日を開いて双方を呼び出す。双方に対して主張とともに証拠を提出させ、主張と証拠に基づいて事実関係や争点の整理を行い、法律に基づいて双方の言い分について判断を行う。最終的な判断は判決により行う。

訴訟手続は、請求金額によって140万円以下であれば簡易裁判所の管轄であり、140万円を超える場合には地方裁判所の管轄となる（後に述べるように、訴えの利益の価格が60万円以下の金銭の支払を求める場合には少額訴訟を利用できる）。

なお、他の裁判手続として、多重債務の解決のために用いられる簡易裁判所の特定調停、地方裁判所の民事再生手続、自己破産手続がある。

(3) 問題点とその解決策

実際には、消費者にとって裁判手続は利用しにくいといわれる。理由としては、手続が複雑でアクセスしにくい、経済的負担が大きいなどが挙げられる（2022年の民事訴訟法等の一部を改正する法律の成立で導入された民事訴訟制度のIT化（インターネットを利用した申立てやウェブ会議による参加など）が消費者の移動の負担などを軽減する可能性はあるが、施行後の状況を見るしかない）。これらに関する問題をいくつか取り上げる（大村330頁以下も参照）。

(i) 管　轄

民事訴訟は、被告の住所地を管轄する裁判所に提起するのが原則である。ただし、いくつか例外がある。例えば、貸金の返還を求める訴訟では、民法上、借主が貸主のところへ持参して支払うのが原則なので（同法484条）、義務履行地とされる貸主の住所地で訴訟提起することができる。また、不法行為地を管轄する裁判所（事故が起こった場所を管轄する裁判所）への提起が認められることもある。

消費者紛争で問題になるのが合意管轄である。当事者があらかじめ、どの裁判所を管轄とするかについて定める旨の合意をしている場合には、合意に基づく裁判所に訴訟を提起することができる。例えば、約款の中に、「管轄は本店所在地を管轄する裁判所とする」とする旨の条項が入っていることがある。しかし、そうすると例えば地方に住んでいる消費者が東京や大阪の裁判所まで出向くか、あるいは弁護士にお金を払って行ってもらうことになり大きな負担となる。

そこでこのような場合、消費者の住所地を管轄する裁判所への移送を申し立てることができる（民訴17条）。具体的には、「当事者間の衡平」のために移送が柔軟に認められ、移送の対象から除外される専属管轄から専属管轄の合意は除外される（同法20条1項）。

(ii) 訴訟に要する費用

訴訟費用（裁判所に納付する手数料等）は訴額に応じて決まり、それ以外の

請求については目的物の価格を基準に訴額が算定されるのが通常である。算定が著しく困難な場合や財産権を目的としない訴えの場合、訴額は160万円とみなされる（民事訴訟費用等に関する法律4条2項）。

消費者にとって訴訟費用は大きな負担となる。勝訴判決を得られれば訴訟費用は負担しなくてよいが（敗訴者負担制度）、提訴時の手数料の納付など一時的には費用を負担しなければならない。また、訴訟費用のほかに弁護士費用もかかる（弁護士費用は勝訴しても負担しなければならない）。この点に関しては次の3つの制度を取り上げる。

第1に、日本司法支援センター（法テラス）による「民事法律扶助による立替制度」である。法テラスは、民事司法制度改革の課題である一般市民の司法アクセス改善のため、法的情報の提供や法律相談を簡易に行うために2006年に設立されたものであり、全国の地裁所在地、および、いわゆる司法過疎地にも事務所が設置され、常勤の弁護士が置かれている。具体的には、無料の法律相談を受けてもらい、その結果、収入状況や勝訴の見込みなどを考慮して援助が必要と認められた場合に、弁護士費用や司法書士費用の援助を受けることができる。ただし、特に資力の乏しい当事者でない限り、法テラスに対する償還義務は勝ち負けにかかわらず負うことになる。

第2に、各地の自治体の条例による援助が注目される。例えば東京都消費生活条例は、①被害額が訴訟費用を上回り訴訟による救済を求めるのが困難な場合、②同種の被害が多数生じている場合、③当該被害が委員会で審議に付されている場合、④3か月以上引き続き都内に住所を有している場合には、立替えではなく援助をも認めている（東京都消費生活条例31条）（**Unit 25**）。

第3に、訴訟上の救助という制度がある。民訴法82条以下で認められたものであり、「訴訟の準備及び追行に必要な費用を支払う資力がない者又はその支払により生活に著しい支障を生ずる者に対しては、裁判所は、申立てにより、訴訟上の救助の決定をすることができる。ただし、勝訴の見込みがないとはいえないときに限る」とされている。

(iii) 少額訴訟制度

簡易裁判所には少額訴訟制度がある（民訴368条以下。以下、詳細は山本和・民事手続法337頁以下参照）。少額訴訟では原則として口頭弁論期日は1回期

日だけで当日に判決の言渡しまで行う。したがって、1回裁判所に出頭すればよい。事実関係や法律解釈について対立点が少ない単純な事件で、60万円までの金銭の支払を求める事件であれば利用可能である（ただし、金銭の支払請求でなければならないので、例えば物の引渡請求や金銭債務の不存在確認請求は、少額訴訟によることはできない）。手続的にも例えば証人尋問も電話会議で行うことができるなど簡易化が図られている。

　ただし、判決に不服があっても控訴をすることはできない。異議申立てはできるが、この場合、同じ簡易裁判所で審理されることになる。また、原告がこの手続を選んでも、被告が通常手続への移行を求めることができる。さらに、消費者が勝訴し、判決で事業者に対して支払が命じられた場合でも、事業者が判決に従って任意に支払うとは限らない。もっとも、被告が支払を任意に履行できるような内容にするために、被告の資力その他の事情を考慮して特に必要があると認めるときは、判決の言渡しから3年を超えない範囲内において、その支払の時期を定めることができ、また、判決言渡しの日から3年を超えない範囲内において月払いなどの分割払いの定めをすることができる場合もある。

　なお、少額訴訟は、同一の原告が、同一の簡易裁判所で、同一の年に年10回を超えて提起することはできない（民訴368条1項ただし書、民訴規223条）。信販会社やサラ金会社などの事業者が少額訴訟制度を濫用することを防ぐためである。

　現行法制度には、消費者紛争に特化し、個別訴訟手続が簡易化された訴訟制度は存在しないが、消費者の時間的・経済的負担の軽減のため、手続が簡易化された司法制度を設けることも引き続き検討すべきであろう（この問題意識に基づく研究プロジェクトとして大澤彩編）。ただ、その際には消費者の立証負担を軽減する方向での実体法規定のあり方も問題となろう（垣内141頁以下）。

2 消費生活センターでの苦情相談・ADR

(1) 苦情相談

　消費者被害防止のためとして実際に大きな役割を果たしているものとして、国民生活センターや地方自治体の消費生活センターでの苦情相談が挙げられる。具体的には、行政が住民からの消費者相談や苦情を受け付け、適切な助言やあっせんを行うという役割を果たしている。実際には非常に多くの相談を取り扱っている。法的根拠としては、前述した消費者基本法19条や、消費者安全法8条1項・2項、および、各地の消費生活条例が挙げられる（以下、消費生活相談制度の歴史的経緯や内容は、角田315頁以下を参照）。

　現在では、「消費者ホットライン（188）」に電話すれば地方公共団体が設置している最寄りの消費生活センターに接続される。相談殺到や受付時間外の場合には国民生活センターのバックアップ相談を受けられる（消費者ホットライン（国民生活センター）：http://www.kokusen.go.jp/map/index.html。消費生活相談窓口：https://www.caa.go.jp/consumers/damage/。消費者ホットライン（消費者庁）：https://www.caa.go.jp/policies/policy/local_cooperation/local_consumer_administration/hotline/）。

　消費生活センターにおける消費者相談には次のような意味がある。

　第1に、消費生活センターが相談業務の中で消費者や事業者から情報を収集することによって、被害の実情を知ることができる。また、それらが全国ベースでの消費者被害の実情やニーズを知るための資料である国民生活センターのPIO-NET（パイオネット）に集約されることで、消費者啓発はもちろん、法改正、行政の整備のための資料として有益な役割を果たす。

　第2に、消費者と事業者の間にある情報の格差を是正するために、個別の消費者に対する情報提供などの支援として必要不可欠な存在である。

　第3に、最も直接的には、消費者被害救済の支援としての機能が挙げられる。消費者がトラブルに巻き込まれた際に、適切な対処をするための情報を提供し、また、消費生活センターがあっせんを行うことによって消費者と事業者の交渉力格差を是正することができる。

ただし、相談窓口でのあっせんはあくまでも当事者の話合いによる解決のための支援である。事業者が話合いに応じない場合や、事実関係や法的解釈をめぐって対立している場合には話合いが難しいケースも多く、解決に至らない。そうなると、結局司法による解決が必要となる。

　また、地方自治体の相談現場については、市区町村における相談窓口（消費生活センターを含む）の設置率が100％となるなど、消費者安全法改正以降、充実をみている。しかし、消費生活相談員の8割が非常勤であることや、高齢化も課題として指摘されており、消費生活相談員の待遇の改善やそれによる相談員の充実が不可欠であり、そのための国の地方自治体に対する支援が求められる（現況につき、『令和6年度地方消費者行政の現況調査』（2024年10月））。2022年の消費者契約法等の改正法に対する附帯決議でも、消費者が全国どこに住んでいても質の高い消費者行政サービスを受けることができるようにするために、全国各地の消費生活センターおよび消費生活相談員の活動支援に努めることが不可欠であるとして、その実現に向けて地方公共団体に対する更なる支援等が求められている。

　現在、国民生活センターと消費者庁の共同で、消費生活相談のDX化が検討されている。

(2)　自治体における被害救済委員会

　また、あっせんが困難な場合のうち、被害が多数に拡大する危険がある場合や消費生活への影響が大きいケースでは、自治体に設置されている被害救済委員会や苦情処理委員会が活用されることもある。例として、東京都の「消費者被害救済委員会」のあらましをみてみると、東京都消費生活条例29条1項では、「都民の消費生活に著しく影響を及ぼし、又は及ぼすおそれのある紛争について、その公正かつ速やかな解決を図るため、あっせん、調停等を行う知事の附属機関」であり、委員会は学識経験者、消費者、事業者からなる。

　具体的には、同種の被害が多数ある事例や、同種の被害の発生が今後も見込まれる紛争について、「あっせん」、さらにはそれが不調の場合には「調停」を行う。あっせん・調停後には、当該紛争の内容やあっせん・調停案の

法的考え方を詳細に述べた報告書が公表され、被害救済のための法的考え方を広く知らせる役割も果たしている。また、あっせん・調停不調などによって解決に至らなかった場合に、申立人が訴訟を提起する場合には訴訟資金の貸付け等の援助も行う。委員会は、紛争を解決するため必要があると認めるときは、当事者、関係人等の出席および資料の提出の要求その他紛争の解決に必要な調査を行うことができる（詳細は、高村267頁以下）。

(3)　国民生活センターにおける裁判外紛争解決手続（ADR）

消費者紛争につき、事業者と消費者との間に生じた苦情の処理のあっせん等における中核的な機関として位置づけられている、国民生活センターの裁判外紛争解決手続を整備し、消費者紛争の適正かつ迅速な解決の促進を図るため、2008年に、「独立行政法人国民生活センター法の一部を改正する法律」が成立した（2008年4月25日成立、同年5月2日に公布）。これによって、国民生活センターに紛争解決委員会が設置され、同委員会において、重要消費者紛争について、和解の仲介手続および仲裁の手続という2種類の裁判外紛争解決手続を実施することとした。

改正独立行政法人国民生活センター法は、消費者・事業者間の民事上の紛争を「消費者紛争」と「重要消費者紛争」に区分し、前者については国民生活センターによるあっせんを、後者については委員会による重要消費者紛争解決手続を用意している。「重要消費者紛争」とは、消費生活に関する消費者・事業者間の民事紛争のうち、①同種の損害が相当多数の者に及びまたは及ぶおそれのある事件、②国民の生命・身体・財産に重大な危害を及ぼしまたはおそれのある事件、③争点が多数で、事案が複雑であるなど本手続によることが適当と認められる事件を指す。

紛争解決委員会は国民生活センター内に15人以内の委員をもって組織・設置される。同委員会は、重要消費者紛争の解決のための和解の仲介および仲裁の手続を行う。「和解の仲介」とは、当事者間の和解に向けた交渉を仲介し、和解を成立させることによって紛争解決を図ることを目的とする手続であって、いわゆるあっせんおよび調停を包括する概念である。多くの場合、2回程度の期日で迅速に解決される。なお、和解または仲裁判断で定められ

た義務について権利者の申出がある場合において、相当と認めるときは、委員会は、義務者に対して当該義務の履行に関する勧告をすることができる。また、和解仲介手続によって紛争が解決されなかった場合において消費者が訴えを提起するときは、国民生活センターが訴訟の準備または遂行の用に供するための資料を提供することができる。紛争解決手続の結果の概要については、情報提供・注意喚起のために公表することができる。

仲介等の手続への参加は任意であり、強制力はないが、出席・関係書類の提出要請、時効の完成猶予（独立行政法人国民生活センター法27条）や訴訟手続の中止（同法28条）に係る法律上の規定が設けられているなど、仲介等の手続への参加を促す仕組みが付与されている（以上につき、井口＝日野49頁以下）。

以上の改正によって、国民生活センターの「あっせん」の法律上の位置づけが明確になった。

3　民間機関による裁判外紛争解決（ADR）

消費生活センターや国民生活センターの相談窓口のみならず、公益社団法人日本消費生活アドバイザー・コンサルタント・相談員協会のNACS Consumer ADRや、弁護士会の仲裁・あっせんセンター・民事紛争処理センター、住宅紛争審査会などのADR（Altrnative dispute resolution：裁判外紛争処理）による処理も重要である。これらの手続は裁判外司法手続である。

他に、各種のPLセンターの解決手続がある（ **Unit 18** ）。ただし、実際には取扱件数が少ないなどの問題がある。

これらの民間機関による解決は話合いによる解決方法である。あっせん、仲裁が行われることが多い。ただし、前者による和解は法的効力を有せず、後者のみが裁判所の確定判決と同様の効力を持つ。

もっとも、民間機関による裁判外紛争解決にあたっては、解決の内容が消費者の利益に配慮したものであるかどうかが重要な問題となる。事業者寄りの解決となっていないか、また、手続の透明性が担保されているか、考慮が必要となる。

なお、2007年4月から裁判外紛争解決手続の利用の促進に関する法律（ADR法）が施行され（法成立は2004年）、ADR機関に関する法務大臣の認証制度が始まった。認証を受けたADR機関には、消滅時効の完成猶予、執行力の付与などの法的効果が付与される。

4　金融ADR

金融商品取引法等に基づいて、金融分野における利用者と金融機関との間の紛争を和解・仲介する手続として、金融ADRがある（https://www.fsa.go.jp/policy/adr/）。全国銀行協会等が指定紛争解決機関とされている。

5　消費者団体訴訟制度

消費者紛争の特徴として、不特定多数の消費者が被害を受けており、これらの被害をまとめて効率的に救済することが望ましいという点が挙げられる。例えば、不当条項が問題になる場合、1人の消費者が訴訟で争い、勝訴したとしても、他の消費者との間で当該不当条項が用いられているとまた別の紛争が生じうる。そうすると、紛争を防ぐために、不実告知等の不当勧誘や不当表示、不当条項使用行為を事前に差し止めることが求められる。

このような問題点を解決するものとして、2006年消費者契約法改正により、同法には団体訴訟制度が導入され、2007年6月7日から施行された。これによって、適格消費者団体に差止訴権が附与され、不当勧誘や不当条項の使用を未然に防ぐことが可能になる（山本豊・役割97頁が参考になる）。

(1)　訴権の主体

内閣総理大臣による適格消費者団体の認定を受けた消費者団体（以下、「適格消費者団体」とする）のみが請求を行うことができる。その認定要件は消費者契約法13条に定められており、要件としては次のものがある。

①　NPO法人、一般社団法人または一般財団法人であること
②　不特定かつ多数の消費者の利益の擁護を図るための活動を行うことを

主たる目的として現にその活動を相当期間にわたり継続して適正に行っ
ていること

③　差止請求関係業務の遂行のための体制および業務規程が適切に整備さ
れていること

④　理事会が適切に設置・運営されていること

⑤　消費生活相談や法律の専門家が助言できる体制にあること

⑥　差止関係業務遂行のための経理的基盤を有すること

　これらの適格消費者団体に対しては、義務規定や監督規定が置かれてい
る。適格認定の有効期間は6年であり、差止請求業務を引き続き行う場合に
は更新が必要である（消契17条1項・2項）。もっとも、以上の要件は諸外国
に比べて厳格である。現在、21団体が適格消費者団体として認められてい
る。本制度については、適格消費者団体に実体法上の差止請求権を認めたも
のであるとの理解が見られる（山本和・民事手続法341頁、長野・検証と今後の
課題60頁。長野＝増田359頁以下も同内容）。

(2)　訴権の内容

　行為の停止もしくは予防に必要な措置をとることを求める差止請求である
（消契12条）。損害賠償制度や不当利得の吐出しは認められていない。

　差止めの内容は、行為者に対しては①当該行為の停止、②予防、③当該行
為の停止もしくは予防に必要な措置を求めることである。例として、勧誘ビ
ラ、マニュアル、約款の廃棄などが挙げられる（消契12条1項・3項）。

　委託した第三者が不当行為をした場合の本人に対しては①是正の指示、②
教唆の停止、③当該行為の停止もしくは予防に必要な措置を求めることであ
る（消契12条2項・4項）。

(3)　差止請求の対象

　事業者による不特定かつ多数の消費者に対する、消費者契約法4条1項か
ら4項までに規定される不当勧誘行為、あるいは同法8条から10条までに規
定される不当契約条項を含む契約締結行為が、現に行いまたは行うおそれが
ある場合である（同法12条）。「現に行い又は行うおそれがある場合」でなけ

ればならない。そのため、例えば適格消費者団体による提訴後、差止めの対象となる不当条項が含まれるひな形を改訂したという場合には「現に行い又は行うおそれがある」とは認められないと判断する裁判例が少なからずみられる（京都地判平成21年4月23日判時2055号123頁、福岡高判平成27年7月28日金判1477号45頁）。最高裁でも、チラシの配布をやめ、かつ、今後行わないと明言した場合に、「現に行い、又は、行うおそれがあるとはいえない」とされている（最判平成29年1月24日民集71巻1号1頁）。これに対しては、訴訟を提起された時点で書式変更すれば差止請求が棄却され、事業者が再び条項を使用した場合に再度差止請求しなければならないとして批判する見解もある（長野・検証と今後の課題63頁）。実際に、「現に行い又は行うおそれがあるとき」を「現実に差止めの対象となる不当な行為がされていることまでは必要ではなく、不当な行為がされる蓋然性が客観的に存在している場合であれば足りる」として、被告たる事業者が当該条項の違法性について争っているときには、上記蓋然性が客観的に存在するといわざるをえないとした判決もある（京都地判平成21年9月30日判時2068号134頁）。しかし、これに対しては、特に不当勧誘行為では事業者の不当勧誘行為が反復・継続していることを証明することが困難であり、差止請求権が脆弱になっているとの問題を指摘する見解もある（最近の論文として、町村・差止請求制度68頁以下）。

　2008年景品表示法改正によって、同法に定める優良誤認行為、有利誤認行為（2014年改正前同法30条1項）、および、特定商取引法に定める行為類型ごとに、①不実告知、故意の事実不告知、威迫・困惑によるなどの不当勧誘行為、②著しく虚偽または誇大広告（通販、連鎖、業務提供、特定継続）、③クーリング・オフ妨害となる特約、解除等に伴う損害賠償の額の上限を超える特約などの不当特約の締結、④断定的判断の提供（連鎖、業務提供誘引販売取引のみ）が、それぞれ、不特定かつ多数のものに対して、現に行い、または行うおそれがあるときにも拡大された（2014年改正前景表30条、2014年改正前特商58条の18以下）。ただし、景品表示法違反を根拠とする差止請求訴訟では、優良誤認表示が存在したチラシをもはや配布しておらず、今後も配布しないことを明言していたとして、差止めの必要性が否定されている（大阪高判平成28年2月25日判時2296号81頁。上告審である前掲最判平成29年1月24日は消費

者契約法12条についても同様の判断を行った）。この点は、景品表示法に基づく消費者庁の措置命令については「当該違反行為が既になくなっている場合においても、……することができる」としている（同法7条1項柱書後段）点と異なる。

さらに、食品表示法による食品表示基準に違反し、販売食品の名称、アレルゲン等について著しく事実に相違する表示（同法11条）も差止請求の対象となる。

(4)　差止めの相手方

不当勧誘行為の場合、不当勧誘行為を自ら行いまたは行うおそれがある①事業者、②契約締結の媒介の委託を受けた者（＝受託者）、③事業者の代理人、④受託者等の代理人である。

不当条項使用行為の場合、①③が相手方となり、②④は相手方とはならない（消契12条3項・4項）。

(5)　訴訟手続

適格消費者団体は、消費者からの被害情報等の提供をもとに事業者の問題ある行為を把握し、適格消費者団体内で定められた差止請求関係業務の遂行過程を定めた業務規程の内容に従って検討する（適格消費者団体訴訟のプロセスについて、長野・検証と今後の課題61頁以下が参考となる）。

訴訟提起前に、訴訟外の差止請求を書面で行うことが義務づけられている（消契41条）。訴訟に至る前に対話等による早期解決や事業者の自主的解決を促すためである（長野＝増田360頁）。事前請求については、事前請求書に請求の要旨の記載をすることが同条によって求められている趣旨が、事業者が自ら不当行為の是正をする機会を与えることになるとした上で、「請求の要旨」とは差止請求の相手方である事業者等に対し、訴えによって差止めの対象となる行為がどのような行為かを示す程度の事項をいうと解されている（前掲京都地判平成21年4月23日）。訴訟外で解決しなかった場合には、前述した書面が到着した後1週間を経れば差止請求訴訟を提起することができる。訴訟外での示談・和解も可能であり、事業者が約束に反して不当行為を行っ

た場合に違約金を支払う旨の約束がなされることが法律上予定されている（同法28条1項）。

　2022年の消費者契約法改正で、適格消費者団体は、事業者に対して、当該事業者が不特定かつ多数の消費者との間で不当条項を含む消費者契約を締結している疑いがあると客観的な事情に照らして認められる場合には、当該事業者が消費者向けに使用している契約条項の開示等を求めることができるようになった（同法12条の3第1項本文）。適格消費者団体が事業者に対して最新の契約条項の開示を求めても、事業者が応じない場合があり、差止請求権の行使の障害となっていたことによる（消費者契約に関する検討会「報告書」（2021年9月）26頁）。そのことから、事業者またはその代理人に、開示要請に応じる努力義務が課されている（同条2項）。ただし、当該事業者等が、当該条項を含む消費者契約の条項をインターネットの利用その他の適切な方法により公表しているときは、この限りではない（同条1項ただし書）。

　差止請求訴訟手続については民事訴訟法のルールによるのが原則であるが、裁判管轄については特則があり、事業者の所在地、事業者の営業所の所在地、不当行為があった地を管轄する地方裁判所とされている（消契法43条）。また、同法12条の2にあるように差止請求ができない一定の場合が定められている。具体的には次のとおりである。

①　自己または第三者の不正な利益を図り、または当該事業者等に損害を加えることを目的とする場合（消契12条の2第1項1号）。

②　同一事業者の同一請求内容について、すでに1つの適格消費者団体によって確定判決やこれと同一の効力を持つ裁判上の和解、請求の認諾・放棄、調停上の合意、仲裁判断などが存した場合には、別の適格消費者団体であっても差止請求権を行使できない（消契12条の2第1項2号）。事業者の応訴の負担に配慮して、本来既判力の及ばない別の訴訟主体に対しても後訴遮断の効力を設けたものであるが、それによる弊害も指摘されており、同条の「請求の内容及び相手方の同一性」はできる限り限定的に解釈されるべきであるとの見解もある（日弁連491頁）。ただし、却下判決など請求内容の実質的判断がされない場合や同法34条1項4号の不当な訴訟遂行行為によって確定判決を得た適格消費者団体が認定を

取り消された場合には、後訴遮断の効力は及ばない。

③　後訴が遮断される前訴の口頭弁論終結、または裁判上の和解等の確定判決と同一の効力を有するものの成立の「後に生じた事由に基づいて」であれば、請求の内容および相手方が同一であっても差止請求をすることは妨げられない（消契12条の2第2項）。

通常訴訟と同じように弁護・証拠調べがなされ、訴訟上の和解か訴訟上の判決がなされる。判決が確定したのに事業者がこれに従わない場合、裁判所が事業者に、その不履行により不特定かつ多数の消費者が受ける不利益を特に考慮して、間接強制金を原告である適格消費者団体に支払うべき旨を命じる（消契47条）。

なお、訴訟外の和解や訴訟上の和解・判決については内閣総理大臣および国民生活センターによる公表がなされる（消契39条。https://www.caa.go.jp/policies/policy/consumer_system/collective_litigation_system/about_qualified_consumer_organization/release39/2022/）。

また、国民生活センター、地方自治体による適格消費者団体への被害情報の提供についても定められている（消契40条）。

2022年の消費者契約法改正により適格消費者団体による差止請求によって、事業者等が当該差止請求の対象となる行為の停止等に必要な措置をとる義務を負うときには、適格消費者団体は、その事業者等に対して、当該義務を履行するために講じた措置の内容を開示するよう要請することができるようになり、事業者にはこの要請に応じる努力義務が課されている（消契12条の5）。

(6) 評　価

2006年の消費者契約法改正以降、適格消費者団体による差止訴訟については、特に不当条項差止請求の数が圧倒的に多い。また、実際には適格消費者団体による訴訟提起前の申入れを受けて事業者が協調し、訴訟外で改善された事案がその多くを占める（差止請求がなされた事例集であり、訴訟件数等のデータも掲載されている、消費者庁「消費者団体訴訟制度・適格消費者団体による差止請求事例集（2018年度版）」（https://www.caa.go.jp/policies/policy/consumer_

system/collective_litigation_system/about_system/case_examples_of_injunction/
pdf/consumer_system_cms204_190903_01.pdf）を参照）。適格消費者団体によ
る差止請求の特徴として、第1に、保護利益の帰属先である消費者一般とは
別の法的主体である適格消費者団体に権利を付与している点（団体に固有の
実体的請求権として定立されていることから、適格消費者団体が消費者の実体権
を訴訟上行使する訴訟担当ではなく、他者の利益を訴訟上追求するために、実体
権を付与されているとの説明がなされている（町村・変遷と課題128頁））、第2
に、個別事案とは離れて、問題となる契約条項の使用差止等や契約勧誘行為
の停止等を求める制度を創出した点が挙げられている（山本豊・差止請求27
頁）。第1の点については、民事ルールである消費者契約法だけではなく、
特定商取引法や景品表示法といった行政規定のうち、一定の行為規制違反に
ついて、適格消費者団体に差止請求権が付与されている点が注目される。こ
のうち、特定商取引法の中でも差止請求権が付与されている規定は、同法の
うち、行為義務の中でも個々の消費者に民事上の権利発生が観念でき、かつ
行為の集団的・一般的予防が適切と考えられるものであると指摘されている
が（特商法解説507頁、原田48頁以下）。適格消費者団体は、内閣総理大臣から
厳格な規制によって適格性を確保されていることも合わせると、適格消費者
団体による差止訴権は、行政庁が認める民間団体に、司法を通じた消費者の
利益という「公益」性を有する利益擁護のための役割を担わせているとみる
ことができる（千葉184頁、大澤彩・協働28頁）。第2の点、および、不当条項
差止請求の事前申入れでの改善状況をみると、適格消費者団体による差止訴
訟制度があることで、不当条項や不当勧誘（に用いられる広告など）を事前
に防ぐという紛争の予防効果が発揮されており、行政規制によらずとも紛争
を予防できることは評価されるべきである。また、本書の随所でも引用して
いるように、適格消費者団体による差止請求が認められた裁判例の中には、
消費者契約法3条の努力義務の趣旨を勘案したものがあることや、消費者契
約法の「勧誘」要件をめぐる判例のように「逐条解説」の記述の訂正に繋が
る考え方を示した判決があるなど、適格消費者団体による差止請求訴訟に
よって、実体法規範が作り出されている側面がある（宮下282頁以下）。

　もっとも、例えば不当条項の差止請求においては、個別訴訟による不当条

項の無効判断と、団体訴訟における条項の不当性判断とで違いがあるかどうか（後者において、個別の事情や実務運用を考慮に入れることができるか、など）、また、契約条項の不当な一部分のみの差止めが認められるかどうか（日弁連490頁）という点など、具体的な解釈論上の課題も残されている。さらに、特に不当勧誘行為の差止めについては、そもそも当該勧誘行為が存在したかどうかの立証の困難性も課題として指摘されている（日弁連491頁）。立証負担については、不当条項の差止めにあたっても問題となり、適格消費者団体による紛争の事前予防に資するための実体法規範（特に消費者契約法）の充実が求められる（この問題意識は、大澤彩・定型化41頁で示した。なお、2022年の消費者契約法改正による「平均的な損害」の算定根拠の説明の努力義務について、_Unit 9_ を参照）。適格消費者団体の財政面の問題等、訴訟を追行する適格消費者団体に関する課題も多い（具体的な問題を指摘する論文は多いが、例えば町村・差止請求制度72頁以下）。また、次に述べる消費者裁判手続特例法に基づく被害回復と合わせ、（特定）適格消費者団体訴訟制度の消費者への認知度を上げ、消費者団体が消費者保護や市場の適正化に果たしている役割を認識してもらう必要もある。この点、消費者庁は、「COCOLiS」と総称する団体訴訟制度のポータルサイトを設立して、消費者・事業者向けにインターネット上での周知を行っているが、これ以外にも消費者団体のプレゼンスを上げ、ひいては消費者団体の支援につながる方策を考えるべきである。この点では、「消費者団体訴訟等支援法人・認定特定非営利活動法人・消費者スマイル基金」による活動の発展や、消費生活相談機能強化促進等補助金による適格消費者団体の支援による消費者被害の未然防止や被害回復の発展が期待される。しかし、そもそも紛争の事前予防の「担い手」としての負担が適格消費者団体に集中していないか、検討の余地があろう（_Unit 28_ も参照）。

6　消費者裁判手続特例法

　以上の手続は、不当勧誘による意思表示や不当条項の使用を事前に予防するための手続である。他方で、すでに消費者が消費者被害を受けている場合

に消費者が救済を求めるのは決して容易ではない。前述したように消費者が個人で事業者に対して損害賠償請求訴訟を提起するのには困難が伴う。そのため、複数の消費者が同種の被害を被っている場合に、それらの被害回復を一括して行う手続が望まれていた。

2013年12月に「消費者の財産的被害等の集団的な回復のための民事の裁判手続の特定に関する法律」（消費者裁判手続特例法）が公布された。この法律は、同種の被害が拡散的に多発するという消費者被害の特性にかんがみ、消費者被害の集団的な回復を図るために2段階型の訴訟制度を設けるものである。2016年10月1日より施行された。

具体的には以下のようになる（消費者裁判手続特例法の立案担当者解説として、一問一答消費者裁判、同法の注釈書として、山本和・特例法、町村・特例法、伊藤、最新の議論および裁判例の状況について、特集・見直し4頁以下。なお、2022年の同法改正について、山本和・改正に向けて42頁以下参照）。

1段階目の手続は、共通義務確認訴訟と呼ばれる。ここでは、内閣総理大臣の認定を受けた「特定適格消費者団体」が原告となり、相当多数の消費者と事業者の間の「共通義務」の存否について裁判所が判断する（アメリカのクラスアクションとは異なり、個人が原告となることができない）。特定適格消費者団体とは、適格消費者団体のうち、内閣総理大臣が被害回復裁判手続の追行に必要な適格性を有すると認定した団体である（消費者裁判2条10号・71条以下）。特定適格消費者団体の認定、監督および不利益処分の基準については、消費者庁「特定適格消費者団体の認定、監督等に関するガイドライン」（2015年11月11日、2021年5月15日最終改訂）で定められている（特定適格消費者団体の原告適格について、菱田88頁以下）。

共通義務の存否の判断につき、対象となる事案は「消費者と事業者との間で締結される契約に関して事業者に対して一定の金銭の支払請求権が生じる事案」である。具体的には、消費者契約に関する契約上の債務の履行請求、消費者契約に関する不当利得に係る請求、消費者契約に関する契約上の債務不履行による損害賠償、消費者契約に関する不法行為に基づく民法の規定による損害賠償の請求（同法の規定によるものに限られている。金商法等では、不法行為についての過失責任の転換等がなされているからというのがその理由であ

る。その一方で、必ずしも契約の成立に至っている場合に限られず、契約締結上の過失を問題にするものなども対象となる。一問一答消費者裁判26頁以下）。契約当事者ではない勧誘をする事業者等も被告とすることができるほか（消費者裁判3条3項2号）、2022年改正によって、事業者以外の個人（悪質商法に関与した被用者等）のうち、民法715条がこの者の故意・重過失によって生じる場合であって、この者等の責任を追及する場合も対象に加えられた。これらの事案で①多数性（数十人程度であればよい。日弁連494頁。多数性を立証する必要がある。行政機関等に寄せられた相談件数等から、一問一答消費者裁判17頁）、②共通性（事業者に対する請求を基礎づける事実関係がその主要部分において共通であり、かつ、その基本的な法的根拠が共通であるということ。一問一答消費者裁判18頁）、③支配性（簡易確定手続において個々の消費者ごとに損害等の有無を確認しなければならないなど、対象債権の存否および内容を適切かつ迅速に判断することが困難と認める場合には、1段階目の訴えの全部・または一部を却下できる。消費者裁判3条4項）を満たすものが対象となる。請求を基礎づける事実関係の主要部分かつ法的根拠が共通していることを指す。

　このうち、支配性の要件を満たすかどうかが争われたのが、最判令和6年3月12日民集78巻1号1頁である。この事案では、特定適格消費者団体であるXが、事業者であるYらが相当多数の消費者に対して虚偽または実際とは著しくかけ離れた誇大な効果を強調した説明をして商品を販売するなどしたことが不法行為に該当すると主張して、Yらに対し、Yらが上記消費者に対して売買代金相当額等の損害賠償義務を負うべきことの確認を求めて消費者裁判手続特例法2条4号所定の共通義務確認の訴えを提起した。この判決では、同法3条4項にいう「簡易確定手続において対象債権の存否及び内容を適切かつ迅速に判断することが困難であるとき」に該当するか否かが争われた。立案担当者は、事業者の詐欺的な勧誘が不法行為にあたる場合で、過失相殺が問題になる場合であっても「個々の消費者ごとの過失相殺についての認定判断が困難な場合」には、いわゆる支配性を欠き、同項に該当するとしている（一問一答消費者裁判37頁）。本判決の第一審および原審はこの立場をとった。本判決は、「法3条4項により簡易確定手続において対象債権の存否及び内容を適切かつ迅速に判断することが困難であるとして共通義務確認

の訴えを却下することができるのは、個々の消費者の対象債権の存否及び内容に関して審理判断をすることが予想される争点の多寡及び内容、当該争点に関する個々の消費者の個別の事情の共通性及び重要性、想定される審理内容等に照らして、消費者ごとに相当程度の審理を要する場合であると解される」とした上で、本件では、「本件各商品は、投資対象である仮想通貨の内容等を解説し、又は取引のためのシステム等を提供するものにすぎず、仮想通貨への投資そのものではないことからすれば、過失相殺の審理において、本件対象消費者ごとに仮想通貨への投資を含む投資の知識や経験の有無及び程度を考慮する必要性が高いとはいえない」ことや、仮に過失相殺の有無や過失相殺をする場合のその過失の割合が争われたときには、「簡易確定手続を行うこととなる裁判所において、適切な審理運営上の工夫を講ずることも考えられる」こと、さらには、「因果関係に関して本件対象消費者ごとに相当程度の審理を要するとはいえない」として、原判決を破棄、および、第一審判決を取り消して第一審に差し戻すべきとした。本判決にいう、簡易確定手続における工夫については、林道晴裁判官の補足意見でも述べられているように、当事者ごとに存する事情を分析、整理し、一定の範囲で類型化するなどした上での過失の割合を定めるといったものが考えられ、同裁判官の補足意見にもあるように、「民事裁判の実務において培われてきたこのような種々の審理運営上の工夫を考慮し、相当多数の消費者に生じた財産的被害を集団的に回復するという法の立法趣旨をも踏まえて、本要件の該当性を判断することが相当」であろう。学説でも、支配性の要件は後続の簡易確定手続の審理の状況を想定したものであるから、支配性の要件欠缺を理由として訴えを却下できるのはあくまで例外的な場合であろうと理解されていたことや（伊藤47頁など。学説については、松本55頁以下でまとめられている）、支配性要件該当性を否定することが多くなれば法の趣旨が実現しないことからも（町村・実効化74頁）、本判決および補足意見の論理は妥当である（もっとも、最高裁が特例法の利用の活性化を図ろうとした政策論に基づく点で評価できるとしつつ、最高裁のいう、適切な心理運営のあり方等、法律論の観点から問題が残されていることを指摘する、三木82頁も参照すると、民事手続法上はなおも多くの課題が残されていることがわかる）。

Unit 26
消費者保護制度論

消費者は共通義務確認訴訟の段階では参加しない。事業者が金銭の支払義務を負うべきこととなる共通の事実上および法律上の原因の存在を消費者が明らかにすることは困難であることから、まずは特定適格消費者団体が1段階目で共通義務の有無の判断を先行して確定させ、消費者が自己の請求権についての審議を求めるのは2段階目からということになる（一問一答消費者裁判4頁）。

　次に、1段階目の手続で消費者側が勝訴した場合、個々の消費者が2段階目の手続に参加する。2段階目の手続は、「対象債権の確定手続」である。対象債権とは、共通義務の訴えの被告とされた事業者に対する金銭の支払請求権であって、共通義務にかかるものである（消費者裁判2条5号）。1段階目で共通義務確認判決を得た特定適格消費者団体は、確認判決確定後1か月以内に簡易確定手続の開始を申し立てなければならない。これに対して裁判所が簡易手続開始決定を行う。この決定が出されると、団体は対象となる消費者へこの旨を通知公告し（方法は同法26条以下を参照）、これに対して消費者が団体へ授権する。団体は裁判所へ債権を届け出、債権に対する事業者の認否を経て、裁判所が簡易確定決定を行う。決定に不服がある団体、消費者、事業者は異議を申し立てることができる（同法49条1項・2項）。異議の申立てがあると訴えの提起があったものとみなされ、その後は通常の訴訟手続によることになる（同法56条1項）。

　このような手続によって、消費者は2段階目の手続から加入するが、実際には特定適格消費者団体に授権をして行うため、被害回復に要する時間や労力が低減され、事業者にとっても一回的解決が図れるというメリットがある。事業者にとっても紛争をまとめて解決することができるため、応訴負担の軽減につながる（一問一答消費者裁判3頁）。さらに、特定適格消費者団体は、消費者からの授権を受けることなく、事業者の財産への仮差押命令の申立てをすることができるように、民事保全法の特例が設けられているため、事業者が財産を隠匿するような悪質商法事案に係る消費者被害の回復の実効性を高めることができる（消費者裁判61条1項。一問一答消費者裁判12頁以下）。ただし、いわゆる拡大損害や人身損害、逸失利益、慰謝料についてはこの制度を利用して請求することができない（同法3条2項）。拡大損害や人身損害

442

は因果関係や損害の認定において個別性が高いこと（逸失利益も拡大損害と同質である）、逸失利益は存否および額が個々まちまちであることから、類型的に支配性の要件を欠くのがその理由である（一問一答消費者裁判30頁。ただし、前掲最判令和6年3月12日判決を参照）。しかし、個人情報漏洩案件等、慰謝料は事案によっては定型的に認定ができるのではないか、といった疑問や（大高27頁、山本和・検証31頁、笠井38頁）、拡大損害についてもある程度一律に判断できる事案があると思われるとの指摘もある（笠井39頁。支配性の要件によって適切な事案を選び出すことができるため、一律に適用除外とする必要はないとする）。これらを一律に対象外としていることについては再検討の余地がある。その一方で、そのように類型的・定型的に判断される損害を受けた対象消費者の数も予測できる保障はないとの指摘もあり（八田36頁）、対象となる損害の範囲を拡大することの困難さを示している。

　この点、2022年の同法改正では、対象となる損害に、基礎的事実関係が共通の事案で、財産的損害と合わせて請求する場合、および、故意による場合に限定してではあるが、慰謝料が追加された。また、制度の活用のために、簡易確定手続にまで至らなくとも、消費者の個別権利について原告団体が訴訟上の和解をして、集団的に紛争を解決できるような余地を認める可能性が検討課題の1つとされた（山本和・検証31頁）。この点について、消費者庁の検討会でも、共通義務確認訴訟における和解内容にかかる制限をなくし（それまでは和解の対象が共通義務に限られていた）、さまざまな類型の和解が可能となるよう、関係規定を整備することが考えられるとされており（消費者裁判手続特例法に関する検討会「報告書」（2021年10月。以下、「報告書」という）202頁）、2022年の同法改正では解決金を支払う和解等、一定の訴訟上の和解が可能となった（これによって、訴訟外の和解を検討する意義は少なくなったとされている（伊藤76頁）。また、和解の柔軟化について、内海51頁以下）。

　しかし、特定適格消費者団体の負担は決して軽くなく、このことによってこの制度が活用されるか否かが左右される。例えば、対象消費者に対する通知公告は特定適格消費者団体の費用負担において行うことになる（一問一答消費者裁判71頁）。特定適格消費者団体は、授権をした消費者から報酬の支払を受けることができるため（同法76条）、一定の費用償還は受けられるが、

相手方事業者の資力不足の場合等、十分な償還を受けられない場合もある（大高25頁）。他方で、対象消費者に対する最終的な還元額は最低50％とする必要があるとされていることから、通知公告費用等の負担を考えても、少額になるほど事件にしにくいというジレンマがある（八田・特例法34頁以下）。そうすると、手続費用を事業者負担とする範囲の拡大も検討に値する（山本和・検証31頁、笠井40頁、八田・認定のあり方55頁以下）。消費者庁の検討会でも、手続費用を一定の場合に事業者の負担とすることや、事業者による対象消費者への個別連絡の実施可能性についての提案がなされていた（報告書208頁）。また、より具体的には、どのような周知方法であれば（例えば、ウェブ広告やSNSの活用など）、対象消費者層に広く通知されるかも課題となる（山本和・検証34頁）。2022年の同法改正では、事業者に消費者への個別通知が義務づけられたり（同法28条）、特定適格消費者団体からの通知が簡略化された（同法27条2項）。

　さらにいえば、消費者団体が公益的役割を一部代替しているという側面をふまえ、公的な助成も拡充する必要があろう（山本和・検証35頁、町村・特例法178頁、町村・コスト負担21頁以下など）。特定認定を受けた適格消費者団体の数が決して多くない理由として、すでに適格消費者団体である団体に限定されている点や、費用がすべて原告である消費者団体負担になっている点（しかも、消費者から徴収できる報酬等は厳しく制限されている）が挙げられている（八田・認定のあり方55頁以下を参照）。特定適格消費者団体の活動を支えるための1つの手段として、指定法人制度を導入し、公的に認証された立場から一般消費者や事業者等に対して消費者団体訴訟制度等について一元的な周知・広報を行うとともに、それによって寄付を集めること、さらには、当該指定法人が事務的な業務の委託を受けることを可能にするという制度を設けることが提案されていたが（報告書217頁）、この提案は、2022年の消費者裁判手続特例法改正によって、消費者団体訴訟等支援法人を認定する制度の導入という形で実現した（この認定を受けたのが「消費者団体訴訟等支援法人認定NPO法人消費者スマイル基金」である）。

　さらに、2021年の「消費者被害の防止及びその回復の促進を図るための特定商取引に関する法律等の一部を改正する法律」によって、消費者の集団的

被害回復のために、特定適格消費者団体に対し、特定商取引法および預託法の行政処分に関して作成した書類を提供することが可能となった。

　同法に基づく最初の判決は東京地判令和2年3月6日消費者法ニュース124号308頁である。この事案は、特定適格消費者団体である特定非営利活動法人消費者機構日本が、東京医科大学を設置する学校法人東京医科大学に対して、2017年度および2018年度における同大学医学部医学科の一般入試およびセンター利用入試において、出願者への事前の説明なく、出願者の属性（女性、浪人生および高等学校等コード51000番以上の者）を不利に扱う得点調整が行われたことが不法行為または債務不履行に該当すると主張して、上記属性を有する出願者のうち、受験年の4月30日までに合格の判定を受けなかった者を対象消費者として、消費者裁判手続特例法3条1項3号および5号の規定に基づき、同法2条4号に規定する共通義務確認の訴えを提起した。東京地裁は被告である学校法人東京医科大学の金銭支払義務を負うことを確認した（https://www.caa.go.jp/notice/assets/consumer_system_cms101_200422_01.pdf。同判決について、大澤逸）。

　11月5日には、消費者団体から東京地方裁判所へ債権届出がなされている（http://www.coj.gr.jp/trial/topic_200616_01.html）。

　現時点での共通義務確認訴訟の提訴数は必ずしも多くはないが（2021年9月現在で4件。ただし、2023年4月以降の1年間に新たに4件が提訴された。松本57頁によれば、改正法施行で柔軟な和解が可能になったことによると評価されている）、これ以外に特定適格消費者団体による被害回復のための事業者への申入れ後、訴訟外での協議を通じた被害回復等がなされた事案もある（大高25頁、報告書189頁）。

　本制度については、対象消費者の救済にとどまらず、市場健全化に対する消費者（社会）全体の利益（公益）をも含むと位置づける理解もあり（八田・特例法36頁）、消費者法を市場法と見る見方には親和的である。いっそうの活用が求められ、そのための体制整備が必要である。また、特定適格消費者団体による事業者に対する申入れや訴訟外での交渉が、被害回復にとって実務上重要な役割を果たしているが、それを支えているのは「最終手段として裁判が控えている」という事実であることから、間接的には消費者団体のも

つ交渉力を強化することにも一役立っているとの指摘もあり（今津18頁）、
興味深い。この点は、差止制度においても同様であろう。

＊参考文献＊

本文中、**山本和彦**「消費者と**民事手続法**」中田＝鹿野編336頁、**大澤彩編**『消費者
紛争解決手段の発展に向けて──実体法・手続法の課題』（法政大学出版局、2024
年）、**垣内**秀介「消費者紛争解決手続法の体系化・現代化」現代消費者法60号
（2023年）134頁、**角田**真理子「消費生活相談制度の経緯と課題──支援体制の整
備と刑事法アプローチの必要性の提案」穴沢大輔ほか編『長井長信先生古稀記念・
消費社会のこれからと法』（信山社、2024年）313頁、**高村**淳子「東京都消費者被
害救済委員会における審議事例について」消費者法研究 9 号（2021年）267頁、井
口尚志＝**日野**勝吾「国民生活センター紛争解決委員会によるADRの運用状況と今
後の課題」ジュリスト1461号（2013年）49頁、**山本豊**「消費者の権利と消費者団
体の役割」百選97頁、**長野**浩三「消費者団体訴訟の**検証と今後の課題**」現代消費
者法14号（2012年）59頁、**長野**浩三＝**増田**朋記「消費者団体訴訟の実際と課題」
中田＝鹿野編356頁、**町村**泰貴「適格消費者団体による**差止請求制度の課題**」日本
経済法学会年報40号（2019年）65頁、**町村**泰貴「消費者団体訴訟の**変遷と課題**」
現代消費者法59号（2023年）127頁、**山本豊**「適格消費者団体による**差止請求**」法
律時報83巻 8 号（2011年）27頁、**原田**大樹『公共紛争解決の基礎理論』（弘文堂、
2021年）、**千葉**恵美子「消費者取引における情報力の格差と法規制──消費者法と
市場秩序法の相互関係に着目して」千葉恵美子ほか編『集団的消費者利益の実現
と法の役割』（商事法務、2014年）184頁、**大澤彩**「消費者法のルール形成および
実効性確保における行政・司法の『**協働**』」法律時報96巻10号（2024年）24頁、宮
下修一「適格消費者団体の役割を考える──近時の最高裁判決に見る実体法規範
創造機能」立教法学109号（2023年）267頁、**大澤彩**「取引の『**定型化**』と民法・
消費者法」NBL1199号（2021年）32頁、消費者庁消費者制度課『**一問一答消費者**
裁判手続特例法』（商事法務、2014年）、**山本和彦**『解説消費者裁判手続**特例法**〔第
2 版〕』（弘文堂、2016年）、**町村**泰貴『詳解消費者裁判手続**特例法**』（民事法研究
会、2019年）、**伊藤**眞『消費者裁判手続特例法〔第 3 版〕』（商事法務、2024年）、
「**特集**・消費者裁判手続特例法の**見直し**へ向けて」現代消費者法50号（2021年） 4
頁、**山本和彦**「消費者裁判手続特例法の**改正**に向けて」現代消費者法54号（2022
年）42頁、**菱田**雄郷「消費者裁判手続特例法の定める共通義務確認訴訟の諸問題」
消費者法研究 7 号（2020年）87頁、**松本**恒雄「情報商材被害と共通義務確認訴訟
における『**支配性要件**』──最高裁令和 6 年 3 月12日判決の意義」公正取引885号
（2024年）52頁、**町村**泰貴「集団的消費者被害回復の**実効化**に向けた改正と残され
た課題」ジュリスト1580号（2023年）70頁、**三木**浩一「消費者裁判手続特例法の

446

現在と未来——最高裁令和 6 年 3 月12日第三小法廷判決を契機として」ジュリスト1600号（2024年）78頁、**大高**友一「特定適格消費者団体による消費者裁判手続特例法の運用の現状と課題」現代消費者法50号（2021年）20頁、**山本和**彦「立案過程と運用からみた消費者裁判手続特例法の**検証**」現代消費者法50号（2021年）29頁、笠井正俊「消費者裁判手続特例法の見直しに向けて検討すべき課題」現代消費者法50号（2021年）36頁、**八田**卓也「消費者団体訴訟制度と消費者裁判手続**特例法**」ジュリスト1558号（2021年）34頁、**内海**博俊「共通義務確認訴訟における『和解の早期柔軟化』の意味するところをめぐって」大澤彩編『消費者紛争解決手段の発展に向けて——実体法・手続法の課題』（法政大学出版局、2024年）51頁、**八田**卓也「消費者被害の回復に向けた特定適格消費者団体の**認定のあり方**」現代消費者法50号（2021年）49頁、**町村**泰貴「集団的消費者被害回復裁判手続の**コスト負担のあり方**」現代消費者法40号（2018年）21頁、**大澤逸**平「消費者裁判手続特例法に基づき提起された共通義務確認の訴えにおいて確認対象となる損害の範囲（東京地判令和 2 ・ 3 ・ 6 ）」民事法の諸問題⒃専修大学法学研究所紀要47号（2022年）67頁以下、**今津**綾子「消費者被害の集団的な回復における手続的諸問題」適格消費者団体特定非営利活動法人消費者市民ネットとうほく編『先端消費者法問題研究第 3 巻——研究と実務の交錯』（民事法研究会、2024年） 1 頁。

本文に掲げるもののほか、「特集・消費者法からみた民事裁判手続」現代消費者法31号（2016年） 4 頁、松本恒雄「消費者団体訴訟とはどのようなものか」法学セミナー629号（2007年）54頁、野々山宏「消費者団体訴訟制度の創設」法学教室312号（2006年）98頁、坂東俊矢「消費者法のエンフォースメント」法学教室329号（2008年）117頁、「特集・日本版クラスアクションとは何か」法学セミナー712号（2014年）34頁。

また、参考となるサイトとして、https://www.caa.go.jp/policies/policy/consumer_system/collective_litigation_system/about_system/public_relations/、消費者契約法39条 1 項に基づく差止請求に係る判決等に関する情報の公表について、http://www.caa.go.jp/planning/index.html#m02。

経済法と消費者

　本Unitでは、「市場の公正」という観点から関連する法律を概観する。資本主義社会では、市場を通じて財貨の交換が行われるが、消費者も市場で商品やサービスを手に入れるという点で市場の参加者である。市場では公正な競争が行われることが求められるが、市場が公正で適切に機能していれば、事業者間の競争の結果、より安く、よりよい商品・サービスが市場に供給されることとなり、消費者にとっても利益となる。

　そこで、以下では、まず、いわゆる経済法分野の中心をなす独占禁止法の内容のうち、消費者保護と特に関連する箇所をごく簡単に説明する（詳細は独占禁止法の教科書類に委ねる）。次に、景品表示法について説明する。同法は、かつては公正取引委員会が管轄していたが、消費者庁設置とともに消費者庁に移管され、今日では市場の公正性確保だけではなく、消費者保護の観点からも重要な役割を果たしている。

1　独占禁止法

(1) 概　要

　独占禁止法は1947年に制定された法律であり、同法の運用機関として公正取引委員会がある。同法は、1条にあるように、「公正且つ自由な競争を促進」することによって、「一般消費者の利益を確保するとともに、国民経済の民主的で健全な発達を促進する」ことを目的とし、「私的独占」（同法3条前段）、「不当な取引制限（カルテル）」（同法3条後段）、「不公正な取引方法」（同法19条）の3つの行為を規制している。このように、公正かつ自由な競争を促進することによって企業の努力が要請され、商品の質は向上し、料金は低廉になることから、ひいては消費者の利益につながる（競争秩序を整えるのが独占禁止法の直接の目的であり、それが長い目や大きな文脈でみれば消費

者利益につながる、との見方を示す、白石268頁）。「私的独占」、「不当な取引制限」は市場の公正を害する行為であるとして禁止されている一方、「不公正な取引方法」は、直接市場の公正を害するまでには至らないが、そのおそれのある行為であるとして禁止される。どのような場合やどのような事業者の行為が私的独占や、不当な取引制限、不公正な取引方法に該当するおそれがあるかについては、各種ガイドラインが公表されている。

禁止規定に違反する行為があった場合には、公正取引委員会が制裁（排除措置命令、課徴金）を課すことがある。具体的には、事件の端緒に接した公正取引委員会が調査を行い（独禁45条・47条）、違反行為がある場合には、相手方に意見申述・証拠の提出の機会を与えた上で（同法49条〜60条以下）、排除措置命令および課徴金納付命令が下される（同法61条・62条）。排除措置命令とは、客観的な違法状態の除去のための措置命令であり、違法行為の差止め、違法行為の結果の除去、将来の予防措置などがある。課徴金とは、違法な利益の剥奪のための制度であり、公正取引委員会は私的独占、不当な取引制限（カルテル）、および、一定の不公正な取引方法を認定したら同法の規定する方式に従って課徴金納付命令を出さなければならない。

独占禁止法違反の事実があると思う場合には誰でも公正取引委員会に対して、その事実を報告し、適当な措置をとるべきことを求めることができる（同法45条）。当該命令に不服がある者は、行政事件訴訟法の規定に従い、命令取消しの抗告訴訟を東京地方裁判所に提起することができる（同法77条・85条）。

平成28年改正により、確約制度が導入され、違反被疑事業者に対して是正のための措置の計画を提出してもらい、それが適切であればそれを認定して調査を終わらせるという制度である（白石・独禁法17頁）。この場合、排除措置命令や課徴金納付命令はされない。

また、私的独占およびカルテルは刑事罰の対象でもある（ただし、独占禁止法違反の罪については、公正取引委員会の専属告発制度がとられており（同法96条）、公正取引委員会の告発がないと検察官は公訴提起ができない）。

独占禁止法違反の行為によって損害を受けた場合には、消費者も事業者や事業者団体に対して無過失損害賠償責任を追及でき（同法25条）、不公正な

取引方法による被害者には差止請求権が認められている（同法24条。対象は不公正な取引方法のみである）。まず、同法25条について説明すると、同条に基づく損害賠償請求訴訟では、違反事業者の故意・過失を立証する必要がない。つまり、無過失損害賠償責任である。この損害賠償請求を一般消費者が請求することができるかについては、東京高判昭和52年9月19日高民集30巻3号247頁がいうように、「事業者が不公正な取引方法を用いた場合に、これによつて損害を被る者が競争関係にある事業者のみであるとはいえず、一般消費者も、間接にではあつても、損害を被る場合があるといわなければならず、その損害は、単に事実上の反射的なものに過ぎないこともあるが、各消費者について具体的、個別的に生ずることもあるのである。不公正な取引方法によつて商品の小売価格が不当に高額に維持された場合に、その維持された価格でその商品を買受けた消費者は、不公正な取引方法が用いられなければ自由かつ公正な競争によつて形成されたであろう適正価格との差額につき損害を被つた者であり、この損害を目して、不公正な取引方法による事実上の反射的な損害に過ぎないということはできない。独占禁止法25条の規定により、不公正な取引方法を用いた事業者が損害賠償の責に任ずべき被害者には、右の場合の消費者を含むものと解すべきであつて、Xらは、その意味での被害者として本件損害賠償請求訴訟を提起しているのであるから、Xらが一般消費者であることから直ちに本訴につき当事者適格ないし訴の利益を欠くとするYの主張は、到底採用しがたい」。しかし、その一方で、独占禁止法25条に基づく無過失損害賠償を行うためには、独占禁止法違反行為についての排除措置命令や課徴金納付命令が確定していることが要件となっている（同法26条1項）。このように、要件が限られているため、民法709条の不法行為による損害賠償責任を追及することも認められている（最判平成元年12月8日民集43巻11号1259頁（鶴岡灯油訴訟））。この場合は、被害者が事業者の故意・過失を立証しなければならないが、確定した命令ないし審決があったことが立証されれば、違反行為の存在について「事実上の推定」が働くとすべきとされている。

　一方、不公正な取引方法（独禁19条）により著しい損害を受け、または受けるおそれがある者は差止請求権を行使できる。しかし、実際には消費者個

人が差止請求を行うことは容易ではないことから、消費者団体による差止訴訟制度を導入すべきという声が多い。

(2) 私的独占の禁止

事業者が、単独に、または他の事業者と結合し、もしくは通謀し、その他いかなる方法をもってするかを問わず、他の事業者の事業活動を排除しまたは支配することにより、公共の利益に反して、一定の取引分野における競争を実質的に制限することである（独禁2条5項・3条）。他の事業者の事業活動の排除または支配が要件となっている点で、「不当な取引制限」とは異なる。一方、「事業活動の排除又は支配」は、「不公正な取引方法」の行為類型にあてはまることも多い。「競争の実質的制限」に至っていないものは「不公正な取引方法」として規制されることもある。

私的独占の禁止に違反する行為については、排除措置命令、課徴金納付命令の対象となり、さらに刑事罰が科されることもある。

(3) 不当な取引制限（カルテルの禁止）

事業者が、契約、協定その他何らかの名義をもってするかを問わず、他の事業者と共同して対価を決定し、維持し、もしくは引き上げ、または数量、技術、製品、設備もしくは取引の相手方を制限する等相互にその事業活動を拘束し、または遂行することにより、公共の利益に反して、一定の取引分野における競争を実質的に制限することである（独禁2条6項・3条）。ある業界団体がカルテルによって一律に値上げすることは、消費者の不利益にもなりうる。私的独占の禁止違反行為の場合同様、排除措置命令、課徴金納付命令の対象となり、さらに刑事罰が科されることもある。

石油カルテルの有名な事案がある。前掲最判平成元年12月8日（鶴岡灯油訴訟）は、鶴岡生協の組合員らが石油連盟、石油元売業者に対して、灯油ヤミカルテルにより灯油を高く買わされたとして、民法709条による損害賠償を請求している。判決は、同条による訴訟提起を認めた点、違反行為の存在の事実上の推定を認めた点でも意義があるが、ここでは損害賠償請求の際に障害となる損害額の算定について説明する。同判決によると、消費者は次の

２つを立証しなければならない。つまり、「(1)　価格協定に基づく石油製品の元売仕切価格の引上げが、その卸売価格への転嫁を経て、最終の消費段階における現実の小売価格の上昇をもたらしたという因果関係が存在していることが必要であり、このことは、被害者である最終消費者において主張・立証すべき責任があるものと解するのが相当である（前記昭和62年７月２日第一小法廷判決参照）。

　次に、(2)　元売業者の違法な価格協定の実施により商品の購入者が被る損害は、当該価格協定のため余儀なくされた支出分として把握されるから、本件のように、石油製品の最終消費者が石油元売業者に対し損害賠償を求めるには、当該価格協定が実施されなかったとすれば、現実の小売価格（以下『現実購入価格』という。）よりも安い小売価格が形成されていたといえることが必要であり、このこともまた、被害者である最終消費者において主張・立証すべきものと解される」。

　このように、独占禁止法違反行為による損害とは、違反行為があった場合となかった場合との利益状態の差であり、金銭で表示されるものである（いわゆる差額説）。しかし、違反行為がなかった場合の想定購入価格との差額などの算定は事実上不可能であることから、価格協定前の価格を想定価格とすることを認めるなどしている。それでも損害額の算定は困難であることから、民訴法248条に基づく裁判官による損害額の認定が活用されることが期待される。

(4)　不公正な取引方法

　「不公正な取引方法」とは、独占禁止法２条９項１号から６号までの１つに該当する行為であって、「公正競争を阻害」するおそれのあるものとして、公正取引委員会が指定するものである。これらの行為は禁止されている（同法19条）。これらは不当手段による顧客勧誘の規制など消費者に対する事業者の違法・不当な行為の禁止も含む規定であることから（日弁連228頁）、消費者保護としての意味も持つ規定である。

　具体的には次のようなものがある。

　①　不当な取引拒絶

事業者に対し、取引を拒絶または商品等の数量を制限する行為である。

② 差別的取扱い

差別的対価、取引条件等の差別扱い、事業者団体における差別取扱い、事業者団体における差別取扱いがある。

③ 不当対価取引

不当廉売（不当に商品等を低価格で供給する行為）、不当高価購入がある。

④ 不当顧客誘引

欺瞞的顧客誘引（欺瞞的な販売方法で競争者の顧客を自己と取引するよう誘引する行為）、不当利益による顧客誘引、抱き合わせ販売がある。

このうち、欺瞞的顧客誘引は、消費者が最も直面しがちな問題である。ベルギーダイヤモンド事件（東京高判平成 5 年 3 月29日判時1457号92頁）では、勧誘方法の特徴として、「被勧誘者に勧誘の目的を一切告げずにBC会場に同行し、その場で40万円前後の高額なダイヤを購入させること」、および「右勧誘にあたり、被勧誘者に前叙のような本件組織の問題点や事後の新規勧誘における現実の困難性については一切告知がなされておらず、特異な成功例のみを用いて、あたかも簡単に、あるいは努力次第で誰でもが高額な収入を得られるかのように誤信させるような方法が講ぜられていること」が欺瞞的顧客誘引にあたるとされた。このように、マルチ商法にも独占禁止法が活用されていることがわかる。また、 Unit 21 で取り上げた豊田商事事件も、純金ファミリー商法が欺瞞的顧客誘引にあたるかが問題となる（この事例では否定）。

⑤ 拘束付取引

排他条件付取引、再販売価格の拘束、拘束条件付取引がある。拘束条件付取引の例として、化粧品の対面販売を代理店に義務づけたことがこれにあたるかが問題となった最判平成10年12月18日民集52巻 9 号1866頁（資生堂事件最高裁判決）がある（ただし、否定されている）。

⑥ 優越的地位の濫用

融資にあたって定期預金をすることを条件とする契約や、金融機関が顧客に対する金利を一方的に引き上げる行為などがこれにあたりうる。

公正取引委員会は、デジタル・プラットフォーム事業者が消費者に対

して個人情報等の取得または利用と引換えに商品やサービスを無料で提供するというビジネスにおいて、不公正な手段によって個人情報等を取得または使用することによって、消費者に不利益を与えるとともに、公正かつ自由な競争に悪影響を及ぼす場合には独占禁止法の優越的地位の濫用になりうるという考え方を示した（2019年。2022年改訂）。例えば、利用目的を消費者に知らせずに個人情報を取得することや、利用目的の達成に必要な範囲を超えて、消費者の意に反して個人情報を取得利用することなどがこれにあたりうるとされている。

⑦　競争者に対する取引妨害、競争会社に対する内部干渉など

　　以上が独占禁止法の概要であるが、実際には消費者取引の場面において機能しているのはカルテルや再販売価格拘束に対する規制を通した価格の適正化という面であり、広告その他の顧客誘引に対する同法の規制はそれほど活用されているとはいえないと指摘されている（岩本7頁）。前述した差止請求制度や損害賠償請求制度も、消費者からはほとんど活用されていない（岩本8頁）。独占禁止法が消費者を保護するための法律でもあるにもかかわらず、消費者や消費者団体からほとんど活用されていないのはなぜか、そもそも海外では1つの組織として存在する消費者保護行政機関と競争当局が、日本では消費者庁と公正取引委員会に分かれていることも含め、同法の執行・運用体制に課題があることも指摘されている（和久井126頁以下はこのような問題意識から、民事訴訟の活性化も含めた独占禁止法分野における消費者の利益擁護のあり方や、消費者の司法アクセスの改善について論じている）。これに対し、次に説明する景品表示法はもともと独占禁止法の特例であったが、2009年の消費者庁設置による消費者庁への移管によって消費者保護の側面を強く有している。

2　景品表示法（不当景品類及び不当表示防止法）

　不公正な取引方法の1つである「不当な顧客誘引」のうち、「景品類」および「表示」に関して特例を定めたのが景品表示法である。同法は馬肉や鯨

肉を使用しておきながら牛肉と表示して大和煮を販売した「にせ牛缶事件」が契機となって、1962年に制定された。当初は公正取引委員会が所管していたが、2009年の消費者庁設置時に消費者庁に移管された（内閣総理大臣が所管し、その権限を原則として消費者庁長官に委任するという形である）。また、後述する2014年改正によって、都道府県知事にも措置命令に関する権限が与えられた（以下、白石・景表法14頁以下も参照。逐条解説として、高居）。

「景品類」とは顧客誘引のために事業者が商品、役務の提供に付随して相手方に提供する物品、金銭等の経済的利益のことであり、誘引手段が直接、間接、くじによるか否かを問わない。「表示」とは、顧客誘引のための手段として、事業者がその供給する商品または役務の内容または取引条件その他これらの取引に関する事項について行う広告その他の表示である（同法2条4項）。事業者が自ら供給する商品または役務であることから、アフィリエイトのように自らは商品を供給しない者が他の事業者が供給する商品の宣伝を行った場合に景品表示法の対象となるかどうかが問題となるが、アフィリエイトによる推奨者と商品を供給する事業者の間に提携関係がある場合には規制の対象になるとされている（日弁連276頁以下。消費者庁ガイドラインを参照。林30頁も参照）。もっとも、後述する法改正論議では、「供給」者だけではなく、不当表示に関わった者であれば何人も対象とすべきとの見解があった（後述する）。どちらも具体的内容は内閣総理大臣が指定する。また、保護対象から「事業者」を外し、一般消費者が保護の対象となっている。目的規定においても、2009年の同法改正で、「公正な競争を確保」するとの文言が削除されて、「一般消費者による自主的かつ合理的な選択を阻害するおそれのある行為の制限及び禁止について定めることにより」と改められ、消費者法としての性質が強くなった。ただし、実体規定の範囲に実質上の変更はないとされている（南321頁）。また、目的規定の変更については、「公正な競争を阻害するおそれ」と「一般消費者の自主的合理的な判断を阻害するおそれ」とが表裏一体の関係にあるかどうかという観点からの議論がなされており、表裏一体の関係にあるとの見解によれば、競争法と消費者法の両方の側面を有することによって、個別的な消費者の利益（個々の意思決定環境の改善）が、市場が効果的に機能することを通じた集団的な消費者の利益保護

にも結びつくことになる（この点につき、林18頁以下参照）。

　ここでは、消費者取引で特に問題となる表示の規制について説明する。事業者は、その供給する商品または役務の取引について、次のような不当表示をすることが禁止されている（景表5条1号〜3号）。

① 品質、規格その他の内容について、一般消費者に対し、実際のものより著しく優良であるとの表示、または、事実に相違して競争関係にある他の事業者のものより著しく優良であるとの表示（品質、規格に関する不当誘引表示。優良誤認）。例として、不動産の所在地（駅から○分）の不実表示などがある。「著しく優良」とは、表示における誇張／誇大の程度が社会一般に許容されている程度を越えていることである（高居71頁）。

② 価格その他の取引条件について、実際のもの、または、競争関係にある他の事業者のものより取引の相手方に著しく有利であると一般消費者に誤認される表示（価格、その他の取引条件の誤認表示。有利誤認）。実勢を反映しない対象価格を示すことで割引をしているように誤認させる価格の二重表示がその例である。

①②ともに「著しく」優良・有利であることが要求されている。

③ その他消費者庁長官（内閣総理大臣）が指定する誤認表示（指定告示）。例えば、「おとり広告に関する表示」、「有料老人ホームに関する不当な表示」、「商品の原産国」などがあるほか、令和5年にされた指定告示として、いわゆるステルスマーケティング告示がある（後述する）。

　このうち、①については、表示の裏付けとなる合理的な根拠を内閣総理大臣が定めた期間内に提出できない場合には、そのような表示は景品表示法5条1号に該当する表示とみなされる（同法7条2項）。

　景品表示法違反の行為を行った事業者に対して、内閣総理大臣は措置命令を発することができる（同法7条）。具体的には、その行為の差止めもしくはその行為が再び行われることを防止するために必要な事項、または、これらの実施に関連する公示その他必要な事項である。例としては、表示の訂正、変更と同時に、新聞紙上の訂正広告を掲げるといったことが考えられる。措置命令は、対象事業者が問題となった違反行為がすでになくなってい

456

る場合でも行うことができる（同条1項後段）。措置命令に違反すると刑事罰が科せられうる（同法36条・38条）。都道府県知事も措置命令を発することができる（同法7条1項・33条11項）。

また、事業者に「公正競争規約」（景表31条）を定めてもらい、事業者が公正競争規約を遵守することで間接的に不当な顧客の誘引を防止し、公正な競争を確保するという規制方法をとっている。表示に関しては、特定の商品について、商品の特性に即した表示を義務づけるための表示に関する公正競争規約が複数の種類の商品等で存在する。例えば、不動産取引における「新築」という表示（建築後1年未満のものでなければならない）、乳飲料の「濃厚」、ハムソーセージの「手造り」などがその例である。それぞれ、各業界ごとに設置されている公正取引協議会や、既存の業界団体が、虚偽・誇大な表示を調査するなどの自主規制を行っている。事業者の表示の管理上の措置を講じなければならないとしている（同法26条）。

景品表示法の優良誤認行為、有利誤認行為は、2008年の消費者契約法改正により、適格消費者団体の差止請求権の対象となった（景表30条）。具体的には、適格消費者団体は当該事業者に対して「当該行為の停止若しくは予防又は当該行為が当該各号に規定する表示をしたものである旨の周知その他の当該行為の停止若しくは予防に必要な措置」をとることを請求できる。同法に基づく差止請求がなされたクロレラ事件では、同法違反行為が取りやめられていることから、差止めの必要性がないと判断されている（大阪高判平成28年2月25日判時2296号81頁）。行為が取りやめられた後には差止めが認められないという判断の是非については、実効性の観点から議論の余地がある（消費者契約法にも同様の問題がある）。

さらに、2014年には、2013年秋以降相次いだ食品や外食のメニュー表示における不当表示問題を受けて、2度の景品表示法改正が行われている。

まず、2014年6月の景品表示法改正である。この改正では、事業者は不当表示を行わないよう、商品または役務の品質、規格その他の内容にかかる表示に関する事項を適正に管理するために必要な体制の整備その他の必要な措置を講じなければならないとされた（同法26条1項）。この措置については、消費者庁が2014年11月に「事業者が講ずべき景品類の提供及び表示の管理上

の措置についての指針」を公表している。また、行政の監視指導体制の強化に関する規定も盛り込まれた。具体的には、都道府県知事に措置命令権限および合理的根拠提出要求権限が付与され、また、事業所管大臣または金融庁長官に対して、緊急かつ重点的に不当表示等に対処する必要がある場合などに調査権限を委任できる。

　また、2014年11月の景品表示法改正では、同法5条1号・2号の不当表示を行った事業者に対する課徴金納付命令が科されることとなった（同法8条以下）。

　事業者が優良誤認表示（景表5条1号）、有利誤認表示（同条2号）をしたときには、内閣総理大臣は、当該事業者に対し、課徴金対象行為に係る売上額（算定方法は景品表示法施行令1条にあるように、課徴金対象期間において引き渡した商品または提供した役務の対価額の合計から、所定の額を控除した金額である）に100分の3を乗じた額の課徴金の納付を命じなければならない（景表8条1項）。ただし、事業者が自らが行った表示が不当表示であることを知らず、かつ、知らないことについて相当の注意を怠った者でないと認められるときは、課徴金の納付を命じることができない（同項ただし書）。また、課徴金額が150万円未満となる場合には、課徴金を賦課しない（同項ただし書）。対象期間は3年を上限とする（同条2項）。不実証広告規制は課徴金制度の場合にもあるが、この場合には「推定」されるにとどめられており、反証に成功できれば違反の認定を免れることができる。

　ただし、当該事業者が課徴金対象行為に該当する事実を内閣総理大臣に報告したときは課徴金額から課徴金額の半額が減額される（景表9条）。

　特徴的なのは、事業者が消費者に対して自主返金を行った場合には課徴金が減額ないしゼロとなるという点である。

　まず、返金措置については次のように定められている。課徴金対象期間において当該商品または役務の取引を行った一般消費者（課徴金対象期間内に課徴金対象行為に係る商品の引渡しまたは役務提供を受けたことが、領収書、契約書等で特定された者。景表令3条）からの申出があった場合に、当該申し出をした一般消費者の購入額（算定方法は同令4条・5条）に100分の3を乗じて得た額以上の金銭を交付する返金措置を実施しようとするときは、その実

施しようとする返金措置に関する計画を作成し、内閣総理大臣に提出してその認定を受けることができる（景表10条1項）。

その上で、この認定を受けた返金措置を実行して自主返金を行った場合には、課徴金額から返金された額が減額される。交付された金銭を当該課徴金の額から減額した額がゼロを下回るときは、当該額はゼロとする（景表11条）。

このように、課徴金納付命令は、事業者が違法に得た利益を吐き出させ、また、違法行為に対する制裁を科すという点で不当表示を抑止することが第1の目的であるが、事業者による消費者に対する返金を促す制度となっている点で、消費者の被害回復にも資するものである（中川46頁）。課徴金の減額という誘因を与えることにより違反行為の被害者に対する損害の回復を促すよう行政が直接関わる仕組みといえ（滝澤337頁）、行政機関による違法収益の吐き出し、制裁、さらには被害回復のあり方が注目されている中（*Unit 25*）、今後の発展を見守る必要がある。もっとも、実際の課徴金納付命令の数は、措置命令の数よりかなり少ないとも指摘されている（白石・景表法15頁）。また、事業者は返金するぐらいなら売上高の3％の課徴金の方が負担が軽いと考えて課徴金の全額納付を選択するケースが多く、消費者の被害回復を促すという上記の機能はあまり果たされていない（松本・適正化161頁）。景品表示法9条および10条による減額制度の法的性質もふまえ、どのようにすれば事業者への制裁および被害者救済の観点から実効的なものとなるための減額制度のあり方を考える必要があると指摘されている（滝澤547頁以下）。

課徴金対象行為をやめた日から5年を経過したときは、課徴金納付を命令することができない（景表12条7項）。また、内閣総理大臣は、課徴金納付命令の名宛人となるべき者に対して弁明の機会を与えなければならない（同法13条）。

景品表示法には特定商取引法とは異なり、消費者個人が行使しうる民事ルールはないが（適格消費者団体による差止請求権はある）、最判平成29年1月24日民集71巻1号1頁が景品表示法違反の広告をきっかけに契約を締結した場合の取消しへの道を拓いたとする見解もある。この見解では、同法自体に民事ルールを導入することや、同法違反行為について、消費者契約法その他

の法律による民事的対応の検討が必要であるとされている（松本・民事ルール25頁）。景品表示法は、顧客の認識と真実の離齬を厳密に問うているのではなく、合理的な根拠を欠く表示によって顧客を誘引すること自体を不当に評価するものであると理解されていることから、個別の消費者の意思決定環境の整備のために消費者契約法と「協働」することや、取消しに限らず、クーリング・オフ権利等を設けることも検討に値しよう（山城31頁・38頁。大澤・消費者取引法90頁）。

　消費者庁は、2021年以降、景品表示法改正のための検討会のほかに、「アフィリエイト広告等に関する検討会」、および、「ステルスマーケティングに関する検討会」を開催し、その結果として、2023年にはデジタル化への対応や景表法の実効性強化に向けた改正や指定告示制定が実現した。

　まず、アフィリエイト広告には、商品等の販売者以外のアフィリエイターが広告を作成・掲載しているため、販売者による広告内容の審査が行き届きにくいという問題や、商品の購入等があった場合にのみ報酬が発生するという仕組みのため、アフィリエイターが報酬目当てに虚偽・誇大な広告を作成するというおそれがある（アフィリエイト広告等に関する検討会「アフィリエイト広告に関する検討会　報告書」（2022年2月）（https://www.caa.go.jp/policies/policy/representation/meeting_materials/review_meeting_003/assets/representation_cms216_220215_01.pdf）1頁）。そこで、同検討会の報告書を受けて、「事業者が講ずべき景品類の提供及び表示の管理上の措置についての指針」および「インターネット消費者取引に係る広告表示に関する景品表示法上の問題点及び留意事項」が2022年に改訂された（景品表示法26条1項で定められている、事業者が同法に違反することがないように講じるべき管理上の措置を具体化したものである）。後者では、アフィリエイトプログラムを利用した広告についても、広告主がその表示内容の決定に関与している場合（アフィリエイターに表示内容の決定を委ねている場合を含む）には、同法上は、広告主が行った表示とされること、および、アフィリエイターがアフィリエイトサイト内に掲載する広告における表示、SNSの投稿における表示、アフィリエイターが自らのアフィリエイトサイトに誘導するために行う広告等における表示に関しても、一定の場合には、優良誤認・有利誤認となりうることが示されてい

るが、一方で、アフィリエイターは、当該表示に係る商品・役務を当該事業者と共同して供給していると認められない限りは、同法で定義される「表示」を行う者には該当しないことが示されている（高居59頁）。

　次に、ステルスマーケティングについては、ステルスマーケティングを禁止する旨の指定告示が制定された。具体的には、景品表示法5条3号の指定告示に関する規定に基づき「一般消費者が事業者の表示であることを判別することが困難な表示」について指定を行い、指定告示の運用基準が策定された。ステルスマーケティングとは、広告であるにもかかわらず広告であることを隠す形での商品等の宣伝であり、消費者から見れば広告ではなく事業者以外の第三者による感想であると認識してしまう点で、自主的かつ合理的な選択が阻害されうるという問題がある。「一般消費者が事業者の表示であることを判別することが困難である」とは、一般消費者にとって事業者の表示であることが明瞭になっていない場合であり、明瞭かどうかは、表示上の特定の文言等から受ける印象・認識ではなく、表示内容全体から一般消費者が受ける印象・認識を基準に判断される（高居201頁以下）。具体的に事業者の表示であることが明瞭である場合・不明瞭である場合は、ステルスマーケティング告示運用基準で示されている。ただし、同法の規制対象となるのは、「広告」類似の表示を行った第三者ではなく、事業者である。つまり、事業者から依頼を受けただけの、いわゆる「インフルエンサー」は対象とならないが（高居199頁）、インフルエンサーが広告主の指示を超えて表示を作成し、それによって消費者に誤解を生じさせる場合にありうることから、規制の対象範囲を拡大することや、インフルエンサーに対して不当表示を防ぐための対応を求めることは考えられる（海老澤82頁以下）。また、同法5条3号は課徴金の対象とはなっておらず、違反した場合には措置命令（同法7条1項）の対象となる（措置命令に違反した場合には罰則を科される可能性がある。同法46条以下）。

　最後に、2023年5月には、景品表示法が改正された（改正に関する逐条解説として、南＝片岡編著）。改正によって、第1に、すべての不当表示・不当景品を対象に確約手続が導入された（同法第2章第6節）。具体的には、①内閣総理大臣（消費者庁長官）から同法26条または30条の規定による通知（「確

約手続通知」）を受けた事業者が、②是正措置計画または影響是正措置計画の認定を申請し、③内閣総理大臣から認定を受けたときは、当該行為について、措置命令および課徴金納付命令の適用を受けないこととすることで、迅速に問題を改善する制度である。確約手続に関する法運用の透明性および事業者の予見可能性を確保する観点から「確約手続に関する運用基準」（2024年4月）が定められている（詳しい手続の内容は、高居375頁以下）。消費者庁長官は、確約計画に従って確約措置が実施されていないと認められるとき、または、事業者が虚偽もしくは不正の事実に基づいて確約認定を受けたことが判明したときは、確約認定を取り消さなければならない（景表29条1項・33条1項）。取り消された場合、確約手続を行う前の事件調査が再開される（同法28条ただし書・32条ただし書。高居383頁）。この制度が導入されたのは、景品表示法違反被疑事件の端緒件数が増加する一方で、調査件数や措置件数は低迷し、かつ、調査期間が長期化しているという現状をふまえ、自主的な取組が期待できる被疑事業者による表示等の是正を早期に実現しつつ、執行の負担を軽減するためである（長澤37頁）。「違反する行為があると疑うに足りる」ことが要件となっていることから、確約手続に移行せずにそのまま調査を継続すれば措置命令や課徴金納付命令に至るという見通しがあるような案件が対象になると考えられている（長澤39頁）。もっとも、悪質な事案や繰り返し優良誤認が行われているような事案で確約手続が行われると、措置命令や課徴金納付命令が行われずに抑止力が減少するおそれがあるので、確約手続、措置命令および課徴金納付命令を使い分けることが求められる。消費者庁は、確約計画を認定した場合には、違反のおそれがあった表示や、確約計画により行われる措置の概要、事業者名を公表するものとしている。

第2に、課徴金制度が見直され、基準日（①消費者庁等による調査、②合理的根拠を示す裏付け資料の請求、③事前通知のうち最も早い日）からさかのぼり10年以内に課徴金納付命令を受けており、かつ、当該課徴金納付命令後に新たな違反行為をしていた事業者は、課徴金算定率が3％から4.5％に割り増しされるという規定が導入された（景表法8条5項・6項）。また、売上額の推計規定が導入された（同条4項。同項に規定する合理的な方法は、2024年4月に交付された景表則8条の2で定められた）。さらに、特定の消費者へ一定の返

金を行った場合に課徴金額から当該金額が減額される返金措置に関して、返金方法として金銭による返金に加えて第三者型前払式支払手段（いわゆる電子マネー等）も許容されることになった（景表10条）。自主返金をすればその分課徴金を減額するという規定があるにもかかわらず、金銭による返金（具体的には銀行振込）を行うには煩雑であるといった理由でこの規定があまり活用されていなかったことに基づく（詳細は、中川ほか・座談会23頁〔染谷隆明発言〕。課徴金制度について、伊永）。ただし、返金措置の対象となる一般消費者を保護する観点から、金銭以外の支払手段による返金を行う場合には、支払いを受ける一般消費者の承諾を得る必要があり、承諾をしなかった者への返金措置は、現金の交付または銀行振込の方法によらなければならない（高居368頁）。

　第3に、優良誤認と有利誤認を対象に直罰としての刑事罰（100万円以下の罰則）が導入された（景表48条）。故意犯を対象にしている点や、インフルエンサーなどの、景品表示法が適用されない者に対しても共犯処罰の可能性がある点が指摘されている（中川ほか・座談会24頁以下）。その一方で、景品表示法が故意犯か過失犯を問わず規制して一般消費者の利益の確保を目指す法律であることや、罪刑均衡や行政処分の有無をふまえれば、故意犯だからといって即座に刑事罰の対象となるかは不明との指摘もある（伊永51頁）。

　第4に、優良誤認表示を対象に、適格消費者団体から事業者への資料開示要請の規定が導入された（景表35条）。具体的には、適格消費者団体が、一定の場合に、事業者に対し、当該事業者による表示の裏付けとなる合理的な根拠を示す資料の開示を要請することができるとともに、事業者は当該要請に応ずる努力義務を負う（同条）。検討会では、優良誤認については外部からはわかりにくいため、差止訴訟での立証責任を転換するか否かが議論されたが、この点は実現せず、資料開示要請の努力義務が課されるにとどまった（詳細な要請の手続については、2024年4月に交付された景表則21条の2で規定された）。

3 私法との接点——独占禁止法違反行為の私法的効力

　独占禁止法等の経済法令に違反する行為によって締結された契約の効力を否定することによって、違反行為を抑制することはできないか。この問題は **Unit 7** で触れた「取締規定違反行為の私法上の効力論」の問題、あるいは端的に同法違反行為が公序良俗違反にあたるか否かの問題である。

　この問題が扱われたのが最判昭和52年6月20日民集31巻4号449頁である。同判決がいうように、「独禁法19条に違反した契約の私法上の効力については、その契約が公序良俗に反するとされるような場合は格別として、Xのいうように同条が強行法規であるからとの理由で直ちに無効であると解すべきではない」というように否定的な見解が最高裁ではとられていた。その理由として、独占禁止法の趣旨が挙げられている。この否定的な態度は、取締規定違反行為の私法上の無効を否定する見解と同様である。

　しかし、これも **Unit 7** で触れたように、取締法規とはいえ、消費者保護が「公序」の内容となっているような法令の違反については民法90条によって無効とすべきという説が学説上有力となる。その後の最判平成13年6月11日判時1757号62頁は不正競争防止法違反の行為につき、「経済取引における商品の信用の保持と公正な経済秩序の確保を害する著しく反社会性の強い行為である」として民法90条により無効とした。これは、行政的な取締規定に違反する法律行為の効力に関する有力説の動向に沿ったものであると考えられている。

4 まとめ——競争法と消費者法

　以上の独占禁止法および景品表示法は、どちらも市場の公正性確保を目的とした法律である。これらの法律によって市場の公正性が確保されることは、ひいては消費者の利益にもなるが、消費者法を（個別的かつ集団的な）消費者保護の観点だけではなく、集団的な消費者の利益を保護するもの、そのために、消費者の取引の場でもある市場の公正性確保にも資するものであ

464

るとみれば（市場法としての消費者法）、公正性確保を図る法律は独占禁止法や景品表示法だけではないことになる。景品表示法については、すでに述べたように個々の消費者の自主的かつ合理的な意思決定の確保だけではなく、適格消費者団体に団体訴権が与えられていることや、課徴金制度と結びついた返金措置によって集団的な被害者である消費者の救済も図られていることが明らかであるが、すでに本書でも説明した消費者契約法や特定商取引法といった他の民事ルール・行政ルールも、集団的な消費者の利益保護とともに市場の公正性確保に資するものと理解できる。消費者契約法４条や不当条項規制ルール、さらには、行政処分を伴う特定商取引法の行為規制は、個別の消費者を保護するとともに、これらの不当な行為を市場から排除して健全な市場を作り出すという市場法としての消費者法の側面も有している。また、**Unit 26**で説明した、適格消費者団体の差止請求権の対象拡大（特定商取引法・景品表示法・食品表示法に基づく差止請求権付与）や消費者裁判手続特例法成立にみられる集団としての消費者の救済手段の発展、および、それらの活用は、消費者保護はもちろん、市場の公正性確保にも資するものである（以上、大澤１頁）。

Unit 28では、消費者保護だけではなく市場の公正性確保の役割をも果たしている消費者法の「主役」であり、市場の公正性確保のための積極的な役割を果たしうる「消費者」と「事業者」による活動について述べる。

＊参考文献＊

本文中、白石忠志「経済法と消費者法」百選268頁、白石忠志『**独禁法講義**〔第10版〕』（有斐閣、2023年）、岩本諭「競争法の消費者保護機能の可能性と課題」日本経済法学会年報40号（2019年）１頁、**和久井理子**「経済法・独占禁止法における消費者」現代消費者法60号（2023年）125頁、白石忠志「**景品表示法**の諸課題」ジュリスト1517号（2018年）14頁、**高居良平**『景品表示法〔第７版〕』（商事法務、2024年）、林秀弥「顧客誘引規制の原理的課題」日本経済法学会年報40号（2019年）17頁、**南雅晴**「広告・表示と消費者」中田＝鹿野編317頁、**中川丈久**「消費者法と行政法」中田＝鹿野編38頁、滝澤紗矢子「景表法における課徴金の性質に関する再検討」廣瀬古稀337頁、**松本恒雄**「表示の**適正化**」百選161頁、**松本恒雄**「2018年消費者契約法改正にみる**民事ルール**のあり方」消費者法ニュース117号（2018年）

25頁、**山城**一真「広告をめぐる契約規制法理の課題」現代消費者法59号（2023年）29頁、**大澤彩「消費者取引法**の体系化・現代化」現代消費者法60号（2023年）87頁、**海老澤**美幸「ステルスマーケティング規制——インフルエンサーの社会的責任」ジュリスト1594号（2024年）81頁、**南雅晴＝片岡**克俊**編著**『逐条解説　令和5年改正景品表示法——確約手続の導入など』（商事法務、2023年）、**長澤**哲也「景品表示法における確約手続の導入」ジュリスト1587号（2023年）37頁、**中川**丈久**ほか**「**座談会**　景品表示法の改正および運用改善について」ジュリスト1587号（2023年）14頁、**伊永**大輔「景品表示法の課徴金制度における理論と課題」ジュリスト1587号（2023年）49頁、**大澤彩**「市場法としての消費者法と多様化する『消費者』」金融・商事判例1579号（2019年）1頁。

本文に掲げるもののほか、中田邦博「日本における広告規制の概要」中田邦博ほか編『ヨーロッパ私法・消費者法の現代化と日本私法の展開』（日本評論社、2020年）565頁、経済法のテキストとして、岸井大太郎ほか『経済法〔第9版補訂〕』（有斐閣、2022年）、白石忠志『独禁法講義〔第9版〕』（有斐閣、2020年）、概説書として、泉水文雄『独占禁止法』（有斐閣、2022年）、「特集・競争法と消費者」日本経済法学会年報40号（2009年）1頁、「特集・独禁法と民事法」民商法雑誌124巻4・5号（2001年）453頁。

Unit 28

当事者の活動

　消費者法の登場人物である「消費者」および「事業者」の活動は、消費者法の重要な構成要素をなしている。このことは消費者基本法にも現れている。事業者に公正な取引、情報提供、苦情処理などの一定の責務が課されている（同法 5 条）一方で、「消費者」にも「消費者は、自ら進んで、その消費生活に関して、必要な知識を修得し、及び必要な情報を収集する等自主的かつ合理的に行動するよう努めなければならない」（同法 7 条 1 項）、および、「消費者は、消費生活に関し、環境の保全及び知的財産権等の適正な保護に配慮するよう努めなければならない」（同条 2 項）という責務が課されている。

　そこで、本Unitでは、当事者である消費者および事業者が消費者法においていかなる役割を果たしているかに着目する。具体的には、まず消費者の活動の中心を担っている消費者団体について説明し、一方で事業者の消費者保護のための取り組みを概観する。最後に、「消費者」でもある「事業者」、あるいは「事業者」でもある「消費者」が行う活動であり、企業の社会的責任を高める点で消費者法でも重要な内部告発を取り上げ、その法的問題点を取り上げる。

1 消費者の活動──消費者団体の役割

　すでにみたように、消費者基本法 7 条では消費者の「自助」が期待されている。しかし、消費者が個人で情報を集めたり、自己教育するのは時間的にも物理的にも困難である。そこで、情報を収集し、これを消費者に提供する主体として消費者団体の役割は重要である。

(1)　消費者団体の歴史

　日本の消費者運動は戦後の食糧難の時代に始まったとされている（以下、丸山、大村317頁以下）。この時期には物価値上げ反対運動や生活物資確保のための運動が活発になされたが、その運動の中心は現在でも有名な団体である主婦連合会であった。その後、1960年代から1970年代にかけて、市民運動・住民運動の高揚期に消費者団体も大きな発展をみた。しかし、1980年代に入ると社会の安定化・保守化とともに運動は退潮の兆しをみせ始め、現在では消費者団体の活動の中心は運動よりは消費者教育といえる（大村317頁）。

(2)　消費者団体の現状

　消費者基本法 8 条によると、「消費者団体は、消費生活に関する情報の収集及び提供並びに意見の表明、消費者に対する啓発及び教育、消費者の被害の防止及び救済のための活動その他の消費者の消費生活の安定及び向上を図るための健全かつ自主的な活動に努めるものとする」。では、消費者団体は実際にはどのような規模のものが多く、どのような活動を行っているのであろうか。この点について、消費者庁が行った「平成26年度消費者団体名簿」（https://www.caa.go.jp/policies/policy/local_cooperation/local_consumer_administration/consumer_organization_list_2014/pdf/consumer_organization_list_2014_0005.pdf）を参考に紹介する。

　今回調査に回答した団体数は2121団体であり、活動範囲別にみると、広域団体が294、県域団体が477、地域団体が1350となっている。なお、広域団体とは都道府県の範囲を超えブロックまたは全国的に会員がいて活動を行う団体、県域団体とは都道府県のおおむね全域に会員がいて活動を行う団体、地域団体は群、市、区、町、村などを範囲として活動を行う団体である。

　構成団体の延べ個人会員数をみると、広域団体、県域団体、地域団体ともに会員数10〜99人の団体が最も多い。

　設立年代別に調査団体数をみると、特定非営利活動法人の設立が進んだ2000年代が最も多く、次に多いのが全国的な消費者運動が展開された1970年代である。

調査団体のうち、857団体（40.4％）が法人格を取得している。法人格の取得率は、広域団体が73.1％、県域団体が65.4％、地域団体が24.4％となっている。法人格の種類別にみると、特定非営利活動法人（NPO法人）が566団体、公益社団法人が125団体である。

調査団体が関心を持っている事項であるが、「環境問題」（51.8％）、「食品に関する問題」（50.6％）、「消費者啓発・教育」（48.4％）への関心が高い。

財源は会費が96.0％と最も多い、その次に地方公共団体からの補助金等がある。

活動状況については「講習会・見学会等の開催」が62.7％と最も多い。これは広域団体、県域団体、地域団体のすべてでトップである。なお、広域団体、県域団体で次に多いのが「機関紙・誌の発行、ホームページの開設」（広域55.1％、県域44.2％）であり、地域団体では「レジ袋削減・マイ袋の推進」が32.0％となっている。

では、具体的に消費者団体にはどのようなものがあるのか。例えば、現在「適格消費者団体」の認定を受けている団体については消費者庁のサイトで紹介されている（https://www.caa.go.jp/policies/policy/consumer_system/collective_litigation_system/about_qualified_consumer_organization/list/）。2024年10月現在で26団体（特定適格消費者団体は 4 団体）である。それぞれHPを有しており、活動状況（裁判内外での差止請求、事業者への申入れ、セミナーの開催、行政への提言など）などが報告されている。そのほかに、適格消費者団体にはなっていないが、有名なものとして、「一般財団法人日本消費者協会」（https://jca-home.jp/）、「主婦連合会」（http://www.shufuren.net/）がある。また、全国消費者団体連絡会は、全国的な連絡団体である。

(3) 課 題

消費者団体については、2007年の消費者契約法改正で団体訴権が認められるなど、消費者の権利の実現の「担い手」の 1 つとなっている（*Unit 26*）。また、消費者団体は情報提供、消費者教育においても重要な役割を果たしている。しかし、日本では諸外国と比べて消費者団体の基盤が脆弱であるといわれている。その理由は以下の 3 つである。

第1に、消費者団体の財政的基盤、人的基盤が脆弱である（大村318頁）。例えば海外では情報提供のために団体が雑誌等を発行してその収入を活動に充てているということも見られるが（フランスのUFC-Que choisirなど）、日本では財源のほとんどが会費である。そもそも人的基盤が脆弱であるために雑誌などを発行するほどの余裕もないのが現実であろう。

　第2に、消費者団体には法人格を有していない団体が多いなど、制度的な保障も十分でない。この点、1998年にボランティア活動をはじめとする市民活動団体を支援するためにNPO法（特定非営利活動促進法）が制定され、その2002年改正で消費者運動を行う団体が対象となった。しかし、先にみたように、現在のところ法人格を有していない団体も多い。

　第3に、団体訴権の当事者適格が認められる「適格消費者団体」となるためにはハードルが高いといわれている。例えば、適格消費者団体となるためには、NPO法人または一般社団法人もしくは一般財団法人であることが必要であるが（消契13条3項1号）、そもそも法人格を有していない団体が大多数であることから、この要件を満たす団体は極めて限られたものとなるだろう。

　第3の点に関連し指摘されているのは、適格消費者団体は弁護士等が中心となってもっぱら訴訟活動を行っている一方、従来から存在する消費者団体は相変わらず活動基盤も脆弱であり、消費者団体の「二極化」が進んでいるということである。もっとも、適格消費者団体も決して十分な財力で活動しているわけではなく、団体訴訟遂行にあたっては物理的負担が大きい（**Unit 26** も参照）。この点で、消費者団体訴訟等支援法人認定NPO法人消費者スマイル基金（**Unit 26**）が注目されるが、いっそうの公的支援の充実が望まれる（丸山41頁以下、および、46頁も参照）。適格消費者団体が追求する利益は不特定および多数の消費者の利益であり、行政庁が実現すべき公益とも重なる以上、行政は適格消費者団体の活動を支援し、公私で消費者の利益を実現すべきであろう（町村134頁も参照）。

　第7次消費者委員会は、国や都道府県の審議会に消費者代表として参画している団体や適格消費者団体を対象に調査を実施し、また、消費者が消費者団体にどのようなイメージを抱いているか等を把握するため、インターネッ

ト調査を実施した。この調査の結果をふまえて提出された報告書「消費者団体の現状及び今後に向けた論点整理」（2023年8月）では、消費者団体が担ってきた政策提言機能を維持していくために重要と考えられる論点を特に重視して整理している。それによると、消費者行政の場では依然として消費者団体による政策提言への期待が高いものの、団体の担い手の高齢化や会員数の減少も見られることや、消費者団体の活動の認知度が高くないなどの課題も指摘されている。消費者団体による政策提言機能は、国や地方自治体だけではなく事業者・消費者にとって有益であることから、消費者団体が引き続き政策提言機能を発揮できるような環境整備が求められる（https://www.cao.go.jp/consumer/iinkaikouhyou/2023/doc/202308_dantai_houkoku.pdf）。

消費者法の「パラダイムシフト」が検討される中で、消費者団体の役割にも注目が集まっている。消費者団体が差止訴訟・被害回復訴権行使だけではなく、消費者教育・啓発、さらには政策提言などの役割に鑑みると、消費者団体を単なる民間団体としてとらえるのではなく、適正な市場を形成するために重要な役割を果たしている団体として、消費者団体の活動を支援するための法整備や財政的支援が必要である（この点を述べるものとして、中田108頁以下）。行政が消費者団体・事業者団体と協働して契約条項の適法性を評価・勧告する仕組みを構築することや、事業者の法遵守にインセンティブを高めるための方策を検討するなど、消費者団体（および事業者団体）に「任せきり」になるのではなく、これらの団体と共に実体的かつソフトなルールを形成することも将来的にはありうる（有識者懇談会報告書6頁以下）。

2　事業者の活動

事業者も消費者法の「担い手」としてさまざまな活動を行っている。ここでは例として苦情対応と自主規制について取り上げる（大村320頁以下も参照）。

（1）　事業者による苦情対応

例として、事業者団体による苦情対応が挙げられる。例えば、特定商取引

法27条から32条の2までは、訪問販売協会、通信販売協会を設立することを認め、それぞれに苦情処理を担わせている。また、経済産業省の行政指導に従って、製造物責任法を受けた各業界のPLセンターが苦情処理を担っている（**Unit 18**）。公益社団法人日本訪問販売協会では「訪問販売消費者救済基金制度」（同法29条の2）を設けており、同法の規定によって会員となっている事業者による訪問販売に関する契約の取消しや解除がなされた場合に、支払済み金銭の請求をした消費者が救済を得られない場合に、消費者は会員から積み立てられた基金から一定額の金銭を受け取ることができる。

　一方で、各事業者の「お客様相談室」などによる苦情処理も行われている。「お客様相談室」を設けることで、アフターサービスが可能になるだけではなく、紛争の予防、企業イメージの向上、顧客ニーズの把握など、事業者・消費者の双方にとってさまざまなメリットがある。また、行政もこのような「お客様相談室」をバックアップする措置を講じている。例えば、経済産業省所管の法人である日本産業協会は、消費生活アドバイザーの資格認定を行っている。消費生活アドバイザーとは、企業内において消費者からの相談や意見に対応する役割を果たす。日本産業協会は「消費者志向優良企業表彰制度」を設けて、この資格取得者を活用している企業を表彰し、資格普及を推進していた（2005年度まで）。また、**Unit 18**で紹介したように、業界団体によるADRも存在する。

　裁判外での友好的な解決が行われることは、事業者にとってもメリットがあるが、その内容が公表されないために透明性が失われるという問題もある。また、事業者・企業の規模によっては、事業者自身が消費者との紛争解決を自主的に行うシステムを整えることが容易ではない。それでも、消費生活相談（**Unit 26**）という「公」ではなく、事業者・事業者団体という「民」による紛争解決制度をも充実させることで、消費生活相談にかかる負担の軽減や、消費者が裁判によらずして紛争解決を行うことができないか、将来的には積極的に検討されてよい（大澤）。

(2)　事業者の自主規制

　事業者団体が自主規制を行っている場合が多い。その例として、継続的な

サービス契約に関する標準約款・ガイドラインの策定が挙げられる。具体的には、①公益財団法人日本エステティック研究財団「標準契約書約款及び注意事項」、②一般社団法人全国外国語教育振興協会「民間外国語教育施設の運営に関するガイドライン」、③公益社団法人全国学習塾協会「学習塾業界における事業活動の適正化に関する自主基準」、④特定非営利活動法人家庭教師派遣業自主規制委員会「家庭教師派遣業自主規制規約」がある。これらの自主規制は、1990年代のサービス契約トラブルを受け、1993年に「継続的役務取引適正化研究会」報告書がまとめられたが、立法的解決を提起するには至らず、業種・業態に応じた自主規制を早急に策定することが求められた中で、当時の通商産業省の行政指導のもと制定されたものである。いずれも1994年に発表されている。このほかにも、例えば旅行契約であれば一般社団法人日本旅行業協会の「標準旅行業約款」が有名である。

　その他に、**Unit 27** で述べた、景品表示法31条に基づく公正競争規約（公正取引協議会による）のように、法令によって自主規制についての策定が予定されている場合もある（以上、自主規制の具体例は、消費者委員会・消費者法分野におけるルール形成の在り方等検討ワーキング・グループ「消費者法分野におけるルール形成の在り方等検討ワーキング・グループ報告書～公正な市場を実現するためのルール及び担い手のベストミックスを目指して～」（2019年6月）11頁以下を参照）。

　自主規制の内容は大きく次の2つにわけることができる。第1に、広告・勧誘についての自主規制等、事業者自身の行為を規制するものである。第2に、サービスの内容・期間やクーリング・オフ・中途解除など、事業者と利用者との関係を規制するものである。前者の具体例として、契約書面交付義務、広告表示規制、説明義務などがあり、後者の例として、契約期間（例えば最長期間を1年にするなど）、クーリング・オフ、中途解除時の精算規定などがある。第3に、品質・安全規制の箇所（**Unit 19**）で述べた、製品が一定の品質や安全性、環境適合性を有することを認証する制度が、事業者団体やNPO法人によってなされていることがある。

　自主規制には、以上のように行政機関の指導のもとに作成されるものや、行政法規によって事業者団体の設置と自主規制の策定が予定されているもの

Unit 28

当事者の活動

だけではなく、事業者団体が完全に自主的に作成するものとがあるが、いずれも、行政規制などのハード・ローではなく、ソフト・ローによる柔軟かつ迅速な規制を可能とし、国・事業者にとってメリットがある。しかし、限界もある。最大の限界は、事業者団体に加入していない者には規制が及ばないという点である。事業者団体に加入する事業者には「優良な事業者」が多いが、そうではない事業者に対して規制が及ばない以上、抜け穴が生じることになる。また、新しい取引分野のように、事業者団体が形成されていない取引分野では、誰が自主規制を作成するかが問題となる。その一例として、**Unit 24** で取り上げた取引デジタルプラットフォーム消費者保護法における自主規制の促進の手法が注目される。

　ただし、自主規制に規範としての意味がないわけではない。事業者の契約締結の際の情報提供義務の内容などが自主規制の基準を参考に判断されることもあるだろう（大村322頁）。例えば、当該事業者が属する業界の事業者団体の作成に係る標準約款において、契約の解除に伴う損害賠償の額について合理的な規律がなされている場合には、一定の条件のもとで、その規律に従った損害額を一応の基準として消費者契約法9条1項1号の「平均的な損害」を認定するという解釈論が成り立つとする見解がある（森田51頁以下）。

　消費者委員会「消費者法分野におけるルール形成の在り方等検討ワーキング・グループ」では、消費者法分野のルール形成のあり方として、自主規制、民事ルールおよび行政規制の「ベストミックス」が重要であるとされていることからもわかるように、特にデジタル広告等新しい取引分野における望ましい自主規制の活用の仕方が注目されている（https://www.cao.go.jp/consumer/history/06/kabusoshiki/torihiki_rule/index.html）。自主規制の活用による消費者法分野のルール形成を実現するためには、自主規制作成やモニタリング、紛争解決に向けて実際に活躍が求められる事業者団体だけではなく、自主規制の内容策定にあたって参考となる法律やガイドライン整備や、事業者団体に属しない悪質事業者の取締り等にあたって行政が積極的な役割を果たすことが求められる。そのためには、私法・行政法の重要な部分を法律に定め、行政機関が監視することが重要であろう（山本73頁）。これによって、ひいては自主規制が将来の行政ルールへと影響を与えることも期待され

よう。また、自主規制はあくまで行政規制・民事ルールの補完的役割を果たすものにすぎないとも言えることから、自主規制をまさしく事業者の「自主的な遵守・作成」に任せるのではなく、例えば、事業者の自主的な態様をうながすために法規定と連携させることが考えられる（**Unit 27** で取り上げた、景品表示法における課徴金制度と返金措置による減免の仕組みに着目する、原田121頁を参照）。さらに自主規制によって保護されるべき消費者の利益に個別保護性が認められうるケースでは、自主規制と民事効規定（例えば自主規制を守らない事業者の賠償義務など）を連結させることが考えられるとの指摘もあり、検討に値する（原田123頁）。

(3) 事業者団体による情報提供

事業者団体が加盟事業者や消費者に情報を提供することによって、消費者トラブルを防ぐという方策もとられている。例えば、家電製品協会など、製造業の事業者団体が製品の安全な使用方法について消費者に情報提供しているのはこの例である（谷478頁）。

(4) 消費者志向経営の推進

事業者による消費者志向経営を推進するため、消費者庁は、2016年に「消費者志向経営推進組織」を設置して、消費者志向経営（サステナブル経営）の推進に取り組んできた。その1つの活動として、事業者が自主的に消費者志向経営を行うことを宣言・公表し、宣言内容に基づいて取組みを実施するとともに、その結果をフォローアップして公表する「消費者志向自主宣言・フォローアップ活動」を推進している。

また、消費者志向経営優良事例表彰も実施されている（以上、令和6年版消費者白書114頁以下。また、消費者志向経営について、樋口＝井内編著174頁以下も参照）。

消費者志向経営を推進する事業者団体として、公益社団法人消費者関連専門家会議（ACAP（エイキャップ））がある。ACAPは「ACAP消費者志向活動表彰」制度を設けたり、事業者への研修や調査研究・消費者への啓発活動などを行い、事業者の消費者志向経営を推進している（https://www.acap.or.jp/）。

3 発展問題——内部告発と公益通報者保護法

(1) イントロダクション

内部告発という言葉を聞いたことがあるだろうか。過去に食品虚偽表示などの企業不祥事が多数明らかになったきっかけの多くは、企業に属する事業者の内部告発である（例えば、三菱自動車のリコール隠しなど）。そのため、内部告発が消費者法に果たす影響は大きい。しかし、内部告発はその内部告発を行った者が解雇されたり、不利益な取扱いを受けることにつながりがちであることから、躊躇されがちである。それでも消費者問題の早期解決、さらには事前防止にあたって内部告発が果たす役割は大きい。違法行為の防止に有益な情報の積極的な開示は公益に合致するのみならず、倫理的にも正当であるから、むしろ促進されるべきことともいえる。

一方で、企業の法令遵守（コンプライアンス）への社会的要請は高い。消費者が生活する際に、企業の果たす役割は無視できない。「信頼できる企業」であることは社会的にも極めて重要である。しかし、企業の違法行為防止のために国が積極的にあらゆる面に介入をしていくのは経済発展において必ずしも健全とはいえず、企業自らが違法行為を防止する努力が求められているのである。コンプライアンスが強調された背景には、市場に対する行政規制は、特定の事業者に参入してもよい事業者を入口のところで行政が許認可によって規制するという事前規制から、ルールを守る限り市場への参入は自由だが、ルール違反があった場合には業務停止等を命じるという事後規制に変わってきたということもある。コンプライアンス経営とは、経営陣がコンプライアンスを意識した経営を行うという意味で、内閣府に設置されたコンプライアンス研究会による2001年の報告書「自主行動基準作成の推進とコンプライアンス経営——新たな消費者行政の枠組みのための検討課題」において提唱された。

以上のような背景で、公益通報者保護法が2004年に成立し、2006年4月1日から施行されている。その目的はおおまかにいえば以上の2つによる。すなわち、第1に、内部告発をした労働者を保護するというものである。しか

し、企業の不祥事は昔からあり、何も最近急増したわけではない。それにも
かかわらず2000年代前半になって同法が制定された第2の理由として、企業
の不祥事を防止するために、コンプライアンス経営という考え方を打ち出
し、コンプライアンス経営を促進するための環境の1つとして公益通報者の
保護を位置づけているという点が挙げられる。コンプライアンス経営は本来
経営陣が取り組むべき仕事であるが、経営陣も外からの目によって緊張感を
持たないと、コンプライアンスに意識的に取り組まない可能性がある。そこ
で、同法は、労働者が企業内部の違法行為を企業の内部または外部の者に通
報した場合に、それを理由に労働者に不利益な扱いをしてはならないとする
ことによって、監視機能を労働者に持たせるものとなっている。

　ただし、公益通報者保護は内部告発をした労働者を保護するものであるた
め、確かに従来よりは内部告発しやすい環境を整えることになるものの、決
して内部告発を積極的に奨励するものではない。むしろ、経営陣に対して、
内部告発以外に企業の違法行為をただす手段がないような経営スタイルをと
るのをやめて、日常的にコンプライアンスを重視し、問題があればすぐに経
営陣の耳に入ってくるような風通しのよい経営をすることを求めるものであ
る。

(2)　内部告発と民事判例

　もっとも、民法や労働法など、他の法律で内部告発を行った労働者を保護
するのが不可能なわけではない。実際に民法、労働基準法（現在であれば労
働契約法）の解雇権濫用法理が問題になった事案がある。例えば、運輸業界
の違法ヤミカルテルや不正運賃収受を新聞社や公正取引委員会、消費者団体
に内部告発を理由とした不利益な取扱いが、民法の不法行為かつ債務不履行
にあたるとして、同学歴同期入社社員との賃金格差等について1356万円の損
害賠償の支払を命じた判決がある（富山地判平成17年2月23日判時1889号16頁
（百選113番））。同判決は、ヤミカルテルや不正運賃が真実であったか少なく
とも真実であると信ずるに足りる合理的な理由があったとし、告発内容の公
益性や告発目的が基本的に公益を実現する目的であったとした上で、報道機
関などに告発したという方法の妥当性については、報道機関等への内部告発

前の企業内部での違法行為の是正努力について、管理職でもなく発言力も乏しかった労働者が企業内部で努力したとしても、企業がこれを聞き入れて何らかの措置を講じた可能性は極めて低かったとした上で、外部の報道機関に内部告発したことは不当ではないとした。

このように、内部告発による労働者の解雇等の不利益な取扱いを民法上の権利濫用、公序良俗違反、不法行為、債務不履行、さらには労働契約法16条の「解雇は、客観的に合理的な理由を欠き、社会通念上相当であると認められない場合は、その権利を濫用したものとして、無効とする」という規定によって無効、あるいは損害賠償による保護をすることが可能である。しかし、これらの法律ではどのような場合に内部告発が保護されるのかは明らかではない。そこで、公益通報者保護法によって、どのような場合の「公益通報」であれば保護されるのかが明確にされたのである。

(3) 公益通報者保護法

公益通報者保護法の目的は、同法１条にあるように「公益通報をした労働者の保護」および「事業者の法令遵守（コンプライアンス）の促進」を直接の目的としている（以下、後述する2020年改正をふまえた注釈書として、山本ほかを参照）。

第１の目的の具体的規定として、公益通報を理由とした解雇の無効（公益通報３条）、派遣契約の解除の無効（同法４条）、不利益な取扱いの禁止（同法５条）がある。この民事ルールは、要件が労働契約法の一般法よりも具体的であり訴訟における主張立証の対象が明確であり、また、通報内容について真実相当性がなくても保護される点、さらに、一般法のように利益衡量を経ることなく、具体的な要件を満たす場合に機械的に不利益な取扱い等が違法となるといった点で一般法理よりも保護に厚いといわれている（中野37頁）。

第２の目的について、事業者の法令違反行為が事業者内部で通報されることにより、法令違反行為に関する情報が早期に把握され、適切なリスク管理を行うことができる（中野37頁）。たしかに、公益通報者保護法はコンプライアンスを明文で義務づけているわけではない。しかし、すぐ後にみるように、通報先によって労働者が保護される要件が異なっている点にこの点が現

れている。

　この２つが目的となっていることは、先に説明した背景からわかることであり、また法律全体の構造をみると、単に公益通報をした労働者の保護のみが目的とされているわけではないことがわかる。

　法律によって保護される「公益通報」とは、労働者が、不正の目的でなく、その労務提供先等について通報対象事実が生じ、またはまさに生じようとしている旨を通報することである（公益通報２条１項）。「不正の目的」や他人に損害を与える目的でなされてはならない。

　通報主体は労働基準法９条の労働者に限定されていたが（公益通報２条１項１号）、2020年の同法改正によって退職後１年以内の退職者および法人の役員による通報も公益通報になりうるとされた。もっとも、退職者については、自分が退職した後も親族等が当該事業者に勤務しているために通報を躊躇する場合がありうることや、退職年金の差止めのような不利益を考えて、退職後の期間は不要であるとの見解もあった（宇賀344頁以下）。その他、法改正に向けた議論においては、公益通報者の取引先事業者や労働者の家族等も通報者に含めるべきかどうかが検討の俎上に上がっていたが、今後必要に応じて検討するとされるにとどまった。

　通報先は公益通報者保護法２条１項にあるように、①労務提供先（上司など）もしくは労務提供先があらかじめ定めた者（内部通報）、②処分権限のある行政機関（行政機関通報）、③発生・被害防止拡大のために必要であると認められる者（外部通報）の３つに分かれている。2020年の同法改正で権限を有する行政機関が指定した者への通報も公益通報にあたることが明確にされた。

　通報の対象となる事実は公益通報者保護法２条３項１号に規定されている。それを受けて別表には法律名が列挙されているが、広い範囲の法律が含まれている。ただし、「個人の生命、身体、財産その他の利益の保護」に関する法律という縛りがあることから、脱税や政治資金規正法違反は対象とならない。また、罰則のつかない規定違反は、保護の対象にならないが、これは「○○した者については罰金○○万円」といった直罰規定の場合に限定されることを意味するわけではない。例えば、景品表示法では不当表示が禁止

されているが（同法5条）、不当表示に対する直接の罰則はない。そうすると、公益通報者保護法の対象にはならないのだろうか。これについては、公正取引委員会から措置命令が出され（景表7条1項）、措置命令に従わないと2年以下の懲役または300万円以下の罰金に処せられる。このように、間接的に罰則を受けるので通報の対象事実となる。このように最終的に刑事罰の対象となる法令違反行為に限定されていたが、改正によって最終的に過料の対象となる法令違反行為についても対象事実の範囲に含まれることになった。他方で、「個人の生命、身体、財産その他の利益の保護」といった法目的による限定を外すべきという意見が、法改正論議では多くみられたが、法目的による限定を撤廃する場合には対象法律を列挙する方式を維持するかどうかも含めて検討する必要がある（宇賀349頁以下）。

通報先によって、労働者の保護の要件は異なっている（公益通報3条）。

① 内部通報の場合

公益通報者保護法3条1号にあるように、不正な目的さえなければさして根拠のない事柄であってもよい。

② 行政機関通報

公益通報者保護法3条2号にあるように、「相当の理由」があればよい。ただし、2020年の同法改正によって、相当の理由要件を満たさない場合でも、氏名や通報対象事実の内容等、一定の事実を記載した書面を提出する形で2号通報をした場合にも、保護の対象となることになった。

③ 外部通報

公益通報者保護法3条3号にあるように通報事実が真実であると信じるについての合理的な理由があることが要求されるほか、社内で1度問題提起をしたけれども経営者が耳を傾けてくれないといった事情があることなどが要件となっており、最も保護の要件が厳しい。また、生命・信頼に対する危害に加え、財産に対する損害（回復困難または重大なもの）も対象となった。もっとも、2020年の同法改正論議では、勤務先に内部通報窓口等がないことから外部通報する場合もありうるため、特定事由に「内部通報体制の整備義務の内容」等を追加することで、外部通

報を行った労働者等が保護される場合を拡大することが提案されていた。

　このように、企業内部での通報の場合に労働者が保護されるための要件を比較的軽くし、外部通報の場合の要件が重いのはなぜだろうか。ここに、この法律がコンプライアンスを促しているということが現れている。

　行政機関はもちろん、ましてや報道機関などの外部に通報されると、企業が社会的批判を受け、経営が危ぶまれることとなりうる。このような事態を避けるためには、企業内で生じた違法行為などの情報はあくまで内部で早期に伝達され、早期に是正措置がとられることが望ましい。外部への通報は自浄能力のない企業についてのやむをえない場合の手段である。

　そこで、企業としては、企業内で労働者が気軽に相談・通報できるようなヘルプラインなどの窓口を整備して風通しのよい仕組みをつくっておけば、問題が外部に持ち出されることもなく、不祥事の芽をつみとることができるはずだという考え方に基づいている。すなわち、外部に通報されたくなければ、社内でヘルプラインなどを整備すべきということである。2004年の公益通報者保護法の成立後、施行まで2年近い猶予期間が置かれたのも、ヘルプライン整備などの準備期間を十分に与えるためである。なお、ヘルプラインとは、「事業者が設置する、従業員等が組織内部における法令違反や社内規定・倫理綱領違反などを発見した場合に通報や相談を受け付け、それに対応する仕組み」である。しかも、2020年の同法改正によって、1号通報の受け手である事業者に対して、公益通報対応業務を行う者を刑事罰付きの守秘義務を負う公益通報対応業務従事者として定める義務や、1号通報に対応する態勢の整備義務を課している（ただし、常時使用する労働者が300人を超えない事業者の場合には努力義務）。

　2019年からは、2016年に消費者庁が改定した「公益通報者保護法を踏まえた内部通報制度の整備・運用に関する民間事業者向けガイドライン」に基づいて認証基準に適合している場合に、当該事業者からの申請に基づき指定登録機関がその内容を確認した結果を登録し、所定のマークの使用を許諾する制度である「内部通報制度認証（自己適合宣言登録制度）」が開始された。民間事業者の自主的な取組を促進させるために導入された制度である。2020年に公益通報者保護法の一部を改正する法律が公布された（2022年6月1日よ

り施行された）。改正の内容はすでに述べたもののほかに、通報者は公益通報を理由として、通報の対象となった事業者に対して、損害賠償義務を負わないとする規定が設けられたこと（同法7条）や、内部通報体制を整備しない事業者に対する行政措置（助言、指導を行うほか、重大かつ悪質な事案を対象に勧告を行い、勧告に従わない場合には公表を行うことができる）が導入された。もっとも、2020年改正の附帯決議において、施行後3年を目途として、公益通報者に対する不利益取扱の是正に関する措置や民事訴訟における立証責任のあり方等について、改正後の施行状況を勘案して検討することが求められていたことから、2024年に公益通報者保護制度検討会が設置された。同検討会では、内部通報制度の実効性向上のための措置や公益通報を阻害する要因への対処、公益通報者への不利益取扱いの抑止等についてのあり方が検討され、同年12月に報告書が公表された。公益通報者への不利益取扱いの抑止のために、刑事罰の導入や立証責任の転換など、国際的動向もふまえた興味深い提案がなされている。

＊参考文献＊

本文中、**丸山**千賀子「消費者政策における消費者団体の役割と有用性」現代消費者法45号（2019年）39頁、**町村**泰貴「消費者団体訴訟の変遷と課題」現代消費者法59号（2023年）127頁、**中田**邦博「消費者法の実効性確保の意義と課題——EU法の展開を踏まえて」法の支配214号（2024年）99頁、**大澤**彩「消費者紛争の解決に向けた事業者の役割——フランス法と比較して」大澤彩編『消費者紛争解決手段の発展に向けて——実体法・手続法の課題』（法政大学出版局、2024年）183頁、**森田**宏樹「消費者契約の解除に伴う『平均的な損害』と標準約款」国民生活研究43巻1号（2003年）44頁、**山本**隆司「消費者法における集団的利益の実現と個別的利益の実現との関係」消費者法研究7号（2020年）49頁、**原田**大樹「消費者行政法の現代化」現代消費者法60号（2023年）117頁、**谷**みどり「製品安全のソフトロー」廣瀬古稀473頁、**樋口**一清＝**井内**正敏編著『日本の消費者政策』（創成社、2020年）、**山本**隆司ほか『解説改正公益通報者保護法』（弘文堂、2021年）、**中野**真「公益通報者保護法改正の概要」ジュリスト1552号（2020年）37頁、**宇賀**克也「公益通報者保護制度の実効性の向上に向けて」廣瀬古稀344頁以下。
本文に掲げるもののほか、日弁連消費者問題対策委員会編『継続的サービス取引——消費者トラブル解決策』別冊NBL32号（1995年）（事業者の自主規制につい

て）、制定時の注釈書として、松本恒雄編著『Q&A公益通報者保護法解説』（三省堂、2006年）、松本恒雄「公益通報者保護法の施行に当たって」国民生活研究36巻4号（2006年）28頁、丸山千賀子「消費者政策をめぐる消費者団体の態様の変化と今後の展開(1)～（3・完）」国民生活研究52巻2号（2012年）18頁・52巻4号1頁・53巻1号（2013年）18頁。

事項索引

欧 文

ADR ························· *14*
AI ············ *31, 88, 290, 291, 302*
COCOLiS ··················· *438*
EMV-3Dセキュア ··············· *240*
JASマーク ··········· *272, 316, 321*
JETマーク ·················· *315*
JISマーク ················ *272, 316*
PIO-NET（パイオネット）··· *410, 414,*
415, 427
PLセンター ········ *303, 430, 472*
　医薬品—— ··············· *303*
　家電製品—— ············· *303*
PL保険 ···················· *303*
PSCマーク ·················· *313*
PSEマーク ·················· *311*
PSLPGマーク ················ *311*
PSTGマーク ················· *311*
SDGs（持続可能な開発目標）······· *14*
SGマーク ··················· *315*
Ｓマーク ··················· *315*

あ 行

悪質商法 ········· *5, 30, 115, 116, 121,*
187, 246, 248, 254, 257,
339, 356, 357, 400, 442
アクワイアラ ····· *228～231, 239, 240*
アテンション ················ *402*
後払い決済サービス ·········· *231, 232*
アフィリエイト ········· *118, 400, 460*
アプリストア ················ *398*
アポイントメントセールス ··· *36, 181,*
340, 341, 343
安全三法 ··················· *5, 313*
安全性 ················ *278, 279, 375*

安全配慮義務 ··········· *166, 330, 331*
意思無能力 ·················· *123*
イシュア ·············· *228～231, 240*
一部無効 ················ *120, 165*
一般条項 ················ *153, 155*
意に反して契約の申込みをさせようと
　する行為 ················· *207*
委任 ······················ *336*
威迫・困惑行為 ··············· *333*
違法収益の剥奪 ··············· *357*
違約金・損害賠償額の予定額を定める
　条項 ······ *130, 131, 134, 139, 147,*
151, 192, 213, 219, 325, 334
医薬品、医療機器等の品質、有効性及
　び安全性の確保に関する法律（薬機
　法）················· *4, 272, 273, 311*
医薬品副作用被害救済制度 ········ *303*
医療機関ネットワーク事業 ········ *307*
医療契約 ··················· *249*
イレッサ訴訟 ············· *292, 294*
因果関係 ··················· *301*
インターネット・オークション
　········· *211, 388, 389, 391, 395, 396*
　——における「販売業者」に係るガ
　イドライン ················ *396*
インターネット・オークションサイト
　···················· *28, 391, 398*
インフルエンサー ········ *252, 461, 463*
請負 ····· *326, 336, 337, 375, 376, 377,*
379, 381, 383, 384, 385
営業 ······················ *180*
栄養機能食品 ············ *273, 318, 319*
液化石油ガスの保安の確保及び取引の
　適正化に関する法律 ············· *311*
越境消費者センター（CCJ）········ *417*
お客様相談室 ················ *472*

オフアス取引‥‥‥‥‥‥‥‥228
オンアス取引‥‥‥‥‥‥‥‥228
オンラインショッピングモール
‥‥‥‥‥‥‥388, 389, 391, 398

か 行

開業規制‥‥‥‥‥‥177, 188, 221
解除権‥‥‥‥‥‥‥‥‥‥‥66
改善指示‥‥‥‥181, 191, 193, 205
改善命令‥‥‥‥‥‥‥‥‥178
開発危険の抗弁‥‥‥‥‥299, 300
化学物質の審査及び製造等の規制に関
する法律（化学物質規制法）‥5, 313
拡大損害‥‥‥‥278, 279, 299, 442
確認的解釈（狭義の解釈）‥‥164, 166
学納金不返還特約‥‥‥‥‥‥148
確約制度‥‥‥‥‥‥‥‥‥449
確約手続‥‥‥‥‥‥‥‥‥461
隠れた内容規制‥‥‥‥‥‥‥166
貸金業者‥‥‥‥‥‥‥‥‥177
貸金業法‥‥‥5, 113, 171, 272, 407
瑕疵担保責任‥‥‥‥‥‥‥384
過失‥‥‥‥‥257, 258, 281, 282,
285～288, 294, 301
――の推定‥‥‥‥‥‥283, 284
過失相殺‥‥253, 258, 361, 373, 440
「瑕疵」に関する主観説‥‥‥‥378
過剰与信‥‥‥‥‥171, 222, 232
ガス事業法‥‥‥‥‥‥‥‥311
かたり商法‥‥‥‥‥‥‥‥345
課徴金‥7, 178, 272, 274, 420, 449～
451, 458, 459, 461, 462, 465, 475
課徴金納付命令‥‥‥‥450, 451, 462
割賦販売‥‥‥‥‥‥‥219, 220
割賦販売法‥‥‥‥4, 5, 39, 108, 113,
171, 176, 177, 217, 218, 220,
221, 225, 230, 232, 234, 236,
240～242, 272, 407
家庭用品品質表示法‥‥‥4, 272, 315
家電製品協会‥‥‥‥‥‥‥475

加盟店調査義務‥‥‥225, 230～232, 242
過量販売（次々販売）‥‥‥‥92～94,
121～123, 125, 127, 180, 182,
191, 205, 223, 345, 347, 349
――解除権‥‥‥‥‥‥‥349
簡易確定手続‥‥‥‥‥‥‥441
管轄‥‥‥‥‥‥‥‥‥423, 424
環境瑕疵‥‥‥‥‥‥‥269～271
元本欠損‥‥‥‥‥‥‥366, 367
勧誘‥‥‥‥‥70, 71, 266, 395
企業の法令遵守（コンプライアンス）
‥‥‥‥‥‥‥‥‥‥‥476
危険責任‥‥‥‥‥‥‥‥‥280
危険負担‥‥‥‥‥‥‥‥‥325
偽造カード等及び盗難カード等を用い
て行われる不正な機械式預貯金払戻
し等からの預貯金者の保護等に関す
る法律（預金者保護法）‥‥243, 244
機能性表示食品‥‥‥‥‥273, 319
既払金返還‥‥‥‥‥‥226, 227
既払金返還の民事ルール‥‥‥‥223
寄附‥‥‥‥‥‥‥‥‥105～108
基本的な安全性‥‥‥‥‥‥382
欺瞞的顧客誘引‥‥‥‥‥‥453
キャッチセールス‥‥‥‥181, 339～
341, 343
業界団体‥‥‥‥‥‥‥‥‥195
行政規制‥‥‥‥12, 39, 66, 69, 176, 177,
194, 303, 305, 308, 320, 321,
357, 358, 369, 398, 405, 475
行政処分‥‥‥‥‥117, 180, 181, 190,
206, 222, 333, 372
競争法‥‥‥‥‥‥‥‥‥14, 399
共通義務確認訴訟‥‥‥439, 440, 441,
443, 445
共同不法行為‥‥‥251, 255, 383, 400
強迫‥‥‥‥88～90, 109, 123, 246, 247,
257, 327, 340, 341, 349
業法‥‥‥‥‥176, 178, 204, 364, 372
業務禁止命令‥‥‥‥‥‥181, 193

事項索引　485

業務提供誘引販売取引…24, 179, 184,
　185, 188, 196, 197, 200, 205, 208,
　　　　　224, 272, 348, 400
業務停止命令
　………178, 181, 190, 191, 193, 333
禁止行為……177, 178, 185, 194, 203
金融ADR……………………………431
金融経済教育推進機構……………368
金融サービスの提供及び利用環境の整
　備等に関する法律……6, 363, 366～
　　　　　368, 370, 373
金融商品取引……………57, 73, 360,
　　　　　362, 363, 372
金融商品取引法………110, 196, 369,
　　　　　371, 373
クーリング・オフ……24, 39, 40, 177,
　180, 181, 183, 185, 188, 190, 192,
　194, 196～203, 205, 211～213,
　219, 223, 333, 334, 340, 341,
　343~345, 348, 350, 355, 369, 394,
　　　　　433, 460, 473
クレジットカード……219, 221, 223,
　225, 228, 229, 233,
　237, 238, 240～242
クレジットカード・セキュリティガイ
　ドライン…………………………240
クレジット契約……82, 216, 217, 219,
　224, 233, 237, 239, 254
経済産業省………………………313, 315
経済的強迫…………………………91
刑事罰……12, 39, 117, 178, 180, 181,
　190, 194, 321, 333, 358, 372, 449,
　　　　　451, 457, 463, 480
契約交渉段階………44～46, 174, 266
　──の責任…………………………56
契約交渉の不当破棄………………45
契約書………………………………35
契約条項…………19, 130～133, 135,
　　　　　136, 138, 396
　──規制…………11, 115, 136, 138

契約正義……………………………120
契約の解釈‥134, 138, 139, 142, 162,
　　　　　164, 170, 327, 205
契約の解除…………………………205
契約の「熟度論」…………………46
契約の成立………33～39, 42, 43, 45,
　　　　　201, 341, 401
契約の不成立………………………349
契約ひな型…………………………159
契約不適合‥264, 269, 279, 285, 302,
　　　　　376～378, 383, 385, 396
　──責任…3, 12, 59, 143, 261, 263,
　　　　　265, 268, 271, 273, 275, 384
欠陥………284, 286～288, 291, 292,
　　　　　294～296, 299～303, 321,
　　　　　325, 377, 393
　──の推認…………………………283
欠陥住宅………………………375, 376
決済代行業者……………………229～231
現受利益…………………80, 94, 204
献金…………………………………353
　──・寄附の不当勧誘…………352
健康増進法………272, 311, 317, 318
原状回復義務………………………200
原状回復的賠償……45, 68, 124, 150,
　　　　　258, 259, 367
建設業法………………………380～382
建築基準法…128, 378, 380, 381, 385
建築士……375, 376, 380, 381, 386
限定解釈…………163, 165, 170, 171
現物まがい商法　→　預託取引
原野商法……116, 121, 122, 248, 251,
　　　　　253, 255, 351, 383
故意による事実不告知……116, 181,
　　　　　188, 191, 192, 194,
　　　　　203, 204, 333, 433
合意管轄……………………………424
行為規制……177, 188, 348, 350, 369
公益社団法人消費者関連専門家会議
　（ACAP（エイキャップ））……475

486

公益通報者保護法……… 407, 476, 478,
　　　　　　　479, 481, 482
広告……………… 71, 206, 266, 267,
　　　　　　　270, 271, 454
広告関与者……………………… 249
広告規制…… 116, 177, 185, 188, 192,
　　　273, 330, 336, 348, 369, 473
公私協働論…………………… 128
公序良俗違反……… 24, 29, 105, 107,
　　109, 116～118, 120～124, 126～
　　128, 134, 136～138, 142, 149, 215,
　　226, 241, 246～248, 327, 341, 346,
　　347, 349, 358, 371, 381, 464, 478
更新料条項………………………… 157
公正競争規約………… 273, 457, 473
公正取引委員会… 409, 448, 449, 452,
　　　　　　　454, 455, 480
厚生労働省……………………… 313
高度経済成長期………………… 287
抗弁の対抗（抗弁の接続）… 177, 218,
　　　　　225, 230～232, 235
合理的解釈……………………… 166
合理的な判断を行うことができない事
　情………………………… 91, 92, 355
　──を利用……………… 94, 125
国際ブランド………………… 228, 240
告発内容………………………… 477
国民生活センター…… 4, 15, 307, 308,
　　　398, 405, 410, 414～
　　　417, 427, 429, 430, 436
　──紛争解決委員会……… 416, 429
誤使用…… 284, 295～297, 302, 303
個人情報…… 389, 397, 407, 419, 443
誇大広告…… 194, 266, 274, 330, 331,
　　　　　　　333, 394, 433
　──の禁止…… 183, 207, 272, 311
誤認………………… 72, 74, 75, 203
古物営業法…………………… 399
個別信用購入あっせん…… 220～224,
　　　　　　　　236

コンプライアンス………………… 477
困惑……… 89～91, 94, 99, 102, 111

さ　行

サービス（役務）………………… 323
　──契約…… 323～328, 331, 336～
　　　　　　　338, 393
　──の安全性………………… 330
再勧誘の禁止…… 112, 212, 213, 370
債権者代位………………… 107, 108
サイドビジネス商法…… 24, 185, 347,
　　　　　　　348
裁判外紛争解決手続（ADR）
　………………………… 416, 429, 430
　──の利用の促進に関する法律
　（ADR法）………………… 431
催眠商法（SF商法）……………… 343
債務不履行…… 46, 59, 143, 145, 209,
　　215, 261～265, 269, 273, 275,
　　279, 285, 321, 325, 328～331,
　　　　　　　377, 439, 478
詐欺…… 2, 24, 38, 49, 53～56, 61, 75,
　　83, 119, 122, 126, 202, 246, 257,
　　265, 273, 327, 339, 341, 344, 347,
　　349, 351, 392, 396, 397, 400
錯誤………… 2, 3, 34, 35, 37, 49, 50,
　　52～56, 61, 83, 113, 122, 126, 178,
　　202, 246, 257, 261～267, 273, 327,
　　341, 344, 347, 392, 396, 400, 401
　動機の──………… 50～52, 72, 83
差止請求…… 158, 170, 194, 210, 274,
　　318, 432, 433, 435, 437, 450, 454,
　　　　　　　457, 459
差止訴訟………… 14, 171, 451, 471
サルベージ条項……………… 144, 145
産業標準化法（JIS法）…………… 315
算定根拠の説明…………… 150, 151
シェアリングエコノミー…… 28, 389,
　　　　　　　398
資格商法…………………………… 347

事項索引　487

敷引特約 ························· *157*
事業者···· *2, 18〜22, 24〜27, 29, 179,*
　　　211, 348, 391, 396, 467
事業者間取引 ····················· *390*
事業者団体············· *159, 273, 303,*
　　　471〜475
事業者的消費者 ··················· *29*
事業者に解釈権限・決定権限を付与す
　る条項 ················· *144, 147*
資金決済法········ *221, 232, 241, 242*
試験方法JASマーク ················ *316*
自己決定権 ··········· *58, 259, 274*
事故情報 ········· *306, 307, 320, 405*
　──データバンク ········· *307, 410*
　──の提供 ···················· *305*
指示 ············ *178, 190, 191, 333*
指示・警告上の欠陥 ········ *292〜294*
　──類型 ····················· *302*
事実上の推定 ······· *150, 284, 286, 450*
自主規制····· *195, 231, 273, 332, 357,*
　　　398, 471〜475
自主返金 ······················· *458*
市場法 ························· *445*
システム設定者の責任 ······· *233, 238,*
　　　239, 243
シックハウス ···················· *378*
実質的製造業者 ··············· *297, 298*
指定商品制 ················· *179, 220*
指定商品・役務制 ············ *187, 220*
私的独占の禁止 ········· *448, 449, 451*
私的独占の禁止及び公正取引の確保に
　関する法律（独占禁止法）···· *3, 126,*
　　　448, 450, 452, 454, 464
自動運転車 ····················· *302*
自動車製造物責任相談センター··· *303*
支配性（の要件）········· *440, 441*
ジャパンライフ事件 ··············· *350*
住生活基本法 ··················· *386*
重大製品事故情報 ················ *307*
住宅の品質確保の促進等に関する法律

··························· *6, 384*
（消費者契約法の）重要事項···· *68, 69,*
　　　71〜74, 77, 78, 83, 204, 366
重要事項説明義務 ················ *383*
出資法 ························· *350*
準委任 ····················· *326, 327*
少額訴訟 ····················· *425, 426*
状況の濫用 ···················· *91, 122*
消極的解釈 ····················· *165*
条項使用者不利の原則 ······· *167〜169*
条項の平易明確性 ············· *145, 158*
消費者········· *2, 11, 18〜31, 179, 373,*
　　　391, 462, 467

　個人としての── ················· *11*
　集団としての── ················· *11*
　特に脆弱な── ··················· *88*
消費者アプローチ ············· *135, 142*
消費者安全調査委員会··· *308, 409, 412*
消費者安全法····· *307, 308, 406〜409,*
　　　411, 418, 427
消費者委員会····· *405, 408, 409, 417*
消費者基本計画 ···················· *10*
消費者基本法··· *6, 8〜12, 14, 15, 271,*
　　　317, 414, 419, 427, 468
消費者教育 ····················· *10, 418*
消費者契約法····· *6, 7, 13, 14, 20〜22,*
　24, 25, 27, 28, 53, 61〜69, 71〜73,
　75〜84, 86, 89〜94, 96, 97, 99〜
　101, 105, 107, 108, 110〜112, 122,
　123, 125, 134, 135, 139, 142〜150,
　152, 153, 155, 157, 159, 160, 167
　〜170, 176, 177, 179, 202〜205,
　210, 214, 223, 224, 255, 266, 267,
　337, 339, 340, 341, 343〜345, 347
　〜349, 352, 355, 357, 358, 368,
　376, 391, 395, 396, 401, 407, 432,
　435, 436, 438, 459, 460, 465, 469
消費者契約法施行規則 ············· *104*
消費者契約法に関する検討会······· *64*
消費者公序········ *121, 125, 126, 358*

消費者事故……………………409, 410
消費者志向経営…………………475
消費者事故情報…………………307
消費者事故調査委員会……………10
消費者条例………………………419
消費者信用………………………216
消費者団体………5, 9, 10, 12, 16, 274,
　　　　　398, 418, 451, 467〜471
消費者団体訴訟等支援法人・認定特定
　非営利活動法人・消費者スマイル基
　金…………………………………438
消費者庁……7, 27, 306, 307, 311, 313,
　　　　　405〜411, 413, 414, 417,
　　　　　434, 448, 454, 481
消費者庁関連三法…………………406
消費者庁設置法……………………307
消費者的事業者………………22, 29
消費者の解除権……………………65
消費者の権利………………6, 8, 9, 419
消費者の財産的被害の集団的な回復の
　ための民事の裁判手続の特定に関す
　る法律（消費者裁判手続特例法）
　……7, 274, 438〜440, 442, 444, 465
消費者の不作為をもって当該消費者が
　新たな契約の申込み又は承諾の意思
　表示をしたものとみなす条項…155
消費者被害救済委員会……………428
消費者紛争解決制度………………422
消費者保護基本法………………4, 6, 8
消費者ホットライン（188）
　……………………415, 418, 427
消費生活条例………………………427
消費生活センター……14, 16, 409, 415,
　　　　　418, 422, 427, 428, 430
消費生活相談…………410, 412, 415,
　　　　　416, 418, 472
　──のDX化……………………428
消費生活用製品安全法……5, 305, 307,
　　　　　313, 321, 407
商品先物取引………………248, 360

商品先物取引法………………110, 371
商品テスト…………………415, 418
情報提供……30, 39, 40, 58, 62, 64〜
　　　　　66, 69, 140, 414, 418
情報提供義務　→　説明義務
情報流通プラットフォーム対処法
　………………………………390, 401
消滅時効……………………………300
食品安全委員会……………………310
食品安全基本法……………………310
食品衛生基準行政…………………310
食品衛生基準審議会………………310
食品衛生法………3, 12, 176, 306, 309,
　　　　　310, 317, 320
食品表示基準………271, 306, 317, 318,
　　　　　434
食品表示法……176, 271, 273, 311, 316,
　　　　　317, 318, 434
助言義務……………………………363
書面交付義務………39, 40, 58, 68, 117,
　　　　　177, 178, 181, 183, 185, 188〜
　　　　　190, 194, 196, 198, 213, 221,
　　　　　222, 333, 350, 370, 473
飼料の安全性の確保及び品質の改善に
　関する法律………………………313
信義則………44〜46, 57〜59, 66, 67,
　　　　　119, 156, 157, 159, 166, 167,
　　　　　171〜174, 202, 254, 269, 349
信用購入あっせん………216, 217, 219,
　　　　　220, 222
信頼利益……………………………45
すき間事案………307, 320, 406, 407,
　　　　　411〜413
ステルスマーケティング……252, 456,
　　　　　460, 461
誠実公正義務………………………368
脆弱性………………………30, 31, 403
製造上の欠陥………………………292
製造物…………………………288〜290
製造物責任…………………257, 259, 284,

事項索引　489

285, 289, 302
製造物責任に関するEC指令········288
製造物責任法········6, 143, 176, 249,
　280, 281, 287～292, 295～
　301, 303, 305, 321, 407
性能表示制度····················384
製品安全協会····················315
製品安全対策優良企業表彰········321
責任制限条項··········131, 142, 143
積極的解釈······················166
積極否認の特則··················152
設計上の欠陥··············293, 294
説明義務········22, 24, 28, 44, 46, 49,
　54～59, 66～68, 78, 110, 113, 166,
　174, 178, 246, 247, 253, 254, 257,
　259, 263, 266, 294, 328, 361～363,
　365, 367, 370～373, 383, 385, 473
善管注意義務··············327, 337
専門家責任·······················58
創設的解釈··········164～166, 173
訴訟上の救助····················425
訴訟費用··················420, 425
措置命令········434, 456, 462, 480
ソフトロー·······12, 13, 15, 321, 474
損害賠償·········84, 366, 367, 369,
　450, 451, 454

た　行

ダークパターン···················88
ターゲティング広告····211, 252, 389,
　390, 395
退去妨害·······················90, 91
対象債権の確定手続··············442
耐震偽装問題····················385
ダイヤルQ₂サービス··············172
宅建業者··················383, 385
宅建業法········58, 177, 196, 272, 383
団体訴訟···16, 61, 156, 194, 431, 437
断定的判断の提供···69, 72, 73, 76, 77,
　266, 362, 363, 365, 367,

368, 370, 371, 433
単独行為························352
チャージバックルール·············240
チャット··················211, 212
中心条項························160
中途解除··········326, 327, 333, 334,
　336, 337, 340
長期使用製品安全点検制度········314
長期使用製品表示制度·············314
調停····························428
眺望············262, 263, 268, 270
通常損耗補修特約················137
通信販売·····179, 183, 188, 206, 211,
　212, 267, 272, 391, 394
通信販売協会····················472
通信販売における返品特約の表示につ
　いてのガイドライン·············209
通信販売の申込み段階における表示に
　ついてのガイドライン··········208
定期購入··················210, 354
定型約款···64, 65, 136, 139, 140, 159
──の表示請求権··················64
──の変更·······················141
デート商法（恋人商法）········96, 121,
　226, 341, 342, 358
適格消費者団体······13, 14, 151, 153,
　158, 169, 170, 194, 431, 432,
　434～436, 438, 439, 444, 457,
　459, 463, 465, 469, 470
──の団体訴権·······465, 469, 470
適合性の原則········22, 63, 111, 113,
　361～365, 367, 369, 371～373
デジタル広告··············252, 399
デジタルコンテンツ··········269, 302
デジタル・プラットフォーム·······28,
　160, 211, 229, 256, 389～391,
　394, 397～399, 453
電気通信事業法··············391, 392
電気用品安全法··················311
点検商法························344

490

電子商取引 ……………… 388〜390, 392
電子商取引及び情報財取引等に関する
　準則 ……………………………… 402
電子消費者契約に関する民法の特例に
　関する法律（電子消費者契約特例法）
　……………………… 41, 393, 400
電子署名及び認証業務に関する法律
　………………………………… 239
展示販売商法 ……………………… 342
電子マネー ………………………… 241
電話勧誘販売 ……… 93, 179, 182, 183,
　196, 197, 205, 206, 212, 224, 347
東京都消費生活条例 ………… 8, 419,
　425, 428
東京都被害救済委員会 …………… 419
倒産 ………………………… 335, 338
道路運送車両法 …………… 306, 311
登録少額包括信用購入あっせん業者制
　度 ………………………………… 221
登録制 ……………………………… 231
特色JASマーク …………………… 316
特定継続的役務提供 …… 179, 184, 188,
　197, 205, 208, 224,
　332, 334, 336, 340
特定権利 …………………………… 187
特定住宅瑕疵担保責任の履行の確保等
　に関する法律（特定住宅瑕疵担保責
　任履行確保法）………………… 385
特定商取引法 …… 5, 6, 24, 26, 27, 39,
　40, 58, 75, 84, 91, 93, 101, 110〜
　112, 116, 126, 127, 139, 176〜180,
　182, 183, 185〜187, 189, 190, 192
　〜194, 196, 197, 199, 200, 203,
　204, 206, 208〜210, 212, 219, 223,
　224, 272, 331〜334, 336, 337, 339
　〜341, 343, 344, 346〜350, 354,
　355, 358, 371, 391, 394, 398, 400,
　407, 445, 459, 465, 471
特定製品 …………………………… 313
特定適格消費者団体 …… 439, 440, 442,

443, 445
特定適格消費者団体の認定、監督等に
　関するガイドライン …………… 439
特定デジタルプラットフォームの透明
　性及び公正性の向上に関する法律
　………………………………… 399
特定電気通信による情報の流通によっ
　て発生する権利侵害等への対処に関
　する法律 ………………………… 390
特的電子メールの送信の適正化等に関
　する法律（特定電子メール法）
　………………………………… 208
特定不法行為等に係る被害者の迅速か
　つ円滑な救済に資するための日本司
　法支援センターの業務の特例並びに
　宗教法人による財産の処分及び管理
　の特例に関する法律 …………… 108
特定保健用食品 …………… 273, 318
特別特定製品 ……………………… 313
独立行政法人製品評価技術基盤機構
　（NITE）………………………… 308
豊田商事事件 … 5, 247, 349, 350, 453
取消権 ……………………………… 212
　──の行使期間 …………… 79, 204
取締規定違反行為の私法上の効力
　…………… 126, 127, 248, 372, 464
取引的不法行為 …… 56, 109, 258, 259
取引デジタルプラットフォーム官民協
　議会 ……………………………… 398
取引デジタルプラットフォームを利用
　する消費者の利益の保護に関する法
　律（取引デジタルプラットフォーム
　消費者保護法）…………… 397, 474
努力義務 … 13, 62, 64〜69, 140, 151,
　152, 168, 169, 203, 222,
　398, 410, 435〜437, 463
ドロップシッピング …… 24, 184, 400

な　行

内閣府 ……………………………… 405

内職商法 … *23, 29, 184, 347, 348, 400*
名板貸責任 …………………………… *234*
内部告発 ………………………………… *476*
日本工業規格（JIS）…………………… *315*
日本広告審査機構（JARO）……… *273*
日本司法支援センター（法テラス）
………………………… *16, 108, 425*
日本農林規格等に関する法律（JAS法）
………………………… *316, 317, 407*
日本訪問販売協会 …………………… *472*
ネガティブ・オプション
………………………… *179, 185, 348*
ネズミ講（無限連鎖講）… *116〜119,*
121, 124, 246, 247
農薬取締法 …………………………… *313*
ノークレーム・ノーリターン
………………………………… *396, 401*

は　行

ハードロー ……………… *12, 14, 15, 69*
媒介者 ……………… *81, 82, 224, 255*
排除措置命令 ………… *449, 450, 451*
売買 ………………………………… *384, 393*
破綻必至商法 …………………… *356, 357*
パラダイムシフト …… *12, 15, 31, 471*
販売業者 ………………………… *391, 396*
非事業者 …………………………… *26, 31*
表示規制 ……………………………… *271*
表示製造業者 ……………………… *297*
標準約款 ………………………… *473, 474*
品質 ………………… *324, 326, 329, 375*
不意打ち条項 ………… *134, 138, 160*
複合契約 ………………… *215, 216, 227*
不公正な取引方法 ………… *448〜450,*
452, 454
不実告知 ……… *53, 69, 72, 73, 75, 77,*
78, 82, 84, 99, 116, 181, 183, 185,
188, 191〜194, 203, 213, 223, 224,
266, 333, 343, 344, 368, 370, 433
不実証広告規制 …………… *207, 458*

不招請勧誘 ……………… *110, 112, 214,*
369〜371
付随条項 ………… *115, 130, 134, 160*
不正競争防止法 ……… *272, 273, 464*
不正利用 … *232, 233, 236〜241*
不退去 ……………………………… *89, 90*
不当景品類及び不当表示防止法（景品
表示法）…… *4, 7, 194, 207, 272, 274,*
407, 420, 433, 454, 456,
457, 459〜464, 473, 475
不動産取引 …………………………… *57, 77*
不当条項 ………………… *145, 154, 437*
不当条項規制 … *30, 61, 125, 132, 134,*
135, 136, 138, 139, 142,
158, 160, 174, 465
不当条項規制に関するEC指令 …… *142*
不当条項リスト … *144, 145, 153, 155*
──グレーリスト ……………… *155*
不当な取引制限 ……… *448, 449, 451*
部品・原材料製造業者の免責 …… *300*
不法原因給付 ………………… *119, 125*
不法行為 … *29, 46, 54, 56〜59, 83, 96,*
107, 109, 110, 119, 124, 145, 185,
209, 246〜249, 251, 252, 256〜
258, 270, 275, 280, 281, 283〜287,
294, 299, 301, 330, 347, 349, 351,
352, 356, 361, 363〜365, 367, 370,
372, 373, 376, 378, 380〜382, 397,
400, 439, 450, 478
プライバシー ……………………… *389*
フランチャイズ契約 ………………… *58*
不利益事実の不告知 …… *67, 69, 72, 77,*
78, 83, 204, 266, 368
振り込め詐欺 ………… *30, 351, 409*
──救済法 ……………………… *351*
フリマアプリ ………………… *391, 395*
平易明確化の努力義務 …………… *167*
平均的な損害 …… *147〜152, 438, 474*
「ベストミックス」……… *12, 357, 474*
ベルギーダイヤモンド事件 ·· *117, 453*

変額保険 …………… 57, 253, 360, 362
返金措置 ……………………………… 463
返品特約 ……………………………… 209
　——の表示についてのガイドライン
　……………………………………… 402
包括信用購入あっせん …… 220〜222,
　224, 230
幇助 ………………………… 255, 383
報償責任 ……………………………… 280
幇助責任 ……………………………… 251
法人その他の団体 ………… 21, 25, 26
法人等による寄附の不当な勧誘の防止
　等に関する法律（寄附不当勧誘防止
　法）…………… 106〜108, 352, 353
訪問購入 …… 110, 112, 180, 186, 188,
　197, 213, 214, 371
訪問販売 …… 87, 91, 93, 112, 178, 179,
　181, 182, 186, 189, 191, 196, 197,
　199, 212, 223, 224, 340, 343, 344,
　355, 357
訪問販売協会 ………………………… 472
暴利行為 … 107, 109, 112, 113, 120〜
　126, 138, 352, 358
法律行為 ……………………………… 258
法律行為の基礎とした事情 ……52, 54,
　265, 266, 273
法令遵守（コンプライアンス）…… 478
ボーナス払い ………………………… 220
保証書 ………………………… 274〜276

ま 行

前払式割賦販売 ……………………… 219
前払式通信販売 ……………………… 211
前払式特定取引 ……………………… 219
マルチ商法　→　連鎖販売取引
マンスリークリア …………… 230, 231
未公開株 ……………………………… 361
みなし合意 …………………………… 140
民事訴訟法 …………………………… 148
民事調停 ……………………………… 423

民法 ……… 31, 80, 82, 86, 88, 89, 127,
　128, 139, 149, 201, 336, 337, 339,
　358, 361, 379, 393, 451, 477
無過失責任 ………………………… 288, 368
無過失損害賠償責任 …………………… 449
無権限者による払戻し ……… 242, 244
無限連鎖講　→　ネズミ講
無限連鎖講の防止に関する法律
　…………………………………… 5, 116
名義貸し ………… 232〜235, 382, 383
迷惑メール ………………… 208, 419
　——規制 …………………………… 116
免責条項 …… 115, 131, 134, 142, 143,
　165
目的物の性質の錯誤 ………………… 50
目的物の品質 ……… 261, 262, 264, 269
モニター商法 ………………… 184, 347
モノなしマルチ商法 ………… 118, 346

や 行

約款 ……… 131〜133, 135〜137, 139,
　140, 158, 159, 167, 172,
　237, 239, 241, 402
　——の組入れ ……… 134, 137, 140
　——の事前開示 ………………… 140
約款アプローチ …………… 135, 142
約款の拘束力 ……………………… 133
優越的地位の濫用 ………………… 453
有害物質を含有する家庭用品の規制に
　関する法律（家庭用品規制法）
　…………………………… 5, 313, 321
有機JASマーク ………………… 316
有利誤認 ……… 433, 456〜458, 463
優良誤認 ……… 433, 456〜458, 463
預金取引 ……………………………… 242
預託商法 ……………………………… 357
預託等取引に関する法律（預託法）
　……… 40, 119, 128, 350, 357, 445
預託取引（現物まがい商法）……… 128,
　247, 349

事項索引　493

予約 …………………………… 47

ら 行

履行補助者 …………………… 329
履行利益 ……………………… 149
リコール …… 306, 313, 314, 320, 409
　──情報サイト ……………… 306
立証責任 ………………… 150, 295
立証負担 …………… 292, 305, 438
リフォーム詐欺 ……… 345, 375, 381
リボルビング払い ……………… 220
利用規約 ………………… 401, 402
旅行業法 ……………………… 272
旅行契約 ……… 328〜330, 337, 473
霊感商法（開運商法）……… 105, 352

例文解釈 ……………………… 166
レスキュー商法 ……………… 354
連鎖販売取引 ……… 116〜118, 121,
　　124, 127, 179, 183, 188, 196,
　　197, 200, 205, 208, 224, 246,
　　247, 272, 346, 357, 453
労働基準法 …………………… 477
労働契約法 …………………… 477
ローン提携販売 ……… 217, 219, 220
ロマンス詐欺 ………………… 342

わ 行

ワラント取引 …………… 360〜362
ワンクリック詐欺 ………… 352, 400

判例索引

大審院・最高裁判所

大判大正 3 年12月15日民録20輯1101頁
　………………………………… *50*
大判大正 4 年12月24日民録21輯2182頁
　………………………………… *133*
大判大正 6 年 2 月24日民録23輯284頁
　………………………………… *50*
最判昭和45年 3 月26日民集24巻 3 号
　151頁 ………………………… *50*
最判昭和46年 6 月10日民集25巻 4 号
　492頁 ………………………… *242*
最判昭和49年 7 月19日判時755号58頁
　………………………………… *126*
最判昭和50年 2 月25日民集29巻 2 号
　143頁 ………………………… *166*
最判昭和52年 6 月20日民集31巻 4 号
　449頁 ………………………… *464*
最判昭和59年 9 月18日判時1137号51頁
　………………………………… *45*
最判昭和62年 2 月20日民集41巻 1 号
　159頁 ………………… *162, 164, 165*
最判平成元年 9 月19日集民157号601頁
　………………………………… *249*
最判平成元年12月 8 日民集43巻11号
　1259頁 ………………… *450, 451*
最判平成 2 年 2 月20日判時1354号76頁
　………………………………… *225*
最判平成 5 年 3 月30日民集47巻 4 号
　3262頁 ………………………… *165*
最判平成 5 年 7 月19日判時1489号111
　頁 ……………………………… *243*
最判平成 8 年 9 月26日金法1469号49頁
　………………………………… *362*
最判平成 8 年10月28日金法1469号51頁
　………………………………… *57, 362*

最判平成 8 年11月12日民集50巻10号
　2673頁 ………………………… *215*
最判平成 9 年 9 月 4 日民集51巻 8 号
　3619頁 ………………………… *128*
最判平成10年 3 月27日金判1049号12頁
　………………………………… *243*
最判平成10年12月18日民集52巻 9 号
　1866頁 ………………………… *453*
最判平成13年 3 月27日民集55巻 2 号
　434頁 ………………………… *172*
最判平成13年 6 月11日判時1757号62頁
　………………………… *128, 464*
最判平成14年 9 月24日判時1801号77頁
　………………………………… *379*
最判平成15年 4 月 8 日民集57巻 4 号
　337頁 ………………… *243, 244*
東京地判平成15年 4 月 9 日判時1846号
　76頁 …………………………… *368*
最判平成15年10月10日判時1840号18頁
　………………………………… *378*
最判平成15年11月 7 日判時1845号58頁
　………………………………… *254*
最判平成15年11月14日民集57巻10号
　1561頁 ………………………… *382*
最判平成16年 3 月25日民集58巻 3 号
　753頁 ………………………… *164*
最判平成16年11月18日民集58巻 8 号
　2225頁 ………………… *59, 259, 260*
最判平成17年 7 月14日民集59巻 6 号
　1323頁 ………………………… *364*
最判平成17年12月16日判時1921号61頁
　………………………………… *137*
最判平成18年 6 月12日判時1941号94頁
　………………………………… *254*
最判平成18年11月27日民集60巻 9 号
　3597頁 ………………… *149, 150*

最判平成19年4月3日民集61巻3号
967頁 ························· *334*

最判平成19年7月6日民集61巻5号
1769頁 ························· *382*

最判平成20年6月24日判時2014号68頁
····························· *119*

最判平成22年3月30日判時2075号32頁
····························· *73*

最判平成22年6月17日民集64巻4号
1197頁 ························· *379*

最判平成23年3月24日民集65巻2号
903頁 ························· *154*

最判平成23年4月22日民集65巻3号
1405頁 ························· *46*

最判平成23年7月12日裁時1535号5頁
····························· *154*

最判平成23年7月15日民集65巻5号
2269頁 ········· *154, 155, 157, 158*

最判平成23年7月21日判時2129号36頁
····························· *383*

最判平成23年10月25日民集65巻7号
3114頁 ····················· *121, 226*

最判平成23年12月16日判時2139号3頁
························· *128, 381*

最判平成25年3月7日判時2185号64頁
····························· *363*

最判平成25年3月26日集民243号101頁
····························· *386*

最判平成25年4月12日民集67巻4号
899頁 ························· *292*

最判平成26年10月28日民集68巻8号
1325頁 ························· *119*

最判平成29年1月24日民集71巻1号1
頁 ··················· *71, 433, 459*

最判平成29年2月21日民集71巻2号99
頁 ··························· *236*

最判令和4年12月12日民集76巻7号
1696頁 ························· *171*

最判令和6年3月12日民集78巻1号1
頁 ··················· *252, 440, 443*

最判令和6年7月11日令和4年㊷
2281号裁判所HP ················· *353*

高等裁判所

札幌高決昭和45年4月20日下民集21巻
3＝4号603頁 ················· *168*

東京高判昭和52年9月19日高民集30巻
3号247頁 ····················· *450*

高松高判昭和57年9月13日高民集35巻
2号188頁 ····················· *218*

名古屋高判昭和58年11月28日判時1105
号138頁 ······················ *234*

名古屋高判昭和60年9月26日判時1180
号64頁 ························· *38*

名古屋高判金沢支判昭和62年8月31日判
時1254号76頁 ··················· *117*

大阪高判平成3年9月24日判時1411号
79頁 ·························· *373*

東京高判平成5年3月29日判時1457号
92頁 ·························· *453*

大阪高判平成5年6月29日判時1475号
77頁 ·························· *117*

東京高判平成6年7月18日判時1518号
19頁 ·························· *267*

福岡高判平成6年8月31日判時1530号
64頁 ·························· *202*

大阪高判平成7年5月30日判タ889号
253頁 ························· *255*

東京高判平成8年1月30日判時1580号
111頁 ························· *362*

東京高判平成8年11月27日判時1587号
72頁 ·························· *363*

東京高判平成11年10月28日判時1704号
65頁 ·························· *24*

大阪高判平成12年4月28日判タ1055号
172頁 ························· *53*

東京高判平成14年4月23日判時1784号
76頁 ·························· *253*

東京高判平成15年5月21日高民集56巻
2号4頁 ······················· *308*

大阪高判平成15年7月30日消費者法
　ニュース57号155頁 ………… *27, 180*
大阪高判平成16年4月16日消費者法
　ニュース60号137頁 …………… *348*
大阪高判平成16年4月22日消費者法
　ニュース60号156頁 ……………… *73*
大阪高判平成16年7月30日平成15年㈡
　3519号公刊物未登載 …………… *77*
大阪高判平成16年7月30日判時1877号
　81頁 …………………………… *137*
大阪高判平成16年9月10日民集60巻9
　号3810頁 ……………………… *138*
福岡高判平成17年1月14日判時1934号
　45頁 …………………………… *291*
大阪高判平成18年9月13日判タ1225号
　275頁 …………………………… *182*
東京高判平成19年5月30日金判1287号
　37頁 …………………………… *365*
名古屋高判平成19年11月19日判時2010
　号74頁 ……………………………… *27*
高松高判平成20年1月29日判時2012号
　79頁 …………………………… *121*
大阪高判平成20年6月3日金判1300号
　45頁 …………………………… *365*
名古屋高判平成21年2月19日判時2047
　号122頁 ………………………… *341*
大阪高判平成23年9月8日金法1937号
　124頁 …………………………… *363*
大阪高判平成24年12月7日判時2316号
　133頁 ………………………… *149, 150*
大阪高判平成25年1月25日判時2187号
　30頁 …………………………… *149*
大阪高判平成25年3月27日判時2286号
　50頁 ………………………… *265, 266*
大阪高判平成25年3月29日判時2219号
　64頁 …………………………… *149*
東京高判平成25年5月8日判時2196号
　12頁 …………………………… *384*
大阪高判平成25年10月17日消費者法
　ニュース98号283頁 …………… *146*

東京高判平成26年1月29日判時2230号
　30頁 ………………………… *291, 296*
福岡高判平成27年7月28日金判1477号
　45頁 …………………………… *433*
東京高判平成28年2月4日消費者法
　ニュース113号284頁 …………… *242*
大阪高判平成28年2月25日判時2296号
　81頁 ………………………… *433, 457*
東京高判平成29年1月18日判時2356号
　121頁 ………………………… *143, 241*
東京高判平成29年11月29日判時2386号
　33頁 ……………………………… *23*
東京高判平成29年12月20日判時2384号
　20頁 …………………………… *255*
東京高判平成30年4月18日判時2379号
　28頁 ……………………………… *72*
仙台高判平成30年11月22日判時2412号
　29頁 …………………………… *256*
東京高判平成30年11月28日判時2425号
　20頁 ………………………… *154, 170*
大阪高判平成31年3月14日消費者法
　ニュース120号340頁 …………… *190*
東京高判令和元年9月26日消費者法
　ニュース123号272頁 …………… *57*
大阪高判令和2年1月31日消費者法
　ニュース123号278頁 …………… *365*
東京高判令和2年2月27日消費者法
　ニュース124号334頁 …………… *301*
東京高判令和2年11月5日消費者法
　ニュース127号190頁 ……… *158, 170*
東京高判令和4年7月7日令和3年㈡
　2792号 …………………………… *353*

地方裁判所

東京地判昭和32年3月9日判時111号
　13頁 …………………………… *166*
東京地判昭和44年1月17日判時562号
　54頁 …………………………… *166*
岐阜地大垣支判昭和48年12月27日判時
　725号19頁 ……………………… *282*

判例索引　*497*

横浜地判昭和50年2月4日判タ324号
　268頁 ･･････････････････････････ *281*
長野地判昭和52年3月30日判時849号
　33頁 ･･････････････････････････ *116*
福岡地判昭和52年10月5日判時866号
　21頁 ･･････････････････････ *282, 283*
静岡地判昭和53年12月19日判時934号
　87頁 ･･････････････････････････ *124*
大阪地判昭和56年9月21日判タ465号
　153頁 ･･････････････ *50, 263, 265*
東京地判昭和57年2月1日判時1044号
　19頁 ･･････････････････････････ *282*
名古屋地判昭和57年9月1日判時1067
　号85頁 ･････････････････････････ *122*
東京地判昭和59年3月26日判時1143号
　105頁 ･････････････････････････ *286*
福岡地小倉支判昭和60年2月20日判タ
　554号282頁 ･･････････････････ *234*
秋田地本荘支判昭和60年6月27日判時
　1166号148頁 ･････････････ *109, 247*
東京地判昭和60年10月25日判時1168号
　14頁 ･･････････････････････････ *165*
大阪地判昭和61年2月14日判時1196号
　132頁 ･････････････････････････ *284*
大阪地判昭和61年6月9日判タ608号
　82頁 ･･････････････････････････ *248*
秋田地判昭和61年11月17日判時1222号
　127頁 ･･････････････････････････ *38*
大阪地判昭和61年12月12日判タ668号
　178頁 ･･････････････ *263, 265, 271*
大阪地判昭和62年3月30日判時1240号
　35頁 ･･････････････････････････ *251*
大阪地判昭和62年5月8日判タ665号
　217頁 ･････････････････････････ *202*
札幌地判昭和63年6月28日判時1294号
　110頁 ･･････････････････････････ *57*
東京地判平成元年6月20日判時1341号
　20頁 ･･････････････････････････ *331*
大阪地判平成元年6月29日判タ701号
　198頁 ･････････････････････････ *248*

長崎地判平成元年6月30日判時1325号
　128頁 ･････････････････････････ *234*
東京地判平成2年6月26日判タ743号
　190頁 ･･････････････････････････ *53*
大阪地判平成2年7月23日判時1362号
　97頁 ･･････････････････････････ *253*
東京地判平成3年3月28日判時1381号
　21頁 ･･････････････････････････ *282*
福岡地小倉支判平成3年7月19日消費
　者法ニュース8号19頁 ･･･････････ *262*
東京地判平成3年9月26日判時1428号
　97頁 ･･････････････････････････ *53*
大阪地判平成4年3月27日判時1450号
　100頁 ･･････････････････ *117, 247*
神戸地判平成5年1月22日判時1473号
　125頁 ･････････････････････････ *328*
大阪地判平成5年2月4日判時1481号
　149頁 ･･････････････････ *329, 330*
神戸地判平成5年3月29日判時1498号
　106頁 ･･････････････････ *329, 330*
東京地判平成5年11月29日判時1498号
　98頁 ･･････････････ *262, 263, 271*
大阪地判平成6年3月9日判タ892号
　247頁 ･････････････････････････ *182*
大阪地判平成6年3月29日判時1493号
　29頁 ･･････････････････････････ *283*
東京地判平成6年7月25日判時1509号
　31頁 ･･････････････････････････ *251*
大阪地判平成6年9月14日判タ875号
　171頁 ･････････････････････････ *362*
札幌地判平成7年8月30日判タ902号
　119頁 ･････････････････････････ *237*
大阪地堺支判平成7年9月8日判時
　1559号77頁 ･･････････････････ *253*
大津地判平成8年10月15日判時1591号
　94頁 ･･････････････････････････ *44*
東京地判平成9年2月13日判時1627号
　129頁 ･････････････････････････ *138*
東京地判平成9年4月8日判タ967号
　173頁 ･････････････････････････ *328*

498

京都地判平成11年 6 月10日判時1703号
154頁 ······························· *329*

名古屋地判平成11年 6 月30日判時1682
号106頁 ···························· *296*

東京地判平成12年 5 月22日判時1718号
3 頁 ································ *292*

横浜地判平成12年11月17日判時1749号
70頁 ································ *290*

仙台地判平成13年 4 月26日判時1754号
138頁 ······························ *293*

東京地判平成14年 3 月25日判タ1117号
289頁 ······························ *148*

大阪地判平成14年 7 月19日金判1162号
32頁 ································ *148*

東京地判平成14年 7 月24日判タ1139号
171頁 ······························ *184*

札幌地判平成14年11月22日判時1824号
90頁 ································ *298*

東京地判平成14年12月13日判時1805号
14頁 ································ *289*

大阪地判平成15年 7 月30日金判1181号
36頁 ·································· *41*

大津地判平成15年10月 3 日平成14年㈦
540号裁判所HP ···················· *66*

奈良地判平成15年10月 8 日判時1840号
49頁 ································ *292*

神戸地尼崎支判平成15年10月24日平成
13年㈦874号ほか公刊物未登載
································· *77*

東京地判平成15年11月10日判時1845号
78頁 ································ *153*

東京地判平成16年 4 月15日判時1909号
55頁 ··························· *395, 396*

東京地判平成16年 7 月29日判時1880号
80頁 ································ *197*

仙台地判平成16年10月14日判時1873号
143頁 ······························ *342*

名古屋地判平成16年11月19日判時1917
号117頁 ···························· *182*

大阪地判平成17年 1 月12日判時1913号

97頁 ································ *321*

富山地判平成17年 2 月23日判時1889号
16頁 ································ *477*

静岡地浜松支判平成17年 7 月11日判時
1915号88頁 ···················· *226, 254*

神戸地姫路支判平成17年 8 月 9 日判時
1929号81頁 ···················· *395, 397*

東京地判平成17年 8 月23日判時1921号
92頁 ····························· *50, 51*

東京地判平成17年 9 月 2 日判時1922号
105頁 ······························· *43*

東京地判平成17年11月 8 日判時1941号
98頁 ································· *76*

東京地判平成17年12月 5 日判時1914号
107頁 ······························ *378*

東京地判平成18年 1 月30日判時1939号
52頁 ································ *400*

東京地判平成18年 2 月27日判タ1256号
141頁 ······························ *184*

東京地判平成18年 5 月23日判時1937号
102頁 ······························ *118*

東京地判平成18年12月 8 日判時1963号
83頁 ································ *269*

名古屋地判平成19年 3 月23日判時1986
号111頁 ····························· *51*

名古屋地判平成19年11月30日判時2001
号69頁 ···························· *252*

大阪地判平成20年 1 月30日判時2013号
94頁 ································ *121*

東京地判平成20年 2 月26日判時2012号
87頁 ··························· *128, 347*

東京地判平成20年 3 月28日判タ1276号
323頁 ······························ *182*

名古屋地判平成20年 3 月28日判時2029
号89頁 ························· *395, 397*

大阪地判平成20年 4 月17日判時2006号
87頁 ································ *244*

長崎地佐世保支判平成20年 4 月24日金
判1300号71頁 ······················ *238*

鹿児島地判平成20年 5 月20日判時2015

号116頁 ················· *293*
東京地判平成20年7月29日判タ1285号
155頁 ················· *27*
高松地判平成20年9月26日平成19年(ワ)
155号公刊物未登載 ··········· *70*
京都地判平成21年4月23日判時2055号
123頁 ················· *433, 434*
東京地判平成21年5月14日判時2050号
114頁 ················· *235*
東京地判平成21年6月19日判時2058号
69頁 ················· *78*
京都地判平成21年9月30日判時2068号
134頁 ················· *433*
東京地判平成21年10月1日消費者法
ニュース82号267頁 ········· *378*
大阪地判平成22年5月12日判時2084号
37頁 ················· *250*
東京地判平成22年5月27日判タ1340号
177頁 ················· *378*
福岡地判平成22年7月7日消費者法
ニュース86号136頁 ········· *123*
大阪地判平成22年10月28日判タ1349号
157頁 ················· *368*
東京地判平成22年11月25日判時2103号
64頁 ················· *252*
仙台地判平成23年1月13日判時2112号
75頁 ················· *380*
大阪地判平成23年3月4日判時2114号
87頁 ················· *78*
大阪地判平成23年3月23日判時2131号
77頁 ················· *24, 184*
名古屋地判平成23年5月19日消費者法
ニュース89号138頁 ········· *76*
東京地判平成23年11月17日判時2150号
49頁 ················· *25*
東京地判平成23年12月1日判時2146号
69頁 ················· *47*
東京地判平成24年3月27日平成22年(ワ)
38195号 ················· *28*
名古屋地判平成24年4月13日判時2153

号54頁 ················· *123*
京都地判平成24年7月19日判時2158号
95頁 ················· *150*
熊本地判平成24年7月20日判時2162号
111頁 ················· *330*
京都地判平成25年7月30日消費者法
ニュース97号343頁 ········· *37*
東京地判平成26年10月30日金判1459号
52頁 ················· *96, 342*
東京地判平成27年3月30日判時2269号
54頁 ················· *308*
東京地判平成27年6月25日判時2280号
104頁 ················· *242*
名古屋地判平成28年1月21日判時2304
号83頁 ················· *67*
東京地判平成28年8月5日判タ1446号
237頁 ················· *296*
京都地判平成28年10月11日判時2333号
103頁 ················· *198*
東京地判平成28年11月9日平成27年(ワ)
27663号 ················· *23*
名古屋地判平成28年12月20日消費者法
ニュース111号278頁 ········· *79*
神戸地判平成29年1月13日平成27年(ワ)
2108号 ················· *182*
東京地判平成29年3月24日判タ1459号
231頁 ················· *384*
高松地判平成29年4月6日消費者法
ニュース112号304頁 ········· *256*
秋田地大曲支判平成29年9月22日消費
者法ニュース115号269頁 ········· *255*
大阪地判平成29年10月5日消費者法
ニュース114号235頁 ········· *400*
京都地判平成30年2月20日平成24年(ワ)
1230号ほか裁判所HP ········· *300*
東京地判平成30年2月27日判タ1466号
204頁 ················· *296*
東京地判平成30年6月22日平成24年(ワ)
11529号ほか裁判所HP
················· *298, 300*

那覇地判平成30年7月13日判時2409号
　76頁 ························· 75
大阪地判平成31年3月26日判時2429号
　39頁 ························· 328
東京地判令和元年6月6日金判1571号
　14頁 ························· 243
大阪地判令和元年6月21日判時2448号
　99頁 ························· 143
東京地判令和元年7月16日消費者法
　ニュース121号225頁 ········ 255, 383
京都地判令和2年2月20日判時2468・
　2469号135頁 ····················· 351
東京地判令和2年3月6日消費者法
　ニュース124号308頁 ············· 445
大津地判令和2年5月26日判時2474号
　131頁 ························· 185
大阪地判令和3年1月29日平成28年㈦
　12269号裁判所HP ················ 71
東京地判令和3年6月10日判時2513号
　24頁 ························· 23
東京地判令和4年5月11日令和2年㈦
　31410号 ························· 23
京都地判令和6年1月19日消費者法

ニュース140号240頁 ··············· 356

簡易裁判所

本庄簡判昭和60年3月25日生活行政情
　報318号109頁 ····················· 36
神戸簡判昭和60年8月28日判タ577号
　53頁 ························· 118
門司簡判昭和60年10月18日判タ576号
　93頁 ························· 35
釧路簡判平成6年3月16日判タ842号
　89頁 ························· 171, 173
越谷簡判平成8年1月22日消費者法
　ニュース27号39頁 ················ 27
神戸簡判平成14年3月12日平成13年㈩
　2302号公刊物未登載 ··············· 79
東京簡判平成15年5月14日消費者法
　ニュース60号213頁 ················ 90
大分簡判平成16年2月19日消費者法
　ニュース60号59頁 ················ 90
小林簡判平成18年3月22日消費者法
　ニュース69号188頁 ················ 82
三島簡判平成22年10月7日消費者法
　ニュース88号225頁 ················ 82

著者紹介

大澤　彩（おおさわ　あや）

　　1977年　愛知県に生まれる
　　2001年　東京大学法学部卒業
　　2007年　東京大学大学院法学政治学研究科博士課程修了（法学博士）
　　2008年　法政大学法学部准教授
　現　在　法政大学法学部教授、第8次消費者委員会委員

主要著作・論文

『不当条項規制の構造と展開』（有斐閣、2010年）
「フランス契約法改正における『附合契約』概念──契約内容形成における『一
　方性』」法学志林116巻2・3号（2019年）362頁
「いわゆる『消費者的事業者』に関する一考察」国民生活研究60巻2号（2020年）
　75頁
「消費法」岩村正彦＝大村敦志＝齋藤哲志編『現代フランス法の論点』（東京大
　学出版会、2021年）231頁
「取引の『定型化』と民法・消費者法の役割──『定型取引』概念導入後の契約
　内容規制」NBL1199号（2021年）32頁
「AIと消費者」法律時報94巻9号（2022年）23頁
『消費者紛争解決手段の発展に向けて──実体法・手続法の課題』（法政大学出
　版局、2024年）（編著）

消費者法〔第2版〕

2023年1月15日　初　版第1刷発行
2025年3月31日　第2版第1刷発行

著　　者　　大　澤　　彩

発行者　　石　川　雅　規

発行所　　株式会社　商　事　法　務

　　　　〒103-0027 東京都中央区日本橋3-6-2
　　　　TEL 03-6262-6756・FAX 03-6262-6804〔営業〕
　　　　TEL 03-6262-6769〔編集〕
　　　　https://www.shojihomu.co.jp/

落丁・乱丁本はお取り替えいたします。　　　印刷/大日本法令印刷㈱
ⓒ 2025 Aya Ohsawa　　　　　　　　　　　　　Printed in Japan
　　　　　　　　Shojihomu Co., Ltd.
　　　　ISBN978-4-7857-3151-9
　　＊定価はカバーに表示してあります。

JCOPY〈出版者著作権管理機構　委託出版物〉
本書の無断複製は著作権法上での例外を除き禁じられています。
複製される場合は、そのつど事前に、出版者著作権管理機構
（電話 03-5244-5088、FAX 03-5244-5089、e-mail: info@jcopy.or.jp）
の許諾を得てください。